Zwischen Landschaftsarchitektur und Land Art

Udo Weilacher

Zwischen Landschaftsarchitektur und Land Art

Mit Vorworten von John Dixon Hunt
und Stephen Bann

Birkhäuser Verlag
Basel · Berlin · Boston

Übersetzungen der Vorworte und der in englischer Sprache geführten Interviews vom Verfasser.

Gestaltung und Herstellung:
Bernd Fischer, Berlin

Satz:
LVD GmbH, Berlin

Reproduktion:
Bildpunkt GmbH, Berlin

Druck:
Druck Vogt GmbH, Berlin

Bindung:
Heinz Stein, Berlin

Dieses Buch ist auch in englischer Sprache erschienen (ISBN 3-7643-5316-3).

Die Deutsche Bibliothek – CIP-Einheitsaufnahme

Zwischen Landschaftsarchitektur und Land Art / Udo Weilacher. Mit Vorw. von John Dixon Hunt und Stephen Bann. – Basel ; Berlin ; Boston : Birkhäuser, 1996
Engl. Ausg. u.d.T.: Between landscape architecture and land art
ISBN 3-7643-5270-1
NE: Weilacher, Udo

Dieses Werk ist urheberrechtlich geschützt. Die dadurch begründeten Rechte, insbesondere die der Übersetzung, des Nachdrucks, des Vortrags, der Entnahme von Abbildungen und Tabellen, der Funksendung, der Mikroverfilmung oder der Vervielfältigung auf anderen Wegen und der Speicherung in Datenverarbeitungsanlagen bleiben, auch bei nur auszugsweiser Verwertung, vorbehalten. Eine Vervielfältigung dieses Werkes oder von Teilen dieses Werkes ist auch im Einzelfall nur in den Grenzen der gesetzlichen Bestimmungen des Urheberrechtsgesetzes in der geweils geltenden Fassung zulässig. Sie ist grundsätzlich vergütungspflichtig. Zuwiderhandlungen unterliegen den Strafbestimmungen des Urheberrechts.

© 1996 Birkhäuser – Verlag für Architektur, Postfach 133, CH – 4010 Basel, Schweiz

Gedruckt auf säurefreiem Papier, hergestellt aus chlorfrei gebleichtem Zellstoff. TCF ∞
Printed in Germany
ISBN 3-7643-5270-1

9 8 7 6 5 4 3 2 1

Inhalt

- 6 Vorwort von John Dixon Hunt
- 7 Vorwort von Stephen Bann

- 9 Land Art: Neuer Dialog zwischen Mensch und Natur

- 43 Isamu Noguchi: Raum als Skulptur

- 55 Zeichen der Erinnerung **Hannsjörg Voth**
- 71 Harmonie und Zweifel **Dani Karavan**
- 87 Lyrik in ungebändigter Wildnis **Ian Hamilton Finlay**
- 105 Die Erfindung des „espace propre" **Bernard Lassus**
- 121 Die Syntax der Landschaft **Peter Latz**
- 137 Die Kultivierung der Brüche **Dieter Kienast**
- 157 Das Antidot zur virtuellen Realität **Sven-Ingvar Andersson**
- 173 Im Wahnsinnstanz von Entropie und Evolution **Herman Prigann**
- 189 Gedankenräume und Denkgebäude **Hans Dieter Schaal**
- 205 Pop, Barock und Minimalismus **Martha Schwartz und Peter Walker**
- 229 Hyperrealistische Schocktherapie **Adriaan Geuze**

- 245 Weiterführende Literatur
- 247 Register
- 248 Danksagung

Vorwort von John Dixon Hunt

Landschaft, Kunst, Land Art & Landschaftsarchitektur

I: Die Anziehungskraft, welche die Land Art auf die aktuelle Landschaftsarchitektur ausübt, kann man nicht begreifen, ohne sich klarzumachen, wie vielfältig, um nicht zu sagen zersplittert, dieser Berufsstand gegenwärtig ist. Sein Aufgabenspektrum ist weit gespannt: von der übergeordneten Regionalplanung bis zur Neugestaltung von Hinterhöfen und Gärten, von der ökologischen Sanierung zerstörter Landschaftsareale bis zur Rekonstruktion historischer Gartenanlagen verschiedener Epochen, von öffentlichen Plätzen bis zu privaten *horti conclusi*. Die Landschaftsarchitektur, deren Aufgabengebiet sich über ein herrlich weites Feld menschlicher Lebensräume erstreckt, ist scheinbar dazu verdammt, ihren Sinn für Zusammenhalt, für gebündelte Energien zu verlieren. Eine der Ursachen – oder ist es eine Folge? – ist das Fehlen jeglicher Aufmerksamkeit für konzeptionelle Anliegen. Das Grauen vor der sogenannten „Theorie", das gilt zumindest in den USA, ist verblüffend (es gibt in der Landschaftsarchitektur natürlich keine Theorien im wissenschaftlichen Sinn; doch bereits die ursprüngliche Bedeutung von Theorie als Kontemplation ruft offensichtlich Unruhe hervor). Ein anderer Grund des Unbehagens im Berufsstand liegt in der Furcht vor der Kunst, in der Angst, die menschliche Erfindungsgabe würde das einzigartige Gleichgewicht der Erde (oder was davon übrig ist) gefährden, über welches die heutigen Landschaftsarchitekten mit besonderem Stolz zu wachen meinen. Das ließe sich auch in den Kategorien des alten Widerstreits zwischen Kunst und Wissenschaft formulieren.

II: Was die Land Art vor dem weitgehend öden konzeptionellen Feld der Landschaftsarchitektur auszeichnet, ist ihr Sinn für kreative Wirkung: die Überzeugung der Schaffenden und Kritiker, daß sie auf einer unerschütterlichen Grundlage von Ideen basiert – Ideen, wie man auf Landschaft reagiert, künstlerische und entwerferische Ideen und darüber hinaus eine Furchtlosigkeit, sie alle miteinander zu verbinden. Kurz gesagt, die Land Art bietet der Landschaftsarchitektur offenbar die Möglichkeit, das alte und weitgehend verlorene Gespür für die ausgeklügelte Verschmelzung von *site, sight* und *insight* (Ort, Blick und Einsicht) wiederherzustellen. Ich erkenne hier eine fundamentale und willkommene Entwicklung vom klassischen Kunstwerk wie beispielsweise Robert Smithsons *Spiral Jetty* von 1970, das offensichtlich mehr Aufmerksamkeit für die eigene Geste als für das zerstörte Umfeld erregte, hin zu Arbeiten wie *Endangered Garden* der Künstlerin Patricia Johanson von 1988, in der nicht nur das eigene künstlerische Schaffen, sondern auch Geschichte und Ökologie des Ortes zum Tragen kommen.[1]

Man kann die Land Art als ein visuelles, reales, dreidimensionales Analogon des Gedichtes „Anecdote of the Jar" (Anekdote vom Krug) von Wallace Stevens auffassen, das inzwischen unter Landschaftsarchitekten fast Kultstatus erreicht hat. Man nehme eine Landschaft – bevorzugt nicht überformt und am besten (wörtlich) reizlos –, füge ein Kunstobjekt hinzu, einen Krug, eine Urne und Hokuspokus! die Landschaft ist völlig verändert. Wenn, wie es Richard Long und Andy Goldsworthy häufig vorbringen, die „Kunst" darin besteht, in einfachster Weise mit vorhandenen organischen oder anorganischen Materialien des Ortes zu arbeiten – eine Linie aus Steinen, ein Ring aus Blättern –, dann ist die ökologische Störung minimal (Stevens „Krug" war natürlich nur imaginär zu verstehen und hätte den Hügel in Tennessee zwar verändert, aber nicht geschädigt). Dieser Minimalismus in der Land Art muß für eine entwerfende Kunst wie die Landschaftsarchitektur, die offensichtlich viele Möglichkeiten der Moderne übersehen hat, von großem Reiz sein.[2]

III: Die außerordentliche Attraktivität der Land Art für die Landschaftsarchitektur hat aber noch andere Ursachen, vor allem die Betonung des Prozeßhaften, die Beschwörung des Abstrakten und das Vertrauen auf die eigene Kunstfertigkeit. Viele der landschaftlichen Interventionen der Land Art-Künstler sind formal abstrakt und signalisieren dadurch eine kulturelle Überformung der natürlichen Materie. Doch durch unsere zunehmende Aufmerksamkeit für ökologische Belange nehmen wir auch die Muster und Abstraktionen in unserer natürlichen Umwelt stärker wahr,[3] und so bringt uns die Land Art der Erkenntnis näher, daß der eigene Entwurf und jener der Natur einander

---

[1] vgl. Barbara C. Matilsky: *Fragile Ecologies. Contemporary artists' interpretations and solutions.* New York 1992; S. 60–65

[2] vgl. „La traversée du minimalisme"/„Minimalism and Beyond" in Tiberghien, Gilles A.: *Land Art.* Paris 1993/1995

[3] vgl. Murphy, Pat/Neill, William: *By nature's design.* San Francisco, 1993

möglicherweise sehr ähnlich sind. Weiterhin unterstreichen viele Projekte den gesamten zeitlichen Prozeß, der die Landschaftsarchitektur von anderen Künsten (allenfalls mit Ausnahme des Tanzes) unterscheidet. Sie nutzt als essentielles Medium wachsendes und schließlich auch vergängliches Material.

Das wiedererwachte Interesse an der Landschaftsarchitektur als Kunst (die ihren unbequemen Platz im Pantheon der Schönen Künste wieder einnimmt) erhielt von der skulpturalen Arbeit der Land Art wichtige Anstöße. Die Skulptur ist jedoch nicht die einzig mögliche Abstraktion. Auch Sprache ist abstrakt. Das Einsetzen von Inschriften vor Ort, eine Strategie, die besonders von Ian Hamilton Finlay, aber auch von Gilbert Boyer in Montreal sehr subtil angewendet wird, wird als „unnatürlich" empfunden und ruft in der Landschaftsarchitektur bemerkenswerte Nervosität hervor. Und doch bewirken solche verbalen Einschübe ein erneutes Nachdenken über den Zusammenhang zwischen dem Ort, der Zeit und dem Zeitweiligen, über die kulturelle Bestimmung des Ortes durch Ideen und über die künstlerische Repräsentation von Landschaft als fundamentalem Anliegen aller Landschaftsarchitektur.

Vorwort von Stephen Bann

Grenzgänger

Als ein Kollege und Kenner der Geschichte der Académie française kürzlich einen Vortrag hielt, wurde mir wieder einmal bewußt, daß die Auseinandersetzung um die Grenzlinien in der Landschaftskunst nicht einfach eine Frage von Gegenwart und Vergangenheit ist. Der Maler Charles LeBrun, bemüht, den hohen Rang der neu gegründeten Akademie unter Beweis zu stellen, legte seine Arbeit für das Schloß von Versailles als eine Serie gerahmter Gemälde an, die zwar ihren Platz inmitten des aufwendigen Gesamtdekors einnahmen, jedoch keineswegs darin aufgingen. Ein Kritiker aus der älteren und weniger angesehenen Akademie von Sankt Lukas machte vergeblich den Einwand geltend, daß die Gemälde dem Betrachter nichts Illusionistisches oder Naturalistisches böten: Wie hätte ein Fluß in der Luft fließen können? LeBrun strafte derlei Einsprüche mit Verachtung. War es doch präzise die überragende Aufgabe eines Malers der Akademie, auf derlei billige Effekte zu verzichten und statt dessen die intellektuelle Mission der Kunst zu fördern.

Diese Geschichte ruft eine Episode aus jüngeren Tagen in Erinnerung, die mit der vermeintlich segensreichen 1%-Regelung der französischen Regierung in Zusammenhang steht. Darin wird festgeschrieben, daß ein kleiner Teil der gesamten Baukosten öffentlicher Großprojekte für Kunst am Bau ausgegeben werden muß. Bernard Lassus weiß zu berichten, daß der Erfolg dieser Regelung allzu oft durch die Tatsache kompromittiert wird, daß sich der beteiligte Künstler zunächst einmal nach den *Grenzen* seiner Beteiligung erkundigt. Lassus erdachte beispielsweise als Verkleidung einer Wand ein farbiges Mosaik, das dem vorbeieilenden Betrachter ein regenbogenfarbenes Spektrum präsentiert. Allzu oft jedoch wird an die „Rahmung" eines Objektes gedacht, eines „Gemäldes" oder einer „Skulptur", und es werden Sichtlinien konstruiert, die das Objekt ordentlich aus der Unordnung der baulichen Umgebung hervorheben.

Die institutionalisierten Grenzen zwischen den „künstlerischen" Disziplinen sind heute nicht weniger kategorisch als zu LeBruns Zeiten. Die Folgen dieser Auffassung werden in der Praxis nicht weniger offenbar. Jeder weiß, daß es zwischen „Kunst" und „Dekor" eine strikte Demarkationslinie gibt. Jeder kennt den Architekten als Mitglied eines freien Berufes, der auch zu einem bestimmten Grad eine ganze Reihe anderer, untergeordneter Berufssparten beinhaltet, vom technischen Zeichner bis zum Maurer, ohne daß dadurch etwa der überragende Status des Architekten geschmälert würde. Doch wer weiß schon genau, was es bedeutet, „Landschaftsarchitekt" zu sein? In Versailles hätte es keiner weiteren Erläuterung bedurft, Le Nôtre, ebenso wie den Architekten Mansard und den Maler LeBrun als einen geschätzten Untertan von Ludwig XIV. zu bezeichnen, dessen Auftrag es war, für Allegorien zu sorgen, die den Glanz des Sonnenkönigs verbreiteten. Keineswegs hätte man ihn beim Pflanzen von Sträuchern vermutet. Aber was bedeutet es heute?

Womöglich lautet die Antwort, daß die Landschaftsarchitektur in den Augen der breiten Öffentlichkeit wohl zu den nebulösesten Berufsbildern zählt und sich vom Beruf des Architekten im allgemeinen nur sehr wenig unterscheidet. In England zählt Sir Geoffrey Jellicoe zweifellos zu den angesehensten zeitgenössischen Landschaftsarchitekten. Er ist ein wahrer Vertreter der Profession, nicht zuletzt, weil er sehr kostspielige Projekte realisiert, man denke an die künstliche Landschaft aus Hügeln und einem See bei Sutton Place oder etwa an das stärkste von allen Werken in der freien Natur, das Ben Nicholson aus reinem Marmor schuf. Er bewegt nicht nur sprichwörtlich Berge, sondern entwickelt auch ausgezeichnete Ideen. Seine Jung'schen Eingebungen verbinden sich auf pittoreske Weise mit grandiosen Gesamtentwürfen.

Die Landschaftskünstler, die man in dem vorliegenden Buch kennenlernt, sind ohne Ausnahme Praktiker, die diese Art der Landschaftsgestaltung in Frage stellen. Dabei geht es nicht einfach darum, lieber kleinere als größere Projekte zu bearbeiten. Tatsächlich ist es Bernard Lassus und Dani Karavan in ihrer unterschiedlichen Art ein Anliegen, große Landschaftsareale zu transformieren, die dem Park von Versailles nicht wesentlich nachstehen. Es ist auch keine Frage vorhandener oder fehlender Ideen. Ian Hamilton Finlays Kult der Französischen Revolution ist ikonographisch ebenso kühn in seinen Bezügen wie die Programme vieler anderer Gartenkünstler der Gegenwart oder der Vergangenheit. Sondern es geht darum, die Bezüge zwischen Disziplinen und Methoden erneut zu überdenken und das prä-moderne Vermächtnis, das die Landschaftsgestalter so erbarmungslos hemmt, zu hinterfragen. Darüber hinaus geht es darum, sich auf das zentrale Thema zu konzentrieren, das viel mit Erfindung zu tun hat. Wo findet man im Spektrum der weit gestreuten Betätigungsfelder im Kontext Landschaft am ehesten den Schmelztiegel neuer Ideen?

Bernard Lassus zerschlug den gordischen Knoten, indem er einfach feststellte: „Kunst und Landschaftsarchitektur sind für mich das gleiche." Das bedeutet keineswegs, daß jeder Künstler, der mit Landschaft arbeitet, einen Landschaftsarchitekten ersetzten könnte. Im Gegenteil: Wie wir gesehen haben, sind viele dieser Künstler auf einer anderen Ebene, aber in gleicher Weise von der Ängstlichkeit im Umgang mit Grenzen besessen und vereiteln dadurch jeglichen Ansatz umfassender Lösungen. Anders ausgedrückt könnte das bedeuten: Es gibt keinen Grund, weshalb ein Garten nicht das Ergebnis einer umfassenden ästhetischen Vision sein könnte, die sich an Konzepten und Methoden der modernen Kunst orientiert und gleichzeitig von der großartigen Tradition der Landschafts- und Gartenkunst durchtränkt ist.

Die Geschichte der Gartenkunst der vergangenen vier Jahrhunderte hält sicher einige der wichtigsten Erkenntnisse für uns bereit. Die großartigen Gärten entstanden fast immer unter der Regie von Dichtern, Malern und anderen Spezialisten, die es verstanden, ihre eigene Arbeit in das vorherrschende kulturelle Umfeld zu integrieren. Die Geschichte wurde sicher niemals von konventionell ausgebildeten akademischen Praktikern, sondern stets von eklektischen und kreativen Avantgardisten geprägt. Offensichtlich finden sich die heutigen Erben dieser Tradition vorwiegend innerhalb einer Gruppe interdisziplinärer „Grenzgänger", die Udo Weilacher für seine wertvolle Reihe von Studien ausgewählt hat. Es ist nicht von Bedeutung, daß einige der Beispiele im Vergleich zu anderen monumentalistischen, aber faden Werken von relativ kleinem Umfang sind. Wir wissen, daß William Shenstones adlige Nachbarn von Hagley Hall ein absonderliches Vergnügen daran fanden, ihre Gäste solcherart um Shenstones kleinen, aber perfekten Garten, The Leasowes, zu führen, daß es keinen Sinn ergab. Doch Shenstone, der zuletzt lachte, lachte bekanntlich am besten. Das gleiche Schicksal wird zweifellos jene zeitgenössischen Landschaftsarchitekten ereilen, die Ian Hamilton Finlays Little Sparta als exzentrischen kleinteiligen Garten abtun.

Glücklicherweise ist die Tradition des Landschaftsgartens auch heute noch äußerst lebendig. Das eigentliche Problem aber liegt darin, dieser Tradition einen solchen Bezug zur gegenwärtigen Praxis zu bewahren, daß sie sich nicht nur erhält, sondern verjüngt. Von den Wegen, die zu diesem Ziel führen, sind die überraschenden häufig auch die bemerkenswertesten.

Land Art: Neuer Dialog zwischen Mensch und Natur

Eine neue Sprache in der Landschaft

„Das Interesse an nichtverbalen Sprachen wächst in den Naturwissenschaften, und entsprechend findet die Frage nach einem Verständnis von Kunst als Sprache, die über ein Thema mit einem Publikum kommuniziert, mehr und mehr Rückhalt im Dialog der Fächer."[1]

[1] Belting, Hans: Das Ende der Kunstgeschichte? München 1983; S. 36

Eines der zentralen Themen unserer Zeit ist das gestörte Verhältnis des Menschen zur Natur, welches das ökologische Gleichgewicht weltweit bedrohlich ins Schwanken gebracht hat. Noch immer sucht unsere Gesellschaft einen technologischen Ausweg aus einer technologisch verursachten Krise. Nur zögerlich setzt sich die Erkenntnis durch, daß der Mensch als sinnlich wahrnehmendes, häufig intuitiv handelndes Wesen und nicht einfach als rational berechenbarer, wissenschaftlich erforschbarer „Faktor" die Umweltkrise verursacht. Langsam wird erkannt, daß es wenig nutzt, die Ursachen der zunehmenden Zerstörung unseres Lebensraumes mit wissenschaftlicher Objektivität zu erforschen, ohne gleichzeitig darauf hinzuwirken, daß hinlänglich bekannte Forschungsergebnisse auch subjektiv begreifbar, erlebbar und erfahrbar werden. Schließlich ist die Bewältigung von ökologischen und sozialen Krisen in erster Linie eine Frage des menschlichen Verhaltens.

Durch diese Erkenntnis entwickelte sich in den vergangenen Jahren auch die Forderung nach einer zeitgemäßen gestalterischen Sprache im öffentlichen Freiraum. Eine zeitgemäße Sprache in der Landschaft sollte nicht nur stärker als bisher zu einer gesellschaftlichen Diskussion über ein verändertes Naturbild führen, sondern auch zur Sensibilisierung der menschlichen Wahrnehmung beitragen, die im Sog der Massenmedien und des Massentourismus immer mehr zu verkümmern droht.

Auch von der Landschaftsarchitektur, einst unter der Bezeichnung *Gartenkunst* als eine der wichtigsten und einflußreichsten Künste geachtet, wird immer eindringlicher gefordert, daß sie zu einer zeitgemäßen Aussagekraft im aktuellen Kontext finden müsse.[2] Vor fast hundert Jahren ist der Anspruch auf ästhetische Qualität, der an die Landschaftsarchitektur zu stellen wäre, zugunsten funktionaler Nutzbarkeit und der Erfüllung soziologischer und ökologischer Anforderungen stark in den Hintergrund gedrängt worden. Der damit verbundene Verlust an Ausdrucks- und gesellschaftlicher Impulskraft war gravierend und leitete eine Entwicklung ein, die zu regelrechter Sprachlosigkeit führte. Weder die ständige, unreflektierte Wiederholung des klassischen Vokabulars des Barockgartens und des Landschaftsgartens noch der Rückzug in die rein funktionale Ausdrucksweise der Grünplanung können unter den aktuellen Vorzeichen als zeitgemäße Formen des Dialoges zwischen Mensch und Natur akzeptiert werden. Auf der Suche nach einem Ausweg aus dieser Krise, und bei der Abkehr von einer bloß technologisch motivierten Bearbeitung der Natur, rückt die Kunst als einzigartiges Werkzeug einer nonverbalen Kommunikation wieder stärker in den Vordergrund. Besonders die *Land Art*, die versucht, „die Natur als einen Empfindungs- und Wahrnehmungsraum, in dem eine Beziehung von Mensch und Umwelt allererst wieder möglich werden soll, wiederzugewinnen",[3] wird immer wieder genannt, wenn es darum geht, beispielhafte Ansätze für die Entwicklung einer neuen Sprache in der Landschaft zu finden. Land Art wird in diesem Zusammenhang schon fast zum Modewort, und viel zu selten findet eine ernsthafte Auseinandersetzung mit diesem Begriff statt. Vielmehr wird Land Art mittlerweile bedenkenlos auf nahezu jede Art von Gestaltung im öffentlichen Freiraum angewendet, die im Verdacht steht, künstlerischen Ansprüchen zu genügen, völlig ungeachtet der vermittelten Inhalte.

[2] vgl. Burckhardt, Lucius: „Gärten sind Bilder" in: Damian, Michael/Osmond, Thomas (Hrsg): Natur im Griff. Bundesgartenschauen am Beispiel Frankfurt. Frankfurt 1989; S. 20

[3] Smuda, Manfred (Hrsg): Landschaft. Frankfurt 1986; S. 8

Der folgende Streifzug durch Land Art und Natur-Kunst, wie jeder Überblick notwendigerweise unvollständig, skizzenhaft und in Maßen subjektiv, soll zum einen der Annäherung und dem besseren Verständnis dieser Kunstrichtungen dienen. Zugleich soll auf mögliche Antworten hingewiesen werden, inwieweit sich aus der Landschaftskunst entscheidende Hinweise für eine zeitgemäße Sprache in der Landschaft ableiten lassen.

Was Natur von „Natur" unterscheidet

Bis zum Ausgang der Romantik stand der Naturbegriff, insbesondere der Begriff des „Naturschönen", unter dem Einfluß der platonischen und aristotelischen Philosophie. Er war eng mit der Vorstellung von Harmonie, von einer beseelten Einheit von Mikrokosmos und Makrokosmos verknüpft, aus der der Mensch nicht wegzudenken war. Mit der späteren Mechanisierung des Weltbildes entwickelte sich ein wissenschaftliches Naturverständnis, das sich nicht mehr qualitativer, sondern quantitativer Begrifflichkeiten bediente und dadurch auch andere ästhetische Vorstellungen hervorbrachte. Daneben bestimmt jedoch bis heute das romantische Bild von idealer, unberührter Naturschönheit unser Denken. Während das wissenschaftliche Naturverständnis den Hintergrund für die Nutzung der Natur als Rohstoffressource liefert, sucht der Mensch auf der Grundlage des romantischen Naturverständnisses nach unberührter Naturschönheit – und gefährdet im selben Augenblick durch sein Eindringen das ersehnte Paradies.

Im Laufe der Geschichte wurde „Natur" zu einem vereinheitlichenden Begriff, dessen thematische Vielfalt immer mehr angereichert wurde. Bis heute haben sich aber die gegensätzlichen Pole in der Auffassung von „Natur" nicht aufgelöst, sondern existieren nebeneinander. Unter den Vorzeichen der pluralistischen Gesellschaft hat heute jeder einzelne auf der komplexen historischen Grundlage sein individuelles Verständnis von „Natur" entwickelt. Dieses Verständnis ist nicht statisch, sondern verändert sich je nach Ausprägung der gesellschaftlichen Einflußfaktoren (beispielsweise dem Bild von Natur in der Werbung) und paßt sich kulturellen Normen an. Die vollständige Bedeutung des zeitgenössischen Naturbegriffes existiert deshalb wohl nur als Gesamtheit aller individuellen Vorstellungen, so daß eine eindeutige Definition von „Natur" – sofern sie jemals eindeutig möglich war – unmöglich geworden ist.

Der Naturbegriff erfüllt trotzdem eine wichtige ideologische Funktion und kann Ausdruck sowohl progressiver wie regressiver gesellschaftlicher Tendenzen sein. Rousseaus Aufruf „Zurück zur Natur" als eine Legitimation zur Flucht in die vermeintliche Unberührtheit der freien Natur heranzuziehen ist sicher regressiv. Äußerst bedrohlich wird es, wenn unter dem höchsten Prädikat der Natürlichkeit das Naturgewachsene, Einheimische und Reinrassige zum Ideal erhoben wird und daraus die Ausrottung des „Unnatürlichen", Fremdartigen und „Minderwertigen" folgt. Als progressiv wäre vielleicht eher ein Naturbegriff zu bezeichnen, der sich auf eine Ethik stützt, die die Heterogenität akzeptiert, die Vielfalt schätzt, die Sinnlichkeit erlaubt, das Andersartige würdigt und mit Brüchen leben kann. Eine solche Auffassung würde stillschweigend akzeptieren, daß der Mensch einerseits als lebender Organismus Teil der Natur ist, andererseits als Vernunftwesen seine Autonomie besitzt und damit die volle Verantwortung für sein Tun tragen muß.

Da der Begriff „Natur" noch immer eine einflußreiche moralische Instanz repräsentiert, als Bild im Kopf zur Grundlage realer Planung wird[4] und sich auf unsere konkrete Lebenssituation auswirkt, ist eine kritische Reflexion des eigenen sowie des heute allgemein gebräuchlichen Naturbegriffes unverzichtbar. Die globale Umweltproblematik ist in wesentlichen Teilen auf ein spezifisches Verhältnis zur „äußeren Natur" und nicht zuletzt auf die gestörte Beziehung des Menschen zu seiner „inneren Natur" zurückzuführen.

Das Mißtrauen des neuzeitlichen Menschen gegen die innere Natur – vor allem gegen die „innere Wildnis" der Triebe – ist Folge des kulturgeschichtlichen Wandels zum aufgeklärten Vernunftmenschen im siebzehnten und achtzehnten Jahrhundert.[5] Seit Beginn dieses Wandels, der seinen vorläufigen Höhepunkt im Zeitalter der Aufklärung erreichte, zählte die Überwindung der manchmal unkontrollierbaren Natur des Menschen zu den wesentlichen Zielen des zivilisatorischen Prozesses. Daß sich diese Entwicklung auch auf die „äußere Natur", die Umwelt, auswirkte, ist leicht nachvollziehbar und heute hautnah erlebbar. Der gesamte technisch-industrielle Fortschritt mit seinen gravierenden ökologischen Folgeerscheinungen basiert auf dem Bestreben, sich von den limitierenden Kräften einer übermächtigen Natur zu befreien und die Ressourcen zu nutzen. Gleichzeitig ermöglichte erst dieser Befreiungsakt, die Beherrschung der Natur, den Wohlstand der Industrienationen und den allgemeinen ästhetischen Genuß

---

[4] vgl. Burckhardt, Lucius: Die Kinder fressen ihre Revolution. Köln 1985; S. 213

[5] vgl. Böhme, Hartmut: „Die Natur sprechen lassen" in: Kulturstiftung Stormarn (1989): Projekt: Schürberg. Die Natur sprechen lassen. Hamburg 1989

[6] Ritter, Joachim: Landschaft. Zur Funktion des Ästhetischen in der modernen Gesellschaft. Münster 1978

der Natur.[6] So ist beispielsweise die Begeisterung der amerikanischen Land Art-Künstler der sechziger Jahre für Naturkatastrophen nur für jene nachvollziehbar, die durch Erdbeben, Vulkanausbrüche, Sturmfluten und so weiter nicht existentiell bedroht sind.

In der heutigen Gesellschaft kann es nicht mehr ernsthaft um ein grundsätzliches Ja oder Nein zur Technik gehen, sondern um die Frage, wie in Zukunft mit Natur und Technologie sinnvoll umgegangen werden soll. Insbesondere von den umweltgestaltenden Disziplinen wird daher in Zukunft eine kritische Auseinandersetzung mit dem eigenen Naturbild und dem traditionellen planerischen Umgang mit Landschaft gefordert sein, denn sie tragen zur Verbreitung bestimmter Naturbilder direkt bei.

Land Art und Natur-Kunst

„Land Art bezeichnet eine in Amerika gegen Ende der sechziger Jahre entwickelte Kunstrichtung, in der die Landschaft zum wesentlichen Bestandteil des Kunstwerkes wird.

Skulpturen werden nicht in die Landschaft gestellt, vielmehr mit ihr entstehen sie erst. Markierende, formende, bauende Eingriffe des Künstlers mit dem Gestaltungsmaterial Erde, Stein, Wasser etc. verändern den Landschaftsraum und strukturieren ihn neu, mit einer Sensibilität und Behutsamkeit, die im Bewußtsein ökologischer Verantwortung und als Ausdrucksmittel einer Kunststoff-Überdrußgesellschaft erwachsen ist.

Die Arbeiten finden sich meist weit ab von jeder Zivilisation, z. B. in Canyons oder Wüsten, und sind als ganzes nur vom Flugzeug aus als Dokumentation menschlicher Anwesenheit wahrnehmbar. Die Vergänglichkeit solcher Landschaftsobjekte ist darüber hinaus nur durch Videoaufzeichnungen konservierbar."[7]

[7] Kunsthalle Bielefeld (Hrsg): Concept Art, Minimal Art, Arte Povera, Land Art. Sammlung Marzona. Bielefeld 1990; S. 264

Eine präzise begriffliche Abgrenzung der Land Art von anderen Kunstrichtungen in und mit der Landschaft ist schwer und wohl kaum besser zu leisten, als es die gerade angeführte Definition aus dem Ausstellungskatalog „Concept Art, Minimal Art, Arte Povera, Land Art" der Kunsthalle Bielefeld getan hat. Dies liegt daran, daß die Verwendung des Begriffes Land Art durch die Kunstkritik seit Ende der sechziger Jahre zu einem recht verallgemeinernden Gebrauch geführt hat. Mittlerweile wird fast jede gestaltende Kunsttätigkeit in der Landschaft als Land Art bezeichnet, selbst wenn die Arbeiten die landschaftliche Kulisse als Hintergrund im traditionellen Sinn nutzen. Während sich in Europa der Begriff Land Art etablierte, sind in den USA die Begriffe *Earthworks* und *Earth Art* gebräuchlicher, wenn auch nicht unbedingt präziser. „Tatsächlich", stellt der Kunstkritiker Rolf Wedewer fest, „kann der Begriff Land Art wohl als eine thematische Zusammenfassung, nicht aber als eine stilistische Orientierungsmarke genommen werden."[8]

[8] Wedewer, Rolf: „Landart – Vorstoß in andere Dimensionen" in: Neuer Berliner Kunstverein e.V. (Hrsg): Dimensionen des Plastischen – Bildhauertechniken (21.3. bis 20.4.81), Staatliche Kunsthalle Berlin 1981; S. 154

Für eine ökologisch orientierte Kunst, die hauptsächlich mit Naturmaterialien arbeitet und im Zusammenhang mit dem steigenden Ökologiebewußtsein in den frühen siebziger Jahren in Europa entstand, wurde der Begriff *Natur-Kunst* geprägt. Auch dieser Begriff bezeichnet weder eine kohärente Bewegung noch eine Stilrichtung. Zu den prominentesten Vertretern der Natur-Kunst in Europa zählen Künstler wie die Engländer David Nash und Andy Goldsworthy sowie in Deutschland Nils-Udo. In England werden derlei Künstler als *Environmental Artists* bezeichnet, ein Begriff, der gleichfalls keine eindeutige Abgrenzung dieser Kunstrichtung zuläßt und lediglich den ökologischen Bezug betont.

Kunsthistorisch betrachtet, kann die Land Art weder als „Erfinderin" der Landschaftskunst bezeichnet werden, noch war sie am Ende der sechziger Jahre die einzige avantgardistische „Kunstrichtung". In den gesellschaftlich turbulenten Jahren 1965 bis 1970 entstanden viele Kunstkonzepte, die sich in künstlerischer Hinsicht als Reaktion auf die Pop Art verstanden, deren ursprüngliche Brisanz am Ende der sechziger Jahre verblaßte. Neben der Land Art spielten Minimal Art und Concept Art zu jener Zeit eine dominierende Rolle.

Um die weitreichenden Hintergründe der Kunstrichtungen Minimal Art, Concept Art und Land Art besser zu verstehen, muß viel weiter in die Geschichte der Kunst zurückgegriffen werden. Die Kunsthistorikerin Karin Thomas weist darauf hin, daß die „interpretierende Untersuchung der vielschichtigen Gruppierungen und Kunstkonzeptionen der letzten Jahre […] nur fruchtbar [erscheint] auf dem Hintergrund der problemkri-

Carl Andre, *Secant*, Roslyn, New York 1977. 100 Abschnitte aus Douglasienholz (30,4 x 30,4 x 91,4 cm). Gesamtlänge: 91,4 m

Michael Heizer, *Rift* (15,8 m x 45,7 x 30,4 cm) aus: *Nine Nevada Depressions,* Jean Dry Lake, Nevada 1968 (zerstört)

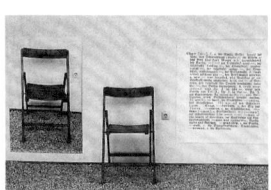

Joseph Kosuth, *One and Three Chairs*, Museum of Modern Art, New York 1965

tischen Analyse von Kubismus, Expressionismus, Dada, Surrealismus und Realismus, die mit ihren Programmen das theoretische und maltechnische Fundament der modernen Kunst in der radikalen Abkehr vom klassizistischen und naturalistisch-illusionistischen Kunstbegriff geschaffen haben."[9] Der Künstler des zwanzigsten Jahrhunderts empfindet sich nicht mehr als genialer Gestalter einer, hinter der sichtbaren Erscheinungswelt liegenden Realität. Er hinterfragt die Wirklichkeit und die eigene Existenz, erforscht in experimenteller Weise neue Medien, neue Perspektiven und neue Kommunikationsformen zwischen Umwelt und Mensch.

Für die *Minimal Art*, zu deren bedeutendsten Vertretern 1966 Sol Lewitt, Robert Morris, Carl Andre und Donald Judd zählen, steht die Bemühung um formale Rückführung auf Primärstrukturen im Vordergrund des künstlerischen Schaffens. In völliger Abkehr von der Pop Art mit ihrer grellbunten Bildersprache greift die Minimal Art auf elementare Formen, Ordnungen und Strukturen zurück. Diese sind stark raumbezogen und verstehen sich eher als „Sichtbarrieren" denn als Skulpturen. „Ihre absolute Sachlichkeit folgte auf das Pathos des abstrakten Expressionismus. Sie verzichtet auf jede Bildhaftigkeit und begnügt sich, wie einst der europäische Konstruktivismus, mit den Grundformen des Kubischen."[10]

Ähnlich wie die Minimal Art ist auch die *Land Art*, deren „Geburt" auf das Jahr 1967 datiert wird, als Protestakt gegen Künstlichkeit, Kunststoffästhetik und hemmungslose Vermarktung der Kunst zu verstehen. Die Künstler der Land Art lehnen das Museum als Schauplatz künstlerischer Aktivität ab und entwickeln großräumige Landschaftsprojekte, die dem Kunstmarkt nicht als vermarktbare Objekte zur Verfügung stehen sollen. „Im Gegensatz zur objektivitätsbemühten Minimal Art ist der Land Art eine romantische Komponente eigen, insofern der Künstler die Absicht verfolgt, der Natur eine spezifisch menschliche Markierung als Manifestation von Geist und kreativer Potenz zu geben."[11]

Ende der sechziger Jahre entstand im Zuge der immer stärkeren Abkehr vom tradierten Werkbegriff der Kunst die *Concept Art*, bei der nicht einmal mehr das Zustandekommen eines Projektes, die Umsetzung einer Idee zwingend notwendig ist. Im Gegensatz zum traditionellen Materialbegriff in der Malerei oder Bildhauerei wird die Idee als solche zum Material der Kunst. Künstler wie Joseph Kosuth, Hans Haacke, Jan Dibbets und Douglas Huebler können stellvertretend für viele andere Concept-Künstler genannt werden. An Kosuths Projekt „One and Three Chairs" zeigt sich deutlich, wie die Concept Art mit verschiedenen Abstraktionsebenen arbeitet. Kosuth (geb. 1938) vereinigte einen Stuhl (Realität), die Fotografie eines Stuhls (Zeichen) und eine Lexikondefinition von „Stuhl" (Bezeichnung) zu einem Kunstobjekt, das deutlich ablesbar macht, welchen begrenzten Informationswert Objekt, Abbildung und Sprache besitzen. Welchen Informationswert hat dann die Kunst?

Zu Beginn der siebziger Jahre entstand in Deutschland die sogenannte *Natur-Kunst,* zu deren Vertretern Nils-Udo zählt. Eines der wichtigsten Zentren dieser Kunst in Deutschland ist die Galerie Falazik in Neuenkirchen in der Lüneburger Heide. Hier wurde naturadäquates Arbeiten mit künstlerischen Mitteln und Akzentuierung der Natur durch Kunst zum ersten Mal 1972 im Rahmen der „Aktion Heidebild" in größerem Umfang erprobt.[12] Die relativ kurze Lebensdauer und der im Unterschied zu Land Art-Monumenten meist unspektakuläre, oft zum Pittoresken neigende Charakter der Natur-Kunstwerke sind vermutlich einige der Ursachen, weshalb sich diese Kunst über die Grenzen Europas hinaus bislang relativ wenig Geltung verschaffen konnte.

Zwei weitere zeitgenössische Kunsttendenzen verdienen wegen ihres Bezugs zu aktuellen Tendenzen in Landschaftskunst und Landschaftsarchitektur besondere Aufmerksamkeit: *Individuelle Mythologie* und *Spurensicherung*.

Der Begriff *Individuelle Mythologie* tauchte erstmals auf der documenta V (1972) auf. Unter diesem Begriff wurde eine Richtung zusammengefaßt, „die dem Objektivitätsbedürfnis der Minimal Art das dezidierte Bekenntnis zur Subjektivität entgegenhält. Dabei besitzen die Kunstproduktionen dieser subjektiven schöpferischen Aussage keinen gemeinsamen Nenner, sondern sie entziehen sich vielmehr einer pauschalierenden Typisierung durch ihre vollkommen offene Form und einmalige Identität das Künstlers."[13] Joseph Beuys, Paul Thek, Christian Boltanski, Etienne Martin und James Lee Byars

[9] Thomas, Karin: Bis heute. Stilgeschichte der Kunst im 20. Jahrhundert. Köln 1994; S. 25

[10] Braun, Heinz: Formen der Kunst. Eine Einführung in die Kunstgeschichte. München 1974; S. 443

[11] Thomas, Karin: Bis heute. Stilgeschichte der Kunst im 20. Jahrhundert. Köln 1994; S. 333

[12] vgl. Thiel, Heinz: „Natur-Kunst" in: Kunstforum International Bd. 48, 2–3/82; S. 24–25

[13] Thomas, Karin: Bis heute. Stilgeschichte der Kunst im 20. Jahrhundert. Köln 1994; S. 347

▷ Nils-Udo, *Water-Nest*, Box/Großbritannien 1995

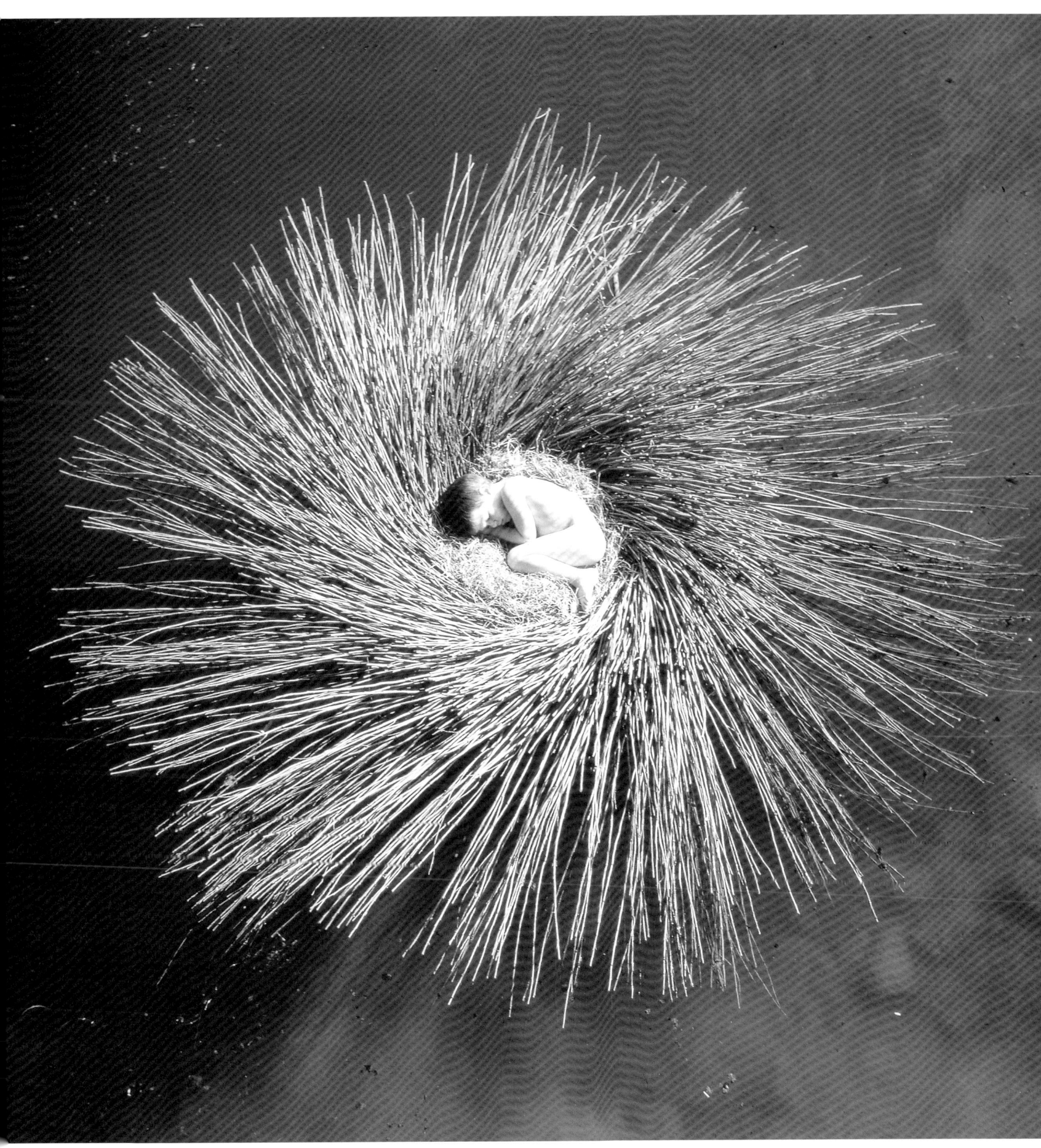

Land Art. Mensch. Natur

Nikolaus Lang, *Kiste für die Geschwister Götte*, Bayersoien, 1973/74

demonstrierten erstmals auf der documenta V ihre Beziehung zum Mythos. Auch Richard Long, Nancy Graves, Jannis Kounellis werden zu den Künstlern der Individuellen Mythologie gezählt. „Die Individuelle Mythologie ist in ihrer Bildwelt die Suche nach einer verlorengegangenen arkadischen Geborgenheit, die durch das Eintauchen in unterbewußte Träume und mythologische Vorstellungen sowie durch meditative Übung wieder freigelegt werden soll."[14] Einen Teil dieser Philosophie spiegelt auch die Land Art wider und bedient sich dabei typischer Elemente der Individuellen Mythologie.

Ähnliche Verbindungen bestehen auch zur *Spurensicherung*, die im gleichen Zeitraum entstand und als deren Vertreter beispielsweise Paul-Armand Gette, Anne und Patrick Poirier, Nikolaus Lang, Rainer Wittenborn und Charles Simonds genannt werden. Thomas definiert Spurensicherung als „spezielle Richtung innerhalb der Individuellen Mythologie, die mit Hilfe von Spuren und Zeichen vergangener Kulturen und Lebenserfahrungen assoziationsstarke Symbole mit suggestiver Reizwirkung schaffen will. Dabei dienen Inventare, Fotodokumente und wissenschaftliche Forschungen der Archäologie und Ethnologie als Materialien der Spurensicherung, die dann durch die individuelle Kommentierung des Künstlers neues Eigenleben erhalten."[15]

Die amerikanische Journalistin Carol Hall gibt 1983 in ihrem Essay „Environmental Artists: Sources and Directions" einen interessanten Überblick über die Entwicklung einzelner Land Art-Künstler und macht deutlich, aus welch verschiedenen Richtungen der Weg zur Landschaftskunst führte.[16] Die Expansion der Kunst in den vergangenen fünf Jahrzehnten führte zum pluralistischen Nebeneinander, das sich stilistisch und theoretisch in der Postmoderne manifestierte. Unter diesen Vorzeichen müssen auch Land Art, Natur-Kunst und die zeitgenössische Landschaftsarchitektur betrachtet werden.

Natur als Material der Kunst

Die „typischen" Materialien der Land Art und Natur-Kunst bezeichnet man meist der Einfachheit wegen als „Naturmaterialien". „Material" wird im künstlerischen Kontext jedoch nicht nur als „formbares Mittel" verstanden. Es ist zugleich Träger immanenter Inhalte, eigener Geschichte und eigener Mythologie. Das Material wird zum Medium, das die zeichenhafte und symbolische Aussage des Werkes maßgeblich beeinflußt.

Erde

„The dirt (or earth) is there not only to be seen, but to be thought about! [...] God has given us the earth and we have ignored it."[17]

Der Land Art-Künstler Walter de Maria (geb. 1935) bekundete bereits 1968 sein besonderes Interesse an Materialien, die bis dahin in der Kunst als wertlos erachtet wurden. Er entdeckte die einzigartige Qualität, den spezifischen ästhetischen Reiz des Materials Erde und führte dies dem Betrachter anschaulich vor Augen. 1968 füllte der Künstler im Rahmen der Aktion *Munich Earth Room* einen 72 m² großen Raum der Galerie Heiner Friedrich in München mit 50 m³ Erde: gedämpfter Schall, deutlich erhöhte Luftfeuchtigkeit und erdiger Duft in einem hellen Galerieraum, wo der Besucher eigentlich die distanzierte Betrachtung von Kunstobjekten erwartete.

Nachhaltiger für die Entwicklung der Land Art waren jedoch die großformatigen Erdarbeiten, die außerhalb der Museen entstanden, wie beispielsweise de Marias *Las Vegas Piece* (1969) oder Michael Heizers *Double Negative* (1969/70). „*Double Negative* bezeichnet zwei riesige Einschnitte in das Erdreich einer Hochebene Nevadas, ca. 130 km nordöstlich von Las Vegas, nahe bei Overton. Am Rande eines Tafelberges, wo die Hochebene zum breiten Tal des Virginia Rivers abfällt, hatte Heizer [geb. 1944] mit Dynamit und mit einem Bulldozer zwei Einschnitte gegraben. Sie liegen in einer Achse und werden von einer Schlucht, die sich am Rande des großen Flußtales in den Tafelberg gefressen hat, voneinander getrennt. Über die Schlucht hinweg erstrecken sich die einander gegenüberliegenden Einschnitte gradlinig in Richtung von Osten nach Westen über eine Gesamtlänge von ca. 460 m [1500 Fuß]. Der östliche Einschnitt ist 75 m, der westliche 45 m lang."[18] Die jeweilige Breite beträgt 15 m [50 Fuß],

Michael Heizer, *Double Negative*, Innenansicht.

[14] ebenda

[15] ebenda, S. 22; vgl. auch Metken, Günter: Spurensicherung. Köln 1977

[16] vgl. Hall, Carol: „Environmental Artists: Sources and Directions" (1983) in: Sonfist, Alan: Art in the Land. New York 1984; S. 8ff und Hughes, Robert: Der Schock der Moderne. Kunst im Jahrhundert des Umbruchs. Düsseldorf/Wien 1981; S. 345ff

[17] Zit. n. Pressemitteilung „Walter de Maria: The Land Show", Galerie Heiner Friedrich, München September 1968: „Der Boden (die Erde) existiert nicht nur zur Betrachtung, sondern auch, um darüber nachzudenken! [...] Gott hat uns die Erde geschenkt, und wir haben sie ignoriert."

[18] Hoormann, Anne: „Außerhalb des Ateliers: Land Art und Concept Art" in: Wagner, Monika (Hrsg): Moderne Kunst 2. Reinbek bei Hamburg 1991; S. 593

▷ Michael Heizer, *Double Negative* (Luftaufnahme). Erdbewegungen von 240 000 t Rhyolit und Sandstein am Rande der Mormon Mesa, nahe Overton, Nevada, 1969 bis 1970. Sammlung Museum of Contemporary Art, Los Angeles, Kalifornien.

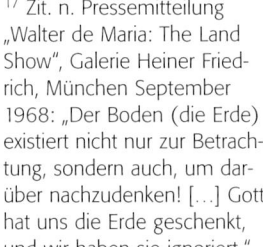

Land Art. Mensch. Natur

die größte Tiefe 12 m [40 Fuß]. Beide Gräben sind von außen in Richtung Schlucht begehbar."

Trotz der gigantischen Ausmaße des Werkes unterliegt es dem unaufhaltsamen Prozeß der Verwitterung und dem Verfall. Dem ersten Anschein nach bestätigt dieser vorhersehbare Erosionsprozeß die definitionsgemäß gewollte Vergänglichkeit der Projekte der Land Art. Obwohl die Verwitterungskräfte den Einschnitt im Laufe der Zeit völlig verschütten werden, wird die Spur der Verletzung der Erdoberfläche noch als Bodenfärbung erkennbar sein und somit nie ganz verschwinden. Heizer unterstreicht den Wert des Bodens als dauerhaftes „Gedächtnis der Erde", den man insbesondere in der Archäologie schon seit langem schätzt. Dennoch ist unser Verhältnis zur Erde im Unterschied zu vielen anderen Kulturen der Welt im allgemeinen eher zwiespältig: „Erde, diese besondere Materie, ist mythisch und mystisch sehr belastet, insbesondere in unserem Kulturkreis negativ besetzt als Schmutz, Unrat – das Niedrigste. Materie selbst stammt aus der Wortfamilie mater – Mutter, eine Grundsubstanz, die Leben und Tod und Wiedergeburt in sich trägt."[19]

[19] Falazik, Ruth in: Frauen Museum: Umwelt – Naturkunst. Bonn 1985; S. 5

Walter de Maria, *Las Vegas Piece*, realisiert mit Unterstützung von Michael Heizer nahe *Double Negative,* Desert Valley, Nevada 1969

Die gewaltsame Art des künstlerischen Eingriffs in die nahezu unberührte Landschaft wurde immer wieder heftig kritisiert. Wie verträgt sich diese Vorgehensweise mit der besonderen Wertschätzung, die dem Medium zukommen soll? Der Kunstexperte Thomas Kellein spricht von einer „Schändung" der „Landschaft nach dem Schema bürgerlicher Sexmoral mit Hilfe eines Bulldozers. [...] Doch läßt erst die gewaltsame Zerstörung der Erdoberfläche ermessen, daß und wie man sich auf der Erde bewegt: stets in einer Größe, stets mit einer Orientierung, denn stets mit einem Ziel. [...] So wie *Double Negative* die Größe einer natürlichen Schlucht durch zwei künstliche Schnitte wie die Entfernung zwischen zwei Planeten hervorkehrt, so erinnern de Marias Furchen [*Las Vegas Piece*] in der Tula Desert an die erste oder letzte Spur eines Menschen, der auf einem unbetretenen Planeten ein Zeichen setzen wollte."[20]

In Europa entwickelte sich am Ende der sechziger Jahre eine Art Gegenströmung zu den amerikanischen Earthworks. Der Brite Richard Long (geb. 1945), bis heute einer der prominentesten Vertreter der Landschaftskunst in Europa, erregte mit seinen vorsichtigen Eingriffen in die Landschaft bereits 1968 besonderes Aufsehen. „Anstelle des New-Frontier-Gebarens der Amerikaner Heizer und de Maria bewegte sich mit ihm ein Gärtner in einer bereits kultivierten Landschaft, der mit seinen behutsamen Berührungen die frühe Antithese zu allen spektakulären Eingriffen in die Erde formulierte."[21]

[20] Kellein, Thomas: „Land Art – Ein Vorbericht zur Deutung der Erde" in: Museum Ludwig, Köln (Hrsg): Europa/Amerika. Köln 1986; S. 400

[21] ebenda, S. 368

Richard Long begreift in erster Linie das Wandern in fast menschenleeren Gegenden als künstlerische meditative Tätigkeit, die für ihn auf das engste mit persönlicher Naturerfahrung verbunden ist.

Walter de Maria, The *Vertical Earth Kilometre* (Abschlußplatte auf dem Friedrichsplatz), im Auftrag der Dia Art Foundation auf der documenta VI in Kassel 1977

Räumliche Wirkung und technische Ausführung der archaisch anmutenden Arbeiten, die auf seinen Wanderungen entstehen, erinnern insbesondere an die Erdzeichen von Nazca in Peru, die vermutlich bereits 500 Jahre vor Christus auf einfachste Weise hergestellt wurden. Longs künstlerische Eingriffe sind fast unsichtbare Markierungen in der Landschaft, manchmal nur einfachste geometrische Formationen aus Fußspuren oder Orte, die durch das Feststampfen des Erdreiches markiert werden. Zuweilen sind es Stein- oder Holzsetzungen, Sand- oder Wasserzeichnungen, die nur für kurze Zeit in der Landschaft bestehen und mit ihren klaren geometrischen Formen den Dialog mit der Natur führen. „Man kann auch sagen, daß mein ganzes Schaffen in einem solchen Gleichgewicht zwischen naturgegebenen Formen und dem Formalismus menschlicher Abstraktionen wie Linien und Kreisen steht. Hier trifft mein Menschsein auf die naturgegebenen Kräfte und Formen der Welt, und das ist das eigentliche Thema meines Schaffens."[22]

[22] Long, Richard zit. aus: The South Bank Centre (Hrsg): Richard Long. In Kreisen gehen. London 1991; S. 250

Interessant ist die Art des Umgangs mit dem Material Erde besonders dann, wenn ein amerikanischer Pionier der Land Art wie Walter de Maria sich auf europäisches Terrain begibt. Das Projekt *The Vertical Earth Kilometre*, das im Rahmen der documenta VI von 1977 entstand, wurde zum aufschlußreichen gesellschaftlichen Experiment. Es rief vor allem wegen des großen finanziellen Aufwandes in der Öffentlichkeit heftige Kontroversen hervor. Die Flächenausdehnung des Projektes ist dagegen im Vergleich zu den Arbeiten in den Wüsten Nordamerikas geradezu minimal. Knapp 30 cm betrug der durchschnittliche Durchmesser des Loches, das Walter de Maria mitten auf dem

Kasseler Friedrichsplatz vor den Augen der Öffentlichkeit in eine Tiefe von 1000 m bohren ließ, und dies – darin steht dieses Unternehmen den oben beschriebenen nordamerikanischen Arbeiten in nichts nach – mit größtem technischen Aufwand.

Inmitten der Stadt wählte der Künstler mit diesem Projekt eine Dimension, die den unmittelbaren Erfahrungsbereich eines einzelnen Menschen übersteigt und dennoch an jedem beliebigen Ort der Welt existiert. Die mittlerweile stark ausgetretene, 2 x 2 m große Steinplatte, die das äußere Ende des eingelassenen Messingstabes (5 cm stark [2 Zoll], 1000 m lang, 18 t schwer) einfaßt, ist das einzige sichtbare Zeugnis der spektakulären Aktion und löst noch heute bei vielen Besuchern Nachdenklichkeit über eine unsichtbare Dimension aus. Die Erde als mythisches Urelement erfährt eine Aufwertung, Neubelebung, Bewußtbarmachung. „Ich könnte mir vorstellen, daß die Öffentlichkeit deswegen so große Nervosität zeigt, weil sie in ihren Konventionen des Denkens und Fühlens gestört wird. Vielleicht weil man vor so einem Werk plötzlich aufwacht und über die Gründe unseres Lebens, unserer Existenz selbst nachdenken muß."[23]

Stein

Über Jahrtausende war der Stein neben Holz und Knochen das wichtigste Werkmaterial des Menschen. Er spielte deshalb auch in der Kunst schon immer eine zentrale Rolle. „Die rohen, unbehauenen Steine, welche in prähistorischen Kulturen als Objekte religiöser Verehrung, als Grabmal, Seelen- und Ahnenstein oder Kultplatz vorkommen, kann man als eine Urform der Plastik ansehen. Es genügte manchmal schon die Herauslösung, die Aufstellung, um den Stein als heilig auszuzeichnen, ihm Symbolcharakter zu verleihen."[24] Viele Künstler in Europa und den USA verwenden den unbehauenen Stein in diesem Sinne und nutzen die vielfältige traditionelle Symbolik: Stabilität, Dauerhaftigkeit, Zuverlässigkeit, Unsterblichkeit, Unvergänglichkeit, das Ewige. Darüber hinaus erzählt jeder Stein, insbesondere der unbehauene Findling, durch Lage, Gesteinsart und Gestalt ein Stück Landschaftsgeschichte und stärkt damit den Bezug des Werkes zum Ort. Im Unterschied zur traditionellen Bildhauerei beschäftigen sich deshalb Natur-Kunst und Land Art bevorzugt mit unbearbeitetem Stein.

Die Techniken Reihung, Schichtung und speziell Mauerbau spielen bei den Natur-Künstlern Europas eine wichtigere Rolle als in den USA. Im Unterschied zur traditionellen Bildhauerei wird gerade in der Natur-Kunst der naturbelassene, unveredelte Stein zu einem besonderen Medium mit vielen Bezügen zur kulturellen Vergangenheit und speziell in Europa auch zur Gegenwart. Die Technik des Trockenmauerbaues ist gewissermaßen eine kultivierte Form der Schichtung. Der einzelne Stein verliert beim Bau der Mauer seine eigene Form meist nicht, sondern wird Teil einer neuen Ordnung, deutlicher Ausdruck künstlerischen Willens oder – man denke an die Trockenmauern in der Geschichte der Kulturlandschaft – menschlichen Wirtschaftens. Es kommt zu einer reizvollen Begegnung zwischen traditionellem Handwerk und zeitgenössischer Kunst: „Das Stapeln von geschlagenem Holz, das Aufhäufen von gemähtem Gras, das Ansammeln von Findlingen an den Feldrändern hat immer arbeitsmäßige und ökonomische Grundlagen. Die Form ergibt sich aus der funktionalen Notwendigkeit der Tätigkeit – es ist kein bewußtes Gestalten nach ästhetischen Prinzipien. Und doch sind die Ergebnisse von ökonomisch-funktionaler und ästhetischer Arbeitsweise sich unter formaler Betrachtungsweise sehr ähnlich."[25] Gerade im Werk von Richard Long wird deutlich, welch subtile Wirkung sich entfaltet, wenn der Künstler gegen die ursprüngliche natürliche Komplexität seine eigene Ordnung setzt, indem er das Material bewußt arrangiert.

Die Nähe der Kunst zum täglichen Leben beschreibt der britische Künstler Andy Goldsworthy (geb. 1956) im Zusammenhang mit seiner Arbeit *The Wall* 1988/89 vor einem sehr alltäglichen Hintergrund: „Die Buccleuch Estates haben mir in Dumfriesshire ein kleines Waldstück zur Verfügung gestellt. [...] Laut Pachtvertrag hatte ich die Verpflichtung, eine Grenzmauer zu bauen. Die Mauer, die ich zwischen meinem und dem Land des Nachbarn errichtet habe, stellt eine Art Kompromiß dar. Es gibt zwei Schutzbuchten in dieser Mauer: die eine hat eine Öffnung zum Land des Bauern und dient als Durchgang für die Schafe, die andere ist zu meinem Land hin geöffnet und ermöglicht den Zugang zur Skulptur. So sind die Schafe teilweise auf meinem Land, und die

---

[23] Friedrich, Heiner zit. n.: Seidenfaden, I.: „Da wacht man ganz schnell auf" in: Abendzeitung München, Nr. 26 vom 29.5.1977

[24] Billeter, Erika in: Kunsthaus Zürich (Hrsg): Mythos und Ritual in der Kunst der siebziger Jahre. Zürich 1981; S. 21

[25] Thiel, Heinz a.a.O.; S. 26

Skulptur ist auf dem des Bauern."[26] Goldsworthy schlägt mit dieser Arbeit nicht nur eine Brücke zur handwerklichen Tradition, sondern auch zu den Menschen, die ihn bei seiner Arbeit nicht nur handwerklich, sondern auch kreativ unterstützen. Joe Smith, der Dry-Stone-Waller und Helfer Goldsworthys beim Mauerbau, findet sich daher selbstverständlich namentlich in den Publikationen des Künstlers genannt.

[26] Goldsworthy, Andy / Zweitausendeins (Hrsg der dt. Ausgabe): Andy Goldsworthy. Frankfurt 1990

Holz

Richard Harris, *Cliff Structure*, Grizedale Skulpturenprojekt im Lake District/Großbritannien 1988

Vor allem als Bau- und Brennstoff gehörte Holz für den Menschen von jeher zu den lebensnotwendigen Grundmaterialien und versinnbildlicht in besonderem Maße die Vitalität des natürlich Gewachsenen. Holz wird als bildhauerisches Material noch heute im wesentlichen in drei unterschiedlichen Arten bearbeitet: „Einmal das Arbeiten des Skulpateurs in den Holzblock hinein, wohl die ursprünglichste und bekannteste Technik, dann das Benutzen das Holzes als konstruktives Mittel durch Balken und Bretter, sowie die Integration des Holzes in seinem natürlichen Erscheinungsbild als Baum, Stamm, Ast."[27] Auch hier ist es das Material in seinem natürlichen Erscheinungsbild, das, allenfalls minimal bearbeitet, vor allem in der europäischen Natur-Kunst die meiste Verwendung findet. Als konstruktives Mittel findet sich Holz eher in der nordamerikanischen Landschaftskunst wieder: Gesägt, gehobelt, genagelt und zuweilen auch gestrichen, verliert das Naturmaterial einen erheblichen Teil seiner eigenen Form, seines unverwechselbaren Charakters.

[27] Rüth, Uwe/Galerie Heimeshoff, Essen (Hrsg): Material und Raum. Essen 1991; S. 26

Die größte Dynamik entfaltet Holz naturgemäß im lebenden Zustand, aber nur wenige Künstler nutzen lebendes Pflanzenmaterial, einmal abgesehen von Gras oder Rasen als grüner Oberflächentextur. Die lebende Pflanze entfaltet ihre eigenen, nicht immer vorhersehbaren Kräfte und verändert als aktives Medium ihre Umgebung. Wo dieser natürliche Veränderungsprozeß gesteuert werden soll, greift der Mensch traditionell mit gärtnerischen Methoden ein. Robert Smithson fragt 1968: „Könnte man sagen, daß Kunst degeneriert, wenn sie sich dem Gärtnerischen annähert?"[28] Die Kunstkritik tut sich folglich mit künstlerisch-gärtnerischem Schaffen schwer und bringt Arbeiten wie die des Briten David Nash *Ash Dome* (1977) aus lebenden Eschen mit traditioneller Gartenkunst direkt in Verbindung. Ist es gerade diese Tradition des „gärtnerischen Frisierens", die dafür verantwortlich ist, daß lebende Pflanzen so selten in Natur-Kunst und Land Art Verwendung finden? Oder meidet die Kunst den Umgang mit Medien, deren Eigendynamik scheinbar schwer zu kontrollieren ist?

[28] Smithson, Robert zit. aus: Holt, Nancy (Hrsg): The Writings of Robert Smithson. New York 1979; S. 85–86

Auch für David Nash (geb. 1945) ist die Arbeit mit lebenden Pflanzen eher eine Ausnahme. In der Regel beschäftigt er sich überwiegend mit totem Holz in seinem natürlichen Erscheinungsbild und erkennt in diesem Material die Metapher des Lebens. „Ich will", so der Künstler, „eine einfache Annäherung an das Leben und Schaffen. Leben und Arbeit soll die Balance und Kontinuität der Natur reflektieren. Identifiziere ich mich mit der Zeit, der Energie und der Sterblichkeit das Baumes, dann fühle ich mich einbezogen in das Werden und Vergehen der Natur. Ausgezehrt und regeneriert, gebrochen und vereint; schlafendes Vertrauen wird wiedererweckt in jungem Wachstum auf altem Holz."[29]

[29] Nash, David zit. nach: Beardsley, John: Earthworks and beyond. New York 1989; S. 47

Für viele Natur-Künstler spielt die Vergänglichkeit, ein elementarer und häufig verdrängter Bestandteil unseres Lebens, und die Phase des Zerfalls im Zyklus der Natur eine wesentliche Rolle. Im Umgang mit Natur muß sich der Künstler zwangsläufig mit dem Eigenleben der Materie auseinandersetzen oder zumindest arrangieren. Die natürlichen Veränderungen werden zum immanenten Bestandteil der skulpturalen Arbeit, sie prägen eine wichtige, eine neue Dimension des offenen Kunstwerkes: „Von hier aus erhält eine offene Kunst ihre Funktion als epistemologische Metapher", so Umberto Eco. „In einer Welt, in der die Diskontinuität der Phänomene die Möglichkeit für ein einheitliches und definitives Weltbild in Frage gestellt hat, zeigt sie uns einen Weg, wie wir diese Welt, in der wir leben, sehen und damit anerkennen und unserer Sensibilität integrieren können. Ein offenes Kunstwerk stellt sich der Aufgabe, uns ein Bild von der Diskontinuität zu geben: es erzählt sie nicht, sondern ist sie. Es vermittelt zwischen der abstrakten Kategorie der Wissenschaft und der lebendigen Materie unserer Sinnlichkeit und erscheint so als eine Art von transzendentalem Schema, das es uns ermöglicht, neue Aspekte der Welt zu erfassen."[30]

[30] Eco, Umberto: Das offene Kunstwerk. Frankfurt 1990; S. 165

Schnee und Eis

Dennis Oppenheim (geb. 1938), ein Pionier der Land Art, zog 1969 im Rahmen des Projektes *Time Pocket* mit einem Schneemobil eine Spur in den Schnee, die die internationale Zeitgrenze zwischen Kanada und den USA markierte. Andy Goldsworthy schafft fragile Skulpturen aus Schnee und Eis, die schon nach kurzer Zeit wieder schmelzen. Im Mittelpunkt solcher Aktionen steht die individuelle, manchmal spielerische Begegnung mit Landschaft, Natur und dem Phänomen Zeit. Würde das Objekt nicht fotografisch fixiert, was die Pioniere der Land Art anfangs vehement ablehnten, bliebe es am Ende nur als Erinnerung im Gedächtnis des Individuums. Der Übergang zu den Konzepten der Minimal Art und Concept Art ist fließend. „Das Endprodukt, falls eines überhaupt noch auszumachen ist, [...] ist nicht mehr das Ziel, sondern wird sekundär in seiner Bedeutung innerhalb der künstlerischen Arbeit, wird zum Relikt degradiert zugunsten der Visualisierung des Prozesses, der Bewegung, der Veränderung selbst, häufig zusammen mit dem Hinweis auf Erscheinungen, die jenseits des Sichtbaren liegen, wie z.B. die Zeit."[31]

Andy Goldsworthy, *Eiszapfen*, Scaur Water/Schottland 1987

Archetypische Formen

Zu den spezifischen Merkmalen der Land Art zählt eine Formensprache, die durch einfache, meist strenge Geometrien gekennzeichnet ist. Diese Formensprache stützt sich vor allem auf Symbole, die ihrem Charakter nach archetypisch sind. Ihr Ursprung liegt in der frühesten Menschheitsgeschichte, ihre Bedeutung ist kollektiv verankert und unbewußt zu entschlüsseln. Der Punkt, die Linie, der Kreis, die Spirale, das Labyrinth und die Pyramide zählen zu den am häufigsten verwendeten Zeichen mit symbolischem Charakter.

Die Linie

Die Linie zählt zu den elementarsten eindimensionalen Zeichenelementen. Im Unterschied zum Punkt erscheint sie gerichtet, bewegt und in Entwicklung. Die Bedeutung der Linie als alltägliches Element der Gestaltung war im Laufe der Menschheitsgeschichte außerordentlich vielfältig, und oft hat sie – beispielsweise als gedachte Verbindungslinie zwischen den Sternen – einen imaginären Charakter angenommen. In der Arbeit der Land Art-Künstler dient die Linie vor allem der Sichtbarmachung des Unsichtbaren. Als Dennis Oppenheim im Rahmen der Arbeit *Time Pocket* mit dem Schneemobil eine Spur entlang der Zeitgrenze zwischen Kanada und den USA hinterließ, machte er vorübergehend das abstrakte Ergebnis einer mathematischen Operation zur zeitlichen Strukturierung der Welt als Linie im Schnee deutlich sichtbar.

Richard Long versteht die Landschaft als ein komplexes Gebilde aus überlagerten geologischen und historischen Schichten. Seine linearen Markierungen in der Landschaft sind Spuren, die für kurze Zeit eine eigene Schicht kennzeichnen. Mit *Walking a Line in Peru* begab sich Long 1972 in ein Land, in dem die sichtbaren Linien als Elemente der altindianischen Erdzeichen von Nazca eine uralte und noch immer verschlüsselte Geschichte erzählen. Auch Walter de Maria kennt die meditative Wirkung archaischer Geometrie im landschaftlichen Kontext. In einem subjektiven Erfahrungsbericht schildert der schweizerische Ausstellungsmacher Carlo Huber seine erste Begegnung mit De Marias *Las Vegas Piece* als „Spaziergang ans Ende der Welt."[32] In der einsamen Weite der Wüste vermittelt die lineare Spur eines Bulldozers ein Gefühl der Orientierung, das scheinbar die ganze Welt umspannt.

Der Kreis

Der Kreis ist ein universelles Symbol, das in fast allen Kulturen der Welt ähnliche Bedeutung hat. „Wo das Motiv des Kreises auftaucht, in alten Sonnenkulturen oder in modernen religiösen Darstellungen, in Mythen oder Träumen, in Meditationsbildern oder im Grundriß moderner Städte: Immer weist es auf einen Aspekt des Lebens hin, auf seine ursprüngliche Ganzheit."[33] Der Kreis kann sowohl Konzentration auf den Mittelpunkt als auch Ausstrahlung vom Mittelpunkt in die Umgebung bedeuten. Stonehenge, die größte Megalithanlage Europas in Südengland, hat sein Geheimnis bis heute noch nicht vollständig preisgegeben und wird vielleicht gerade deswegen

Richard Long, *A Circle in Ireland*, Irland 1975

---

[31] Jochimsen, Margarethe: „Zeit zwischen Entgrenzung und Begrenzung der bildenden Kunst heute" in: Baudson, Michael (Hrsg): Zeit – Die vierte Dimension in der Kunst. Weinheim 1985; S. 224–225

[32] Huber, Carlo: „Spaziergang ans Ende der Welt. Zu den Werken von Heizer und de Maria in Nevada", in: Kunstjahrbuch 1, Hannover 1970; S. 129

[33] Jaffe, A. in: Jung, C.G.: Der Mensch und seine Symbole. Olten 1968; S. 240

Robert Morris, *Observatory* (Bauphase 1977 und Zustand 1993), Flevoland/Niederlande

von der Land Art immer wieder zitiert. Neben der Kreisform spielt vor allem der mythische Aspekt der Anlage eine entscheidende Rolle. Robert Morris' *Observatory* in den Niederlanden (1977) ist eine der Arbeiten, die nicht nur formal, sondern auch in der inhaltlichen Bedeutung Stonehenge nahe kommt. Die Position des Sonnenaufgangs während der Winter- und Sommersonnenwende sowie während der Äquinoktien – den Tagundnachtgleichen des Jahres – bestimmt die Position der Sichtachsen, die vom Mittelpunkt der kreisförmigen Wallanlage zum Horizont reichen, und verankert das Projekt fest im natürlichen Zeitsystem. Als vierte Dimension der Kunst erlangt die Zeit in der Form des Kreises eine zentrale Bedeutung.

Die Pyramide

Die Pyramide ist eine Grunderscheinung der Wahrnehmung.[34] Jede kubische Form mit parallelen Raumkanten wird perspektivisch als eine sich der Pyramide angleichende Form gesehen. Als kubische Form stehen Pyramide und Kegel für die Dualität von Stabilität und Dynamik. Das Dreieck, die Schnittfigur der Pyramide, steht für Stabilität, besonders dann, wenn es auf einer der drei Seiten ruht. Zugleich ist die Pyramide, die sich zur Spitze hin verjüngt, ein dynamisches Element.

Feuer, Flamme, solare Kraft, höchstes Streben des Geistes, Weltzentrum und axis mundi werden als traditionelle symbolische Bedeutungen der Pyramide genannt. Für Heinz Thiel, versierter Kenner der Natur-Kunst, sind Pyramide und Kegel Formen des täglichen Lebens: „Ästhetisch erscheint das Anhäufen dem Auge als stimmig, und das allein beruhigt soweit, daß Kegel und Pyramidenformen keiner weiteren Erklärung oder Sinnhinterfragung bedürfen. [...] Gerade im Bereich des anonymen Gestaltens finden sich die Kegelformen sehr häufig als Holzstapel, Getreidegarben oder trockene Grashaufen."[35]

Der Wirkung der archetypischen Pyramidenform wird man aber sicherlich nicht vollends gerecht, ohne die etwa viereinhalbtausend Jahre alten monumentalen Grabanlagen der ägyptischen Pharaonen des Alten und Mittleren Reiches zu berücksichtigen. Das Geheimnis der Pyramiden von Giseh ist trotz der Kenntnis ihrer Funktion noch nicht gelüftet. Die Rätselhaftigkeit und formale Kraft dieser Monumente war für viele Künstler der Land Art von besonderem Reiz.

Insbesondere Michael Heizers Arbeiten werden immer wieder mit archäologischen Monumenten verglichen. Seit mehr als zwei Jahrzehnten arbeitet Heizer an *Complex One/Complex Two/City*, einem gigantischen Ensemble aus geometrisch geformten Erd- und Betonbauwerken in „Garden Valley", einem Hochplateau in der Wüste Nevadas. Der erste Teil der Anlage, *Complex One*, ein über 40 m langes und 7 m hohes Erd-Betonbauwerk mit trapezoidem Querschnitt, wurde 1972 bis 1974 erbaut. „Die machtbehauptende Isolation dieses Gebildes in der Einsamkeit, Menschenleere der Landschaft, die Ausrichtung des Rahmenwerks auf den Gang der Sonne, all diese Elemente verweisen nicht spekulativ, sondern tatsächlich auf Copan oder Teotihuacan."[36] Robert F. Heizer, der Vater des Künstlers, lehrte als international bekannter Anthropologe und Archäologe in Berkeley. Michael lernte in seiner Jugend auf Grabungen in Zentral- und Südamerika die Bedeutung der Bauwerke präkolumbianischer Hochkulturen kennen, was seine künstlerische Arbeit nachhaltig prägt. Die Trapezform der altägyptischen Mastabas findet sich deutlich als prägende Form bei *Complex One* in Nevada wieder.

Die vierte Dimension der Land Art

„The artist who works with earth, works with time."[37] Walter de Maria verdeutlichte mit dieser Feststellung zu Beginn der siebziger Jahre nicht nur den Zusammenhang zwischen Material und Zeit im allgemeinen, sondern betonte auch die Bedeutung der Zeit in der Landschaftskunst im besonderen. „Raum und Zeit oder vielmehr: Raum-Zeit findet man im Stoff eines jeden Kunstprodukts", so der Philosoph John Dewey. „In den Künsten sind diese Kategorien weder leere Gefäße noch bloß formale Relationen, als die sie die philosophischen Schulen gelegentlich expliziert haben. Sie sind wesentlich und wirklich; sie sind Eigenheiten jeder Art von Material, das zur künstlerischen Sprache und zur ästhetischen Realisation verwendet wird."[38] Der bewußte

[34] vgl. Grütter, Jörg Kurt: Ästhetik der Architektur. Grundlagen der Architektur-Wahrnehmung. Mainz 1987; S. 141

[35] Thiel, Heinz a.a.O.; S. 41

[36] Wedewer, Rolf a.a.O.; S. 156

[37] De Maria, Walter zit. nach: Jochimsen, M. a.a.O.; S. 224

[38] Dewey, John: Kunst als Erfahrung. Frankfurt/M. 1988; S. 240

Umgang mit vergänglichen Materialien und die Einbeziehung des Verfalls sind Kennzeichen einer eigenen Zeitauffassung.

Mit der Erschließung der Wüste, die zu einem erweiterten Aktionsraum wurde, und mit dem Widerstand gegen eine gesichts- und geschichtslose Entfremdung der Kunst war für die Pioniere der Land Art die Zeit zu einem wichtigen Faktor geworden. „Je weiter der Fortschrittsglaube […] zerbröselte, je mehr die Gesellschaft die Grenzen ihrer materiellen Entfaltung […] erreichte, um so deutlicher trat die Zeit als bewegendes und begrenzendes Moment in den Fokus der Reflexionen. Nicht der Eroberung des materiellen Raumes, sondern der Zeit als immaterieller Dimension des Raumes galt die geistige Anstrengung um der Erfahrung des Selbst willen. Die monumentalen Eingriffe in die Landschaft der Land Art-Künstler sind trotz ihrer Ausdehnung im Raum Beschwörungen von Zeit."[39]

[39] Pohlen, Annelie / Wawrin, Isolde: „Vom Denken in Bildern" in: Kunsthaus Zürich a.a.O. 1981; S. 34–35

Zur Visualisierung dieser unsichtbaren Dimension und zur Verstärkung des Zeitempfindens bedient sich die Kunst in der Landschaft aber nicht nur der bewußten Einbeziehung des Vergänglichen, sondern auch bestimmter symbolischer Formen. Diese manifestieren sich entweder sichtbar in der äußeren Gestalt des Werkes, wie beim kreisrunden *Observatory* von Robert Morris (geb. 1931), oder liegen als gedachte Bewegungsschienen zugrunde, wie im Fall von Richard Longs Wanderung entlang konzentrischer Kreise *Four Hours and Four Circles* 1972, eine Aktion, in deren Mittelpunkt das subjektive Zeiterleben stand. Historische Zeit wird in der Land Art durch das Ruinöse, aber auch durch den Bezug zu frühgeschichtlichen Bauwerken verdeutlicht, während Verbindungen zum Jahreslauf der Sonne die astronomische Zeit erlebbar machen sollen.

Nicht nur in der Land Art, sondern auch in der europäischen Natur-Kunst ist die begrenzte Lebensdauer der Werke also nicht nur geduldet, sondern beabsichtigt. Vergänglichkeit als zeitlicher Prozeß, als Möglichkeit direkter Naturerfahrung steht in der Natur-Kunst im Vordergrund. Im Unterschied zur traditionellen Skulptur überdauern viele Werke in der Natur ein paar Monate, Tage, Stunden oder auch nur einige Sekunden. Der Prozeß des Vergehens spielt dementsprechend auch in der Dokumentation der Arbeiten, beispielsweise von Andy Goldsworthy, eine wichtige Rolle.

Welche Bedeutung dem Experiment mit der vierten Dimension innerhalb dieser Kunst für unsere auf Etablierung und Anreicherung ausgerichtete Mediengesellschaft zukommt, faßt Hartmut Böhme unter der Überschrift „Die Natur sprechen lassen" zusammen: „Unsere gewöhnliche Wahrnehmung ist auf blitzschnelles Identifizieren des Informationsgehaltes von Bildern geeicht. Die auf unseren Körper abgestimmte Sinnlichkeit ist durch das ungeheure Tempo unserer modernen Verkehrsmittel und der schockhaften Rasanz der Bildtempi in den Großstädten wie in den Medien gewissermaßen dezentriert worden, ruhelos, nervös, gierig, aggressiv. Naturwahrnehmung erfordert ein anderes Verhältnis zur Zeit […]. Naturwahrnehmung macht völlig andere Zeitformen, Rhythmen, Zeitfiguren offenbar, in denen Naturprozesse organisiert sind. Menschenzeit, gesellschaftliche und historische Zeit, und die in Natur vorfindlichen Zeiten überschneiden sich nur in wenigen Zonen und klaffen im übrigen weit auseinander."[40]

[40] Böhme, Hartmut in: Kulturstiftung Stormarn a.a.O.; S. 96–97

Michael Heizer, *City*, 1972 (östliche Seite, im Bau). *Complex One*, 1972–1974 (im Hintergrund). *Complex Two*, 1981 (links vorn, im Bau). Central Eastern Nevada, USA.

Das andere Raumerlebnis

„Allein wenn Perspektive kein Wertmoment ist, so ist sie doch ein Stilmoment, ja, mehr noch: sie darf […] als eine jener symbolischen Formen bezeichnet werden, durch die ein geistiger Bedeutungsinhalt an ein konkretes sinnliches Zeichen geknüpft und diesem Zeichen innerlich zugeeignet wird; und es ist in diesem Sinne für die einzelnen Kunstepochen und Kunstgebiete wesensbedeutsam, nicht nur ob sie Perspektive haben, sondern auch welche Perspektive sie haben."[41] Bei dem Versuch, die Frage des Kunsthistorikers Erwin Panofsky nach der Perspektive in bezug auf die Land Art zu beantworten, besteht die besondere Schwierigkeit, daß viele der vergänglichen Arbeiten nur als Fotodokumentation vorliegen. Selbst der Umstand, daß die Pioniere der Land Art ihre Arbeiten überhaupt fotografieren ließen, gab Anlaß zum Vorwurf der Inkonsequenz, war doch eine der strengsten Maximen der Land Art ihr Ausstieg aus dem etablierten Kunstbetrieb, dem man keinerlei vermarktbare Objekte bieten wollte.

[41] Panofsky, Erwin: Aufsätze zu Grundfragen der Kunstwissenschaft. Berlin 1964; S. 108

Für Richard Serra (geb. 1939) ist die Fotografie, besonders die Luftaufnahme ein klares Indiz dafür, daß sich die Land Art trotz ihrer Verweigerungshaltung gegenüber dem traditionellen Kunstbegriff noch immer in der Abhängigkeit der Malerei befindet. „Was die meisten Leute z.B. von Smithsons *Spiral Jetty* kennen, ist ein aus einem Helikopter geschossenes Foto. Vor Ort jedoch hat das Werk nichts von diesem rein grafischen Charakter. [...] wenn man Skulptur auf die ebene Fläche der Fotografie reduziert, dann gibt man nur ein Relikt der eigentlichen Absichten weiter. Man verleugnet die zeitliche Erfahrung des Werkes. Nicht nur, daß man die Skulptur zwecks besserer Konsumierbarkeit auf einen anderen Maßstab reduziert, man verleugnet außerdem den eigentlichen Inhalt des Werkes."[42]

Robert Smithson, *Spiral Jetty* (1500 Fuß lang, 15 Fuß breit), Great Salt Lake, Utah 1970

Die zentralperspektivische Raumkonstruktion, als deren Erfinder der Bildhauer und Architekt Filippo Brunelleschi (1377–1446) gilt, setzt Erwin Panofsky zufolge zwei wesentliche Annahmen voraus: „zum einen, daß wir mit einem einzigen und unbewegten Auge sehen würden, zum anderen, daß der ebene Durchschnitt durch die Sehpyramide als adäquate Wiedergabe unseres Sehbildes gelten dürfe. In Wahrheit bedeuten aber diese beiden Voraussetzungen eine überaus kühne Abstraktion von der Wirklichkeit. [...] Im Raum der unmittelbaren Wahrnehmung ist dieses Postulat nirgends erfüllbar."[43] Eine solche kritische Sichtweise setzte sich im Laufe der Geschichte erst nach einigen Jahrhunderten der normativen Gültigkeit der Zentralperspektive durch. Mit dem Wandel des naturwissenschaftlichen Weltbildes, vor allem im Hinblick auf Einsteins Relativitätstheorie, fand ein tiefgreifender Wandel zur Aperspektivität statt. Der Standpunkt des Betrachters soll nicht länger diktiert werden.

Robert Smithson, *Spiral Jetty*

Der grundlegende Unterschied der zeitgenössischen Plastik, deren Fundament erst Mitte der sechziger Jahre entwickelt wurde, zur „traditionellen" Plastik besteht vor allem in einem neuen Selbstverständnis und einer neuen, geradezu „symbiotischen" Beziehung zum Rezipienten. „Diese Plastik will benutzt, durchschritten, erstiegen, ertastet werden. Sie will nicht nur, wie frühere Kunstwerke, in einer ästhetischen oder geistigen Auseinandersetzung erlebt, sondern – wörtlich – gelebt werden. [...] Damit ist auch von der Psychologie der ganze Körper als Organ der Raumerfahrung erkannt: Genau das ist es, was die Plastik als Handlungsform nicht nur nutzt, sondern geradezu thematisiert und in die verschiedenen körperlichen Sensorien ausdifferenziert. [...] Der Körper wird eingesetzt und im Einsatz erfahren. Er ist Instrument und Sensorium zugleich."[44]

Nur ein Kunstwerk, das sich der eindeutigen Interpretation entzieht und auf individuell verschiedene Weisen formal und inhaltlich erlebbar ist, gibt dem Betrachter die Chance, neue Wahrnehmungsdimensionen zu entdecken. Umberto Eco wendet auf solche Strukturen den Begriff „offenes Kunstwerk" an.[45] Das offene Kunstwerk diktiert nicht mehr eine bestimmte Wahrnehmung, sondern eröffnet ein Feld interpretativer Möglichkeiten, das es dem Menschen erlaubt, sich seinen eigenen Standpunkt bewußt frei zu wählen. Nun könnte man zu der Einsicht gelangen, daß jede freistehende Skulptur im Raum nach dieser Definition formal zu den offenen Kunstwerken zu rechnen sei, denn schließlich wird dem Betrachter nur selten zwingend vorgeschrieben, aus welcher Perspektive er eine Skulptur zu sehen hat. Eco akzeptiert diesen prinzipiellen Einwand, aber er stellt fest: „Ganz abgesehen von den Fällen, in denen das Werk so konzipiert ist, daß es ausschließlich frontal betrachtet werden kann (man denke an die Säulenstatuen der gotischen Kathedralen), sind diese Formen stets so angelegt, daß die Aufmerksamkeit schließlich im Gesamtresultat konvergiert – demgegenüber die perspektivischen Aspekte komplementär sind und auf das sie insgesamt hinweisen. [Ein offenes Kunstwerk] hingegen läßt uns von jeder Seite aus die Koexistenz variabler Perspektiven erahnen, die sich gegenseitig ausschließen. Das läßt uns befriedigt von unserer augenblicklichen Perspektive sein und macht uns verwirrt und neugierig in der Überlegung, ob es sein könnte, sich die Gesamtheit der Perspektiven gleichzeitig vorzustellen (was so gut wie unmöglich ist)."[46]

Robert Smithson, *Spiral Jetty*

Nicht alle Arbeiten der Land Art und Natur-Kunst ermöglichen diese Raumerfahrung innerhalb der eigenen Struktur. Oft entsteht erst in der Symbiose mit dem Landschaftsraum ein offen interpretierbares Gefüge. Die Raumauffassung der Land Art und Natur-Kunst ist nur in Ausnahmen von festgelegten Blickpunkten und eindeutigen Perspek-

[42] Serra, Richard zit. nach Crimp, Douglas: „Richard Serras urbane Skulptur". Interview von Richard Serra, Juli 1980 in: Serra, Richard: Schriften, Interviews 1970 bis 1989. Bern, 1990; S. 138/139

[43] Panofsky, E. a.a.O.; S. 101

[44] Schneckenburger, Manfred: „Plastik als Handlungsform" in: Kunstforum International, Bd. 34, 4/79; S. 20–31

[45] vgl. Eco, U. a.a.O.

[46] ebenda; S. 157

tiven bestimmt. In der Aperspektivität äußert sich eine Absage an die Diktatur des unbewegten Auges. Darüber hinaus wird sie auch als Anreiz zum totalen Raumerlebnis aufgefaßt, als Angebot zur individuellen, bewußten Freiheit des Rezipienten im Sinne der Theorie des offenen Kunstwerkes. Die Fotografie ist in erster Linie notwendige Technik zur Dokumentation vergänglicher Schöpfungen.

In der Landschaft

„Anstatt die Landschaft in Farbe auf der Leinwand […] darzustellen, entschlossen sich eine Handvoll Künstler, in die Landschaft selbst einzutauchen, um ihre Materialien zu verwenden und um mit ihren typischen Merkmalen zu arbeiten. Sie stellten die Landschaft nicht einfach dar, sondern sie bezogen sie mit ein", schreibt John Beardsley in seinem Buch „Earthworks and beyond". „Their art was not simply *of* the landscape, but *in* it as well."[47] Für das Arbeiten in und mit der Natur ist die Beziehung zum jeweiligen Landschaftsraum von fundamentaler Bedeutung. Während sich die Pioniere der Land Art aus der Stadt in vermeintlich unberührte Naturlandschaften zurückzogen, mußten sich die Landschaftskünstler in Mitteleuropa von Anfang an in ihren Werken mit der dichtbesiedelten, reich strukturierten Kulturlandschaft auseinandersetzen. Die Teiligkeit des landschaftlichen Gefüges, das kulturelle Umfeld und die Einbindung in den gesellschaftlichen Alltag mit seinen spezifischen Problemen im Umgang mit Kunst im öffentlichen Raum führen zu deutlich begrenzten Werkdimensionen und einer eingeschränkten räumlichen Bewegungsfreiheit.

Wüste

Für die amerikanischen Pioniere der Land Art galten die weiten Wüstengebiete von Nevada, Utah, Arizona und New Mexico als unberührte, meditative Naturlandschaften, wo sich im Unterschied zur Komplexität der Städte die Lebensbedingungen auf einfache Parameter beschränkten. Michael Heizer suchte nach eigenen Worten in der Wüste „jenen unbeschädigten, friedvollen, religiösen Raum […], den die Künstler schon immer versucht haben, in ihrer Arbeit auszufüllen".[48] Dabei sollte die Wahrnehmung des grenzenlosen Raumes und die einzigartige Qualität von Naturerfahrung im Mittelpunkt stehen. Bis heute sind Wüstengebiete die bevorzugten Handlungsräume für Künstler dieser Tradition, die sich, wie Charles Ross in New Mexico (*Star Axis*) oder Hannsjörg Voth in Marokko (*Himmelstreppe*, *Goldene Spirale*), den Zwängen der dichtbesiedelten Kulturlandschaft entziehen wollen.

Der Architekturtheoretiker Christian Norberg-Schulz spricht von der Wüste als einer „kosmischen Landschaft", in der der Mensch nicht den „vielgestaltigen Kräften der Erde" begegnet, sondern ihre „höchst absoluten kosmischen Eigenschaften erlebt".[49] Diese kosmischen Eigenschaften manifestieren sich in einem durchaus klischeehaften Idealbild der Wüste, gekennzeichnet durch die Phänomene: endlose Weite, dürrer Boden, wolkenloser Himmel, sengende Sonne, Einsamkeit, Stille, Trostlosigkeit und dergleichen. Die Künstler empfinden diese Landschaft als neutralen Grund, der dem Menschen, abgesehen von wenigen Oasen, keine Orientierung im Raum, also keinen existentiellen Halt bietet. Sie reagieren folglich mit Eingriffen, die die Orientierung im Raum betonen. Dies geschieht mit unterschiedlichsten Mitteln: „In der Tat lassen sich zahlreiche Arbeiten von Andre, de Maria, Long u.a. viel eher mit Begriffen wie Weg, Achse, Ort, Innen-Außen beschreiben als in den traditionellen Termini von Material, Masse, negativem Volumen, Rhythmus, Komposition",[50] erkennt Manfred Schneckenburger. Orientierung im Raum ist aber nicht der einzige Grund für die baulichen Setzungen der Land Art-Künstler, vielmehr demonstrieren viele Werke in ihrer Strenge und Monumentalität deutlich den Gestaltungswillen des Individuums. Die Markierungen auf neutralem Grund stehen daher meist im Kontrast und in der Konfrontation zur Landschaft. Manchmal offenbart sich dieser dominante Charakter erst in einem Moment der Überraschung. Walter de Marias *Las Vegas Piece* in der Tula-Wüste von Nevada kann man als strukturierende Weglinie betrachten, die dem Besucher erst auffällt, wenn er bereits mitten auf der Spur des Bulldozers steht.[51] Hannsjörg Voths *Himmelstreppe* setzt sich dagegen schon von weitem formal bewußt von der Umgebung ab, steht also in klarem Kontrast zur Umgebung, ebenso wie Michael Heizers *Complex One*. Als

---

[47] Beardsley, J. a.a.O.; S. 7: „Ihre Kunst bestand nicht nur *aus* der Landschaft, sondern sie war auch *in* der Landschaft."

[48] Heizer, Michael zit. n. Wedewer, Rolf a.a.O. 1981; S. 152

[49] Norberg-Schulz, Christian: Genius loci. Stuttgart 1982; S. 42–43

[50] Schneckenburger, Manfred a.a.O.; S. 23

[51] vgl. Erfahrungsbericht von Huber, Carlo a.a.O.; S. 129ff

Richard Long, *Touareg Circle*, Sahara 1988

Richard Long, *Dusty boots line*, Sahara 1988

Unikate und Merkzeichen verwandeln solche Monumente die namenlose Stelle in einen Ort, einen Topos. Diesen Prozeß bezeichnet Norberg-Schulz als den existentiellen Zweck des Bauens.[52]

Auch Richard Long sucht auf seinen Wanderungen in der Sahara 1988, in Anatolien 1989 oder in den texanischen Wüsten 1990 die stillen persönlichen Freiräume, den menschenleeren neutralen Grund, jedoch nicht zur Setzung monumentaler Zeichen, sondern im Sinne einer sehr persönlichen Naturerfahrung, die er mit seinen einfachen, universell verständlichen Setzungen in der Landschaft unterstreicht. Seine einfachen Zeichen passen sich an, geben sich in abwechslungsreicher Landschaft erst bei genauerem Hinsehen zu erkennen und verraten ein feines Gespür für innere Strukturen. Long gesteht, daß „die Natur stärker auf mich einwirkt als ich auf sie".[53] Diese Feststellung unterstreicht den wesentlichen Unterschied zwischen Natur-Kunst und Land Art im jeweiligen Verhältnis zur Natur.

[52] vgl. Norberg-Schulz, C. a.a.O.; S. 18

[53] Long, Richard zit. aus: The South Bank Centre a.a.O.; S. 16

Wald

Von Natur aus ist Mitteleuropa ein fast geschlossenes Waldgebiet. Seine frühe Kulturgeschichte ist geprägt vom Kampf gegen „finsteres Waldland", dem man nutzbares Acker- und Weideland abrang. Erst als große Teile der Waldlandschaft bereits der menschlichen Nutzung zum Opfer gefallen waren, entdeckte die Romantik die „Waldeinsamkeit" als bevorzugtes Naturmotiv. Die unendliche Vielfalt der Erscheinungsformen des Waldes, seine geschlossene, fast labyrinthische Unüberschaubarkeit und seine geheimnisvolle Dämmerung lieferten nicht nur den Stoff für Märchen und Sagen, sondern prägen bis heute in der Vorstellung der Menschen das teils schaurige, teils romantische Bild des Waldes, obwohl er längst zum wirtschaftlich genutzten Forst geworden ist.

Im Forst des südlichen britischen Lake Districts entstand Mitte der siebziger Jahre das Projekt *Grizedale Forest Sculpture*, eines der bislang wenigen Projekte von großem Umfang, das in einem Waldgebiet entwickelt wurde. Seit 1977 nutzen vor allem Natur-Künstler aus aller Welt das Ambiente der 35 km² umfassenden Waldlandschaft und realisierten inzwischen über 100 teils temporäre, teils dauerhafte Skulpturen an frei gewählten Standorten. Allen Arbeiten gemeinsam ist die sehr persönliche, sensible Interpretation des jeweiligen romantischen Waldortes, den sie sich für ihr Werk auswählten.

Andy Goldsworthy, *Seven Spires*, Grizedale Skulpturenprojekt im Lake District, Großbritannien 1984

Die Arbeit *Seven Spires* von Andy Goldsworthy entstand 1984 in einem dichten Kiefernbestand. Goldsworthy arrangierte schlanke Fichtenstämme zu 25 m hohen, spitz zulaufenden Kegeln, die inmitten des dichten Baumbestandes zunächst fast unsichtbar sind, sich der Umgebung anpassen. Erst wenn man bereits mitten in der Gruppe der *Seven Spires* steht, drängt sich das Gefühl auf, in eine geheime Versammlung eingedrungen zu sein. „Als ich die Spires baute", erläutert Goldsworthy, „wollte ich die Gefühle bündeln, die ich inmitten des Fichtenforstes empfand, der charakterisiert ist von einem unbändigen Wachstum und einer aufsteigenden Energie. Die Spires schienen mir passend mit ihrem Bezug zu Kirchen und ganz besonders zur Kathedrale und ihrer architektonischen Verwendung von Linien, die das Auge gen Himmel richten."[54] Die romantische Komponente dieser Interpretation ist unverkennbar und erinnert an Michael Heizers Bemerkung über „jenen unbeschädigten, friedvollen, religiösen Raum" in der Wüste. Vom formalen Kontrast lebt dagegen Goldsworthys *Sidewinder* aus dem Jahr 1985. Aus stark gekrümmten Stämmen, die der Künstler in der Umgebung fand, baute er eine etwa 55 m lange Schlange. Scheinbar ungezügelt windet sich das Ungetüm zwischen den Bäumen und über die Felsen und durchbricht fühlbar die Statik und Stille des Fichtenforstes. „Die Form entsteht unter Einwirkung der unmittelbaren Umgebung", schreibt Goldsworthy. „Die Schlange verdankt ihre Gestalt dem Bedürfnis, sich dicht am Boden zu bewegen, mal über, mal unter der Erdoberfläche, sie ist eine Verkörperung des Raumes, den sie einnimmt."[55] Mit dem langsamen Verfall – das Holz ist bereits mit Moos bewachsen und beginnt langsam zu verrotten – paßt sich der *Sidewinder* seiner Umgebung immer mehr an und wird in absehbarer Zeit verschwinden.

Andy Goldsworthy, *Sidewinder*, Grizedale Skulpturenprojekt im Lake District, Großbritannien 1984–1985

[54] Goldsworthy, Andy zit. aus: Grant, Bill/Harris, Paul (Hrsg): The Grizedale Experience. Sculpture, Arts & Theatre in a Lakeland Forest. Edinburgh 1991; S. 62

[55] Goldsworthy, A. a.a.O. 1990; o.S.

Die Wanderung als Schlüssel zum intensiven Landschaftserlebnis ist, wie bereits bei

Richard Longs Exkursionen, auch bei der (Wieder)Entdeckung des Waldes ein entscheidender Faktor, der über Fotos nicht vermittelbar ist. Der entspannende Rhythmus des Gehens, die Entfaltung der Phantasie und die unmittelbare Wahrnehmung der Natur des Waldes bewirken eine spürbare Veränderung der Aufmerksamkeit, der Wahrnehmung, des Erlebens. Gerade dort, wo sich künstlerischer Eingriff und Landschaft nicht in Konfrontation zueinander befinden, sondern fast symbiotisch miteinander existieren, wird die Begegnung zum überraschenden Erlebnis. Die Sensibilität des Betrachters für Erscheinungen des natürlichen Umfeldes und seine Erlebnisfähigkeit erfahren eine außerordentliche Steigerung. Die Spuren der Waldbewirtschaftung, gesperrte Wege, gelichtete Waldbestände und gefällte Bäume verstärken durch die ständige Veränderung des Landschaftsbildes die Erlebnisvielfalt: Die Landschaft selbst wird bald zu einer sich stets verändernden Skulptur, die man durchwandert.

HAWOLI, *Beobachtete Veränderung*, Neuenkirchen 1977

Im Zusammenhang mit dem *Schürberg-Projekt* im Westerwald, dessen Struktur dem Grizedale Projekt ähnelt, schreiben Gundolf Winter und Christoph Schreier: „Es sind dialogische Strukturen, die sich entfalten, geeignet, nicht nur die Beliebigkeit des Skulpturenparks, sondern auch die Einheitsstiftung landschaftlicher Gesamtkunstwerke im Sinne des französischen oder englischen Gartens zu vermeiden. […] Denn kein übergreifendes Konzept reglementiert hier den Dialog der Kunstwerke mit der Natur oder bestimmt deren Auswahl und Position […]."[56]

Agrarlandschaft

Mit dem Eindringen der „zweckfreien" Kunst in die intensiv genutzte Agrarlandschaft entstehen zwangsläufig Spannungen.[57] Es gibt deshalb nur wenige Beispiele von Künstlern, die direkt in genutzten landwirtschaftlichen Flächen arbeiten. Als Ruth Falazik im Sommer 1966 ihre Galerie für zeitgenössische Kunst von Bochum in das Dorf Neuenkirchen in der Lüneburger Heide verlegte, begab sie sich bewußt in dieses Spannungsfeld und begann mit der Realisation eines Projektes, das seither mit großem Erfolg die Schnittstellen zwischen zeitgenössischer Kunst und Landnutzung auslotet.

Neuenkirchen ist umgeben von genutzten Ackerflächen, Forsten und geschützten Heideflächen. Die Kunstobjekte entstanden größtenteils auf ungenutzten Restflächen, die die Bewohner des Dorfes zur Verfügung stellten. Die Bandbreite der seit 1974 stattfindenden Ausstellungen und Symposien zum Thema „Kunst-Landschaft" unter der Regie von Frau Falazik, mittlerweile Leiterin des Kunstvereins Springhornhof, ist ausgesprochen groß und die Liste der beteiligten namhaften Künstler entsprechend lang. Während anfangs noch traditionelle Skulpturen entstanden, die im Dorf aufgestellt wurden, stand mit den Jahren die prozeßhafte, wechselseitige Beziehung zwischen Kunst und Landschaft immer mehr im Mittelpunkt der alljährlich stattfindenden Symposien. Zur Ausstellung „Material aus der Landschaft – Kunst in die Landschaft" von 1977 bemerkte Ruth Falazik: „Die Auseinandersetzung mit den spezifischen Materialien dieser Landschaft bedeutete zugleich eine totale Integration des Kunstwerkes in den ländlichen Bereich. Hiermit ist der Beginn geschaffen, was für alle folgenden Jahre gilt, die Kunst als integralen Bestandteil der Landschaft zu verstehen."[58]

Beobachtete Veränderung, geschaffen von HAWOLI (geb. 1935) im Jahr 1977, entstand wie viele andere Projekte an einer Grenze zwischen Wald und Feld. Wie ein Stapel Langholz erscheint dieses Werk am Wegrand und zählt dem ersten Anschein nach zu den unauffälligen alltäglichen Formen im dörflichen Umfeld. Aber an der Ecke des Forstes geschieht etwas Unerwartetes: Der Stapel paßt sich der Form des Waldrandes an. Die Bäume bilden einen rechten Winkel, der in Wirklichkeit so nie vorkommen würde. In einem langwierigen handwerklichen Prozeß hat der Künstler die Baumstämme gebogen und dem Waldrand angepaßt. Mit Witz macht er auf komplizierte Erscheinungsformen der scheinbar simplen Realität des Alltags aufmerksam, verwandelt das Alltägliche ins Besondere und verwischt die Grenze zwischen ländlich-forstlicher Wirklichkeit und Kunstprodukt. Auch manchem Bauern von Neuenkirchen, der die Landschaft bislang ausschließlich als nutzbare Grundlage seiner Existenz sah, eröffneten sich neue Einsichten. „Hier war Einblick in die Struktur künstlerischer Arbeit möglich", stellt Jürgen Weichardt im Zusammenhang mit „Material aus der Landschaft – Kunst in die Landschaft" fest. „Daß diese rein visuell und kräftemäßig nicht so sehr ver-

---

[56] Winter, Gundolf/Schreier, Christoph: „Skulptur im Dialog. Wortelkamps, TAL, bei Hasselbach/Werkhausen im Westerwald" in: Kunstverein Hasselbach (Hrsg): Skulptur im Tal. Hasselbach 1989; S. 53

[57] vgl. Hannsjörg Voths Projekt *Feldzeichen*, in diesem Buch S. 56

[58] Falazik, Ruth: „Entstehung und Entwicklung des Projektes ‚Kunst – Landschaft' in Neuenkirchen in: Hartmann, Wolfgang/Pokorny, Werner: Das Bildhauersymposion. Stuttgart 1988; S. 63

Stanley J. Herd, *Saginaw Grant*, Kansas 1988

schieden ist von der Arbeit auf dem Lande, hat den Künstlern allgemein Sympathie verschafft."[59]

Auf den riesigen Feldern der Agrarlandschaften des amerikanischen Bundesstaates Kansas arbeitet der Künstler Stanley James Herd in einer Art, die dem New-Frontier-Gebaren der amerikanischen Land Art wesentlich näher steht als den sensiblen Interventionen der Natur-Kunst. Inspiriert durch die Erdzeichen von Nazca und den beeindruckenden Blick über die Felder vom Flugzeug aus, pflügt und pflanzt der Bauernsohn seit Beginn der achtziger Jahre riesige Bilder, vor allem Porträts und Stilleben, in die Agrarwüsten. Herd nutzt Traktor und Pflug als Pinsel und den Acker als weiße Leinwand. Seine Stilleben lehnen sich an berühmte Vorbilder der Malerei an, während riesige Porträts von Indianern seine Bewunderung für die Ureinwohner Nordamerikas dokumentieren. Die vergänglichen Ackerbilder sind ausschließlich zur Wahrnehmung aus der Luft konzipiert und bedienen sich perspektivischer Konstruktionen, die aus der Tafelbildmalerei stammen.

Für all jene, denen sich der Blick aus der Vogelperspektive bietet, verfehlt die Raumillusion der zweidimensionalen Bilder sicherlich nicht ihre beeindruckende Wirkung. Auch in Deutschland hat man den Reiz dieser Landschaftsgestaltung entdeckt und pflanzt beispielsweise seit einigen Jahren in die Einflugschneise des Flughafens München sechs Hektar große Werbemotive, genannt „Artfields", die aus etwa 500 m Höhe die Fluggäste der Airlines begeistern. Für den Betrachter am Boden jedoch ist dieses Erlebnis weder nachvollziehbar, noch sind derlei dekorative Eingriffe auf die Sensibilisierung der Wahrnehmung gerichtet. Von Land Art im Sinne der bisherigen Betrachtungen kann daher nicht die Rede sein. Vielmehr erinnert die „Crop Art"[60] an die – wesentlich kleineren – bunten Blumenpflanzungen auf Gartenschauen, die als farbenfrohes Logo oder Stadtwappen konzipiert sind.

Industrielandschaften, Restlandschaften

Während sich die Natur-Kunst bevorzugt der Arbeit in mehr oder weniger „intakten" Kulturlandschaften widmet, zählen die verwüsteten Restlandschaften unserer Industriegesellschaft wie Steinbrüche, Kohlegruben, Erzminen und so weiter nicht erst seit der Land Art[61] zu bevorzugten Arealen avantgardistischer Landschaftskunst.

Die ungebrochene Faszination für diese Landschaften aus Sicht der Kunst hat mehrere Gründe. „Zerstörte" Landschaften sind sublime Zeugnisse menschlicher Macht über die Natur, führen die technischen Möglichkeiten der Zivilisation vor Augen und verweisen mit ihren Ruinen zugleich auf nahezu romantische Weise auf die Vergänglichkeit menschlicher Werke. Während es im allgemeinen kaum noch Areale gibt, die als freie Experimentierfelder genutzt werden können, gelten in vielen „Restlandschaften" nahezu keinerlei Tabus. Sie bieten Raum für Neues. Nicht zuletzt demonstriert die Natur gerade in zerstörten Landschaften auf beeindruckende Weise ihre vitale Regenerationsfreudigkeit – man denke an spezielle Pflanzenstandorte und Lebensräume für seltene Tierarten –, die zuweilen bewußt in den Kontext des künstlerischen Eingriffs einbezogen wird. Das rege Interesse der Landschaftskunst an der Arbeit in solchen Restlandschaften kommt in vielen Fällen dem Wunsch der Kommunen und Konzerne entgegen, die angerichteten Landschaftsschäden möglichst effektiv und ästhetisch anspruchsvoll zu beheben.

Als einer der ersten Land Art-Künstler erkannte Robert Smithson (1938–1973) die Herausforderung, die in der künstlerischen Auseinandersetzung mit zerstörten Landschaften liegt. Von Anfang an interessierten ihn die ästhetisch-elementaren Erlebnisse menschlicher und natürlicher Zerstörung, und er plädierte sogar für die Erfahrung des „Katastrophischen" im Sinne sublimer Naturerfahrung.[62] 1970 entdeckte Smithson an der Nordostküste des Großen Salzsees in Utah, in dessen Nähe einst die östliche Teilstrecke der transkontinentalen Eisenbahn mit der westlichen Teilstrecke verbunden wurde, das Umfeld für ein Projekt, das zu einer Ikone der Land Art werden sollte. „Das wirtschaftlich und militärisch ausgebeutete Nordufer des Großen Salzsees […] besaß seinen Reiz nicht nur aufgrund von Schlamm, Salzkristallen, Felsen und Wasser, sondern durch die toten Vögel, Plastikkanister und Maschinenwracks dazwischen. Entsprechend wurde *Spiral Jetty* gebaut. Ein Bulldozer und Lkws fuhren Schlamm, Salz und

[59] Weichardt, Jürgen in: Galerie Falazik (Hrsg): Material aus der Landschaft. Kunst in die Landschaft. Neuenkirchen 1977; o.S.

[60] vgl. Herd, S.J.: Crop Art. New York 1994

[61] vgl. Harvey Fites Umgestaltung eines stillgelegten Steinbruchs „Opus 40" aus dem Jahr 1938 in der Nähe von Woodstock, New York.

[62] vgl. Smithson, Robert: „Entropy Made Visible. Interview with Alison Sky", in: Holt, Nancy (Hrsg): The Writings of Robert Smithson. New York 1979; S. 196

[63] Kellein, Thomas a.a.O.; S. 397–398

[64] Alloway, Lawrence: „Robert Smithson's Development" (1972) in: Sonfist, A. a.a.O.; S. 139

[65] vgl. Lippard, Lucy R.: „Art Outdoors, in and out of the Public Domain" in: Studio International, o.A./1977; S. 87

[66] Smithson, Robert zit. aus: Holt, Nancy a.a.O.; S. 220

[67] Morris, Robert: „Robert Morris Keynote Address" in: Seattle Art Museum (Hrsg): Earthworks: Land Reclamation as Sculpture. Seattle 1979; S. 16

[68] tumulus [lat.] = vorgeschichtliches Hügelgrab

Steine in Form einer gegen den Uhrzeigersinn nach innen laufenden Spirale in den Salzsee zurück. Der Künstler erblickte darin ein Gleichnis auf das Ende des Maschinenzeitalters und den Vorabend einer Naturkatastrophe. [...] Linksherum, so wußte Smithson aus den Quellen seiner Bibliothek, stand die Spirale für Zerstörung und Entropie, den Wärmetod der Welt."[63]

6650 t Material mußten bewegt werden, um die über 450 m [1500 Fuß] lange und etwa 4,50 m [15 Fuß] breite spiralförmige Mole anzulegen. „Die Bewegung auf der Spirale trägt dich hinaus in das Wasser, in eine atemberaubende Erfahrung von Horizontalität. [...] Es ist ein feuchter, erdiger Damm, und Salz überzieht Felsen als auch Besucher. Die Landschaft [...] ruft mit sanfter Eindringlichkeit längst vergangene Zeiten wach."[64] Wer auch immer der Spirale – Smithson nannte sie „Lebenslinie" – vom Ufer zum Mittelpunkt folgte, mußte auch wieder den Weg zurück zum Ufer machen und konnte, wie bei frühgeschichtlichen Initiationsriten, eine Art Wiedergeburt erleben.[65]

Spiral Jetty, mittlerweile versunken unter dem gestiegenen Wasserspiegel, bezieht einen großen Teil seiner nachhaltigen Wirkung nicht nur aus der spektakulären Plazierung und dem packenden räumlichen Erlebnis der archetypischen Spiralform. Für Smithson, den „Piranesi der Land Art", war zudem die Verbindung dreier verschiedener Ebenen von entscheidender Bedeutung: der mikroskopischen Ebene (die Salzkristalle weisen eine spiralförmige Mikrostruktur auf), der makroskopischen Ebene und der mythologischen Ebene: Der Künstler erfuhr im Laufe seiner Arbeit von der Legende, wonach der See über Strudel und unterirdische Kanäle mit dem Pazifik verbunden sei.

„Im ganzen Land gibt es viele Abbaugebiete, stillgelegte Steinbrüche, verschmutzte Seen und Flüsse. Eine praktische Lösung zur Nutzung dieser verwüsteten Flächen wäre das Recycling von Land und Wasser im Sinne der Earth Art."[66] 1979 organisierte die King County Arts Commission im Sinne von Smithsons Ansatz in großem Umfang in und um Seattle/Washington das Projekt „Earthworks: Land Reclamation as Sculpture". Acht Künstler, Robert Morris, Herbert Bayer, Ian Baxter, Lawrence Hanson, Richard Fleischner, Mary Miss, Dennis Oppenheim und Beverly Pepper, wurden eingeladen, sich entwerferisch mit vier Kiesgruben, einem abgesiedelten Gebiet in Flughafennähe, einer Schutthalde, einem stillgelegten Militärflughafen und einem stark erodierten Canyon auseinanderzusetzen. Anders als Smithson betrieben die meisten Künstler die nahezu vollständige Remodellierung der zerstörten Areale und reagierten kaum auf die Besonderheit des Ortes. Robert Morris gestaltete eine Kiesgrube zu einem grünen Amphitheater um, und Herbert Bayer (1900–1985) verwandelte mit *Mill Creek Canyon Earthworks* (1979–1982) einen ehemals erodierten Canyon in eine Anlage mit Doppelfunktion als Hochwasserrückhaltebecken sowie öffentliche Liege- und Spielwiese für den nahegelegenen Park der Stadt Kent bei Seattle. Die Kommunen waren begeistert über die künstlerische und kostengünstige Landschaftsreparatur, während die professionellen Landschaftsgestalter eher verärgert auf die Einmischung der Künstler reagierten. Was der Landschaftsarchitektur oft als „grüne Kosmetik" vorgeworfen wurde, geriet hier zum gefeierten, vermeintlich ökologischen Kunsthappening. Robert Morris war sich der moralischen Problematik der eingeschlagenen Richtung bewußt, als er schrieb: „Wird es in Zukunft etwas leichter sein, die Landschaft für eine letzte Schaufel nicht erneuerbarer Energie aufzureißen, wenn sich ein Künstler findet (billig, selbstverständlich), der die Zerstörung in inspirierende und moderne Kunst verwandelt?"[67]

Eines der ambitioniertesten Projekte der achtziger Jahre sind Michael Heizers *Effigy Tumuli Sculptures*,[68] die 1983–1988 in der Nähe von Ottawa/Illinois gebaut wurden. Die fünf Skulpturenhügel mit ihren abstrahierten Formen: Frosch, Wels, Schildkröte, Schlange und Wasserläufer befinden sich in einem stillgelegten, etwa 80 ha großen Kohleabbaugebiet aus den dreißiger Jahren, das durch Abbaurückstände hochgradig belastet ist. Im Rahmen der umfangreichen Meliorationsmaßnahmen wurden etwa eine Million Dollar für künstlerische Arbeiten zur Verfügung gestellt. Heizers Erdskulpturen sind jeweils bis zu 700 m lang und etwa 5 m hoch. Die abstrakten, geometrisch konstruierten Figuren erinnern zwar in ihrer Bauweise an Heizers *Complex One*, sind aber formal längst nicht mehr so abstrakt wie die früheren Arbeiten des Künstlers. Die

Michael Heizer, *Water Strider* in den *Effigy Tumuli Sculptures*, Buffalo Rocky State Park, Ottawa, Illinois, 1983 bis 1985.

Vorbilder liegen offensichtlich in der Kultur der Indianer des mittleren Westens, die ihren Grabhügeln häufig die Form von Tieren gaben. Anders als Morris lehnt Heizer die kosmetische „Reclamation Art" strikt ab und legt Wert auf die Feststellung, daß es sich bei seiner Arbeit um reine Kunst handelt. Ähnlich wie Smithson bedient er sich verschiedener Bedeutungsebenen, um auf die zerstörte Landschaft zu reagieren. Der künstlich wiederhergestellten Kulturlandschaft stellt er klare Formen abstrahierter Natur gegenüber. Einer Zerstörung mit makroskopischen Ausmaßen begegnet er mit extrem vergrößerten Darstellungen von Lebewesen des Mikrokosmos, die die Fläche als erste wiederbesiedeln werden.

Stillgelegte Steinbrüche und Kiesgruben sind auch in Europa schon von jeher beliebte Veranstaltungsorte für Bildhauersymposien, aber Rekultivierungsprojekte unter maßgeblicher Beteiligung der Landschaftskunst nach amerikanischem Vorbild waren hierzulande noch bis vor wenigen Jahren kaum ein Thema. Die Industrie war von Anfang an in vielen Ländern gesetzlich dazu verpflichtet, für die Melioration der ausgebeuteten Areale selbst zu sorgen, und überließ diese Aufgabe eigenen Spezialisten. Seit einigen Jahren verursachen weltwirtschaftliche Veränderungen auch in Europa zahlreiche Stillegungen von Bergbau- und Industriegebieten, die erhebliche Umweltprobleme mit sich bringen, vor allem wenn es sich, wie bei den riesigen Braunkohlegruben auf dem Gebiet der ehemaligen DDR, um großflächig zerstörte Landschaften handelt. Für deren Rekultivierung mußten die Betreiber bis zur Wende keinerlei finanzielle Mittel zur Verfügung stellen. Bei der Entwicklung neuer Perspektiven im Hinblick auf eine veränderte Wahrnehmung und einen zeitgemäßen Umgang mit „zerstörter" Landschaft spielt die Landschaftskunst seit kurzem eine wichtigere Rolle.

Die seit 1991 stattfindende Biennale Europäischer Länder für Land Art, Objektkunst und Multimedia in einem stillgelegten Tagebaugebiet bei Cottbus zählt zu den wenigen Versuchen in Deutschland, mit Hilfe der Landschaftskunst „zerstörte" Landschaft neu zu interpretieren. Andernorts, wie in der Region Bitterfeld, versucht man außerdem über die Vision eines „Industriellen Gartenreiches", analog zum Wörlitzer Gartenreich des Prinz Leopold Friedrich Franz von Anhalt-Dessau von 1770, zu neuen Ansätzen zu gelangen.[69] Im Rahmen der Land Art Biennalen bei Cottbus 1991, 1993 und 1995 realisierten internationale Künstler in jeweils mehrwöchiger Arbeitszeit vor Ort, teilweise in Zusammenarbeit mit den Tagebauarbeitern, verschiedenste teils dauerhafte, teils temporäre Arbeiten.

Im Unterschied zu den Werken der amerikanischen Pioniere sind viele der entstandenen Arbeiten noch von einem starken Objektcharakter geprägt. Sie nutzen die bizarre Tagebaulandschaft in traditioneller Weise als malerischen, wild-romantischen Hintergrund. Spannungsreiche Dialoge zwischen Werk und Abraum-Landschaft konnten nur dort entstehen, wo sich die Künstler in direkte Konfrontation mit dem riesigen, etwa 3000 ha großen Restloch begaben. Mit dem Projekt *Treppe nach oben* wagten sich 1993 die beiden französischen Künstler Gilles Bruni (geb. 1959) und Marc Babarit (geb. 1958) an den steilen Rand der Grube und errichteten in mühsamer Handarbeit in traditionellem Faschinenbau eine fast 100 m lange Treppe in die Tiefe. Sie erarbeiteten sich Stufe für Stufe einen eigenen Zugang. Die Treppe verbindet einen kleinen Baumhain am Fuß der Böschung mit einem Hügel von Braunkohle an der Hangschulter. Mühsame bergmännische Arbeit, Aufstieg des Menschen in eine energieverzehrende Zukunft, der Umwandlungsprozeß von Vegetation zu fossiler Energie ... viele Bedeutungsschichten überlagern sich in dieser formal sehr einfachen, vergänglichen Arbeit und verändern die herkömmliche Lesart einer bizarren „Kulturlandschaft", die mit gigantischem Aufwand geschaffen wurde.

Im Rahmen der Internationalen Bauausstellung (IBA) Emscher Park im Ruhrgebiet versucht man in Zusammenarbeit mit Künstlern, die Eigenart einer landschaftlich von Bergehalden, Industrieanlagen, Hochbehältern, Eisenbahntrassen und so weiter geprägten Industrieregion neu zu interpretieren. Kunstwerke sollen Identifikationspunkte setzen, um die reizvolle und spannungsreiche Gegensätzlichkeit von Industrielandschaft und Naturlandschaft zu vermitteln.[70] Die bisherigen Ergebnisse zahlreicher Künstlerwettbewerbe und Symposien zur Gestaltung der Haldenlandschaft lassen jedoch befürchten, daß die industrielle Kulturlandschaft auch hier als reizvoller Hintergrund be-

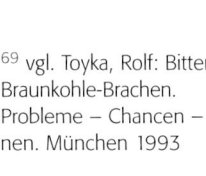

▷ Bruni & Barbarit, *Treppe nach oben*, stillgelegter Tagebau Greifenhain, Pritzen 1993

Bruni & Barbarit, *Treppe nach oben*, stillgelegter Tagebau Greifenhain, Pritzen 1993

[69] vgl. Toyka, Rolf: Bitterfeld: Braunkohle-Brachen. Probleme – Chancen – Visionen. München 1993

[70] vgl. Kunstverein Gelsenkirchen (Hrsg): Dokumentation Kunstmeile Gelsenkirchen. Gelsenkirchen 1992

nutzt oder im Sinne von „Land Reclamation as Sculpture" bis zur Unkenntlichkeit künstlerisch-planerisch überformt wird. Kunst und insbesondere Landschaftskunst wird trotzdem als eine kulturelle Sprache bei der Neuinterpretation von Landschaft unverzichtbar sein. Sofern es der Landschaftskunst gelingt, ihr traditionelles Selbstverständnis kritisch zu hinterfragen und sich auf charakteristische zeitliche Veränderungen in der Natur einzulassen, wird sie zum Wandel des bisherigen Verständnisses von Kulturlandschaft beitragen können. Vereinzelte Ansätze, die im zweiten Teil des Buches vorgestellt werden, verdeutlichen das enorme Potential eines offenen Umgangs mit dem Kontext Industrielandschaft.[71]

[71] vgl. die Arbeiten von Herman Prigann und Peter Latz, in diesem Buch S. 173ff u. S. 121ff

Stadtlandschaft

Bevor sich die Land-Art-Künstler demonstrativ aus dem städtischen Kontext verabschiedeten, um in nahezu menschenleeren Wüstengebieten zu arbeiten, markierten sie mit einigen wenigen Projekten in der Stadt ihre Entschlossenheit zum Bruch mit dem konventionellen Kunstverständnis. Neben Walter de Maria, der bereits 1968 mit *Munich Earth Room* den Galeriebesucher überraschte, ging vor allem auch Michael Heizer auf deutlichen Konfrontationskurs: Wer in München 1969 die Galerie Heiner Friedrich besuchte, um sich eine angekündigte Ausstellung anzusehen, wurde anstelle des erwarteten Objektes im Innenraum mit Heizers „negativer" Freiraumskulptur *Munich Depression* auf einem Baugelände in Perlach konfrontiert. Heizer provozierte das Publikum mit einem begehbaren, kreisrunden, konisch vertieften Erdloch mit einem Durchmesser von etwa 30 m (100 Fuß) und einer Tiefe von 4,50 m (15 Fuß), das kurze Zeit später wieder eingeebnet wurde. Gleichermaßen schockartig, weil unsichtbar und gegen die Konventionen des traditionellen Kunstverständnisses verstoßend, wirkte wenige Jahre später de Marias *Vertikaler Erdkilometer* auf der documenta VI in Kassel auf den Kunstkonsumenten.

Ähnlich wie Richard Serras formal minimalistische, aber groß dimensionierte Stahlskulpturen immer wieder als Kritik an der Architektur und der Stadt interpretiert werden, lag es offensichtlich auch in der Absicht Heizers, „Alternativen zum absoluten Stadt-System"[72] zu entwickeln. Häufig formulierte er diese Kritik – wie am Beispiel seiner Monumentalstadt *Complex One/Complex Two/City* in Nevada deutlich zu sehen – mit architektonischen Methoden, Verfahrensweisen, Maßstäben und zuweilen sogar architektonischen Materialien sowie einer entsprechenden Formensprache. Heizer entzog sich aber – wie alle anderen Pioniere der Land Art – der direkten Konfrontation mit dem städtischen System und suchte den Kontakt mit primärer Natur. Erst heute, so stellt John Beardsley unter der Überschrift „Beyond Earthworks: The New Urban Landscape" fest, manifestiert sich das Vermächtnis der Land Art-Bewegung in der Stadt.[73]

[72] Heizer, Michael zit. nach: Wedewer, Rolf a.a.O.; S. 152

[73] Beardsley, John a.a.O.; S. 127

Eine Reihe von Künstlern, deren Arbeit immer wieder im Zusammenhang mit Land Art genannt wird, suchten im Unterschied zu Pionieren wie Michael Heizer und Walter de Maria schon von Anfang an mit ihrer umweltbezogenen Kunst den direkten Kontakt zum städtischen Umfeld. Sie verfolgten freilich andere Intentionen als die Land Art.

Christo (geb. 1935) gehört zu den bedeutendsten Großprojektkünstlern, dessen Werke landläufig immer wieder mit Land Art in Verbindung gebracht werden. Er hat vor allem mit seinen landschaftsbezogenen Projekten *Wrapped Coast* (1969), *Valley Curtain* (1972), *Running Fence* (1976), *Surrounded Islands* (1983) und *The Umbrellas* (1991) entscheidend zur Popularität der Kunst in der Landschaft beigetragen. Kunsthistorisch gesehen gehört er jedoch eher zu den Neuen Realisten, und bei seinen aufwendigen Kunstaktionen handelt es sich eigentlich um Happenings oder Environments. Christo sucht den städtischen Kontext, wie zuletzt beim *Wrapped Reichstag* 1995 in Berlin, nicht primär aus räumlich-formalen Gründen, sondern aus gesellschaftlichen Gründen, um die Menschen in seine medienwirksame Öffentlichkeitskunst einzubeziehen. Er schafft mit seinen urbanen Projekten keine neuen Objekte, sondern bedient sich vielmehr existierender Formen, die er durch die Verhüllung temporär verfremdet und aus ihrem Kontext löst. Für Christo zählt die Sichtbarmachung des Unsichtbaren. Die Faszination, die von seinen Projekten ausgeht, hat mit den eigentlichen Intentionen und Ar-

◁ Post Ars, *Die Partitur*, stillgelegter Tagebau Greifenhain, Pritzen 1993

Alan Sonfist, *Time Landscape*, New York 1965–1980

Agnes Denes, *Wheatfield, Battery Park City – A Confrontation*, New York 1982

beitsweisen der Land Art wenig zu tun, vielmehr ist es „die Veränderbarkeit der Welt, die an Christo fasziniert", wie Thomas Kellein in diesem Zusammenhang feststellt.[74] Alan Sonfist (geb. 1946) geht es in seinen Arbeiten schon seit Mitte der sechziger Jahre um die Stärkung des allgemeinen ökologischen Bewußtseins. Er sieht nicht die Schaffung vermarktbarer Objekte als künstlerischen Auftrag, sondern definiert die traditionelle, sozial verankerte Aufgabe des Künstlers darin, sich mit der Gesellschaft auseinanderzusetzen, um herauszufinden, wie man der Gemeinschaft ästhetische Erfahrungen ermöglichen kann.[75] Bereits als Teenager entwickelte er unter dem Titel *Time Landscapes* den Plan, einige Flächen der Großstädte durch die Pflanzung heimischer Bäume wieder in ihren natürlichen Zustand vor der Besiedlung zu versetzen. Erst 1978 wurden nach jahrelanger Forschungsarbeit und Verhandlungen mit den zuständigen städtischen Behörden in Zusammenarbeit mit den Anwohnern und Schulen in Manhattan die ersten Bäume des 14 x 61 m großen *Time Landscape* gepflanzt.

Die Reaktionen der Stadtbewohner auf den kleinen besonderen Park, ein lebendes Kunstwerk, waren nicht nur aufgrund der Partizipation ausgesprochen positiv. Sonfist gelang es auf sehr einfache Weise, dem Stadtbewohner die natürlichen Grundlagen seiner Existenz wieder bewußt zu machen. Aus heutiger Sicht mag sich ein solches Projekt von der Wirkung herkömmlicher, ökologisch gestalteter Grünanlagen und Parks in der Stadt kaum unterscheiden. Mitte der sechziger Jahre war Sonfists Projekt jedoch von außerordentlicher Brisanz und kann als Vorläufer aktueller Umweltkunst in der Stadt betrachtet werden. Ob Sonfists jüngste Vorschläge aus dem Jahr 1991, auch in Paris, nördlich von La Defense mehrere *Time Landscapes* als ummauerte Natur- und Kulturreservate zu realisieren, noch zeitgemäß sind, ist jedoch eher fraglich.

Wheatfield, Battery Park City – A Confrontation, ein Projekt der ungarischen Künstlerin Agnes Denes (geb. 1938) in Manhattan aus dem Jahr 1982, kann als ein gelungenes zeitgenössisches Projekt im Sinne des ökologisch-sozialen Ansatzes von Alan Sonfist betrachtet werden. Auf einer etwa 1,6 ha großen Brachfläche in der Nähe des World Trade Center, die zuvor von Abfall und Schutt gesäubert werden mußte, ließ die Künstlerin einige Zentimeter Oberboden auftragen und säte auf der Hälfte der Gesamtfläche Weizen ein. Vier Monate lang wurde das Weizenfeld mitten in der Großstadt bewässert und gepflegt, folgte dem natürlichen Zyklus des Wachstums, bis schließlich im August ein Mähdrescher im Schatten der Wolkenkratzer die Ernte einfuhr. Auf sehr effektvolle Weise verwandelte die Künstlerin ein Stück innerstädtisches Areal, das in erster Linie als begehrtes Spekulationsobjekt gehandelt wird, für kurze Zeit wieder in wertvollen fruchtbaren Boden, der noch immer in der Lage ist, lebensnotwendige Nahrung hervorzubringen. Während das produzierte Stroh der berittenen Polizei von New York zukam, wurde ein Teil des Weizens für die Ausstellung „The International Art Show for the End of World Hunger" des Minnesota Museum of Art verwendet.

Während sich die ökologisch orientierte Umweltkunst, wie am Beispiel des Projektes von Agnes Denes zu sehen, nach wie vor in typischer Weise mit der Stadt auseinandersetzt, tut man sich eher schwer, das Vermächtnis der Land Art im städtischen Kontext deutlich auszumachen. Die von John Beardsley unter der Kapitelüberschrift „Beyond Earthworks: The new urban landscape" aufgeführten amerikanischen Beispiele[76] sind entweder weitgehend dem traditionellen Konzept der Skulptur im öffentlichen Raum oder den herkömmlichen Grundsätzen landschaftsarchitektonischer Freiflächengestaltungen verpflichtet. Vielleicht verlangt der Kontext Stadt naturgemäß nach Objekthaftigkeit und Permanenz, während die Experimentierfreudigkeit und Offenheit der Land Art, ihr bewußter Umgang mit dem Faktor Zeit nicht ohne weiteres umsetzbar ist. Trotzdem hat die Land Art, wie im zweiten Teil des Buches zu sehen sein wird, neue Maßstäbe für den gestalterischen Umgang mit Raum und Landschaft gesetzt, die in vielen zeitgenössischen Gestaltungsansätzen der Landschaftsarchitektur und der Landschaftskunst wirksam werden.

[74] Kellein, Thomas a.a.O.; S. 397

[75] vgl. Sonfist, Alan a.a.O.; S. 209

[76] vgl. Beardsley, John a.a.O.; S. 127–156

Gesellschaftliche Dimensionen der Land Art:
Distanz, Mythos, Romantik

Distanz: Flucht oder Aufbruch?

Die USA, das Ursprungsland der Land Art, waren am Ende der sechziger Jahre nicht nur ein von außen- und innenpolitischen Krisen geschütteltes Land, geplagt von blutigen Rassenkrawallen, massiven Antikriegsprotesten, Studentenrevolten und so weiter. Die Energiekrise Anfang der siebziger Jahre, große Umweltkatastrophen und die ersten Bilder der Erde aus dem Weltall erschütterten zudem nachhaltig den amerikanischen Glauben an die Unerschöpflichkeit der natürlichen Ressourcen und brachten die Begrenzung des irdischen Lebensraumes erstmals in das allgemeine Bewußtsein. Der Zeitgeist der Überflußgesellschaft hatte seinen trefflichen künstlerischen Ausdruck in der Pop Art gefunden, die in greller Bildsprache die Dinge des modernen Alltags zum Kunstwerk erhob. Es gab genug Gründe, an Flucht aus der Gesellschaft zu denken.

Im Frühjahr 1968 kam es vor dem beschriebenen brisanten Hintergrund zu einem außergewöhnlichen Aufbruch in der amerikanischen Kunstszene, der sich bis nach Europa auswirkte. Die junge künstlerische Avantgarde lehnte das traditionelle Kunstverständnis und das herrschende gesellschaftliche Wertesystem vehement ab und zog aus der Stadt in die vermeintlich friedvollen und unberührten Wüstengegenden Nevadas, die in Wahrheit schon seit langem als Atomwaffentestgebiete genutzt wurden. Dem Besitzbürgertum wollte die Landschaftskunst von jetzt an keine Spekulationsobjekte mehr bieten. Die notwendige Sicherung ihrer materiellen Existenzgrundlage zwang die Künstler letztlich aber doch, sich mit namhaften Galerien zu arrangieren, die am Ende durch ihre Ausstellungen sogar den Namen der neuen Bewegung etablierten: „Earthworks".[77]

[77] „Earthworks", Ausstellung der Galerie Virginia Dwan im Oktober 1968 in New York.

Der Auszug in die Wüste wird, nicht nur wegen der vermeintlich inkonsequenten Haltung der amerikanischen Avantgarde, immer wieder auf unterschiedliche Weise kritisch interpretiert. Die einen sprechen von Flucht vor der Realität angesichts mangelhafter Naturbeherrschung und extrem eingeschränkter individueller Bewegungsfreiheit in einer rationalisierten und perfektionierten Welt. Die anderen deuten den Ausbruch aus der Gesellschaft als notwendigen Befreiungsakt zur Definition eines neuen Standortes: „Die Distanz, die solche Werke zu wahren wissen, ist ihre Art der Antwort auf das Zeitalter der technischen Reproduzierbarkeit des Kunstwerkes,[78] das man ja ebensogut auch als Zeitalter seiner distanzlosen Allgegenwärtigkeit bezeichnen könnte: Kunst, überall dabei und jedermanns Hure. Daß neuere Künstler gegenüber dem so erzeugten massendemokratischen Einheitsbrei auf Distanz gehen, hängt sicher mit dieser letzten Tendenz kunsthistorischer Entwicklung […] zusammen; so kann man auch sagen, daß die technische Reproduzierbarkeit des Kunstwerkes nicht allein den Verfall der Aura zur Folge hatte, sondern, in einem weiteren Schritt, mit einer gewissen historischen Verzögerung, auch ihr Wiederstehen aus unuberwindbarer Ferne: vom Flugzeug aus, in der Wüste, im Meer."[79]

[78] vgl. Benjamin, Walter: „Das Kunstwerk im Zeitalter seiner technischen Reproduzierbarkeit" in: Zeitschrift für Sozialforschung Jg. 5, 1936

[79] Salzinger, Helmut: „Fragen zur Aktualität des Mythischen" in: Kunsthaus Zürich a.a.O., S. 76

Auf den Zwang der positivistischen Funktionswelt reagierte die Land Art mit archaischem Symbolismus und dem Wiederaufgreifen von Mythen. Das ist nicht ohne Gefahr: „Das Nicht-Wissen, Nicht-Wissen-Wollen um die komplexen Zusammenhänge unseres Lebens und unserer Welt wird nicht mehr kritisch reflektiert, man unterwirft sich ihm in der Flucht", konstatiert Rolf Wedewer und betont die Gefahr, daß sich irrationale Weltanschauungen in irrationale Praktiken mit fatalen Folgen verwandeln können.[80] Diese Gefahr war freilich für die der Land Art nahestehenden Künstler in Europa stets geringer, weil sie sich fast zwangsläufig – wie an der Arbeit von Hannsjörg Voth zu sehen sein wird – viel bewußter mit dem komplexen historisch und gesellschaftlich geprägten Gefüge der Kulturlandschaft auseinandersetzen mußten. Es bleibt festzuhalten, daß die Flucht der Land Art und der damit verbundene Zwang für den Betrachter, sich zum Erleben des Werkes auf eine innere und äußere Entdeckungsreise zu begeben, trotz aller Inkonsequenzen und Gefahren ein notwendiger, vorbereitender Schritt zur Rückkehr in den bewußtseinsbildenden gesellschaftlichen Dialog war, den es in Zukunft weiter zu entwickeln gilt.

[80] vgl. Wedewer, Rolf in: Städtisches Museum Leverkusen (Hrsg): Landschaft – Gegenpol der Fluchtraum. Leverkusen 1974; S. 72

Die Kraft des Mythos

Insbesondere für die Land Art, aber auch für die Natur-Kunst Europas spielt bei der Verwendung archaischer Zeichen und Symbole der Bezug zu mythologischen Überlieferungen vergangener Kulturen eine entscheidende Rolle. „Mythos" entzieht sich einer einfachen Begriffsdefinition, denn er gehört zur Kategorie der vereinheitlichenden Begriffe, zu deren Merkmalen die große thematische Vielfalt zählt. Im Gegensatz zu „Logos" – womit die Griechen das klar Gedachte und Gesagte, die Wissenschaft bezeichneten – stand Mythos für die Geschichte, eine nicht rational beweisbare lebendige, kollektive Wirklichkeit.[81] Während sich die Verstandeskritik deshalb mit dem Mythos immer besonders schwer tat, spielte er in der Analytischen Psychologie eine wichtige Rolle. C. G. Jung deutete den Mythos als ein Produkt seelischer Erfahrung überindividueller Wahrheiten, das besonders bei Menschen in der archaischen Stufe der Stammesentwicklung zur immanenten Bindung des einzelnen an die Gemeinschaft beiträgt.

Vor dem Hintergrund der geschilderten gesellschaftlichen Situation in den USA am Ende der sechziger Jahre sah man nicht nur die Erde als natürliche Existenzgrundlage, sondern auch das Menschsein, die menschliche Gemeinschaft in akuter Gefahr. Die bindende Kraft des Mythos wurde als wirksames Gegengift betrachtet. Joseph Beuys (1921–1986), eine der wichtigsten Künstlerpersönlichkeiten im kreativen Umgang mit Mythen, erkannte zu Beginn der siebziger Jahre: „Wir brauchen beide Methoden. So muß zur Mathematik Antimathematik, zur Physik Antiphysik, zur Chemie Antichemie erkannt werden. Zukünftige Naturwissenschaft wird auch ohne Antinaturwissenschaft nicht mehr weiterkommen, jedenfalls nicht, ohne die Antinatur=der Mensch, aufs äußerste zu gefährden."[82] Beuys zelebrierte 1974 in der New Yorker Galerie René Block die Antinaturwissenschaft und suchte in der Rolle des Schamanen die mythische Beziehung zur fremden Macht in Gestalt eines Koyoten, mit dem er eine Woche lang in einem Raum der Galerie lebte.[83] Ihm ging es in seiner individuellen Mythologie nicht um den romantisch-naiven Versuch, die verlorengegangene idealisierte Einheit von Mensch und Natur wiederherzustellen, sondern um die Akzeptanz der Gegenpole, um die Wiederbelebung des bewußten Dialoges zwischen der „fremden Macht" und dem Selbst.

Die Gefahr, die in der unreflektierten Wiederbelebung alter Mythen liegt, wurde immer wieder von kritischen Stimmen hervorgehoben. Diese wurden besonders laut, als im Rahmen der documenta V (1972) unter der Regie von Harald Szeemann die „Individuelle Mythologie" als Thema erkannt wurde: „Seit der Sektion Individuelle Mythologien der documenta '72 ist es offenkundig, daß auf der Flucht vor einer als a-sozial verstandenen Umwelt Scheinwelten aufgebaut werden, die Grundlage und Legitimation im Rückgriff auf mythologische Lebenspraxis finden." Vom „Akt der Negation jeglicher gesellschaftlicher Objektivität" ist im gleichen Zusammenhang die Rede.[84] Dem stehen Auffassungen gegenüber, die deutlich zwischen dem blinden Rückgriff auf vergangene Mythen und einem zeitgemäß kritischen Umgang mit der poetischen Energie des Mythos unterscheiden.[85]

Die Arbeiten von Charles Simonds (geb. 1945) leben in besonderer Weise vom Mythos. Er stieg 1970 in New Jersey in eine Tongrube, um völlig mit Ton überzogen wieder aufzutauchen. Auf der Seite liegend, errichtete der Künstler auf seinem Körper für *Little People* winzige Gebäude aus kleinen Tonziegeln, die er mit den Händen formte. Simonds nannte dieses Ritual *Landscape-Body-Dwelling* und gab damit seiner Vorstellung vom Ur-Mythos der Erschaffung des Menschen Gestalt. Seither sind die winzigen Miniaturstädte des erdachten Volkes international bekannt geworden, denn Simonds baute die vergänglichen Behausungen des unsichtbaren Völkchens aus 8 mm langen Luftziegeln, Steinchen, Sand und Holz 1972 zunächst in Abbruchstellen, Hausruinen und Mauerrissen seiner Heimatstadt New York und später auch in Paris. Das puebloartige Erscheinungsbild der Miniaturstädte erinnert an Wohnstätten von Menschen frühgeschichtlicher Kulturen, die sich an den Lebenszyklus der Natur angepaßt haben.

Günter Metken legt in seinem Buch „Spurensicherung" – Synonym für eine spezielle Richtung innerhalb der Individuellen Mythologie – großen Wert auf die Tatsache, daß

[81] vgl. Otto, Walter F.: Die Gestalt und das Sein. Darmstadt 1955; S. 66ff

[82] Beuys, Joseph zit. aus: Ohff, Heinz: Kunst ist Utopie. Berlin 1972; S. 151

[83] Performance „I Like America and America Likes Me", New York, Galerie René Block 1974

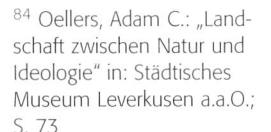

[84] Oellers, Adam C.: „Landschaft zwischen Natur und Ideologie" in: Städtisches Museum Leverkusen a.a.O.; S. 73

[85] vgl. Ausstellungskatalog „Mythos und Ritual" des Kunsthauses Zürich von 1981

Charles Simonds, *Landscape-Body-Dwelling*, New Jersey 1970

Charles Simonds, *Dwelling P. S. 1*, New York 1975

Land Art. Mensch. Natur

Simonds Arbeit nicht in blanken Irrationalismus, sondern in einen sozialen Auftrag mündet. „Simonds machte rasch die Feststellung, daß er durch seine, zunächst als verrückt verschriene Tätigkeit in Kontakt mit den Leuten kam. Sie blieben stehen, sahen zu, die Kinder machten mit. Das relativ rasche Verschwinden der über 200 Konstruktionen durch Witterungseinfluß, Neubauten und Andenkensammler wurde von der Bevölkerung als Verlust empfunden. Simonds, wie andere junge Künstler durch die Inzucht und gesellschaftliche Eingrenzung des Galeriebetriebes frustriert, fühlte sich in einen präzisen topographischen wie soziologischen Zusammenhang einbezogen."[86]

[86] Metken, Günter a.a.O.; S. 77–78

Aus diesem Zusammenhang heraus entwickelte sich Simonds Beteiligung an den Initiativen zur Re-Urbanisierung der Lower East Side.

Allen Kunstrichtungen, denen es um die Steigerung der Wahrnehmungsfähigkeit in der Natur, um die „Erdung" des Menschen geht, ist gemeinsam, daß sie die archetypische Kraft des Mythos nutzen, um wieder zum wesentlichen Kern menschlicher Existenz zu gelangen. Dabei spielt die Größe des künstlerischen Eingriffs in die Landschaft, wie an Simonds Arbeit zu sehen, keine Rolle. Ein gewisser Hang zum Romantischen, in Extremfällen zu romantischer Weltflucht, ist offensichtlich ein immanenter Wesenszug und ein Gefahrenpotential mythologischen Denkens.

Romantischer Primitivismus

Als „Romantischen Primitivismus" kritisierte der Kunsthistoriker Robert Goldwater 1938 den Rückgriff moderner Kunst auf außereuropäische, afrikanische und ozeanische Ausdrucksformen zur Wiederbelebung einer sinnentleerten zeitgenössischen Kunst und zur Flucht vor der Zivilisation.[87] Auch die Avantgarde der Sechziger und insbesondere die Land Art setzte, so die gegenwärtige Kritik, entgegen ihrem ursprünglichen Anspruch die primitivistischen Tendenzen der Moderne fort.

[87] vgl. Goldwater, Robert: Primitivism in Modern Art. New York 1938

Von besonderer Bedeutung für die Entwicklung der Kunst am Ende der sechziger Jahre waren die Schriften des französischen Ethnologen Claude Lévi-Strauss, der die Zeichen- und Klassifikationssysteme von Naturvölkern erforschte und das Bild vom Primitiven maßgeblich veränderte.[88] Der Ethnologe übte nicht nur harte rationale Kritik am überheblichen Umgang der modernen Gesellschaft mit dem Primitiven, sondern er betrachtete die Stammesgesellschaften sogar in entscheidender Hinsicht als überlegen. Lévi-Strauss' Erkenntnisse aus der strukturalistischen Anthropologie mußten in einer Kunst, die Kritik an der materialistischen Massenkonsumgesellschaft üben wollte, auf fruchtbaren Boden fallen.

[88] vgl. Lévi-Strauss, Claude: Tristes tropiques (1955); La pensée sauvage (1962) u.a.

Die künstlerischen Zeugnisse früher Kulturen lieferten ein Repertoire an Vorbildern, die sich besonders dazu eigneten, zwei unterschiedliche Anliegen der Land Art miteinander zu verbinden. Einerseits verwirklichte der „freie" Künstler als Individualist noch immer seine persönlichen Entwürfe. Andererseits versuchte die Land Art die Kluft zwischen Kunst und Betrachter zu überbrücken und schuf Formen, die als kollektive Monumentalbauwerke in der Menschheitsgeschichte fest verwurzelt sind. „Diese Schwankungen zwischen dem Kollektiven und Persönlichen, zwischen Vernunft und Instinkt, höherer Ordnung und kindlicher Spontaneität sind für den zeitgenössischen Primitivismus weitgehend typisch", stellt Kirk Varnedoe fest.[89]

[89] Varnedoe, Kirk: „Zeitgenössische Tendenzen" in: Rubin, William (Hrsg): Primitivismus in der Kunst des 20. Jahrhunderts. München 1984; S. 683

Zu einem fragwürdigen Gemisch kann Landschaftskunst werden, wenn sich Primitivismus mit Romantik verbindet. Fragwürdig, weil in unserer zeitgenössischen Auffassung die romantische Naturschwärmerei immer in Verbindung mit einer Lust am Trivialen und einer Flucht vor alltäglicher Realität gesehen wird. Mit progressiv avantgardistischer Kunst erscheint dies nicht vereinbar. Bereits die Moderne hatte eine Artikulation ästhetischer Naturerfahrung im Medium Kunst – nach den Erfahrungen der Romantik und deren klischeehafter Integration in den Rahmen kleinbürgerlicher Beschaulichkeit – strikt abgelehnt.

Was ist an der Land Art romantisch? Bestimmend für die romantische Naturwahrnehmung im ausgehenden achtzehnten Jahrhundert war die subjektive, gefühlsbedingte Auffassung und Interpretation natürlicher Phänomene, die der romantische Mensch als Spiegelbild seiner eigenen inneren Natur, seiner Triebe, Empfindungen und Bedürfnisse sah. Insbesondere angesichts bedrohlicher Naturkräfte erfuhr der Mensch eine gesteigerte Schönheit, die als Erhabenheit bezeichnet wurde. Noch heute gilt das Sub-

Land Art. Mensch. Natur

[90] De Maria, Walter zit. nach: Hüllenkremer, Marie: „Natur als Kunst" in: Zeitmagazin Nr. 9 vom 21.2.1992; S. 48

[91] De Maria, Walter: „On the Importance of Natural Desasters", May 1960

lime als ästhetische Kategorie. „Wenn Gefahr und Schönheit zusammenkommen, ist das Ergebnis eine gesteigerte Schönheit, welche die sogenannte normale Schönheit übertrifft", so Walter de Maria.[90] Bereits 1960 verfaßte er einen kurzen Text „Über die Wichtigkeit von Naturkatastrophen",[91] in dem er sich zu seiner Liebe für Naturkatastrophen als höchstmögliche Form der Kunsterfahrung bekannte und sich wünschte, daß alle Museumsbesucher derlei Erfahrungen machen würden. Viele der amerikanischen Land Art-Künstler teilten de Marias Begeisterung für das Erhabene, und ihre Arbeiten spiegeln diese Auffassung sehr deutlich wider.

Das erhabene, romantisch gefärbte Naturerlebnis manifestiert sich am eindrucksvollsten im *Lightning Field*, das 1977 auf einer einsamen, über 2000 m gelegenen Hochebene im Westen New Mexicos von Walter de Maria realisiert wurde. Auf einer Fläche von etwa einer Meile mal 1 km (exakt 5280 x 3300 Fuß) stehen 400 Stäbe aus Edelstahl in einem festgefügten Raster. Die Spitzen der etwa 5 cm starken Stäbe liegen millimetergenau auf einer gedachten Ebene, die sich etwa 6 m über der Erdoberfläche befindet. Eine halbtrockene, flache Beckenlandschaft, im Westen begrenzt von einer Gebirgskette und bekannt für häufige Gewitter, bildet den Landschaftsraum, ohne den dieses klassische Projekt der Land Art nichts weiter als eine aufwendige Ingenieurleistung wäre. *The Lightning Field* wurde, wie der Name sagt, ursprünglich errichtet, um bei Gewitterstürmen den Blitzschlag anzuziehen. Obwohl dem Projekt eine rationale Grundstruktur zugrundeliegt, formuliert es einen Ort romantisch gesteigerter Naturwahrnehmung. Auch ohne das atemberaubende Spektakel eines Gewittersturmes verfehlt *the Lightning Field* nicht seine Wirkung. „Den Schauder, den das Schauspiel einflößt, mag der Besucher mit den Megalithbauern von Carnac teilen. Eine Sonnenkultstätte ist das *Blitzfeld*, freilich eine moderne. Seine geometrische Präzision, seine Mathematik, die man nicht sieht, aber um die man weiß, helfen überquellende romantische Schwärmerei dämpfen. [...] Höchstens sechs Besucher auf einmal (und wenigstens während vierundzwanzig Stunden) sollen nach dem Willen des Künstlers das *Blitzfeld* sehen und erleben. Sechs sind eigentlich fünf zuviel. Als Meditationsort verlangt *Blitzfeld* den Alleingang."[92]

Walter de Maria, *The Lightning Field*, bei Quemado, New Mexico 1977. Sammlung Dia Center for the Arts, New York

[92] Gerster, Georg: „Gebärden und Geburten. Werke und Stationen der amerikanischen Land-art" in: Anthos 2/1988; S. 31–32

Die Natur-Kunst erprobt im Unterschied zur Land Art experimentell einen neuen, beziehungsreichen Primitivismus, der sich auf einfachste und unmittelbare Weise den elementarsten Formen menschlichen Schaffens nähert. Der italienische Philosoph Ernesto Grassi bemerkt dazu: „In jedem von uns lebt – wie die moderne Psychologie nachgewiesen hat – ein Primitiver, freilich nicht mehr in seiner unversehrten Geschlossenheit, sondern zerstückelt und auseinandergerissen. Aber selbst in diesem Zerrissensein bewahren sich noch Zusammenhänge und Fetzen der einstigen Einheit."[93]

[93] Grassi, Ernesto: Kunst und Mythos. Frankfurt/M. 1990; S. 44

Diese Ahnungen der Ganzheit leben in archaischen Gestaltungsmustern weiter, die in seltenen Momenten an Erhabenheit grenzen. Der Natur-Künstler nimmt durch seinen Bezug auf diese Dimensionen einen sehr intimen, oft sogar spielerischen Dialog mit dem Betrachter und der Natur auf.

Auch Natur-Kunst ist nicht frei von romantischer Naturauffassung, wie Kirk Varnedoe zur Arbeit von Richard Long, Michael Singer und anderen bemerkt: „Die veränderten Maßstäbe der neuesten Kunst und neue Ideen bezüglich primitiver Kultur fördern [...] eine neue komplexe Art der Identifikation über kulturelle Barrieren hinweg. Solche Arbeiten laufen einer allzu einfachen Trennung zwischen rationalistischer und primitivistischer Ästhetik zuwider. Sie lassen Möglichkeiten erkennen, wie der jüngste Primitivismus etwas mehr darstellen kann als die einfache Flucht oder Opposition gegenüber der modernen westlichen Kultur."[94]

[94] Varnedoe, Kirk a.a.O.; S. 692

Andy Goldsworthy, *Weidenruten im Seegrund*, Derwent Water/Großbritannien 1988

Neue Landschaft nach der Land Art?

Eröffnen sich für die Landschaftsarchitektur durch die Betrachtung der Landschaftskunst neue Perspektiven, um die menschliche Wahrnehmungskrise zu überwinden, oder führt der künstlerisch-subjektive Ansatz im Gegenteil in eine ästhetizistische Sackgasse? Durch das vage Terrain zwischen den Disziplinen führen sicher keine festen Wege, doch lassen sich immerhin einige Orientierungspunkte ausmachen.

◁ Andy Goldsworthy, *A wall went for a walk*, Grizedale Skulpturenprojekt im Lake District/Großbritannien 1990

Unzufrieden mit den immer gleichen ökologisch, sozial und funktional „korrekten", aber ästhetisch weitgehend kraftlosen Antworten der Landschaftsgestaltung, rückt die künstlerisch-experimentelle Beschäftigung mit Landschaft und Natur immer stärker in den Mittelpunkt des Interesses. Spätestens seit dem Schwinden der stilbildenden Kraft der Moderne mangelt es der zeitgenössischen Landschaftsarchitektur an avantgardistischen Impulsen, aus denen sich eine eigene Ausdruckskraft entwickeln könnte. Ein hartnäckiger, unpersönlicher Akademismus breitet sich statt dessen aus. Im Gegensatz dazu erschließt die Kunst mit ihren radikal experimentellen Erkundungen immer wieder neue Wege subjektiver Naturwahrnehmung und persönlicher Landschaftserfahrung.

Nichts liegt scheinbar näher, als sich mit einer Kunst zu befassen, die sich nicht nur ähnlichen Themen widmet, sondern sogar mit den gleichen Materialien und im gleichen Raum arbeitet wie die Landschaftsarchitektur. Jede Art der Kunst, von Anti-Kunst bis Zero, verdient als zeitgenössische Sprache einer Gesellschaft die Aufmerksamkeit aller planerischen Disziplinen, die ihre zentrale Aufgabe darin sehen, die notwendigen Rahmenbedingungen für menschliches Leben zu schaffen. Der Kunst kommt somit eine wichtige Funktion als Metasprache zur Verständigung zwischen den Disziplinen zu. Jedoch erweisen sich die augenscheinlichen Parallelen zwischen Landschaftskunst und Landschaftsarchitektur als Segen und Fluch zugleich: Einerseits schlägt die Landschaftskunst zwar eine semantische Brücke über den tiefen Graben zwischen künstlerischer und alltäglicher Welt, den die abstrakte Kunst der Moderne mit ihrem autonomen Zeichensystem aufgerissen hat. Andererseits ist die Verlockung aber allzu groß, sich darauf zu verlassen, daß die formale Nachahmung künstlerischer Vorbilder gewissermaßen „automatisch" zum Erfolg führt. Dieser Versuchung entgegenzutreten ist eines der zentralen Anliegen dieses Buches. Eine unreflektierte, formale Imitation der Land Art-Projekte führt nicht zu einer bewußten Eigenständigkeit der Landschaftsgestaltung, sondern mündet in eine neue Abhängigkeit von vermeintlich tonangebenden Vorbildern. Es kann nicht darum gehen, die neue, allgemeingültige Kopiervorlage für eine zeitgemäße Landschaftsarchitektur zu entdecken.

Drei typische Merkmale der Landschafts- und Natur-Kunst sind für die Entwicklung einer aktuellen Sprache in der Landschaft von besonderer Bedeutung. Erstens das Bestreben, vor allem innerhalb der Land Art, sich im Widerstand gegen die gestalterische Geschwätzigkeit der Massenkonsumgesellschaft in Formensprache und Materialverwendung wieder auf das Wesentliche zu konzentrieren. Die Strategie der Reduktion auf primäre, archetypische Formen läßt sich am deutlichsten an den Arbeiten der Minimal Art ausmachen. Was dort mit objektivitätsbemühter Radikalität und fast dogmatischer Strenge im Galerieraum begann, führte in der Land Art zu einem spannenden Dialog zwischen den sehr komplexen, manchmal sogar chaotischen Kräften der Natur und dem klaren geometrischen Aufbau des Artefaktes. In ihrer meditativen Klarheit sind sich die Werke der Land Art und die japanischen Meditationsgärten des Zen trotz ihres völlig verschiedenen kulturhistorischen Ursprungs durchaus ähnlich. Das Bemühen um ausdrucksstarke Einfachheit ist für viele herausragende Künstler und Landschaftsarchitekten auch heute ein zentrales Anliegen und ein charakteristisches Merkmal ihrer Arbeiten.

Das zweite richtungsweisende Merkmal der Landschaftskunst, die Vergänglichkeit ihrer Werke, ist sicherlich am meisten dazu geeignet, in einer Gesellschaft, die auf Aneignung, Mehrung und Sicherung von Besitz bedacht ist, heftige Kontroversen hervorzurufen. Mit dem Attribut der Vergänglichkeit verbindet die Kunst in der Landschaft verschiedene Grundgedanken: Vergänglichkeit als Widerstand gegen Besitzergreifung und gegen das traditionelle Kunstverständnis, als sichtbarer Ausdruck für das zeitlich Prozeßhafte, als Metapher für die Diskontinuität der Phänomene, als Anerkennung und Bewußtmachung der Zerfallsphase im natürlichen Zyklus des Lebens, als Merkmal eines offenen Kunstwerkes und so weiter. Es ist bemerkenswert, daß dem Potential der Vergänglichkeit, dem vitalen Prozeß der Metamorphose trotz seiner elementaren, sogar schöpferischen Bedeutung in der Landschaftsgestaltung relativ wenig Aufmerksamkeit geschenkt wird. Statt dessen wird kontinuierlich an der Zementierung fertiger (Ideal)Bilder gearbeitet, die freilich in einer Zeit zunehmender gesellschaftlicher Unsicherheit als vermeintliche beständige Orientierungsmarken betrachtet werden. Nur wenige Landschaftsgestalter widmen sich im bewußten Widerspruch zu den fundamentalen Maximen der zivilisierten Gesellschaft in experimenteller Weise dem Vergänglichen und überlassen das Temporäre seiner unvorhersehbaren Entwicklung. Selbstverständlich ist dem Verfall nicht überall und jederzeit freien Lauf zu lassen, aber ein offenerer Umgang mit der Vergänglichkeit sowie ihrer Spuren am rechten Ort wäre nicht nur der Sensibilisierung der Wahrnehmung dienlich, sondern würde auch immer wieder neuen Raum für Spontanes, Unerwartetes, Experimentelles bieten. Vor allem in der Auseinandersetzung mit den sich ständig verändernden, erodierenden und überwuchernden Industrie- und Restlandschaften kündigt sich seit einigen Jahren ein anderes Naturverständnis und infolge dessen ein anderer Umgang mit der Vergänglichkeit an. Einige dieser experimentellen Ansätze und ihre Protagonisten werden später noch im Mittelpunkt der Betrachtung stehen.

Als dritter Gesichtspunkt ist die romantische Komponente der Land Art und Natur-Kunst besonders relevant. Sicher sind die Zeiten endgültig vorbei, als sich der Mensch dem hemmungslos emotional-romantischen Naturgenuß in Park und Garten hingeben konnte, aber es drängt sich die Frage auf, ob mit der rationalen Verbannung der Romantik aus der Landschaftsgestaltung nicht auch wesentliche Qualitäten unserer Lebensumwelt verschwunden sind, deren Verlust man jetzt mit viel Mühe auszugleichen versucht. Im gleichen Maß, wie der Mensch sich als sinnlich wahrnehmendes Wesen wieder entdeckt, werden Landschaft und Garten immer mehr zum Sinnbild aktueller Bedürfnisse, Hoffnungen und Sehnsüchte, und es steigt das Verlangen nach gefühlsbetonter Poesie und empfindsamer Gestaltung des Ortes. Obwohl es in der Land Art nicht zuletzt um die Steigerung der Wahrnehmungsfähigkeit ging, lief sie dennoch Gefahr, den regressiven Tendenzen des romantischen Naturverständnisses Vorschub zu leisten. Möglicherweise könnte es jedoch gelingen, anstatt eines weltflüchtigen Romantizismus ein Naturverständnis zu entwickeln, das sich stärker an den komplexen Bedingungen der Realität orientiert und sich zugleich auf einfache Weise der eigentlichen Qualitäten sensitiver Naturwahrnehmung wieder bewußt wird. Offiziell verbannt aus dem Wortschatz der Planer und Künstler, bekennen sich plötzlich viele von ihnen im persönlichen Gespräch zu spezifischen Merkmalen ihrer Arbeiten, die dem Geist der Romantik eng verbunden sind. Es scheint, als ob die Erschaffung bedeutungsvoller Orte und die Steigerung der Wahrnehmungsfähigkeit ohne die Wiederbelebung gewisser romantischer Momente nicht möglich ist.

Für die Erkundung des Grenzbereiches zwischen bildender Kunst und Landschaftsarchitektur gibt es keine festen Regeln, nicht einmal ein allgemein anerkanntes Vokabular. Vielmehr wurden sowohl in der Landschaftskunst als auch in der Landschaftsarchitektur eine ganze Reihe von sehr verschiedenen grenzüberschreitenden Ansätzen entwickelt. Die vielfältigen Konzepte der Landschaftsgestaltung werden nicht nur von der individuellen Geisteshaltung der jeweiligen Persönlichkeit, sondern auch vom kulturellen und landschaftlichen Umfeld des jeweiligen Projektes entscheidend geprägt. Hinzu kommen prinzipielle Unterschiede zwischen dem amerikanischen und dem europäischen Umgang mit Natur und Landschaft. Während man in Europa geneigt ist, gerade den amerikanischen Entwicklungen im Bereich Landschaft und Kunst besondere Aufmerksamkeit zu widmen, werden spannende europäische Konzepte, weil weniger plakativ und dadurch meist schlechter vermarktbar, leicht übersehen. Deshalb widmet sich dieses Buch verstärkt der Schaffensphilosophie und den Werken europäischer Avantgardisten, die für die zukünftige Entwicklung der Sprache in der Landschaft, insbesondere der Kulturlandschaft, wichtige Impulse geben.

Allen gemeinsam ist eine intensive gestalterische Auseinandersetzung mit der Natur in Form von Landschaft oder Garten, die man nicht nach traditioneller Art zum schönen Hintergrund eines Kunstobjektes erklärt, sondern als eigenständigen, manchmal sogar skulpturalen Wahrnehmungs- und Empfindungsraum schätzt. Keiner der porträtierten Protagonisten betrachtet die Land Art als allgemeingültige Kopiervorlage für eine zeitgemäße Sprache in der Landschaft, aber alle sind sich der Impulskraft des künstlerischen Umgangs mit Landschaft bewußt und schöpfen aus diesem Bewußtsein die Kraft zur Erkundung neuer gestalterischer Strategien.

Die subjektiv getroffene Auswahl der Künstler und Landschaftsarchitekten soll die oben geschilderte Vielfalt der individuellen Herangehensweisen schlaglichtartig widerspiegeln und will kein vollständiges Bild der gegenwärtigen, sich rasch verändernden Situation vermitteln. Neben herausragenden Persönlichkeiten, deren Schaffen bereits seit Jahrzehnten das internationale Ansehen der Landschaftsarchitektur und Landschaftskunst in Europa prägt, wurden auch Avantgardisten der jüngeren Generation mit ihren ungewöhnlichen, entwicklungsfähigen Ansätzen berücksichtigt. Um sich nicht nur auf die Interpretation einzelner Werke oder umfangreicher Werkbiographien verlassen zu müssen und um herauszufinden, welche individuelle Geisteshaltung tatsächlich hinter der jeweiligen Theorie, dem geplanten oder ausgeführten Projekt steht, schien es wichtig, die Künstler und Landschaftsarchitekten selbst zu Wort kommen zu lassen, auch wenn das Wort nicht für alle zum bevorzugten Medium ihrer Arbeit zählt. Die persönlichen Gespräche im Büro oder in der Wohnung des Landschaftsarchitekten, im Garten oder Atelier des Künstlers, im Haus des Architekten, im Hörsaal der Hochschule oder einfach nur auf einer Parkbank unter Bäumen waren immer verbunden mit einem sehr intensiven Eintauchen in eine unbekannte, spannende Gedankenwelt. Vielleicht wird in den Interviews deutlich, daß – entgegen der allgemeinen Idealvorstellung – nahezu keines der individuellen Weltbilder in sich vollkommen geschlossen und ohne Brüche ist. Entscheidend ist die kreative Suche nach einem bedeutungsvollen Ausdruck in der Landschaft.

Das Werk Isamu Noguchis verdient in mehrfacher Hinsicht besondere Beachtung und – auf den folgenden Seiten – eine Sonderstellung im Kontext des Buches. In Noguchis Arbeiten kommt der wichtige ästhetische Einfluß japanischer Kunst und Gartenkunst zum Tragen. Seine prägende Wirkung auf die Landschaftsgestaltung und Naturwahrnehmung der westlichen Welt mußte im Lauf der bisherigen Betrachtungen unberücksichtigt bleiben. Überdies verbinden sich in Noguchis Auffassung vom Raum als Skulptur in unnachahmlicher Weise viele typische Komponenten moderner Bildhauerei und Gartenkunst, die sein Werk zu einem wichtigen Meilenstein der Erkundung des Grenzbereiches zwischen bildender Kunst und Landschaftsarchitektur werden lassen.

Bildnachweis

Pieter Boersma: 20 o.
John Cliett: 39 o.
Dan Dancer: 28
Agnes Denes: 34 u.
Dia Art Foundation: 16 o.
Andy Goldsworthy: 19 o., 26, 38, 39 u.
Gianfranco Gorgoni: 12 o., 20 u., 22
HAWOLI: 27
Michael Heizer: 12 m., 14 u., 15, 21 u.m., 29

Thomas Kläber: 31, 32
Nikolaus Lang: 14
Richard Long: 19 u., 24, 25
Nathanson: 36 o.
Nils-Udo: 13
Charles Simonds: 36 u.
Alan Sonfist: 34 o.
Nic Tenwiggenhorn: 16 u.
Udo Weilacher: 18, 20 m., 30

Isamu Noguchi: Raum als Skulptur

Nur wenigen Bildhauern des beginnenden zwanzigsten Jahrhunderts gelang es vor der Land Art, die Auffassung von Skulptur so zu erweitern, daß der Landschaftsraum nicht mehr Hintergrund, sondern eigentlicher Gegenstand künstlerischen Schaffens wurde. Isamu Noguchi, einer der bedeutendsten Bildhauer in den USA (geboren 1904, gestorben 1988 in New York) zählt zweifellos zu diesen richtungsweisenden Pionieren. Seine strengen, minimalistischen Skulpturen, Gärten und urbanen Plätze sind in ihrer Klarheit, Einfachheit und zeitlosen Schönheit für viele zeitgenössische Landschaftsarchitekten und Künstler unumstrittene Leitbilder eines zeitgemäßen Umgangs mit der Landschaft als räumlichem Gefüge.

Man würde dem Schaffen Noguchis in keiner Weise gerecht werden, betrachtete man sein Werk nur als japanische Kunst im Westen. „Mein Vater, Yone Noguchi, ist Japaner, und seine Dichtung ist seit langem bekannt als die Übersetzung des Ostens für den Westen. Ich möchte das gleiche mit der Bildhauerei tun", schrieb Noguchi in seiner Bewerbung um ein Guggenheim Stipendium im Jahr 1927.[1] 1904 als Sohn der amerikanischen Schriftstellerin Leonie Gilmour und des japanischen Dichters Yone Noguchi in Los Angeles geboren, lebte Noguchi von Anfang an einsam zwischen zwei Welten und konnte sich in keiner der beiden Kulturen je richtig zu Hause fühlen. Seine zahlreichen Reisen zwischen Ost und West, nach Europa, in den Orient, nach New York und später nach Lateinamerika, auf der intensiven Suche nach der eigenen Identität, führten schließlich zu einer eigenständigen künstlerischen Ausdruckskraft, die sich in keine Kategorie zwängen läßt. Die Kunsthistorikerin Dore Ashton, Professorin an der Cooper Union School in New York, schildert in ihrer hervorragenden Noguchi-Biographie „Noguchi. East and West"[2] die komplexen Hintergründe seines eindrucksvollen Werkes.

[1] Noguchi, I. zit. aus: Ashton, D.: Noguchi. East and West. Berkeley 1992; S. 23

[2] Ashton, D.: Noguchi. East and West. Berkeley 1992

Die Quellen, aus denen der amerikanisch-japanische Künstler im Laufe seines Lebens schöpfte, waren vielfältig. Zu den wichtigsten Einflüssen gehört Noguchis Begegnung und langjährige Freundschaft mit Constantin Brancusi (1876–1957). Bereits 1926 hatte Noguchi die kubischen Plastiken des rumänischen Bildhauers in einer New Yorker Ausstellung gesehen und reiste mit Hilfe des Guggenheim Stipendiums nach Paris, um für einige Monate als Assistent in seinem Atelier zu arbeiten. Vieles, was für Brancusis bildhauerisches Schaffen gilt, ist später auch zum Kennzeichen der Arbeiten Noguchis geworden. Von Brancusi erlernte der junge Künstler nicht nur den sensiblen bildhauerischen Umgang mit Stein, später sein bevorzugtes Werkmaterial, sondern empfing auch richtungsweisende Impulse zur Entwicklung einer eigenen Raum- und Naturauffassung. Für Brancusi bestimmt der Sockel die Skulptur, wie der Rahmen das Bild bestimmt; also galt seine Aufmerksamkeit dem Sockel, der mit der Skulptur eine unlösbare Einheit bilden sollte. Der behauene Stein war für Brancusi daher nie losgelöst von der Erde begreifbar. Mit Werken wie der 30 m hohen, stählernen *Unendlichen Säule* in der kleinen rumänischen Stadt Tîrgu-Jiu, die sich scheinbar entmaterialisiert endlos in den Himmel schiebt, setzte Brancusi bereits 1937 ein deutliches Zeichen für ein erweitertes Verständnis von Skulptur im Landschaftsraum. Einfachheit war für ihn nicht das eigentliche Ziel in der Kunst, sondern sie war unverzichtbar, wenn man sich dem realen Sinn, dem Wesen der Dinge nähern wollte.

Brancusis Augenmerk für ozeanische und afrikanische Kultplastiken sowie für die archaische Kunst der Hochkulturen entsprang seinem Interesse, sich gleichfalls dem historischen Ursprung der Dinge zu nähern. Dieses Interesse war auch Noguchi eigen,

Isamu Noguchi, circa 1941. An der Wand steht das Modell *Contoured Playground* für einen Spielplatz im Central Park von New York. Das Projekt wurde, wie viele andere Spielplätze, die der Künstler entwarf, nicht realisiert.

deshalb unternahm er Studienreisen nach Spanien, Griechenland, Italien, Indien und 1982 auch nach Peru, wo er sich insbesondere in Machu Picchu für die beeindruckende Steinbearbeitung der Inka begeisterte. *Sculpture to be Seen From Mars*, ein Entwurf aus dem Jahr 1947 für eine riesige Hügellandschaft in Form eines Gesichtes mit einer Nase, deren Kantenlänge eine Meile lang sein sollte, „ist der einzig erhaltene Beleg für mein Interesse, Erdhügel zu bauen, die denen der amerikanischen Indianer gleichen".[3] Einige Jahrzehnte später entdecken junge amerikanische Künstler ihr Interesse an den baulichen Zeugnissen früher Hochkulturen und nennen ihre geometrisierten Erdhügel in den Weiten der Wüste „Land Art". Als man ihn 1961 danach fragte, welche Kunst er bewunderte, antwortete Noguchi: „Es ist wirklich so, je älter und primitiver sie ist, um so besser gefällt sie mir. Ich weiß nicht warum, vielleicht bringt einen einfach die wiederholte Destillation der Kunst zurück zum Ursprünglichen: die Monolithen, die Höhlenmalereien, die Ritzzeichnungen, die Kurzschrift, mit der die ersten Men-

[3] Noguchi, I. zit. aus: The Isamu Noguchi Foundation: The Isamu Noguchi Garden Museum. New York 1987; S. 143

„Ein Flug der Imagination" (Isamu Noguchi). *Sculpture to be Seen from Mars*, Modell in Sand (zerstört), 1947.

[4] Noguchi, I. zit. nach: Kuh, Katherine: The Artist's Voice. New York 1962; S. 186

schen versuchten, ihrem Sinn für das Wesentliche Ausdruck zu verleihen, und vielleicht gelangt man sogar noch weiter zurück, bis man schließlich das Ursprungsmaterial selbst erreicht."[4]

Erst 1930 kam Noguchi als junger Künstler, der sich bis dahin vor allem mit Porträtskulpturen einen Namen gemacht hatte, für ein Jahr in das Land zurück, das er 12 Jahre zuvor als gemiedenes Mischlingskind verlassen hatte. Japan steckte zu dieser Zeit in Kriegsvorbereitungen und konfrontierte Noguchi, dessen amerikanische Abstammung offensichtlich war, mit den nationalistischen Auswüchsen des japanischen Traditionalismus und dem ausgeprägten Patriotismus des eigenen Vaters. Daß Isamu Noguchi zu jener Zeit für vier Monate in Kyoto bei dem japanischen Meister der Töpferei, Jinmatsu Uno, in die Lehre ging, wertet Dore Ashton als Versuch, der latenten Auseinandersetzung mit dem Vater auszuweichen.[5] Bei Uno erlernte er die traditionelle Kunst, Terracotta-Figuren anzufertigen, und entdeckte erstmals seine Begeisterung für die

[5] vgl. Ashton, D. 1992; S. 39

Isamu Noguchi

[6] Noguchi, I. zit. aus: Hasegawa, S.: My Time with Isamu Noguchi. Tokyo 1951; o.S.

[7] Noguchi, I. zit. aus: Hunter, S.: Isamu Noguchi. New York 1979; S. 154

[8] Noguchi, I. zit. aus: The Isamu Noguchi Foundation: The Isamu Noguchi Garden Museum. New York 1987; S. 2

Tempelgärten Kyotos. Erst auf seiner zweiten Reise 1950 – Yone Noguchi war bereits 1947 verstorben –, als die alten nationalistischen Mächte ihren Einfluß im Land verloren hatten, konnte er sich vorbehaltlos und intensiv japanischer Kultur widmen. Einerseits erleichtert durch die neue Offenheit und die stärkere künstlerische Freiheit im Land, beschwor er andererseits immer wieder die Eigenständigkeit japanischer Kunst, die ihm zu sehr in den Sog westlicher Einflüsse zu geraten schien: „Ich wünsche mir aufrichtig, daß Japan in der Kunst sein eigenes Selbst reflektiert und wiederentdeckt."[6] In Kamakura etablierte Noguchi sein erstes eigenes japanisches Atelier und pendelte fortan zwischen Japan und New York, wo er nach wie vor viele Projekte realisierte und seine Arbeiten ausstellte.

„Ich bewundere japanische Gärten, weil sie weit über die Geometrie hinaus in die Metaphysik der Natur reichen."[7] Besonders die berühmten Trockenlandschaft-Gärten Ryoan-ji und Ginkaku-ji faszinierten Noguchi bereits bei seiner ersten Japanreise und beeinflußten sein Werk entscheidend. Im Zen-Garten Ryoan-ji waren es insbesondere die 15 Steine inmitten des geharkten weißen Sandes, die einerseits fest in der Erde verwurzelt sind und dennoch scheinbar über der makellosen Oberfläche schweben, welche den Künstler tief beeindruckten. Die Mauer, die den kleinen Meditationsgarten umschließt und gleichzeitig den Blick in die reale Landschaft im Hintergrund erlaubt, erkannte Noguchi als wichtiges Element dieser einzigartigen Raumkonzeption. Er war sich sicher, daß die Schöpfer dieses Gartens ein tiefes Verständnis für Skulptur haben mußten. Im Trockenlandschaft-Garten von Ginkaku-ji war es das reflektierende „Silbersandmeer" („Ginshanada") aus weißem Sand und der streng geometrisch geformte Sandhügel „Plattform gegenüber dem Mond" („Kogetsudai") mit seinem charakteristischen Schattenwurf, die sich einprägten. Schlichtheit, die Kunst der Andeutung, Asymmetrie, gedämpfte Farben und eine ausgeprägte Sensibilität für Struktur und Farbe des jeweiligen Materials wurden später zum Kennzeichen für viele der eindrucksvollen Projekte Noguchis.

Seine ersten und wichtigsten Erfahrungen im Umgang mit realem und virtuellem Raum sammelte der Künstler in Zusammenarbeit mit der amerikanischen Tänzerin, Choreographin und Ballettdirektorin Martha Graham in New York, die Noguchi bereits in den dreißiger Jahren mit der Gestaltung von Bühnenbildern beauftragte. 1935 begeisterte Noguchi die Choreographin mit seinem ersten Bühnenbild für ihr Stück *Frontier*. „Ich dachte an den Raum als ein Volumen, das man skulptural behandeln mußte, und an die Leere des Theaterraumes als integrativer Teil von Form und Aktion. Ein weißes Seil hing von den beiden oberen Ecken des Prosceniums zum Boden des hinteren Zentrums der Bühne. Das erzeugte ein eigenartiges Raumgefühl – ein Ausbruch in den Raum und zugleich ein Einströmen in die Unendlichkeit. Ein kleines Stück Holzzaun im Hintergrund diente als Ausgangspunkt und Endpunkt des Geschehens."[8]

Die poetisch-symbolische Aufladung des Raumes mit minimalen gestalterischen Mitteln und stark abstrahierten Figuren ist ein Konzept, das dem traditionellen japanischen Theater Noh eigen ist. Noguchi lernte diese Konzeption bereits auf seiner ersten Japanreise kennen und war sehr angetan von der extremen Reduktion der Bühnenausstattung, die der Imagination des Zuschauers größten Raum bot. Die möglichst umfassende Raumwahrnehmung und die totale sinnliche Erfahrung von Ritualen, Mythen und Dramen war ihm ein zentrales Anliegen. Als er sich später mit der Gestaltung größerer Freiräume befaßte, sah er diese nie als Areale mit isolierten Objekten, sondern als Gärten, in denen der Bezug zum Ganzen eine wesentliche Rolle spielte.

Die Realisierung seines ersten großen Gartens im Jahr 1956 in Paris stellte Noguchi – trotz oder gerade wegen seiner ambitionierten Herangehensweise an den Raum als Skulptur – auf eine harte Probe. Der Architekt Marcel Breuer bot Noguchi an, einen kleinen Garten beim Hauptverwaltungsgebäude der *UNESCO* in Paris zu gestalten. Bei der Besichtigung des Areals entschloß sich der Künstler, nicht nur den ursprünglich vorgesehenen Bereich, sondern darüber hinaus auch die angrenzenden Flächen einzubeziehen, die die beiden Teile des Gebäudes miteinander verbinden. Was als Gestaltung einer Verbindungsbrücke begann, wurde unter der Regie Noguchis bald zu einem ersten Versuch, die Prinzipien japanischer Gartenkunst inmitten der modernen europäischen Weltstadt umzusetzen und auf diese Weise das Moderne und das

Ginkaku-ji (Jisho-ji), ein Paradiesgarten in Kyoto aus der Muromachi-Zeit (15./16. Jahrhundert). Geharkte Sandflächen und festgeklopfte Sandhügel vor dem „Silbernen Pavillon" stellen Meer und Berge dar.

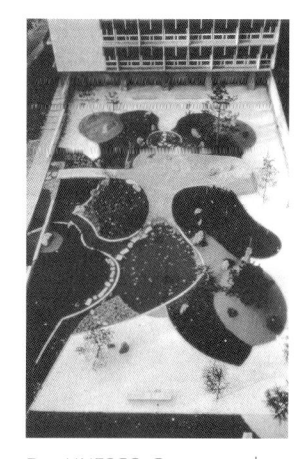

Der *UNESCO-Garten* wurde 1956–1958 in Paris realisiert und zählt zu Noguchis ersten Versuchen, japanische Gartenkunst mit den Gestaltungsprinzipien der Moderne zu verbinden.

[9] Noguchi, I. zit. aus: The Isamu Noguchi Foundation: The Isamu Noguchi Garden Museum. New York 1987; S. 162

Der Übergang zur oberen Steinterrasse mit steinernen Sitzgelegenheiten und behauenen Granitblöcken. „UNESCO was my beginning lesson in the use of stone." (Isamu Noguchi)

Traditionelle miteinander zu einer harmonischen Einheit zu verbinden. Das Gestaltungsmaterial, vor allem die Steine, sollte aus Japan importiert werden, obwohl das Budget für derlei aufwendige Materialbeschaffung ursprünglich nicht zur Verfügung stand. Dennoch gelang es Noguchi, das verantwortliche Komitee von seiner Idee zu überzeugen. „Das führte schließlich zu einer langen und engen Verbindung mit dem Land meines Vaters und zu meiner Entwicklung als Künstler. *UNESCO* war meine erste Unterrichtung in der Verwendung des Steines", bekannte Noguchi später.[9] Mit großer Gewissenhaftigkeit suchte er alle erforderlichen Steine an einem Bergbach auf der Insel Shikoku aus und ließ acht Tonnen sorgsam verpacktes Gestein sowie Wasserbecken, Trittsteine, Quellsteine und eine Steinbrücke nach Frankreich verschiffen.

Der Bau des 1700 m² großen Gartens erwies sich als ausgesprochen schwierig. Insbesondere die Zusammenarbeit mit dem erfahrenen japanischen Gärtner Touemon Sanō, der einer langen Tradition von Gärtnern in Kyoto entstammte, bereitete Probleme. In den Augen des Japaners, der für die Gärten des siebzehnten Jahrhunderts schwärmte, hatte Noguchi die japanische Gartentheorie nie richtig verstanden, zeigte zuviel individuellen Gestaltungsdrang und verstieß ständig gegen fundamentale Prinzipien japanischer Gartenkunst. Die Auseinandersetzung mit den traditionellen Vorstellungen gehörte für den damals zweiundfünfzigjährigen Künstler zur täglichen Routine während der zweijährigen Bauzeit des Gartens. Wenn es um die Standorte der Skulpturen oder Steinlaternen ging, konnte es Noguchi nicht ertragen, daß diese auch nur teilweise in der Vegetation verschwanden. Wasserflächen wurden entgegen den traditionellen Regeln nicht als bewegte, sondern als erstarrte Spiegelflächen angelegt. So überwog am Ende der kühle, moderne Charakter des Gartens mit seinen kontrollierten biomorphen Formen und kubistischen Körpern. Der Gartengrundriß erinnert an ein surrealistisches Gemälde von Joan Miró oder an ein Relief von Hans Arp, doch im Lauf der Zeit verwischte wuchernde Vegetation die ursprüngliche skulpturale Klarheit der Gestaltung. Noch 1988, kurz vor seinem Tod, beauftragte Noguchi drei japanische Gärtner mit umfangreichen Pflegearbeiten, um den mittlerweile völlig verwahrlosten und zwischenzeitlich sogar gesperrten Garten wieder herzurichten.

Trotz der Bedeutung des *UNESCO-Gartens* als Meilenstein in der Entwicklung moderner Gartenkunst fand er weder in der landschaftsarchitektonischen noch in der Kunstpublizistik besondere Würdigung. Die Kunstkritiker erachteten das Werk nicht als Kunst, sondern als Garten, während die Landschaftsarchitekten dem Garten als Kunstobjekt kaum Beachtung schenkten. Noguchi schuf seit 1950 in Europa, USA und Japan eine Vielzahl außergewöhnlicher Skulpturen, Gärten und Plätze, vor allem im Auftrag großer Konzerne. „Sein Ruf und sein Einfluß als Landschaftsarchitekt ist jedoch gering", stellt Peter Walker fest. „Wären einem zeitgenössischen Landschaftsarchitekturbüro Projekte von solcher Qualität gelungen wie Noguchis Plätze für die *Connecticut General Life Insurance* (CIGNA) in Bloomfield, Connecticut, oder das Domon Ken Photographie Museum in Japan, sein Platz in der Geschichte wäre bestens gesichert."[10]

[10] Walker, P. in: Landscape Architecture 4/1990; S. 37

UNESCO-Garten in Paris 1956–1958. Der untere, landschaftliche Teil des Gartens knüpft mit charakteristischen Steinsetzungen und Pflanzungen an die Tradition japanischer Meditationsgärten an.

1971 errichtete Noguchi sein zweites und endgültiges Atelier in Mure auf der japanischen Insel Shikoku. Ein wiedererrichtetes zweihundert Jahre altes Haus eines Samurai diente als Wohngebäude. Zwei „kura", Scheunen ähnlich, kamen später als Ateliergebäude hinzu.

Isamu Noguchi

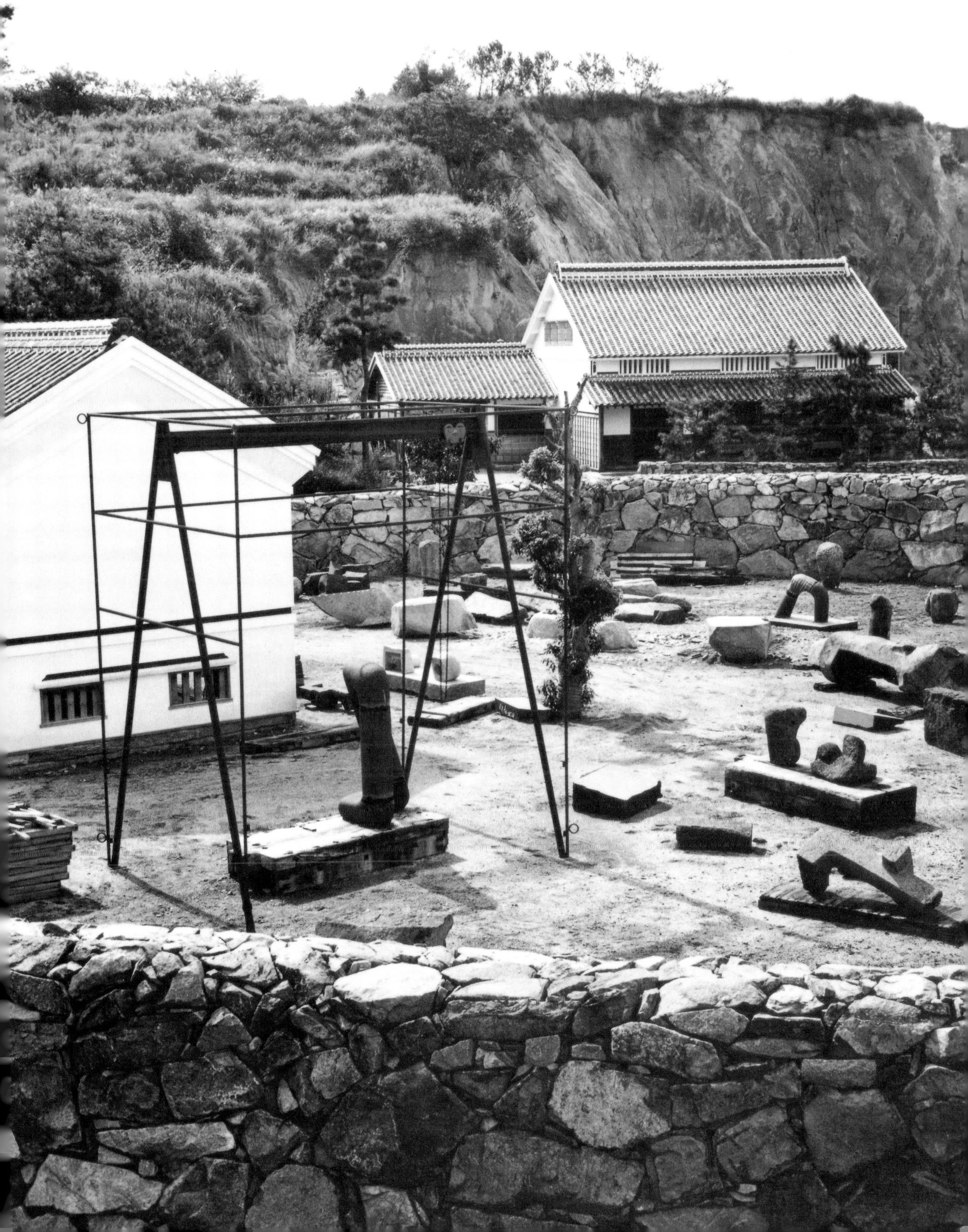

Im Unterschied zum Stein spielte die Pflanze für Noguchi bei seiner Arbeit eine eher untergeordnete Rolle. Diese Einstellung ist insofern nicht verwunderlich, als auch in der japanischen Gartenkunst die Pflanzen nicht die gleiche dominierende Rolle spielen wie in den europäischen Gärten. Immergrüne Bäume, Sträucher und Stauden überwiegen in den meisten Gärten Japans und werden durch regelmäßigen Schnitt in streng kontrollierten Formen gehalten. Außerhalb des Gartens darf sich die Natur jedoch durchaus ungezügelt entfalten und wird als „Shakkei", als „geborgte Landschaft" zu einem wesentlichen Gestaltungselement. „Steine sind die Knochen des Gartens, die Blumen sein Fleisch", bemerkte Noguchi 1988 bei einem Besuch des Gartens von Monet in Giverny.[11] Der Stein war für ihn Tiefe, war viel direkter mit dem Wesen der Dinge, der Materie des Universums verbunden. Der Architekt Shoji Sadao, der lange Jahre mit Isamu Noguchi zusammenarbeitete, heute das Isamu Noguchi Garden Museum in New York leitet und derzeit zwei große unvollendete Landschaftsprojekte von Noguchi fertigstellt, erläuterte: „Er nahm Pflanzen als skulpturale Formen wahr und war nicht so sehr interessiert – zumindest hat er mir gegenüber nie ein besonderes Interesse geäußert –, sie als wachsendes Material zu begreifen. [...] Ich denke, daß Pflanzen vielleicht ein wenig zu unkontrollierbar für ihn waren, und diejenigen, die er verwendete, waren meist recht statisch."[12]

1982 vollendete Noguchi sein letztes und bekanntestes öffentliches Freiraumprojekt

[11] Noguchi, I. zit. aus: Ashton, D.: Noguchi. East and West. Berkeley 1992; S. 270

[12] Sadao, S. in: Landscape Architecture 4/1990; S. 62/63

Der *Sunken Garden* an der Chase Manhattan Bank Plaza in New York wurde von 1961–1964 realisiert und knüpft deutlich an das Vorbild des Zen-Gartens Ryoan-ji in Kyoto an. Im Sommer wird der *Sunken Garden* mittels konzentrisch angeordneter Wasserdüsen am Boden in eine flache, bewegte Wasserfläche verwandelt.

in den USA, nahe seiner Geburtsstadt Los Angeles in Costa Mesa: das *California Scenario*. Henry Segerstrom, ein erfolgreicher Bauunternehmer, der einer alten kalifornischen Bauernfamilie entstammte, wollte von Noguchi einen Brunnen für einen kleinen Park errichten lassen. Anstatt die Gestaltung des restlichen Geländes jedoch jemand anderem zu überlassen, schlug der Künstler seinem Auftraggeber vor, den gesamten Raum mit einer Grundfläche von etwa 120 x 120 m in einen Skulpturengarten zu verwandeln.

California Scenario liegt inmitten eines kommerziellen Gebäudekomplexes, nahezu völlig umschlossen von zwei spiegelverglasten Bürohausfassaden und von zwei 12 m hohen, weiß verputzten Mauern, die zu einem angrenzenden Parkhaus gehören. Der gesamte Platz, ein karger, introvertierter Raum, ist mit bruchrauhen, großformatigen Steinplatten befestigt. Noguchi schöpfte bei der Gestaltung aus dem gesamten Repertoire seiner langen Erfahrung mit japanischer Gartenkunst, der Arbeit am Theater und der Bildhauerei, um einen Ort zeitloser Schönheit und tiefgründiger Metaphorik zu schaffen. Er inszenierte den spannungsreichen Dialog von Natur und Kultur im Raum wie auf einer Bühne. In reduzierter, archetypischer Weise verwendete er die elementaren Materialien Stein, Pflanze und Wasser. Dem Stein, den Noguchi selbstverständlich persönlich auswählte, begegnet man sowohl in seiner unbearbeiteten, elementaren Kraft als liegender oder stehender Findling als auch in Form nahezu pla-

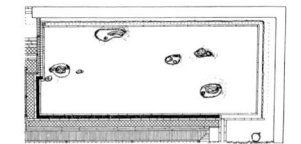

Ryoan-ji, der berühmteste Trockenlandschaft-Garten Japans in Kyoto, entstanden in der Muromachi-Zeit, Ende 15. Jahrhundert.

Isamu Noguchi

tonischer Idealkörper. Ein Bachlauf entspringt in einer freistehenden, dreieckigen Natursteinwand, die an das Observatorium von Jaipur erinnert, stürzt in einer schmalen Wasserrinne hinab und bahnt sich seinen geschwungenen Weg durch die Fläche, um schließlich unter einer flachliegenden Steinpyramide zu verschwinden. Die blankpolierte Granitoberfläche der Pyramide reflektiert wie ein Spiegel den Himmel. Sie erinnert an den uralten japanischen Mythos, wonach die Sonnengöttin mit einem Spiegel aus ihrem Höhlenversteck gelockt wurde, um wieder Licht ins Universum zu bringen.

California Scenario ist, wie bereits der Titel des Werkes impliziert, eine Reminiszenz an die beeindruckenden Naturlandschaften Kaliforniens: Auf einem kleinen kreisrunden Erdhügel, genannt *Desert Land*, befindet sich ein spärlicher Kakteen-, Agaven- und Strauchbestand, eine Metapher für die Wüsten Kaliforniens mit ihrem spröden Charme. Auf der gegenüberliegenden Seite soll *Forest Walk,* eine grasbewachsene Rampe, umstanden von einem Sequoia-Bestand, an die beeindruckenden Mammutbaum-Wälder der Küste Kaliforniens und der Sierra Nevada erinnern. Die letzten beiden größeren Komponenten des Projektes sind *Land Use*, ein grasbewachsener Hügel mit einer sargartigen Granitplatte mit dem Titel *Monument to Development* und schließlich ein kleiner Baumbestand, der eine konkav geschwungene Sitzbank beschattet. *Monument to Development* ist Noguchis kritisch-ironischer Kommentar zum wilden Bauboom in Kalifornien, dem riesige Flächen fruchtbares Ackerland zum

To the Issei, eine zweiteilige Basaltskulptur, bildet heute den zentralen Blickpunkt der *Japanese-American Cultural and Community Center Plaza.*

Für den *Platz des Japanese-American Cultural and Community Center* in Los Angeles/Kalifornien sollte Noguchi ursprünglich nur eine Skulptur anfertigen, doch dann widmete er sich 1980–1983 der Gestaltung des gesamten 4000 m² großen Freiraumes.

Opfer fielen. *The Sprit of the Lima Bean*, eine Gruppe aus fünfzehn großen, nahezu unbehauenen Granitsteinen, die exakt zu einer Skulptur ineinandergefügt sind, wird in formaler Hinsicht mit Noguchis Eindrücken von Machu Picchu in Verbindung gebracht. Inhaltlich weist Noguchi mit dieser Skulptur auf den Ursprung des kalifornischen Reichtums hin: Vor der Vermarktung als Bauland bewirtschafteten Farmer das Land und bauten in der Region vor allem Bohnen an.

Das Stadtbild von Costa Mesa und des benachbarten Irvine wird heute von aufwendig gestylten Bürogebäuden beherrscht, die die scheinbar grenzenlosen Wachstumsmöglichkeiten Kaliforniens symbolisieren. *California Scenario* überrascht den Besucher wie eine Oase, in der nicht die leere Stille, sondern meditative Ruhe herrscht. Alle Komponenten des Raumes stehen miteinander in einer spannungsreichen Verbindung und erzeugen ein einzigartiges Raumgefüge, in dem sich der Betrachter wie auf einer Bühne bewegt. „Über Gärten kam ich zu einem tieferen Bewußtsein von der Natur und vom Stein. Die natürlichen Felsblöcke aus hartem Gestein – Basalt, Granit und ähnlichem –, die ich jetzt verwende, sind eine Erstarrung der Zeit."[13] Die Erstarrung der Zeit durchbricht Noguchi mit dem Bachlauf. Das fließende Wasser belebt die Erinnerung an die symbolische Kraft des Elementes, die es nicht nur im Shintoismus und Buddhismus besitzt. Die weiße Begrenzungsmauer wirkt wie die Umfassungsmauer eines klösterlichen Meditationsgartens und macht den Himmel zur „geborgten Landschaft".

[13] Noguchi, I. in: Wiener Festwochen 1990; S. 142

Isamu Noguchi

Die Landschaftsarchitektur der westlichen Welt bemüht sich seit langem darum, die japanische Gartenkunst so zu transformieren, daß ihre Sinnlichkeit, ihre zeitlose Schönheit und ihr tieferer Bedeutungsgehalt auch ohne Kenntnis des Shintoismus einer unverwechselbaren Freiraumgestaltung zugute kommt. In der Regel entstehen allerdings inhaltlich vordergründige Gestaltungen, die allenfalls formal dem japanischen Garten nachempfunden sind. Im städtischen Raum überwiegen zudem die funktionalen Ansprüche, und rein zweckbestimmtes Planen führt zu Freiräumen, die jeglichen Bedeutungsgehalt vermissen lassen. Wird Einfachheit dabei, entgegen der Maxime Constantin Brancusis, zum eigentlichen Ziel deklariert, dann endet sie meist in sturer Rigidität und Eintönigkeit. Noguchi dagegen ist es gelungen, in einem rational definierten, städtischen Kontext ein offenes Kunstwerk zu schaffen, das durch seine Rätselhaftigkeit, seine archaische Symbolik und den reduzierten Einsatz einfachster Mittel eine meditative, fast mythische Stimmung beschwört. *California Scenario* ist einerseits tief verankert in den Traditionen japanischer Kulturgeschichte und stellt zugleich eine zeitgenössisch abstrahierte Neuinterpretation der vorgefundenen Realität dar.

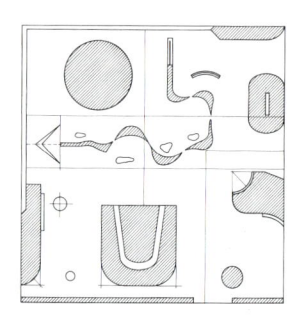

Landschaftsarchitekten in den USA kritisierten den Platz, weil es ihm durch mangelnde Sitzmöglichkeiten, fehlende Schattenspender und eine eigentümliche Maßstabslosigkeit an wesentlichen Aufenthaltsqualitäten fehle.[14] Noguchi war sich der funktionalen Anforderungen durchaus bewußt, aber er entschloß sich in der ihm eigenen Kompromißlosigkeit gegen die reine Zweckmäßigkeit zugunsten der Bedeutung des Ortes. Das außergewöhnliche Environment spricht zum Betrachter und regt die Imagination an, weil seine endgültige Entschlüsselung ebenso unmöglich ist wie eine endgültige Interpretation der Meditationsgärten des Zen. Noguchi vertrat bereits 1949 die Ansicht, daß „eine Reintegration der Kunst in einen sinnvollen sozialen Kontext angebracht ist, um die Ausdrucksmöglichkeiten zu erweitern, die uns durch die begrenzten Kategorien Architektur, Malerei, Bildhauerei und Landschaftsarchitektur vorgegeben werden".[15] Wie man seine Arbeit bezeichnete, war ihm letztlich gleichgültig: „Call it sculpture when it moves you so."[16]

Grundriß des *California Scenario* in Costa Mesa/Kalifornien, 1980–1982. Seine Elemente sind (beginnend links oben im Uhrzeigersinn): *Energy Fountain*, *Forest Walk*, *The Spirit of the Lima Bean*, die liegende Pyramide mit mündendem Bachlauf, *Desert Land*, stehende Wandscheibe mit Quelle des Bachlaufes, *Land Use* mit *Monument to Development*, Baumgruppe mit gebogener Sitzbank.

Unter einer liegenden Pyramide aus poliertem Granit, der den Himmel spiegelt, mündet der Bachlauf. Fast unmerklich hat die Dicke der Sandsteinplatten des Bodenbelages von der Quelle zur Mündung zugenommen.

Eine dreieckige, etwa neun Meter hohe Sandsteinwand ist die Quelle des Bachlaufes im *California Scenario*.

[14] vgl. Landscape Architecture 4/1990; S. 63

[15] Noguchi, I. zit. nach: Beardsley, J. in: Landscape Architecture 4/1990; S. 50

[16] Noguchi, I. zit. aus: The Isamu Noguchi Foundation: The Isamu Noguchi Garden Museum. New York 1987; S. 286

Isamu Noguchi

Desert Land, ein kreisförmiger Hügel, bepflanzt mit Kakteen, erinnert an die Wüsten Kaliforniens.

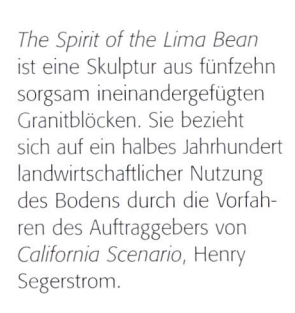

Die weißen Begrenzungswände des Parkhauses verleihen dem *California Scenario* den Charakter eines japanischen Tempelgartens.

The Spirit of the Lima Bean ist eine Skulptur aus fünfzehn sorgsam ineinandergefügten Granitblöcken. Sie bezieht sich auf ein halbes Jahrhundert landwirtschaftlicher Nutzung des Bodens durch die Vorfahren des Auftraggebers von *California Scenario*, Henry Segerstrom.

Der *Energy Fountain*, eine Metapher für die vitale Wirtschaft Kaliforniens, besteht aus einem Edelstahlzylinder und einem Kegel aus rauhen Granitsteinen.

Isamu Noguchi

Das *Isamu Noguchi Garden Museum* wurde 1985 in Long Island City, New York eröffnet. Mehr als 200 Skulpturen Noguchis werden hier ausgestellt.

„Der Museumsgarten schafft einen intimen Rahmen für das Betrachten der Skulpturen, aber er ist nicht das Thema des Museums." (Isamu Noguchi)

1978 beauftragte man Noguchi mit der Planung des etwa 11 ha großen *Bayfront Park* in Miami/ Florida. Noguchi konnte zu Lebzeiten etwa drei Viertel des Parks realisieren. Nach seinem Tod vollendete das Architekturbüro Fuller & Sadao aus Long Island City den Park. Ein großes Amphitheater, ein Steingarten und ein mit Laser ausgestatteter Turm sind die drei prägenden Elemente.

Isamu Noguchi

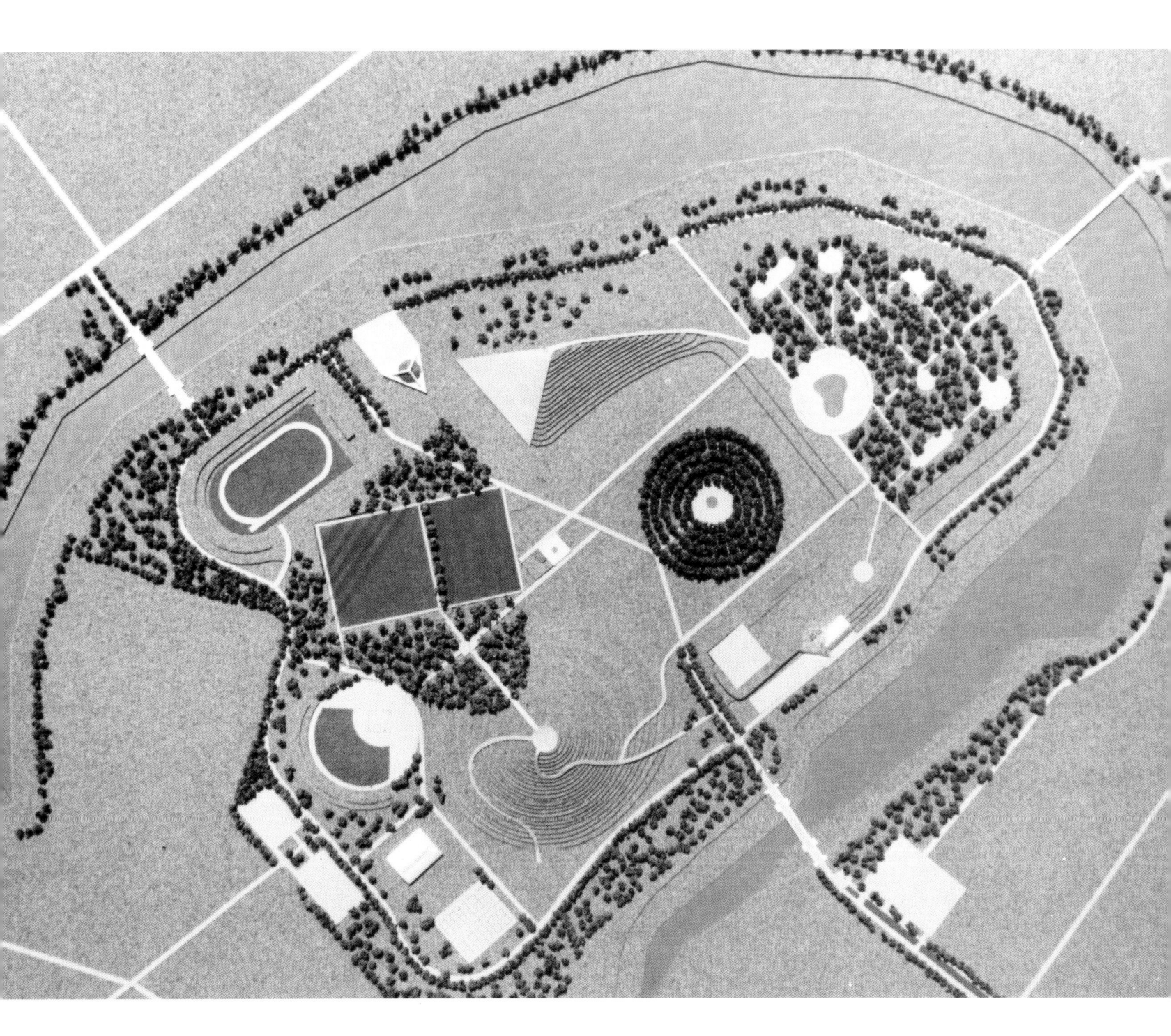

Modell für den etwa 162 ha großen *Moere-Ken Park* in Sapporo, Japan. Die Stadt beauftragte Noguchi 1988 mit der Planung des Parks am nördlichen Stadtrand. Das Architekturbüro Fuller & Sadao plant die Fertigstellung des Projektes bis zum Jahr 1997.

Isamu Noguchi

Biographie und Werkverzeichnis
(Auswahl)

Isamu Noguchi wurde 1904 als Sohn des japanischen Dichters Yone Noguchi und der amerikanischen Schriftstellerin Leonie Gilmour in Los Angeles geboren.

1923–1926	Kunststudium an der Columbia University und Bildhauerausbildung an der Leonardo da Vinci Art School. Erstes eigenes Atelier
1927–1929	Guggenheim Stipenium für Reise in den Nahen Osten, Reise nach Paris. Arbeit als Assistent für einige Monate in Constantin Brancusis Atelier. Erste Einzelausstellung in New York
1930–1932	Reisen nach Paris, Peking und Japan. Studium der Pinselzeichnung mit Chi Pai Shih in China und Arbeit mit Ton beim Töpfer Jinmatsu Uno in Japan.
1933–1937	Erste Entwürfe für öffentliche Plätze, Denkmäler und Spielplätze. Erstes Bühnenbild „Frontier"
1942–1948	Entwurf und Produktion von Möbel und Lampen. Intensive Arbeit am Theater
1949–1952	Reisen durch Europa, Mittlerer Osten und Asien; Zeichnungen und Photografien. Aufbau des Ateliers in Kamakura, Japan
1952–1956	Ständige Reisen zwischen New York und Japan
1956–1961	Aufbau des Ateliers in Long Island City, New York
1971–1979	Aufbau des Ateliers in Mure auf der japanischen Insel Shikoku
1980	Gründung der Isamu Noguchi Foundation, Inc.
1981–1985	Aufbau des Isamu Noguchi Garden Museums in Long Island City, N.Y.
1984	Ehrendoktorwürde an der Columbia University
1986	Repräsentant der USA auf der Biennale in Venedig
1987	National Medal of Arts des Präsidenten der USA

Isamu Noguchi starb am 30. Dezember 1988 in New York.

Auswahl realisierter und geplanter Projekte im Außenraum:

1933	„Monument for the Plow" (nicht realisiert)
1938	„Ford Fountain" für Weltausstellung in New York 1939–1940 (zerstört)
1947	„Sculpture to be Seen From Mars" (nicht realisiert)
1951–1952	Zwei Brücken für Friedenspark, Hiroshima mit Architekt Kenzo Tange
1952	Denkmal für die Toten von Hiroshima mit Architekt Kenzo Tange (nicht realisiert)
1956–1957	Gärten für die Connecticut General Life Insurance Company mit Architekten SOM, Bloomfield/Connecticut
1956–1958	Garten für die UNESCO in Paris mit Architekt Marcel Breuer
1960–1964	Sunken Garden für Beinecke Rare Book and Manuskript Library, Yale Universitity, New Haven/Connecticut
1961–1964	Sunken Garden für den Chase Manhattan Bank Plaza mit Architekten SOM, New York
1964	Gärten für IBM Headquarters mit SOM, Armonk/New York
1960–1965	Billy Rose Sculpture Garden, Israel Museum, Jerusalem
1970	EXPO '70 Brunnen, Osaka
1972–1979	Philip A. Hart Plaza, Detroit, Civic Center
1978–1986	The Lillie and Hugh Roy Cullen Sculpture Garden, Houston Museum of Fine Arts, Houston/Texas
1979	Piazza, Finanziaria Fiere di Bologna, Bologna mit Architekt Kenzo Tange Beginn des Projektes Bayfront Park, Miami/Florida.
1980–1982	„California Scenario", Costa Mesa/Kalifornien
1980–1983	Platz für die Japanese American Cultural & Community Center in Little Tokyo, Los Angeles/Kalifornien „Constellation" (for Louis Kahn), Kimball Art Museum, Fort Worth/Texas
1983–1985	Shikoku Garden Museum, Kagawaken, Japan
1984	Domon Ken Museum Garden, Sakata, Japan
1988	Beginn des ca 1,2 ha großen Moere Ken Parks, Sapporo, Japan.

Zahlreiche Ausstellungen in allen wichtigen Kunstmuseen der Welt

Literaturauswahl

Noguchi, I.: Isamu Noguchi: A Sculptor's World, New York, 1968
Isozaki, A.: Isamu Noguchi, Space of Akari and Stone. Tokyo 1985
Noguchi, I: The Isamu Noguchi Garden Museum, New York 1987
Grove, N.: Isamu Noguchi Portrait Sculpture. Washington, D.C. 1989
Grove, N./Botnick, D.: The Sculpture of Isamu Noguchi: A Catalogue. New York/London 1990
Aston, D. Noguchi. East and West. New York 1992
Apostolos-Cappadona, D./Altshuler, B.: Isamu Noguchi: essays and conversations. New York 1994

Bildnachweis

Mit freundlicher Genehmigung der Isamu Noguchi Foundation Inc., New York: 43, 44, 52 u., 53
Shigeo Anzai: 52 re.o.; Gary McKinnis: 51 o.;
Kevin Noble: 52 li.o.; Isamu Noguchi: 45 u., 46, 48 m., 49; Michio Noguchi: 47
außerdem:
Kiichi Asano: 45 o.; South Coast Plaza: 51 m./u.;
aus Sutherland Lyall, Künstliche Landschaften, Basel/Berlin/Boston 1991: 50

Zeichen der Erinnerung – Hannsjörg Voth

Der 1940 geborene Projektkünstler Hannsjörg Voth ist gelernter Zimmermann, Grafiker, Maler und in erster Linie ein Landschaftskünstler, dessen Arbeit man mit Gartenkunst erst einmal nicht in Verbindung bringt. Sein Schaffen hat scheinbar viel engere Bezüge zu den Anfängen der Land Art in den USA, zu den landschaftlich-skulpturalen Eingriffen in der Wüste, fernab von jeglicher Zivilisation mit einem unverkennbaren Hang zum Großdimensionalen. Seit Ende der sechziger Jahre entwickelte der publikumsscheue Einzelgänger in kräftezehrenden Außenraumprojekten eine Form des Dialoges mit Natur, Landschaft und Zivilisation, die sich von den Pioniertaten der Land Art durch bemerkenswerte Sensibilität, semantische Vielschichtigkeit und engen Bezug zur europäischen Kulturgeschichte deutlich unterscheidet. Voths Arbeit, die seine Frau Ingrid Amslinger mit atemberaubend eindrucksvollen Fotografien dokumentiert, zählt heute sicher zum Besten, was die europäische Landschaftskunst zu bieten hat. Der fast meditative Umgang des Künstlers mit den vier klassischen Elementen Wasser, Erde, Feuer

Die *Himmelstreppe* ist ein archaisch anmutender Lehmbau in der marokkanischen Mârhâ-Ebene südlich vom Hohen Atlas. Das markante Bauwerk entstand in den Jahren 1980 bis 1987.

und Luft ermöglicht aufschlußreiche Einblicke in die potentielle Kraft künstlerischer Eingriffe in das komplexe Gefüge von Kulturlandschaft und Naturlandschaft.

Hannsjörg Voths künstlerisches Schaffen war stets vom Verlangen geprägt, den elementaren Zusammenhängen in der Natur und den fundamentalen Verbindungen zum Menschen auf den Grund zu gehen. Während er in der Jugend noch von Archäologie oder Zoologie die entsprechenden Antworten erhoffte, begann er als junger Künstler immer häufiger, die Komplexität der Landschaft zeichnerisch zu analysieren. Zwischen 1972 und 1974 hatten seine Zeichnungen ausschließlich utopischen Charakter und zeigten implantierte geometrische Figuren, die zur Topographie imaginärer Ideallandschaften in deutlichem Kontrast standen. Vom Gedanken an eine mögliche Realisierung war damals noch nicht die Rede. Voth entwickelte in dieser Zeit jedoch ein Gespür für die formale und räumliche Beziehung zwischen Artefakt und idealer Ur-Landschaft. Diese Ur-Landschaft oder „Nullandschaft", von der Hannsjörg Voth gerne spricht, fand er später nur in Ansätzen auf dem Meer und in der Wüste.

Feldzeichen war das erste Projekt, das Hannsjörg Voth 1975 in der Landschaft realisierte. Auf einer Ackerfläche nahe Ingelsberg bei München richtete Voth, unterstützt von ortsansässigen, freiwilligen Helfern, vier 30 m hohe Stämme auf, die am Ende mit weißen Leintüchern umwickelt und verschnürt waren. „Der Landschaft wurden Pfähle eingerammt gleichermaßen als positive Markierungen, als Definition, wie auch als Stigmata, als Lanzen in einem schon vielfach gequälten und geschundenen Erdenleib", kommentierte der Kunstkritiker Lothar Romain die Aktion. „Die vier Pfähle markieren auf einem sanften Hügel mitten in einem Acker einen Ort, an dem die Selbstverständlichkeit aufgehoben ist, mit der die doch längst veränderte und parzellierte Landschaft noch immer als naturgegeben dargestellt und in diesem Sinne konserviert wird."[1] Ein Jahr lang wollte man beobachten und dokumentieren, wie sich die Feldzeichen gegen die natürlichen Erosionskräfte wehren, wollte die Metamorphose der Markierung in der Landschaft festhalten und zu einem wesentlichen Bestandteil des Projektes machen.

Neben den semantischen Bezügen zwischen archaisch anmutendem Werk und ausgebeuteter Nutzlandschaft offenbarten die Feldzeichen eine soziale Dimension, die mittlerweile zum wichtigen Bestandteil Vothscher Kunst geworden ist. Die Realisierung des Projektes war nur mit Unterstützung der Öffentlichkeit möglich, nicht nur was das schwierige Genehmigungsverfahren bei den kommunalen Behörden anbelangte. Man bediente sich bei der Errichtung der Stangen einer traditionellen Technik, die man auch vom Aufstellen der Maibäume kennt. Wenn die Helfer Voths Projekt auch in künstlerischer Hinsicht vielleicht nicht in voller Tragweite verstanden, so kam es mit Hilfe der Feldzeichen dennoch zum direkten Dialog und zum verbindenden Erlebnis gemeinsamen Schaffens. Das archetypische Bild vom Zeichen in der Landschaft, sei es militärischen, religiösen, magischen oder eben individuell künstlerischen Ursprungs, bildete die Basis der Kooperation und Kommunikation mit den Menschen, konnte aber nicht verhindern, daß die Stangen schon nach kurzer Zeit von Unbekannten umgesägt wurden. Die Feldzeichen wurden wohl trotz, oder gerade wegen der offenen, teilweise ambivalenten Interpretationsmöglichkeit als verunsichernd, beängstigend oder provozierend empfunden.

Voth unterscheidet deutlich zwischen den Projekten, die er im Auftrag durchführt, und jenen oft visionären Aktionen, die er mit äußerster Zähigkeit und Beharrlichkeit auf eigenes Risiko realisiert. Zur letztgenannten Kategorie zählen Voths eindrucksvollste Projekte, wie die aufsehenerregende Floßfahrt *Reise ins Meer* auf dem Rhein

---

Am 13. April 1975 errichtete Hannsjörg Voth mit Unterstützung einheimischer Helfer den vierten Stamm der *Feldzeichen* auf einem Acker in Ingelsberg bei München.

[1] Romain, L. in: Deutsches Architekturmuseum Frankfurt 1986; S. 40

Vier 30 m hohe Stämme markierten einen Ort in der ausgeräumten Ackerlandschaft. Die Veränderung der Umwicklungen und die Reaktion des Dorfes und der Besucher sollten ein Jahr lang beobachtet und dokumentiert werden. Nur wenige Wochen nach der Fertigstellung wurden die *Feldzeichen* von Unbekannten umgesägt.

Für einige Monate im Jahr bewohnt Hannsjörg Voth die *Himmelstreppe*. Blick vom Arbeitsraum zum Einstieg.

Planzeichnung der *Himmelstreppe*, 1984.

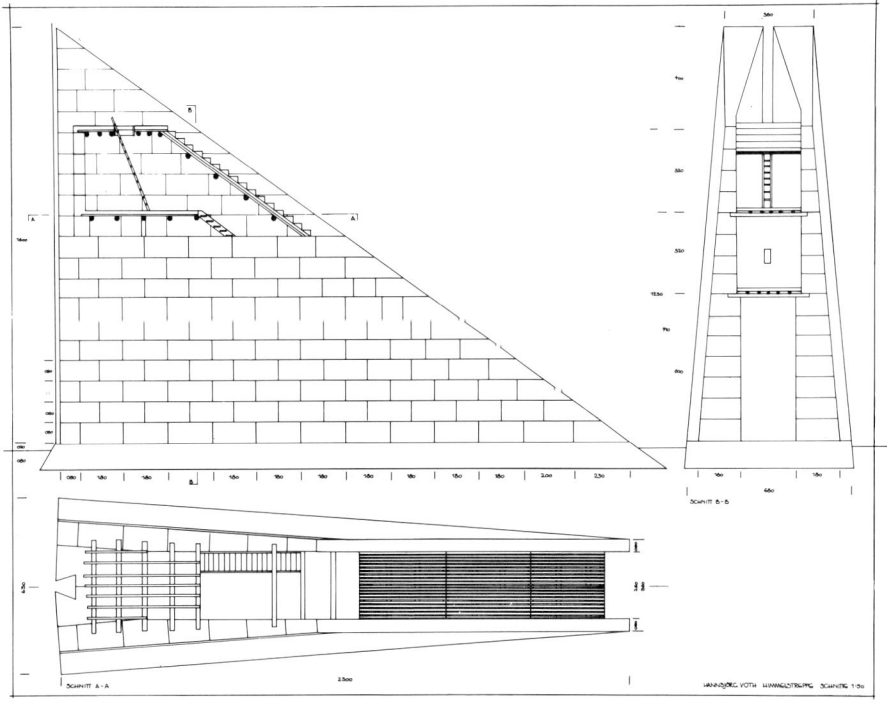

Hannsjörg Voth

1978, die Aktion *Boot aus Stein* 1981 auf dem niederländischen Ijsselmeer und die *Himmelstreppe*, die der Künstler in den Jahren 1985–1987 am Rande der marokkanischen Sahara baute und bis heute in den Wintermonaten bewohnt.

Mit der *Himmelstreppe* beschwört Hannsjörg Voth den genius loci der Wüste. Der 23 m lange und 16 m hohe dreieckige Lehmbau, im Innern mit Wohn-, Arbeits- und Schlafraum ausgestattet, sucht die formale Konfrontation zur umgebenden Landschaft, überhöht deren Charakter und markiert einen Ort in der scheinbaren Unendlichkeit der kargen Wüstenlandschaft. Für Richard Serra dient ein solches Bauwerk als Barometer, an dem die Landschaft abzulesen ist. Der Standort wird neu definiert, nicht repräsentiert. Den großen archaischen Kalenderbauten ähnlich, steht die Treppe mit ihren scheinbar ins Grenzenlose führenden Stufen als Symbol der Verbindung zwischen der Endlichkeit des Irdischen und der Unendlichkeit des Kosmos. Doch das Symbol ist vergänglich: Der in traditioneller Technik mit den Füßen gestampfte Lehm wird den Erosionskräften der Wüste nicht dauerhaft standhalten können. Der besondere Ort wird nur in den Erzählungen der Nomaden überdauern, denen Voth in besonderer Freundschaft verbunden ist.

In Sichtweite der *Himmelstreppe* entstand erst kürzlich die *Goldene Spirale*. Hannsjörg Voth realisierte damit nach eigenen Worten ein Wunschprojekt, das schon seit langem in seinen Gedanken Gestalt angenommen hatte. Die Spirale ist für den Künstler die wichtigste archetypische Form für das dynamische Wachstum alles Lebendigen und signalisiert die besondere Bedeutung des Projektes, in dem die Summe aller bisherigen Projekterfahrungen, Wünsche und Erkenntnisse verarbeitet wurde. Nach zweijähriger Vorbereitungszeit markierte im Frühjahr 1994 die ritualisierte Suche eines marokkanischen Rutengängers nach dem richtigen Ort für den Bau eines „Hassi", eines Brunnens, den Baubeginn. Für die nomadisierenden Wüstenbewohner ist ein Brunnen von existentieller Wichtigkeit. Für Voth bildet der Quell des Lebens, den man in 22 m Tiefe über eine Wendeltreppe erreicht, das bauliche Zentrum und den inhaltlichen Kern der Anlage, die, wie bereits die *Himmelstreppe*, mit Hilfe marokkanischer Arbeiter in traditioneller Lehmbauweise errichtet wurde. Während Robert Smithsons Spiral Jetty als linksdrehende Spirale Weltzerstörung und Untergang symbolisiert, baute Voth seine Spirale gemäß den Harmoniegesetzen des goldenen Schnittes im Uhrzeigersinn und setzte damit ein hoffnungsvolles Signal. Die Umfassungsmauer der Anlage bildet die Begrenzung einer langsam ansteigenden Rampe und erreicht nach 260 m am inneren Endpunkt der Spirale, dem Eingang des Komplexes, eine Höhe von 6 m. Die *Goldene Spirale* sucht also im Unterschied zur *Himmelstreppe* nicht den starken formalen Kontrast zur Landschaft. Steigt man vom Eingang aus 27 Stufen auf der Wendeltreppe abwärts, gelangt man zu zwei Arbeits- und Wohnräumen. 100 Stufen tiefer zelebriert Voth – fast ein wenig zu pathetisch – das kos-

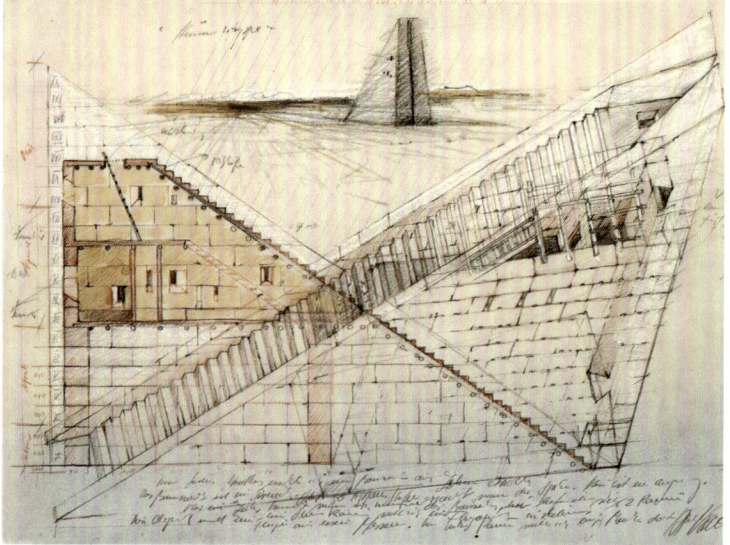

Die Himmelstreppe wurde mit Unterstützung marokkanischer Arbeiter in traditioneller Lehmbauweise errichtet.

Himmelstreppe, Zeichnung auf Transparent, Mischtechnik, 1985, 45 x 62 cm.

Himmelstreppe, Zeichnung auf Transparent, Mischtechnik, 1985, 45 x 62 cm.

Die Nomaden benannten den Brunnen bei der *Himmelstreppe* nach seinem Erbauer: „Hassi Romi", Brunnen des Europäers. Heute trägt er außerdem den Namen „Hassi Hanns".

Hannsjörg Voth

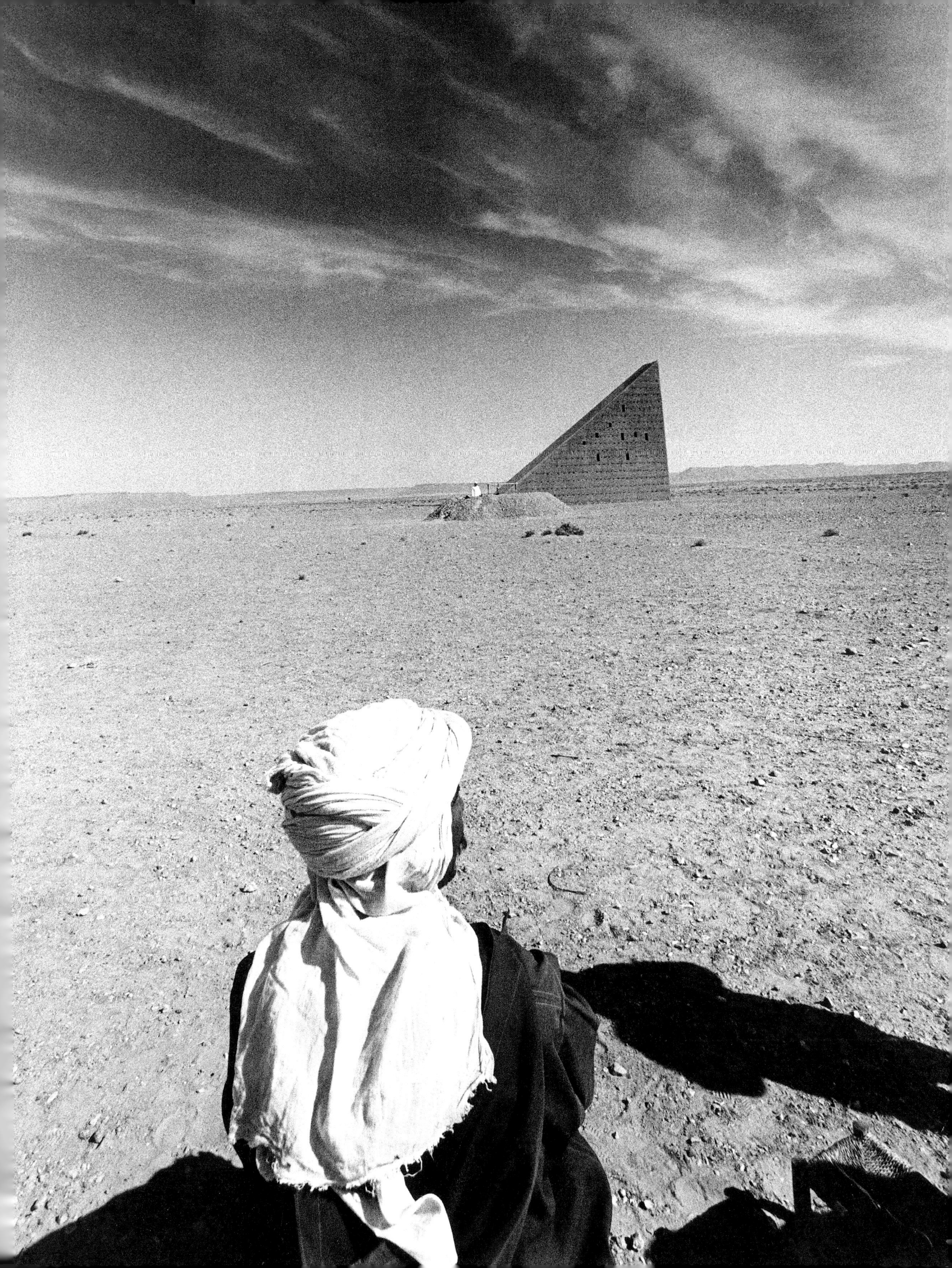

misch-göttliche Element, den Anfang, die latente Urkraft mit einem Ur-Boot, einer Arche aus Edelmetall, die, geschützt durch einen Schrein, auf der Oberfläche des Wassers schwimmt.

Himmelstreppe und *Goldene Spirale* erinnern beide in ihrem elementar-geometrischen Aufbau an die klassizistischen Idealarchitekturen der Revolutionsarchitekten Etienne Louis Boullée und Claude Nicolas Ledoux. Wie Ledoux verbindet Voth in seinen Bauten geometrische Strenge mit romantischem Naturgefühl. Beide Projekte von Voth sind wie ungleiche Geschwister, geschaffen von einem romantischen Visionär mit ambivalenten, teilweise sogar widersprüchlichen Ambitionen. Während die *Himmelstreppe* ins Kosmische verweist und dem Verlangen Ausdruck verleiht, über die eigene Beschränkung hinauszuwachsen, wird die *Goldene Spirale* in der Tiefe der Erde verankert und versenkt sich in die meditative Betrachtung über den Ursprung des Lebens. Beiden Projekten geht es um die Sichtbarmachung des Unsichtbaren, den Verweis auf metaphysische Dimensionen des Lebens, um die Erdung des Menschen.

Goldene Spirale, Zeichnung auf Transparent, Mischtechnik, 1994, 60 x 90 cm

100 Stufen führen im Kern der *Goldenen Spirale* in die Tiefe des Brunnens zur Wasseroberfläche.

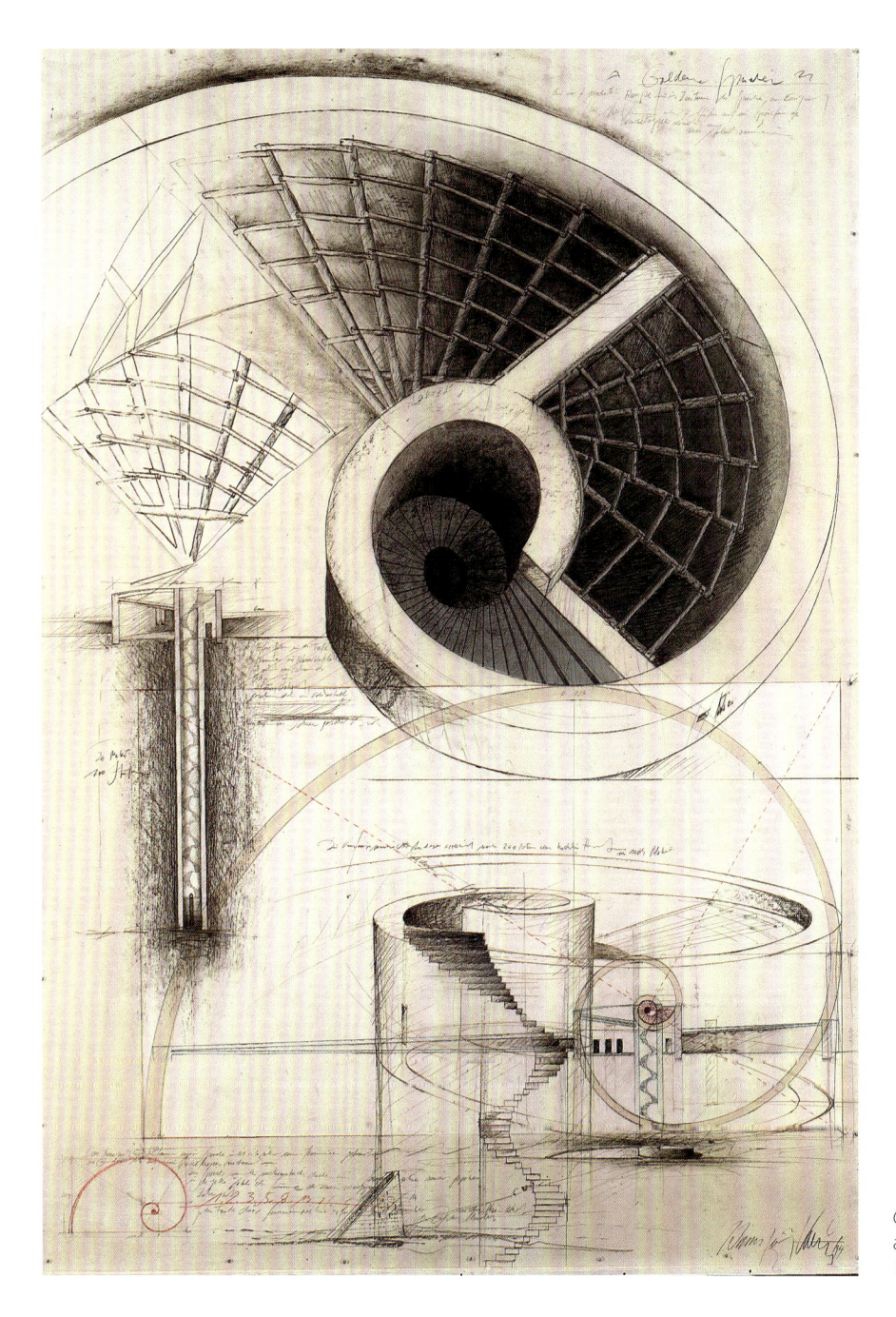

Goldene Spirale, Zeichnung auf Transparent, Mischtechnik, 1994, 170 x 120 cm

Hannsjörg Voth

Hannsjörg Voth

Jedes Ihrer bislang realisierten Projekte war mit ungeheurem organisatorischem und finanziellem Aufwand verbunden. Woher kommt die Tendenz zum Großdimensionalen?

Das hat zwei Gründe. Zunächst macht man sich über diesen Aspekt am Anfang seiner Arbeit noch nicht besonders viele Gedanken. Sobald man in der Landschaft steht, erkennt man aber, daß die Landschaft alles auffrißt, daß sich die Maßstäbe deutlich verzerren. Die Arbeiten müssen eine gewisse Dimension haben, damit sie in der Landschaft nicht einfach verschwinden. Es gibt nicht sehr viele Künstler, die sich erfolgreich mit der Arbeit in der Landschaft beschäftigen. Sie erfordert Erfahrung und Mut im Umgang mit Dimensionen sowie technisches und ökonomisches Wissen. Als ich die Aktion *Reise ins Meer* durchführte, störten sich viele an der Größe des Floßes und der Figur. „Sind Sie größenwahnsinnig?" fragte man mich. Das Floß war 32 Meter lang, und die Figur hatte eine Länge von etwa 20 Meter. Jeder Schubverband auf dem Rhein ist heute mehr als 150 Meter lang! Mein Gefährt war also eines der kleinsten auf dem Fluß. Die Kritik an der Kunst wird vor allem dann laut, wenn der ökonomische Sinn solcher Großprojekte nicht erkennbar scheint. Im heutigen Wertesystem wird in erster Linie nach ökonomischen Gesichtspunkten geprüft und bewertet.

Die Projekte sind zum anderen deshalb so aufwendig und beanspruchend, weil ich mich bei der Arbeit am Projekt selber spüren muß und manchmal bis an den Rand meiner physischen und psychischen Kräfte gehe. Ich will die Welt und das Leben bewußt erfahren. Wenn die Kraft im Alter irgendwann einmal nachläßt, kann man diesem Verlangen natürlich nicht mehr so extrem nachkommen. Vielleicht wäre ich dazu gezwungen, die Arbeit stärker zu delegieren, aber das würde mich nicht befriedigen. Es wäre sicher unerträglich für mich, wenn ich nicht selber aktiv am Projekt in all seinen Phasen teilnehmen könnte.

Fühlen Sie sich in der Tradition der Land Art?

Wenn ich in der Landschaft arbeite, sehe ich mich schon in der Tradition der Land Art. Der Amerikaner Michael Heizer ist wohl derjenige, dessen Arbeit mir am nächsten liegt, mit Christos Arbeit verbindet mich dagegen nur sehr wenig, obwohl er zur Popularität der Kunst in der Landschaft sicher entscheidend beigetragen hat. Als ich 1975 bei meinem ersten Außenraumprojekt *Feldzeichen* mit Verschnürungen arbeitete, suchten die Leute immer Parallelen zu Christo. Meine Verschnürungen hatten sehr viel mit dem Verbinden einer Wunde zu tun, während Christo verhüllt, um zu enthüllen. Diesen Aspekt werden Sie in meinem Werk nicht finden. Ihm geht es um ästhetische Verbindlichkeit.

Die Realisierung von künstlerischen Arbeiten in der Wüste wird häufig als Flucht vor den beengten Verhältnissen der mitteleuropäischen Kulturlandschaft oder als Flucht vor der Gesellschaft interpretiert.

Beide Faktoren spielen für mich eine wichtige Rolle. Zum einen ist unsere mitteleuropäische Landschaft sehr stark genutzt. Ur-Landschaft gibt es hier nicht mehr. Alles ist gepflügt, beackert und im Grunde ein großer, parzellierter Garten, der obendrein auch noch heftig verdrahtet ist. Ich finde für meine Sehnsüchte in dieser Landschaft kein Ambiente mehr. Auf dem Ijsselmeer, wo ich 1981 die Aktion *Boot aus Stein* durchführte, war dieses Ambiente zumindest ansatzweise vorhanden. Eine weitere Möglichkeit bietet die Arbeit in Ländern, deren Landschaft nicht den Entwicklungsgrad aufweist, wie es in Mitteleuropa der Fall ist. Die marokkanische Wüste ist beispielsweise solch eine Landschaft.

Meine Arbeit hat auch ganz klar etwas mit der Flucht vor den Menschen zu tun. Die Menschen sind heute scheinbar nicht mehr in der Lage, Natur und schöpferischer Arbeit respektvoll zu begegnen. Man will per Auto in die letzten Winkel dieser Welt gelangen, und dann wird alles zertrampelt. Ich nenne das gerne den Hellabrunn-Effekt. Immer mehr Menschen möchten gerne ein wildes Tier sehen, möglichst aus nächster Nähe, und wollen sich über das Wesen der Kreatur, im übrigen auch über das Wesen der Landschaft, keine ernsthaften Gedanken machen.

Dennoch sind Sie von öffentlicher Aufmerksamkeit in gewisser Hinsicht abhängig.

Das ist richtig. Mit dieser schizophrenen Haltung zwischen Flucht und Abhängigkeit komme ich nur schwer zurecht. Einerseits bin ich als soziales Wesen auf Anerkennung angewiesen. Ich muß darüber hinaus auch wirtschaftlich überleben, und das geht nur, wenn ich mit meinem sozialen Umfeld kommuniziere. Dadurch entstehen ganz erhebliche Spannungen. Die eigentliche Zusammenarbeit im Rahmen meiner Projekte stützt sich auf Einzelgänger, die nicht nur von meiner Arbeit überzeugt, sondern auch bereit sind, einen erheblichen Teil des Risikos zu tragen und mit mir die finanzielle Absicherung der Projekte von vornherein zu planen. Das sind meine verläßlichsten Partner, mit denen ich meine Projekte gerne diskutiere. Diese Leute unterstützen mich nicht nur finanziell, sondern auch sozial. Von der Masse kann ich diese Unterstützung nicht erwarten. Deshalb suche ich eher die Distanz zur breiten Öffentlichkeit. Die Medien ermöglichen es mir, meine Ideen und Projekte zu transportieren, und das hat große Vorteile. Das bedeutet nicht, daß ich Kunst für Massenmedien mache. Meine Kunst mache ich ausschließlich für mich selbst.

Die meisten Ihrer Arbeiten sind vergänglicher Natur, werden mit der Zeit zerstört. Sind Sie frei vom Verlangen, Dauerhaftes zu realisieren?

Natürlich bin ich davon nicht frei und bringe es deshalb nicht fertig, auf die Dokumentation meiner vergänglichen Projekte zu verzichten. Meist sind es die eigenen Projekte, die im Unterschied zu den Auftragsarbeiten vergänglich sind. Ich könnte ja ausschließlich Arbeiten realisieren, die im Sinne des traditionellen Verständnisses von Skulptur meinen Tod überdauern. Mir geht es aber in erster Linie um die Realisierung der Idee und nicht um den Erhalt des Objektes. Deshalb versuche ich, meine Projekte in anderer Form wie Film, Fotografie, Sprache oder im Buch zu fixieren.

Boot aus Stein, Zeichnung auf Transparent, Mischtechnik, 1980, 70 x 100 cm.

1981 errichtete Voth auf dem Ijsselmeer einen temporären pyramidenförmigen Pfahlbau mit einer Grundfläche von 14 x 14 m und einer Höhe von 12,50 m. Ein Jahr lang wollte er auf dem Meer leben und ein vier Meter langes Boot aus Stein meißeln. Im Januar 1982 zerstörte Treibeis die Pfahlgründung. Das *Boot aus Stein* sank auf den Meeresgrund.

Hannsjörg Voth

Voths *Reise ins Meer* vom 30. Mai bis 5. Juni 1978 begann auf dem Rhein bei Ludwigshafen und endete auf der Nordsee vor Rotterdam. Position am 30. Mai 1978: Das Kieswerk bei Mainz-Wiesenau.

Hannsjörg Voth

Manchmal zerstören Sie Ihre Werke sogar absichtlich, und das stößt nicht gerade auf allgemeines Verständnis. Wieso tun Sie das?

Die *Reise ins Meer* wurde, wie viele andere Projekte, als Provokation empfunden. Diese Provokation beabsichtigte ich aber gar nicht, sondern merkte erst später, daß sich die Menschen provoziert fühlten. In erster Linie rief die Verbrennung der Figur großes Unverständnis hervor. Zweieinhalb Jahre Arbeit und 300 000 Mark wurden nach einer kurzen Reise von zehn Tagen innerhalb von zehn Minuten verbrannt. 150 Tonnen Material lösten sich in Rauch auf, und das fanden die Leute überhaupt nicht gut. Ich wollte mit der Auflösung des Kunstwerkes durchaus deutlich machen, daß unsere verkrustete Gesellschaft viel Energie darauf verwendet, Werte zu erhalten und zu steigern. Das ausschließlich restaurative und museale Denken verhindert aber die Entwicklung von Neuem. Ich bin aber der Überzeugung, daß man immer wieder zu einem Nullpunkt kommen muß, um neue Ansätze, neue Motivation zu entwickeln. „Warum behalten Sie die Figur oder das Floß nicht?" wurde ich damals gefragt. „Da könnte man doch beispielsweise eine Kneipe daraus machen." Als ich antwortete: „Ja, nimm das Floß, du kannst es haben", wurde plötzlich klar, mit welchen Konsequenzen man rechnen mußte. Das Floß hätte gewartet und erhalten werden müssen, und man hätte einen Liegeplatz finden und wahrscheinlich dafür zahlen müssen. Für den Rest seines Lebens hätte man Kraft, Zeit und Geld in ein ausgedientes Objekt investieren müssen, anstatt etwas Neues zu beginnen. Das mag für viele provokativ sein, aber für mich gibt es keinen Sinn.

Kunst war im Grunde von jeher – wie Religion – ein Mittel, um Ängste zu bewältigen. Was nicht greifbar oder abstrakt war, wurde in bildnerischer Form umgesetzt. Die entstandenen Objekte wurden rituell genutzt. Derjenige, der die Ängste am besten materialisieren konnte, war ein Künstler. Er visualisierte also nur das, was für die Menschen kulturell und existentiell notwendig war. Diese Zusammenhänge ziehen sich insbesondere durch die Geschichte der Religionen. Der bildende Künstler deckt heute nicht mehr in erster Linie universelle Bedürfnisse ab, sondern arbeitet egoistisch an seinen Obsessionen und bietet gelegentlich die Ergebnisse der Allgemeinheit an. Die meisten Menschen sehen aber in der Kunst immer noch etwas Heiliges. Sie fühlen sich von der aktuellen Kunst betrogen, provoziert, empfinden sie oft als eine Lästerung.

1992 realisierten Sie das Projekt *Zwischen Sonnentor und Mondplatz* im Straßenraum zwischen den Gebäudeteilen des Europäischen Patentamtes in München. War es das erste Projekt im öffentlichen, städtischen Raum?

Es war das erste Projekt in einem städtischen Raum von so großer öffentlicher Zugänglichkeit. Der Grund für mein bislang bevorzugtes Arbeiten in der freien Landschaft liegt vielleicht darin, daß ich in einer Kleinstadt aufgewachsen bin und mich im ländlichen Ambiente noch immer am wohlsten fühle. Ich erachte es als großes Privileg, draußen auf dem Lande wohnen zu können, lebe aber schon seit über zwanzig Jahren in der Großstadt, weil die Stadt dem Künstler das lebensnotwendige kulturelle Umfeld bietet.

Im Rahmen von *Sonnentor und Mondplatz* arbeitete ich in einem Stadtraum, der täglich von den Passanten betreten wird. Hier, an der Verbindung zwischen Theresienwiese und Hackerbrücke, wird der Passant gezwungenermaßen mit meiner Arbeit konfrontiert. Ich wollte das Projekt erst nicht in Angriff nehmen, weil mir die Erfahrung im Umgang mit dem städtischen Kontext fehlte. Mir war klar, daß ich ein großes Risiko einging, denn ich mußte mich mit architektonischen Maßstäben auseinandersetzen, mit denen ich in meiner bisherigen Arbeit nicht konfrontiert wurde. In der Landschaft gehe ich eher intuitiv zur Sache und überziehe zunächst meine Größenvorstellungen, die sich im Laufe der Arbeit meist als technisch und finanziell schwer realisierbar erweisen. Im Laufe des Entwurfes reduziere ich sukzessive wieder den Maßstab, so lange, bis die Realisierung möglich wird. Hier war es anders. Ich begann mit der Arbeit am Modell, um mit der Situation und den Größenverhältnissen besser zurechtzukommen. Ständig war mir bei dieser Arbeit der Mensch vor Augen, der sich in diesem öffentlichen Raum bewegt. Ich mußte diesem Menschen meinen Respekt zollen, denn dem Passanten wird hier, im Unterschied zu meinen bisherigen Projekten, nicht die Freiheit eingeräumt, sich zu entscheiden, ob er mit meinem Werk in Berührung kommen will oder nicht. Der Abwägungsprozeß war immer wieder notwendig, um die Dimension meiner Skulptur für den Menschen nicht unzumutbar werden zu lassen.

Zwischen Sonnentor und Mondplatz ist trotz der geschilderten Vorbehalte und Probleme ein typisches Werk von Ihnen, das mit sehr vielen archetypischen Bildern arbeitet.

Die Anlage mit den beiden kosmischen Symbolen Sonne und Mond ist in erster Linie ein städtischer Bewegungs- und Kommunikationsraum, in dem der kosmische Zeitablauf und wissenschaftlich-technischer Fortschritt erlebbar werden soll. Ich möchte auf Zusammenhänge hinweisen, auf eine Ordnung, in die Erde und Menschen eingebunden sind und die von allen Kulturen erlebt und gedeutet wird. Wenn ich immer wieder mit Symbolen, Metaphern und archetypischen Formen arbeite, dann tue ich das in dem Bewußtsein, daß in allen Menschen ganz bestimmte Kulturstrukturen und entsprechende Handlungs- und Bedeutungsformen seit Menschengedenken überliefert, aber weitgehend verschüttet sind. Die Sonne war menschheitsgeschichtlich in allen Kulturen das höchste Wesen, bis sich später andere Glaubensvorstellungen manifestierten. Sonnenkulte, zum Beispiel der Azteken, Ägypter, Inder, Griechen und Germanen, belegen diese Zusammenhänge und reichen noch bis heute in unser Bewußtsein. Im Umgang mit unverbildeten Menschen wird mir immer wieder deutlich, wie real diese überlieferten Strukturen im Menschen weiterleben.

Reise ins Meer.
5. Juni 1978: Auf Position Industriebank-West, Nordsee.
21 Uhr 30: Verbrennung der Figur.

Der *Mondplatz* ist ein 34 m langes und 4 m breites Wasserbecken aus schwarzem Granit, in dem sich 28 kreisförmige Granitscheiben befinden, die die Mondphasen darstellen. *Sonnentor und Mondplatz* verbindet ein Steingrat, durch den Wasser fließt.

Zwischen Sonnentor und Mondplatz, Zeichnung auf Transparent, Mischtechnik, 1992, 188 x 120 cm.

Das Sonnentor aus hellem Granit, 4,60 x 4,00 x 0,40 m, dient allein der Sonne, die zur „wahren Mittagszeit" ihr Licht durch einen schmalen Schlitz auf die Meridianlinie aus schwarzem Granit wirft. *Zwischen Sonnentor und Mondplatz* wurde 1993 am Europäischen Patentamt in München realisiert.

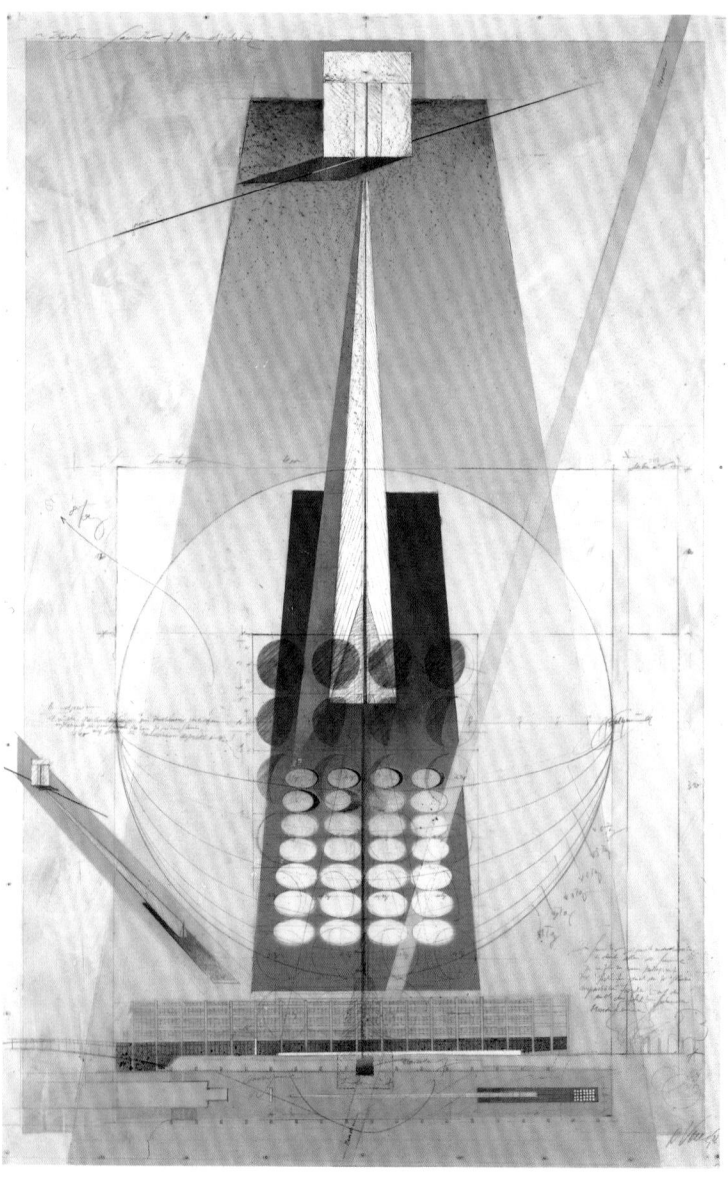

Hannsjörg Voth

Die Realisierung Ihrer Projekte ist ohne die Mitwirkung von Ingenieuren kaum möglich.

Bei den Projekten *Reise ins Meer* und *Boot aus Stein* hatte ich ständig mit Ingenieuren zu tun. In der Entwurfsphase arbeite ich natürlich völlig auf mich gestellt, um zu vermeiden, daß eine Projektidee schon im Vorfeld verworfen wird. Ich bleibe also erst einmal ziemlich lange allein. Erst wenn ich meine formalen Wünsche präzisiert habe, ziehe ich Techniker zu Rate und muß bestimmte Details korrigieren. Die Detailfragen werden von den Fachleuten sehr ernst genommen, weil sie als Experten in ihrem jeweiligen Fachgebiet zu Rate gezogen werden. Ich versuche, ihnen den notwendigen Spielraum für ihre Arbeit zu lassen. Natürlich kommt immer wieder die Frage, was meine Kunst eigentlich für eine Bedeutung hat, aber das Fachliche ist immer eine gute Brücke, um zur eigentlichen Sache zu kommen. Ich habe die Erfahrung gemacht, daß gerade diese Leute in unserer Gesellschaft immer nur einseitig gefordert werden. Im Laufe meiner Arbeit werden die Fachleute ganzheitlich gefordert, weil es nie ausschließlich um reine Detailfragen geht. In Zusammenarbeit mit Landschaftsarchitekten können, wie ich es im Zusammenhang mit Gartenschauen schon erlebte, durchaus Probleme auftreten. Das ist aber irgendwie verständlich, denn oft setzt ein Künstler sein Objekt in ein bereits entworfenes Landschaftsgefüge, und damit muß sich der Landschaftsarchitekt erst einmal auseinandersetzen. Eine Zusammenarbeit von Anfang an ist in der Regel vorteilhafter. Während die Zusammenarbeit mit Fachingenieuren in der Regel sehr gut läuft, stellen mich die behördlichen Genehmigungsverfahren auf eine viel härtere Probe. Hier liegen die wesentlichen politisch-bürokratischen Reibungspunkte, die nur schwer zu überwinden sind.

Was ist an Ihren Projekten so gefährlich, daß sich Politiker und Behörden so häufig gegen die Arbeiten wehren?

Kein Politiker will heute für eine unpopuläre Kunstaktion verantwortlich sein, die ihm die Gunst der Wähler kostet. Die *Feldzeichen* wurden beispielsweise nicht als Kunst akzeptiert und deshalb von Kommunalpolitikern angegriffen. Ich denke, daß teilweise auch unser Bildungssystem für das mangelnde Verständnis für aktuelle Kunst verantwortlich ist. Im Unterschied zu Mathematik oder Rechtschreibung genügt es nicht, Kunst nur für ein paar Jahre zu unterrichten, weil man die Kunst nur verstehen kann, wenn man sich ständig mit ihr auseinandersetzt. Man muß die Kunst deswegen nicht unbedingt gut finden, aber man erwartet zumindest heute nicht mehr, daß einer als Künstler nur schöne Landschaftsbilder malt. Der unverbildete Mensch hat über seine Tradition einen direkteren Zugang zu meiner Kunst. Als ich die *Feldzeichen* auf einem Acker bei Ingelsberg errichtete, erläuterte ich den Bauern die Alltäglichkeit meiner Arbeit. Schließlich stellte man früher auch Wegkreuze und Maibäume auf, und dieser Vergleich stieß auf Verständnis. Der Mensch ohne traditionellen Bezug hilft sich mit fragmentarischem Schulwissen weiter, und das führt meist zu Unverständnis und Widerständen.

Die vielen verwaltungstechnischen und versicherungstechnischen Vorschriften sind ein zusätzliches, schwerwiegendes Problem bei der Realisierung von Projekten. Unsere Gesetze und Bauordnungen sind so widernatürlich, daß es sich keiner mehr leisten kann, auch nur das geringste Risiko einzugehen. Andererseits lassen die Verordnungen kaum noch Spielraum für gestalterische Arbeit im Freiraum. Ein einziges Mal, als ich 1983 in Freiburg die 21 Meter lange *Himmelsleiter* installierte, hatte der damalige Stadtbaumeister und Vorsitzende des Kunstvereines den Mut, die Verantwortung für die Aktion und das damit verbundene Risiko zu übernehmen. Normalerweise hätte man die Leiter einzäunen müssen, damit keiner hinaufsteigt. Der Stadtbaumeister bemerkte treffend: „Wer den Mut hat, da rauf zu klettern, der fällt auch nicht runter!" Auch gegen die *Feldzeichen* wurden Sicherheitsbedenken geäußert. Man fürchtete, daß die 30 Meter hohen Stämme bei einem Sturm umfallen und jemanden erschlagen könnten. Da lachten die Bauern bloß und sagten: „Den möchte ich sehen, der sich bei Sturm unter die Bäume stellt und wartet, daß er erschlagen wird!"

Man hat bei vielen Ihrer Projekte den Eindruck, daß es Ihnen um die Vermittlung bestimmter Inhalte geht.

Das möchte ich bei keinem meiner Projekte ausschließen. Ich glaube, daß jede künstlerische Aussage auch eine Botschaft enthält. Falsch wäre aber zu glauben, daß ich in erster Linie Botschaften vermitteln will. Es geht mir primär um die egoistische Realisierung meiner Wunschvorstellungen. Ich sehe nicht ein, ein bildnerisches Werk auch noch verbal erläutern zu müssen. Ich setze ein gewisses Grundverständnis voraus und bin immer wieder enttäuscht, wenn dieses fehlt. Arbeite ich an einem auftragsgebundenen Wettbewerb, ist es für mich verständlich, wenn eine Erläuterung als Hilfestellung gefordert wird, da diejenigen, die zu entscheiden haben, sich im Alltäglichen überwiegend mit dem Wort einer Beurteilung nähern und das rein Bildnerische für sie schwer zugänglich ist. Schon der Titel eines Kunstwerkes ist eine Aussage und kann ein wichtiger Hinweis für den Betrachter sein. Paul Klee, Joseph Beuys und viele andere Künstler fanden wunderbare Titel für ihre Arbeiten.

Ihre Kunstwerke erinnern in Ihrer archetypischen Ausprägung häufig an Kultstätten der Vergangenheit. Woher kommt das?

Dazu muß ich etwas weiter ausholen. Mit dreißig Jahren wagte ich mich als Künstler in die Öffentlichkeit, aber bestimmte Wunschvorstellungen waren schon viel früher vorhanden. Als Heranwachsender war ich eher der „Waldläufertyp", der der Schule wenig abgewinnen konnte. Damals beschäftigte ich mich intensiv mit der Beobachtung der Natur und versuchte, die gewonnenen Eindrücke zu transportieren. Eines Tages war ich wieder einmal von der Schule weggelaufen und kam mit einer jungen Birke nach Hause. Ich legte im Garten einen Steinkreis von etwa drei Metern Durchmesser an, hob eine Mulde aus und pflanzte die Birke in die Mitte. Der Steinkreis ist mittlerweile verschwunden, aber die Birke steht dort heute noch. Das ist nur eine von vielen Geschichten aus meiner Kindheit. Einen Teil dieser Obsessionen wiederholte ich später als Erwachsener. Das *Boot aus Stein* habe ich als Kind schon einmal aus Torf gebaut, auch das Floß ist ein Werk aus meiner frühen Jugend. Wenn ich heute Metaphern in Symbole, wie Kreis oder Viereck, umsetze, dann hat es zum einen mit den Bildern meiner Kindheit, aber auch mit Geomantie zu tun. Ich denke, diese archetypischen Bilder kündigen sich im Bewußtsein vieler Menschen an, aber der Zugang zur Entschlüsselung ist verschüttet. Die Menschheit ist keine Erfindung der Neuzeit. Vor Jahrmillionen schon verinnerlichten unsere Vorfahren notwendige Kulturstrukturen, Handlungsformen, Bedeutungsformen, die noch heute in uns sind. Insbesondere im Umgang mit unverbildeten Menschen spüre ich, daß bestimmte Dinge sehr intuitiv schnell erfaßt werden. Ich kopiere die archetypischen Strukturen nicht, sondern werde durch sie bestätigt. Ich wähle Formen, die sich mir ins Bewußtsein drängen und für mich eine spirituelle Bedeutung haben. Es sind Formen, die ein unauflösbarer Teil des Ganzen sind. Erst mit dem Entstehen der Hochreligionen begann der Mensch, sich über die Natur zu stellen. Mit der biblischen Weisung „Macht Euch die Erde untertan" setzte die Vertreibung aus dem Paradies ein.

Eingriffe, wie etwa der Bau des *Hassi Romi* in der Wüste, sind also mehr als nur überlebensnotwendige, funktionale Interventionen?
Der Bau des Brunnens bei der *Himmelstreppe* in Marokko hatte für mich erst einmal ganz praktische Gründe. Ich brauchte Wasser für den Bau der Treppe. Ich hätte auch einen nahegelegenen anderen Brunnen nutzen können, wollte aber den Nomaden, die ihr Vieh tränken müssen, nicht das Wasser streitig machen. Also entschloß ich mich, einen eigenen Brunnen zu bauen. Ich erfuhr erst später, daß man weder das Wasser noch den Brunnen als Eigentum eines Menschen betrachtet und daß man sich nach moslemischem Kulturverständnis mit dem Bau eines Brunnens einen Platz im Himmel erwirbt. Es berührte mich tief, daß dort Wasser eine so hohe Wertigkeit besitzt, während bei uns eine verantwortungslose Verschwendung betrieben wird und die Bedeutung des Wassers als lebenswichtige Grundlage nur noch mit politischer Agitation ins Bewußtsein gerufen wird.

Vor dem geschilderten Hintergrund ist es erstaunlich, daß sich gerade die Naturschutzorganisationen besonders schwer mit Ihrer Kunst tun.
Ich halte die Angst der Umweltschützer vor der Erschöpfung der natürlichen Ressourcen zwar für begründet, aber nicht für ausreichend. Eine umfassende Sichtweise würde nicht nur natürliche Vernetzungszusammenhänge, sondern auch seelisch-geistige Bezüge und Notwendigkeiten erkennen. Man würde den schöpferischen Akt und damit die bildende Kunst wesentlich ernster nehmen. Jedenfalls halte ich es für wichtig zu erkennen, daß Kunst sich immer mehr im Metaphysischen bewegt und nicht dem materiellen Überleben dient.

Könnten Sie sich vorstellen, in einer zerstörten Landschaft zu arbeiten?
Die Frage ist neu für mich. Zumindest hat sich mir dieses Problem bislang noch nicht gestellt. Ich bin sehr betroffen, wenn ich zerstörte Landschaften sehe, und voll Trauer, wenn ich die Gründe ihrer Zerstörung erfahre. Ich befürchte, daß ich mit meiner Kunst etwas vertuschen würde, eine Oberflächenbehandlung vornehmen würde, die zwar den Menschen beruhigen, aber die Ursache nicht beseitigen würde.

Woher nehmen Sie die Inspiration für Ihre Projekte, wenn Kindheitserfahrungen einmal nicht Pate stehen?
Ich habe mir oft selbst diese Frage gestellt. Die Wünsche entwickeln sich in mir immer von selbst. Wenn man im Laufe des Lebens merkt, daß sich bestimmte Themen immer wieder ankündigen, dann forscht man natürlich auch in der Literatur nach den entsprechenden Informationen. Man besucht Orte, an denen Ähnliches geschehen ist. Wie alle schöpferisch tätigen Menschen kenne ich natürlich auch das Gefühl, sich im Kreis zu drehen, ohne voranzukommen. Ich kenne die Angst, festzustecken. Schließlich will man sich nicht ständig selbst kopieren und zitieren. Früher konnte ich mir diese Ängste nicht erklären, und es half mir, irgendwann zu wissen, daß es vielen anderen genauso geht. Es ist immer dasselbe Problem: Ein Künstler steht immer wieder vor der weißen Leinwand und weiß nicht, was am Ende entstehen wird. Deshalb kann man einen Künstler auch nicht danach fragen, was er morgen oder übermorgen auf seine Leinwand malen wird. Das ist schöpferisches Risiko. Trotz der Ängste habe ich bis heute einen Weg gefunden, weiter zu arbeiten.

Gibt es eine Vision, ein Projekt, das Sie unbedingt realisieren wollen?
Scheinbar habe ich mir alle wichtigen Wünsche schon erfüllt, denn ich realisierte die Projekte sehr schnell nacheinander. Untersucht man die Projekte *Feldzeichen, Reise ins Meer, Boot aus Stein* und *Himmelstreppe* nach den Sehnsüchten, die darin bearbeitet wurden, frage ich mich natürlich nach den verbleibenden Sehnsüchten. Was kann neben den Erlebnissen auf dem Meer und in der Wüste noch an primären Erfahrungen gemacht werden? Das ist eine schwierige Frage. Es gibt tatsächlich ein Wunschprojekt, dessen Realisierung aber entscheidend von der Frage des richtigen Ortes, der richtigen Landschaft und der verbleibenden Kraft abhängt. Ich möchte gerne eine Arbeit auf einem Berg verwirklichen. Ich sehe eine Erhebung in einer weiten Landschaft vor mir, wo ich ein bewohnbares Projekt errichte, in dem ich unerreichbar von der Außenwelt leben kann. Was die Form betrifft, denke ich an die archetypische Spirale. Die Spirale hat eine wichtige Bedeutung für mich, denn dem Verlauf der Wachstumsspirale sind alle Lebewesen unterworfen. Die Realisierung eines Projektes solcher Dimension braucht viel Zeit. Die Form muß konsequent entwickelt werden, man muß das richtige Material auswählen, die adäquate Bauweise festlegen, die Finanzierung sichern und, was am allerwichtigsten ist, der richtige Ort muß gefunden werden. Das bereitet mir die größten Probleme, weil ich

Die *Himmelsleiter*, realisiert 1983 in Freiburg, ragte 21 m in die Höhe und deutete schon damals auf das Verlangen des Künstlers hin, der Enge mitteleuropäischer Kulturlandschaft zu entkommen.

Hannsjörg Voth

Im Winter 1986/1987 schmiedete Voth in Zusammenarbeit mit marokkanischen Handwerkern eiserne Federn und montierte sie zu einem Flügelobjekt von 3,50 m Spannweite. Die Schwingen werden in der *Himmelstreppe* aufbewahrt, erinnern an die Flügel von Dädalus und Ikarus und unterstützen die Interpretation des Bauwerkes als geheimnisvollen Startplatz.

in Mitteleuropa keinen Raum mehr finde, der mir die nötige Freiheit gewährt. Ich suche eine Ur-Landschaft, die noch nicht manipuliert worden ist. Zudem kenne ich den eingefahrenen mitteleuropäischen Lebensstil schon zu gut und muß mich mit einem anderen Kulturkreis auseinandersetzen.

Vielleicht kommt in diesem Zusammenhang Marokko noch mal in Frage oder die Mongolei, obwohl das logistisch sehr schwierig ist. Ein Bau in Mitteleuropa ist auch in finanzieller Hinsicht für mich nicht mehr zu verwirklichen. Ich will meine Freiheit nicht durch Schulden verlieren.

Freiheit bedeutet Ihnen sehr viel, aber finanzielle und räumliche Freiheit genügt Ihnen nicht?

Nein, ich brauche auch ein kulturelles Umfeld, das es mir ermöglicht, mein eigenes kulturelles Verständnis auszuleben. In Marokko hätte ich anstatt in der Wüste allein, auch in einer Gemeinschaft leben können. Doch wäre ich dann mit so bekannten Verhaltensformen konfrontiert worden, daß ich mich zu sehr hätte anpassen müssen.

Bedeutet Auftragsarbeit für Sie Freiheitsberaubung?

Ja, aber ich verdiene mit diesen Aufträgen das Geld, das ich für die Realisierung meiner freien Projekte brauche. Auftragsgebundene Arbeiten realisiere ich gemäß den Vereinbarungen so effizient und gut wie möglich, und danach ist das Projekt endgültig abgeschlossen.

Kann man sich bei auftragsgebundenen Arbeiten noch in ausreichender Weise verwirklichen? Wie stark ist die Beeinträchtigung?

Ich arbeite noch nicht sehr lange im Auftrag. Die Erfahrungen waren bislang unterschiedlich. Im großen und ganzen konnte ich meine Vorstellungen weitgehend verwirklichen. Ich denke aber, daß es neben meinen sehr egoistischen Trips prinzipiell immer auch Projekte im eigenen öffentlichen Umfeld geben sollte. Der Kunstbetrieb ist ein Insiderbetrieb geworden, und ich bedaure es sehr, daß sich die bildende Kunst so abgesondert hat, sich zum großen Teil nur noch in Museen und Galerien artikuliert.

Gibt es Ihrer Ansicht nach ein spürbar gestiegenes Interesse an Kunst im öffentlichen Raum?

Ja, sogar ein starkes Interesse. Mit der zunehmenden Profanisierung unserer Umwelt steigt die Nachfrage nach einer Kunst im öffentlichen Raum, die uns die verlorengegangenen Inhalte wieder vermittelt. Natürlich haben auch Politiker dieses Defizit erkannt und leisten sich immer häufiger einen Künstler, aber nur, solange genügend Geld vorhanden ist. Kunst wird damit zum reinen Luxusgebaren. Das finde ich bedauerlich, weil es von der fehlenden Erkenntnis zeugt, daß Kunst ein existentiell notwendiger Bestandteil unseres Lebens ist.

Biographie und Werkverzeichnis
(Auswahl)

Hannsjörg Voth wurde 1940 in Bad Harzburg geboren.
Er lebt und arbeitet zusammen mit seiner Frau, der Architekturfotografin Ingrid Amslinger, in München.

1955–1958	Zimmermannslehre in Bremervörde
1961–1965	Studium der Malerei und Verlagsgrafik an der Staatlichen Kunstschule in Bremen
1966/1967	Arbeit als Grafiker und Layouter in einer amerikanischen Werbeagentur in Frankfurt
1968	Artdirector in Werbeagenturen, zeichnerische und malerische Arbeit in München
seit 1969	freier Maler und Bildhauer

Zahlreiche Auszeichnungen, darunter:

1973	Bayerischer Staatspreis für Malerei
1977	Erster Kunstpreis für Malerei von Philipp Morris International
1978	Biennalepreis Norwegian International Print Biennale, Fredrikstad
1980	Arnold-Bode-Preis, Kassel
1982	„Kunstfonds"-Stipendium, Bonn

Realisierte Projekte im Außenraum:

1973–1975	„Feldzeichen", Ingelsberg bei München
1975/1976	„Platz der Macht", Neuenkirchen, Lüneburger Heide
1977	„Steine leben ewig", Neuenkirchen, Lüneburger Heide
	„Neubepflanzung" zweier Rosenbeete, Colombi-Park, Freiburg
1976–1978	„Reise ins Meer", Ludwigshafen – Nordsee
1978–1981	„Boot aus Stein", Ijsselmeer, Niederlande
1978–1982	„Erdkreuz", Internationale Gartenbauausstellung IGA München
1980–1983	„Himmelsleiter", Freiburg im Breisgau
1980–1984	„Steinhaus mit Seelenloch", Bundesgartenschau BUGA Berlin 1985
1980–1987	„Himmelstreppe", Mârhâ-Ebene, Marokko
1988/1989	„Lebensbogen", Klärwerk Dietersheim bei München
1990–1992	„Scheitelhaltung", Rhein-Main-Donau-Kanal bei Hilpoltstein
1991–1993	„Zwischen Sonnentor und Mondplatz", Europäisches Patentamt München
1993/1994	„Wachstumsspirale", Freising-Weihenstephan bei München
1994	„Pegel Insel Ried", Donauwörth
1993–1996	„Arche II", Glonn bei München
1993–1997	„Goldene Spirale", Marha-Ebene, Marokko

Seit 1967 zahlreiche Einzel- und Gruppenausstellungen, darunter:

1987	„Zeichen der Erinnerung", Deutsches Architekturmuseum, Frankfurt
	„Bateau de pierre", Projektzeichnungen. Goetheinstitut, Paris
1988	Projektzeichnungen. Galerie De Room, Oslo und Galerie Skala, Kopenhagen
1990	Himmelstreppe, Aquarelle. Institut für moderne Kunst, Nürnberg
1991	Handzeichnungen. Galerie Nouvelles Images, Den Haag
1995	Hannsjörg Voth. Zeitzeichen-Lebensreisen. Übersee-Museum, Bremen

Literaturauswahl

Institut für moderne Kunst (Hrsg): Feldzeichen. Nürnberg 1975 (Katalog)
Kunstverein Göttingen (Hrsg): Voth-Projekte-Zeichnungen 1974–80. Göttingen 1980 (Katalog)
Institut für moderne Kunst (Hrsg): Boot aus Stein. Nürnberg 1983 (Katalog)
Deutsches Architekturmuseum: Voth. Zeichen der Erinnerung. Arbeiten von 1973–1986. Frankfurt 1986 (Katalog)
Institut für moderne Kunst (Hrsg): Hannsjörg Voth/Hassi Romi. Nürnberg 1989
Voth, Hannsjörg: „Zwischen Sonnentor und Mondplatz", in: Daidalos, Heft 47. Berlin 1993
Masiero, Roberto: Hannsjörg Voths „Scheitelhaltung", Rhein-Main-Donau-Kanal, in: Domus Nr. 750, Mailand 1993
Voth, Hannsjörg: „Scheitelhaltung", in: Daidalos, Heft 49. Berlin 1993
Thomsen, Christian W. (Hrsg): Hannsjörg Voth. Zeitzeichen-Lebensreisen. München 1994 (Katalog)

Bildnachweis

Alle Abbildungen wurden freundlicherweise vom Künstler zur Verfügung gestellt.
Alle Fotos: Ingrid Amslinger

Environment für den Frieden.
Florenz, 1978

Harmonie und Zweifel – Dani Karavan

Dani Karavan, aufgewachsen unter dem Einfluß israelischen Pioniergeistes im Tel Aviv der dreißiger Jahre, verfügt nicht nur über scheinbar unerschöpfliche Schaffenskraft, eine zielsichere Gelassenheit, sondern er versteht es auch, jenen Enthusiasmus zu vermitteln, der wohl unabdingbar ist, um als Künstler so erfolgreiche Arbeit zu leisten, wie er es seit über dreißig Jahren tut.
Dani Karavans umfangreiches Werk ist geprägt von einem starken Bedürfnis nach Frieden und Harmonie. Dieses Harmoniebedürfnis hat sicherlich etwas damit zu tun, daß sein Leben von Anfang an durch Krieg und Zerstörung im jungen Staat Israel bestimmt wurde. Sein erstes großes Projekt in der Landschaft und noch heute ein Meisterwerk des Environments war ein Denkmal für die Soldaten der israelischen Palmach-Brigade, die 1947 die ägyptische Offensive im Negev aufhielten: das *Negev-Monument* im Nordosten von Beer Sheba, ein Skulpturendorf. An diesem Werk, das zwischen 1963 und 1968 auf einer Fläche von etwa 10 000 m² entstand, offenbarte sich zum erstenmal das typische Repertoire der künstlerischen

Sprache Karavans. Es sind die einfachen, klaren Geometrien, der gezielte Umgang mit Zahlensymbolik sowie ein spezifisches Verständnis der Naturgesetze, die die Kraft seiner Projekte ausmachen.

„Dem Naturgesetz gehorchen" bedeutet für Dani Karavan nicht etwa, gemäß naturwissenschaftlich-ökologischen Grundsätzen zu handeln, sondern er versteht darunter die Integration des Kunstwerkes hinsichtlich Form, Material und Struktur in den Kontext des ausgewählten Entstehungsortes. Dazu gehört sowohl die genaue Beachtung der landschaftlichen und städtischen Strukturen als auch der bewußte Umgang mit der spezifischen Natur des jeweiligen Materials, ganz gleich, ob es sich dabei um Holz oder um Beton handelt.

„Das Buch der Natur", so stellte Galileo Galilei im Zeitalter der Renaissance fest, „ist in mathematischer Sprache verfaßt, und die Buchstaben sind Dreiecke, Kreise und andere geometrische Formen." Man möchte die klare, geometrische Formensprache Karavans mit dem Naturverständnis der Renaissance in Verbindung bringen, zumal wegen der frühen Begeisterung, die er während seines Studiums an der Kunstakademie in Florenz für die Kunst der Renaissance entwickelte. Insbesondere die Präzision der Raumbildung und die stimmigen Proportionen von Körper und Raum, die er in dieser Epoche der Kunstgeschichte findet, sind für ihn eng mit der Vorstellung von universeller Harmonie verknüpft und prägen wesentliche Aspekte seines Werkes.

Das *Negev-Monument* in der Abgeschiedenheit der israelischen Wüstenlandschaft bei Beer Sheba. Das Skulpturendorf aus Beton, Wüstenakazien, Windorgeln und Wasser entstand in den Jahren 1963–1968 und umfaßt eine quadratische Grundfläche von etwa einhundert Metern Seitenlänge.

Auch wenn er der Ansicht ist, daß die Menschen seine Kunst nicht lebensnotwendig brauchen, will Karavan den Menschen dennoch helfen, ihre Identität zu definieren. Die kulturelle Identifikation der Menschen mit ihrer Stadt steht im Mittelpunkt des größten und komplexesten Projektes, das Dani Karavan seit 1980 in der Trabantenstadt Cergy-Pontoise bei Paris bearbeitet: die *Axe Majeur*. Cergy ist eine jener „villes nouvelles", die an der Peripherie „auf der grünen Wiese" zur Entlastung der Weltstadt geplant wurden; Pontoise ist die nahegelegene alte Stadt, die zumindest dem Namen nach Cergy ihre Identität geben soll. Doch die Trabantenstädte von Paris wuchsen entweder zu zögerlich oder begannen orientierungslos zu wuchern. In Cergy-Pontoise versuchen die

Weithin sichtbares Merkmal des *Negev-Monumentes* ist der zwanzig Meter hohe Turm mit den Windorgeln, die der Wüstensand jedoch zum Verstummen gebracht hat.

Stadtplaner der Orientierungslosigkeit etwas entgegenzusetzen: eine drei Kilometer lange Achse, der der Künstler zwölf Stationen anlagert. „Zwölf", schrieb Karavan bereits in der Vorankündigung des Projektes 1980, „ist die Zahl der Zeit, des Jahres, des Tages und der Nacht, also die Zahl, die den Lebensrhythmus des Menschen bestimmt, des Menschen, für den diese Achse entworfen wird". Der *Place Belvédère*, an dem die Achse ihren Ursprung hat, wird markiert von einem 36 m hohen Turm. Die postmoderne, mit neoklassizistischen Formen arbeitende Architektur stammt vom katalanischen Architekten Ricardo Bofill, der für seine großen, von der Barockarchitektur inspirierten Platzräume bekannt ist. Entlang der Achse durchquert man als nächstes einen Obsthain, der an die einstige Nutzung der Kulturlandschaft erinnert, und gelangt, nachdem man das große Plateau der *Esplanade de Paris* überquert hat, an den *Place de l'Ombre des Colonnes* mit seinen zwölf Säulen. Von hier aus genießt man den herrlichen Blick in das Pariser Umland, über den grünen Hanggarten und das Tal der Oise hinweg. In Zukunft soll über einen Steg auch die *Ile astronomique* im nahegelegenen See erreichbar sein, auf der klassische astronomische Instrumente und Kalenderbauten aufgestellt werden sollen. Nachts markiert ein vom *Tour Belvédère* ausgehender Laserstrahl die Achse.

Von wesentlich deutlicherer politischer Aussagekraft ist das Projekt *Passagen*, ein Environment zur Erinnerung an den Philosophen und Schriftsteller Walter Benjamin.

Dani Karavan

An der Steilküste des kleinen Ortes Port Bou an der französisch-spanischen Grenze entstand 1994 das Projekt *Passagen*, ein Environment zum Gedenken an Walter Benjamin.

„Schwerer ist es, das Gedächtnis der Namenlosen zu ehren als das der Berühmten. Dem Gedächtnis der Namenlosen ist die historische Konstruktion geweiht."
Walter Benjamin

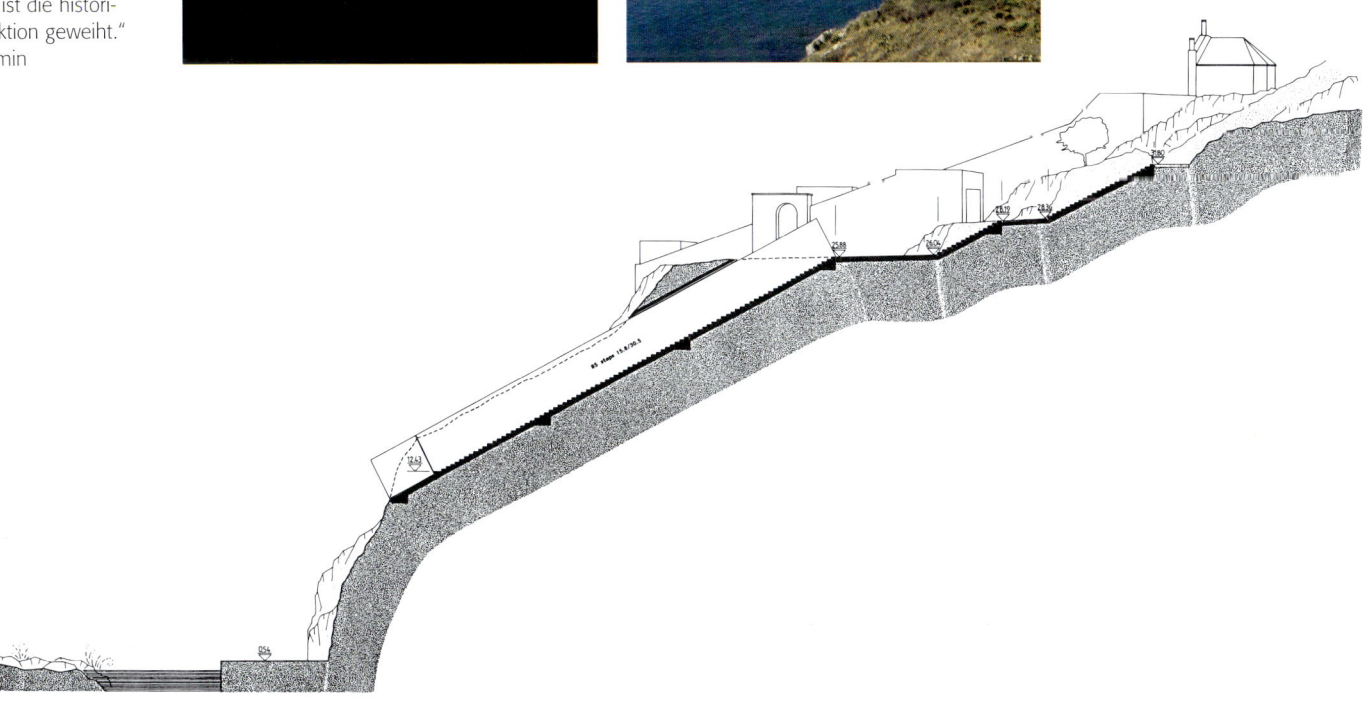

Dani Karavan

Es liegt in Port Bou, einem kleinen Küstenort an der spanisch-französischen Grenze, wo Benjamin sich nach der Flucht über die Pyrenäen am 27. September 1940 das Leben nahm, bedroht von der Rückführung nach Frankreich und der Auslieferung an Nazideutschland. Bei der Einweihung des Projektes im Mai 1994 machte Dani Karavan darauf aufmerksam, daß er sein Werk nicht als Denkmal verstehe, sondern als Hommage an alle Menschen, die hier auf der Flucht vor totalitären Regimes, während des Spanischen Bürgerkrieges und während der Naziherrschaft, die Grenze überquerten. Die Kraft von Karavans Arbeit in Port Bou liegt in der Einfachheit der gezielten Eingriffe, die im Einklang mit der Landschaft eine einprägsame Stimmung von Ausweglosigkeit und zugleich meditativer Ruhe erzeugen. Die begehbare *Passage* wurde ins schroffe Küstenufer geschnitten, an einer Stelle, wo ein einsamer Ölbaum im Meereswind um sein Überleben kämpft. Sie besteht aus einem steilen Treppenlauf, der durch einen engen, dunklen, vierkantigen Eisenschacht und zwischen zwei Stahlplatten hindurch bis nahe an die Gischt der Meeresbrandung geführt wird. Der Weg in die scheinbare Unendlichkeit der Meeresbrandung endet für den Besucher an einer gläsernen Wand, in die ein Wort von Benjamin eingraviert ist: „Schwerer ist es, das Gedächtnis der Namenlosen zu ehren als das der Berühmten. Dem Gedächtnis der Namenlosen ist die historische Konstruktion geweiht."

Passagen. Der letzte Fluchtweg führt durch den stählernen Schacht in die Tiefe.

Stahlplatte, Zaun und Blick über das Meer evozieren die Sehnsucht nach Freiheit. *Passagen*, 1994

Allen Arbeiten Dani Karavans im Freiraum ist gemeinsam, daß sie im spezifischen Ort, im landschaftlichen Kontext inhaltlich und formal tief verwurzelt sind. Das Lesen der Landschaft und der Natur erlernte Dani Karavan bereits als Kind bei seinem Vater Abraham, genannt Abi. Abi Karavan gestaltete als Gartenarchitekt in den dreißiger Jahren die städtischen Gärten und Parks in Tel Aviv.

Welche Rolle spielte der gärtnerische Beruf des Vaters Abi Karavan in Ihrem Leben und Schaffen?

Als mein Vater noch lebte und ich noch ein junger Mann war und Malerei studierte, hatte ich noch keine direkte Beziehung zu seiner Arbeit. Im Gegenteil, in gewisser Hinsicht kritisierte ich sogar seine Arbeit, denn in meinen Augen gestaltete er keine Landschaft, sondern kopierte sie lediglich. Er hielt es für seine Aufgabe, Landschaften zu schaffen, die wieder verschwinden konnten, nämlich durch den unersättlichen Fraß der Ziegen. In Tel Aviv gab es zu dieser Zeit im wesentlichen nur Sanddünen und lediglich spärliche, jedoch wunderschöne Wüsten-Vegetation. Er wollte die Landschaft wiedererschaffen und sagte immer: „Wenn ich die Landschaft repariert habe, kannst Du sie gestalten."

Welche Assoziationen verbinden Sie heute mit dem Begriff „Natur"? Was bedeutet Ihnen die Arbeit in der Natur?

Ich wurde in Tel Aviv geboren, als die Natur noch sehr streng war. Ich lebte in einem kleinen Ort in den Dünen, umgeben von sehr starker Natur. Ich war immer umgeben von Natur, nicht zuletzt wegen des Berufes meines Vaters. Ich kann gar nicht richtig beschreiben, was Natur für mich ist, denn sie ist ein Teil von mir.

Sind Naturmaterialien für Sie ein besonderes Arbeitsmaterial?

Eigentlich nicht. In meinem ersten Environment, das ich 1963 im Innenhof des Justizpalastes in Tel Aviv realisierte, verwendete ich sehr niedrige Pflanzen als künstlerisches Material, genau wie ich Stein und andere Materialien verwendete. Beim Bau des *Negev-Monuments* (1963–68) pflanzte ich nur sehr wenige Bäume und nutzte Pflanzen wie jedes andere Material im Kontext der Umgebung. Ich verwende auch Unkraut, Wasser, Sonnenlicht und so weiter, also Materialien, die sich alle mit der Zeit, dem Wetter und den Jahreszeiten verändern. Jedes Material verlangt seine individuelle Art der Verwendung entsprechend der materialspezifischen Energie, den materialeigenen Möglichkeiten. Ich kann Sonnenlicht natürlich nicht verwenden wie Stein oder Eisen, sondern ich benutze jedes Material auf seine spezifische Weise: Stein anders als Eisen. Beton anders als Marmor. Marmor anders als Beton. Jedes Material hat seine eigene Signifikanz, die es gilt, in der Arbeit zu steigern. Ich verwende alle Materialien immer dann, wenn ich sie brauche. Ich habe keine festgefügte Vorstellung in dieser Hinsicht, sondern ich versuche in erster Linie, meine Arbeit in Übereinstimmung mit dem Auftraggeber, dem zur Verfügung stehenden Budget und der zur Verfügung stehenden Zeit auszuführen. Es kommt mir besonders darauf an, auf den Nutzer einzugehen, deshalb lege ich besonderen Wert darauf, Materialien zu verwenden, die die Menschen aus dem alltäglichen Umgang kennen. Das war übrigens schon in der Renaissance so, deren Prinzipien meine Arbeit stark beeinflußten. Während meiner Studien der Freskomalerei in Florenz (1956) wurde mir bewußt, daß das gleiche Material, das für die Konstruktion der Straßen und Häuser genutzt wurde, auch zur Schaffung der Skulpturen Verwendung fand. Wenn Sie sich in Florenz beispielsweise die Kirche San Michele nahe des Palazzo Vecchio ansehen, dann werden Sie in den Nischen Skulpturen von Donatello entdecken, die aus dem gleichen Material bestehen wie der Fußboden. Diese Arbeitsweise ist mir sehr wichtig.

Ist die Dauerhaftigkeit Ihrer Arbeiten auch sehr wichtig für Sie?

Nein. Ich habe auch vergängliche Arbeiten gemacht, beispielsweise während der Ausstellung in Florenz (*Environment für den Frieden* 1978), und auch solche Projekte sind sehr wichtig für mich. Von ihnen bleiben nur Fotografien oder Erinnerungen. Viele Leute sprechen mich noch heute auf die Laser-Installation in Florenz an: „Ich bin dort gewesen. Ich war noch jung. Es war schön", oder: „Ich fand es nicht schön", oder: „Ich kam jede Nacht, um es zu sehen. Ich gab all mein Geld dafür aus."

Oft waren es junge Künstler zu dieser Zeit. Bis heute hält dieses Phänomen an. Über die Jahre wurde das Projekt in Florenz immer größer und wichtiger. Je weiter es zurückliegt, desto gewaltiger scheint es zu werden. Es ist mittlerweile zu einem der schönsten Projekte geworden, die je in Florenz stattfanden.

Gibt es eine zeitgenössische Kunstrichtung, der Sie sich besonders zugehörig fühlen?

Ich fühle mich vielen unterschiedlichen Kunstrichtungen verbunden: Minimal Art, Concept Art, Land Art und anderen. Ich denke jedoch, daß ich Elemente dieser Kunstrichtungen auf eine ganz andere Weise verarbeite. Die Land Art gebrauchte Landschaft als Objekt, als gigantisches Kunstobjekt. Die Vergrößerung des Objektes spielte dabei eine wichtige Rolle. Beispielsweise wurde die Spiral Jetty von Robert Smithson nicht geschaffen, um in erster Linie von Menschen benutzt oder physisch erlebt zu

Dani Karavan auf dem Tour Belvédère, mit dem Blick entlang der *Axe Majeur* in Richtung Südwesten.

Auf dem Forte di Belvedere in Florenz, im engen Bezug zum städtischen Kontext, installierte Dani Karavan 1978 das *Environment für den Frieden* aus weißem Beton, Holz, Olivenbäumen, Rasen, Wasser, Windorgeln und einem Argon-Laser.

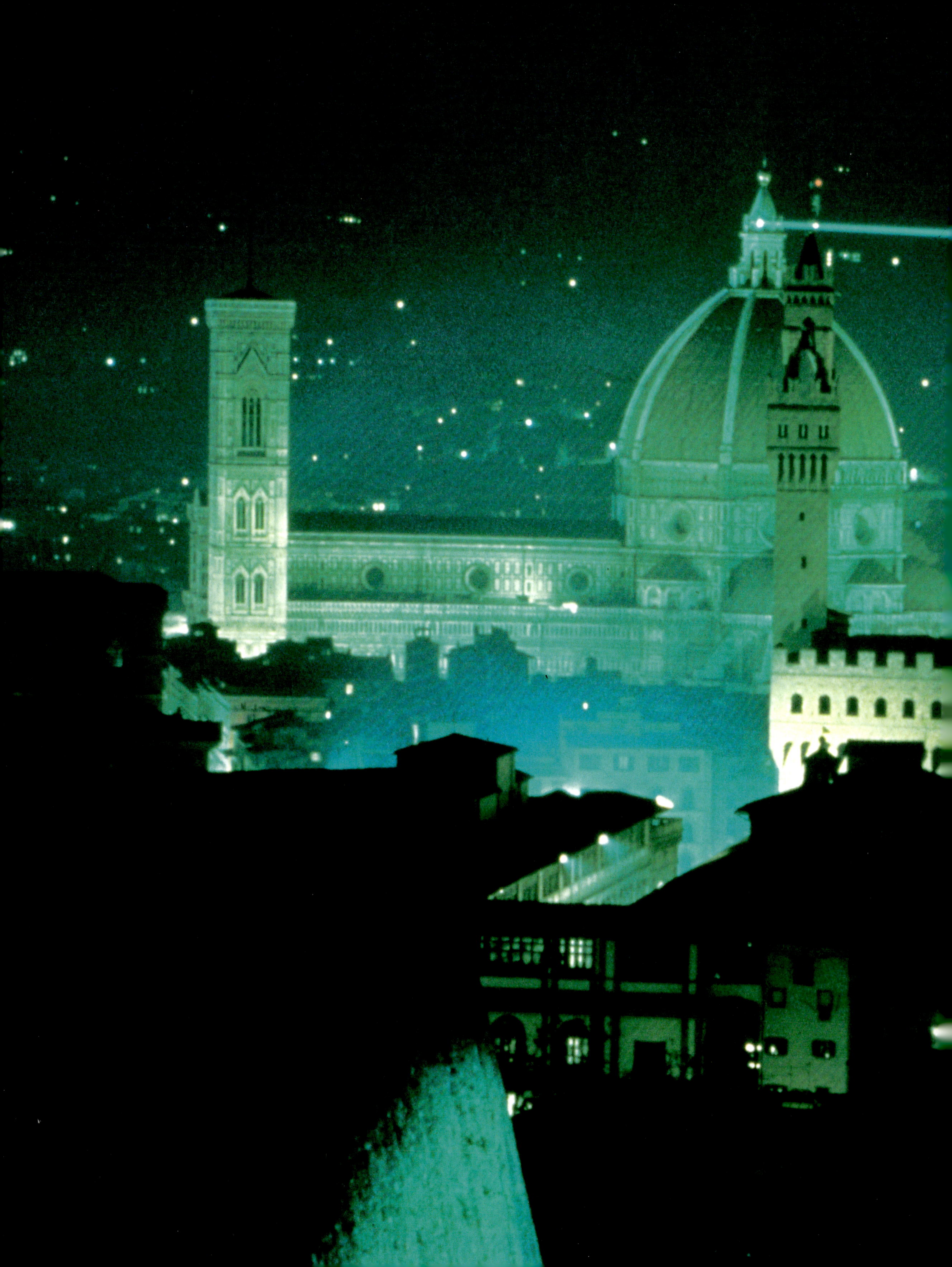

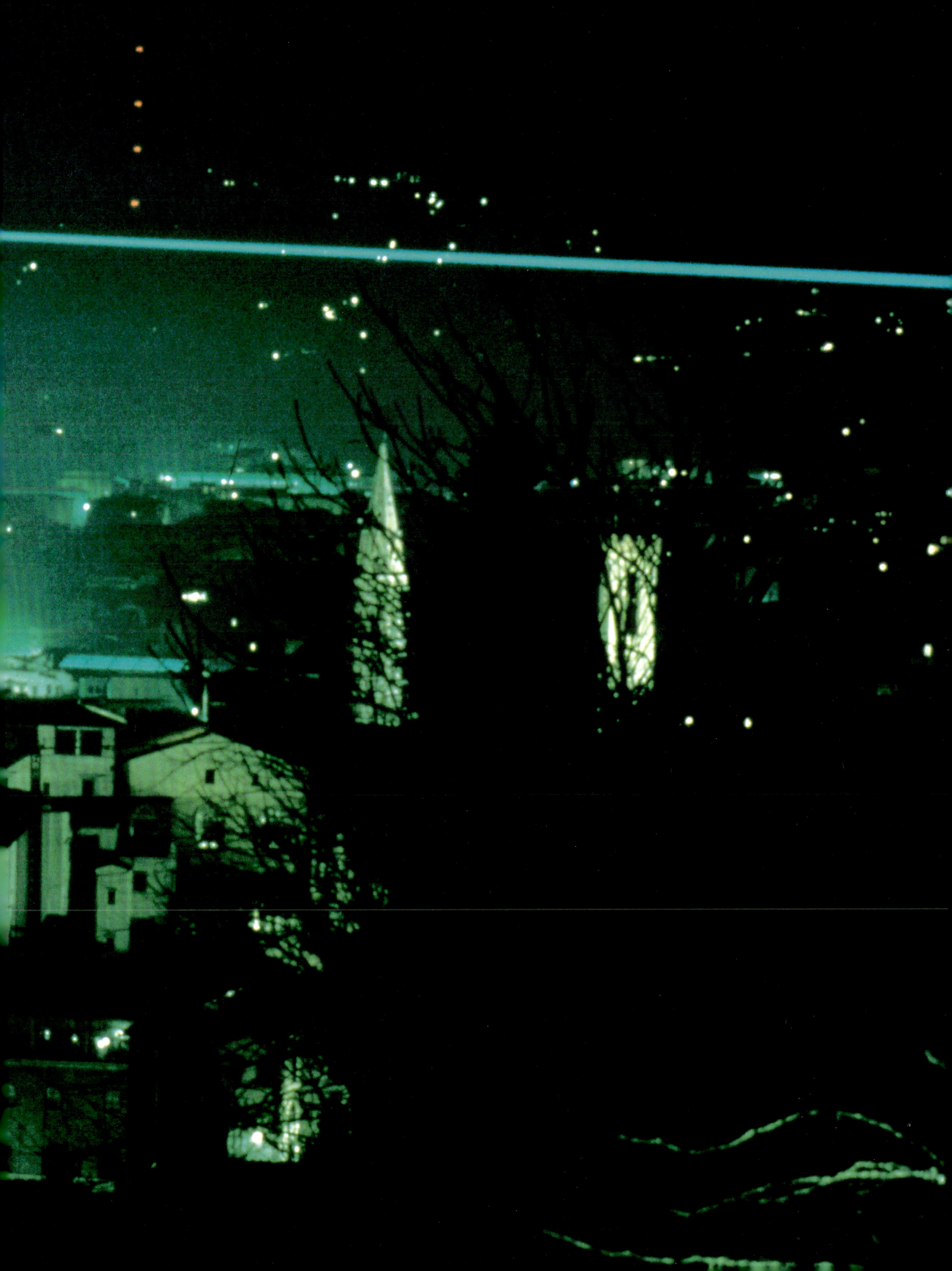

◁ S. 76/77:
Der Laserstrahl verbindet temporär Brunelleschis Domkuppel mit dem Forte di Belvedere. „Line of light in homage to the science of the renaissance." Dani Karavan, 1978

werden. Obwohl ich manchmal die gleiche formale Sprache verwende, arbeite ich ganz anders. Als ich das *Negev-Monument* realisierte, wußte ich nichts davon, daß irgendwo in Arizona die Amerikaner mit Land Art experimentierten. Meine Arbeiten entstehen in der Regel, um von Menschen benutzt zu werden. Ohne Menschen existiert meine Kunst nicht. Meine Arbeiten sind nicht zum Betrachten, sondern zum Erleben da.

Die *Axe Majeur* in Cergy-Pontoise bei Paris ist das größte Ihrer aktuellen Projekte. Es heißt, Sie wollen der Trabantenstadt mit der Anlage der kilometerlangen Achse eine Identität verleihen. Ist eine symmetrisch gefaßte Achse wirklich eine zeitgemäße Form der Landschaftsgestaltung?
Ich muß betonen, daß ich den Bau der *Axe Majeur* niemandem vorgeschlagen habe. Wenn man mich nicht darum gebeten hätte, hätte ich dieses Projekt nie ausgeführt. Man bat mich, eine drei Kilometer lange Achse zu realisieren, aber ich hatte keine Ahnung von Cergy-Pontoise und den Problemen der Pariser Trabantenstädte und reagierte zunächst nicht auf die Anfrage. Ich hatte nie das Bedürfnis, ein solch riesiges Projekt zu realisieren. Als ich mir das Gelände trotz meiner erheblichen Zweifel anschaute, wurde mir klar, wie schön die Landschaft ist, und ich begann zu begreifen, was die Leute sich wünschten.

Hatte der Architekt Ricardo Bofill einen Einfluß auf die Entwurfsidee?
Nein, Bofill kam erst sehr viel später ins Gespräch. Ich war bereits zwei Jahre mit dem Projekt beschäftigt, als Ricardo Bofill hinzugezogen wurde. Ursprünglich sollte ich nach dem Willen der Auftraggeber sogar die Fassaden der umgebenden Architektur entwerfen, aber ich bin kein Architekt, und ich machte ihnen klar, daß es sehr schwierig sei, das Projekt weiter zu bearbeiten, ohne zu wissen, wie der architektonische Rahmen aussehen würde. Also wurde ein renommierter Architekt mit dieser Aufgabe betraut. Den meisten fällt es unter dem Eindruck der heutigen Situation ausgesprochen schwer zu glauben, daß der Künstler vor dem Architekten mit dieser Aufgabe befaßt war. Gewöhnlich ist es ja genau umgekehrt. Ich hatte ursprünglich andere Ideen für diesen Ort, aber in Zusammenarbeit mit dem Architekten nahm ich Änderungen vor. Auch er änderte seine Konzeption, und wir arbeiteten sehr gut zusammen. Ich denke, die Zusammenarbeit mit anderen Fachleuten und die damit verbundenen Problemlösungen zählen zu meinen wichtigsten Aufgaben.

Hätten Sie sich anstatt der Achse auch eine andere Antwort auf den Ort vorstellen können?
Natürlich gab es viele Alternativen. Bevor die Auftraggeber mit mir Kontakt aufnahmen, hatten sie bereits versucht, mit Architekten, Stadtplanern und Landschaftsarchitekten eine Lösung zu erarbeiten, aber keiner der Ansätze konnte sie überzeugen. Lange bevor ich mit dem Projekt beauftragt wurde, existierte bereits die Idee einer Linie, die das Rückgrat des natürlichen Amphitheaters bilden sollte. Diese Vorstellung bestimmte natürlich meine Arbeit an der Achse. Alle anderen Details leiteten sich aus dieser Grundidee ab und sind geprägt von einer gewissen Symmetrie. Trotzdem bedarf es bestimmter Kontrapunkte, bestimmter Brüche. Kleine Details verweigern sich der Symmetrie: beispielsweise die Linie der Bäume, die durch einen Betonstreifen gefaßt wird, oder der große Solitär gegenüber, der noch zu pflanzen sein wird. Die erwähnte Linie wird diagonal auf den Einzelbaum zulaufen und eine exakte Nord-Süd-Linie markieren. Das heißt, nachdem man das Gebäude von Ricardo Bofill durchquert hat, erreicht man den ersten Bruch in der Symmetrie. Danach gelangt man zu den beiden Quadraten, und auch hier steht ein einzelner Baum bewußt asymmetrisch. Die Quadrate sollen übrigens als Bassins ausgebildet werden, die den Eindruck erwecken, daß das Wasser bergauf fließt. Das gleiche Prinzip findet man im Barockgarten von Le Nôtre, in meiner Anlage aber asymmetrisch. Auch auf der großen *Esplanade* findet sich wieder ein diagonaler Einschnitt, der an die ehemalige Zugstrecke erinnert, die früher hierher führte. Die meisten Brüche in der Symmetrie entstammen der Natur, wie beispielsweise die Nord-Süd-Linie; andere leiten sich, wie die Rekonstruktion der Gleisanlage, aus dem Gedanken einer Archäologie des beginnenden Industriezeitalters ab. Bei den *zwölf Säulen* erreicht man den großen Garten an der Hangkante, in dem sich wiederum Kontrapunkte finden, die bereits vorhanden waren: Stützmauern, Gebäudereste, Obstbäume und so weiter. All diese Spuren werden

Blick über die *Esplanade de Paris*, hinauf zum 36 m hohen Aussichtsturm, dem Beginn der drei Kilometer langen *Axe Majeur* von Cergy-Pontoise. Die neoklassizistische Architektur stammt vom katalanischen Architekten Ricardo Bofill und prägt entscheidend den Charakter der Achse.

erhalten. Ich werde nur die Achse hinzufügen und einige Details durch Einrahmungen verstärken. Die *Astronomische Insel* ist ebenfalls absolut unregelmäßig geformt, und auch die skulpturalen Elemente auf der Insel werden nicht symmetrisch sein. In gewisser Hinsicht breche ich die Symmetrie mit kleinen Elementen, die meiner Ansicht nach zur Brechung einer Form manchmal stärker sind als große Elemente.

Was verbindet Sie mit der Arbeitsweise von Le Nôtre?
Ich wußte nichts über ihn, als ich mit dem Projekt begann. Ich bekam den Auftrag und ging nach Florenz. Das erste große Modell des Projektes im Maßstab 1: 2000 entstand dort. Dieses Modell enthält die komplette Vorstellung, gewissermaßen das gesamte Skript der Achse, basierend auf der Idee der Stadtplaner. Wo heute die große Esplanade verläuft, sollte nach ihrem Willen ursprünglich ein großes Stadion gebaut werden. Meiner Ansicht nach wäre das eine Katastrophe gewesen, denn einerseits wäre der Blick versperrt, und andererseits hätten die Menschen mit dem Rücken zur Landschaft gesessen. Ich wollte alles sehr offen gestalten und kam dann auf die Idee der *Esplanade*, eines gigantischen Erdkörpers, der in der Hanglage aufgeschüttet werden mußte. Ich hatte heftige Diskussionen mit den Auftraggebern, die mich fragten: „Was tun Sie da eigentlich? Sie verwenden viel Geld dazu, um etwas zu bauen, was doch schon existiert. Sie sehen die gleiche Landschaft. Warum soll man hier sechs oder acht Meter höher stehen? Die Aussicht bleibt doch dieselbe!" Ich erklärte ihnen, daß die Natur diese Maßnahme verlangt. Mein Werk ist eine große Skulptur, und es bedarf dieser großen, wüstenartigen Fläche als Kontrapunkt zur üppigen Natur. Erst nach Überqueren der großen geometrischen Plattform erreicht der Betrachter den Punkt, an dem er den überwältigenden großen Reichtum der Natur überblicken kann.

Als ich in Florenz an dem Entwurf arbeitete, dachte ich nicht an Le Nôtre. Ich habe nicht viele Arbeiten von ihm gesehen; ich bin im Park von Versailles und in den Tuilerien gewesen, aber ich kannte Vaux-le-Vicomte und Saint-Germain nicht. Ich betreibe normalerweise keine Forschungsarbeiten zur Vorbereitung meiner Projekte und kannte daher auch keine anderen Arbeiten von Le Nôtre aus der Literatur. Ich will mit meinen Sinnen arbeiten, mit meinen Gefühlen. Später, als ich die Schaffensphilosophie Le Nôtres zu begreifen begann, fand ich viele Bezugspunkte. Ich korrigierte bestimmte Einzelheiten, studierte Details und versuchte, einige typische Details seiner Arbeiten zu übernehmen. Dazu gehört das Wasser, das aufwärts zu fließen scheint. Künstler der Concept Art und der Land Art verwendeten solche Elemente niemals. Auch das große Becken, das von der Oise ausgehen soll, wird eine ähnliche Wirkung haben. In einer solchen Tradition fühle ich mich am richtigen Platz, denn ich arbeite in einer Art Strömung, die eine lange Geschichte hat.

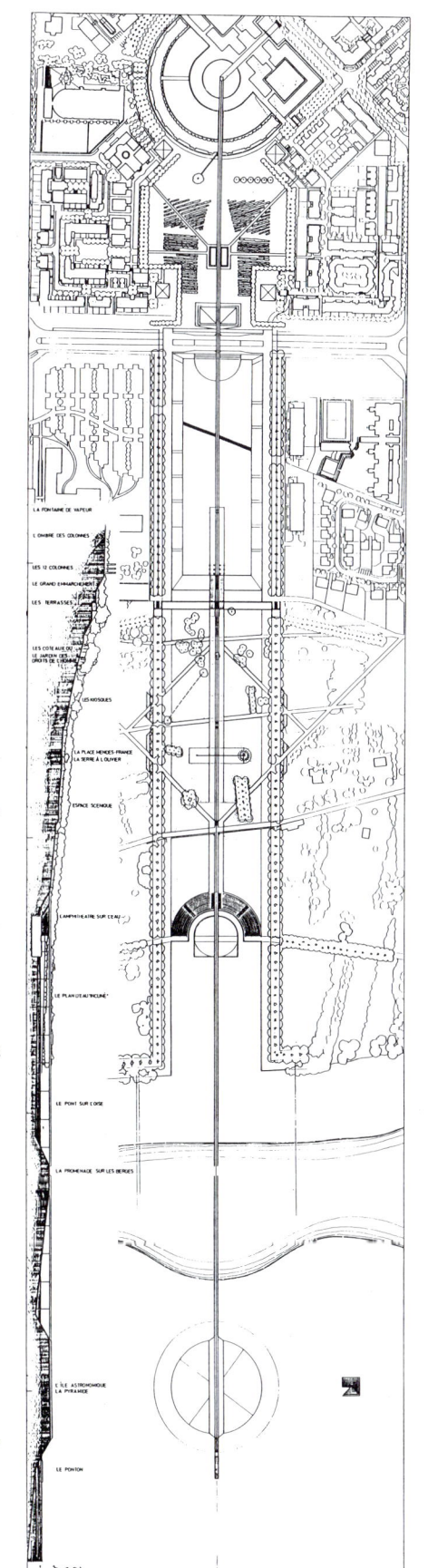

Die Pyramide im Wasser.

Lageplan der drei Kilometer langen *Axe Majeur* in Cergy-Pontoise bei Paris, die seit 1980 im Bau ist. Zwölf Stationen reihen sich an der Achse auf: Der *Place Belvédèdere* mit dem Aussichtsturm, der *Jardin des Impressionistes Camille Pissaro*, die *Esplanade de Paris* mit dem Rest einer Bahnlinie und dem Dampfbrunnen, die *Place de l'Ombre des Colonnes* mit den zwölf Säulen, die Terrasse, der *Jardin des droits de l'homme Pierre Mendès-France*, das *Gérard-Philipe-Amphitheater*, das Bassin, die Brücke, die *Ile astronomique* und die Pyramide im Wasser, das Autobahnkreuz und der Laserstrahl.

Dani Karavan

Erklärt das kulturgeschichtliche Bewußtsein auch Ihre Arbeit mit archetypischen Formen?
Ja, so ist es.

Ihre Projekte sind oft sehr stark durch architektonische Ausdrucksmittel geprägt. Viele Künstler, die ähnlich arbeiten wie Sie, finden es schwierig, mit Architekten zu kooperieren, weil diese sich oft selbst als Künstler, nämlich als Baukünstler betrachten.
Ich habe von Anbeginn mit Architekten gut zusammengearbeitet und empfand diese Arbeit stets als wertvolle Hilfestellung. Von Anfang an waren es nicht Kuratoren, Museumsdirektoren oder Kunstkritiker, die für mich warben oder mich dazu bewegten, bestimmte Arbeiten zu realisieren oder meine Konzepte darzulegen, sondern es waren Architekten. Als Christian de Portzamparc die Esplanade du Général de Gaulle in La Défense städtebaulich bearbeitete, teilte man ihm mit, daß man gemäß den Vorschriften – 1 oder 2% der Bausumme müssen für Kunst am Bau verwendet werden – einen Künstler, nämlich Dani Karavan mit dem Entwurf eines Kunstobjektes beauftragen wolle. „Wenn ihr Dani Karavan beauftragen wollt", sagte der Architekt, „dann sollte er nicht nur ein Kunstobjekt oder Environment schaffen, sondern die ganze Esplanade gestalten, den gesamten Freiraum im Kontext meines Entwurfs." In Köln wollten die Architekten unbedingt mit mir zusammenarbeiten und sorgten dafür, daß ich den Auftrag bekam. Beim Bau des nordrhein-

Den Dampfbrunnen auf der *Esplanade de Paris* speist eine Thermalquelle.

westfälischen Parlamentes in Düsseldorf setzte sich der Architekt für meine Arbeit ein, als es zu Problemen kam. Auch Nürnberg wäre nicht möglich gewesen ohne den Architekten. Er war einer der Leute, die darauf bestanden, weiter zu arbeiten, trotz der Finanzprobleme, und er wollte eine Lösung finden. Ich wurde immer sehr geschätzt von den Architekten. Sie suchten stets die Zusammenarbeit mit mir und waren der Ansicht, daß meine Arbeit zur Stärkung der Gesamtkonzeption beitragen würde. Die Kölner Architekten Peter Busmann und Godfrid Haberer wünschten sich auch für die Zukunft eine kontinuierliche Zusammenarbeit. Meine Erfahrungen sind ausgesprochen positiv.

Richard Serra behauptet zuweilen, daß seine Arbeiten als Kritik an der Architektur zu verstehen seien. Halten Sie es für gerechtfertigt, auch Ihre Arbeiten so zu interpretieren?
Man kann viele Dinge behaupten, und viele Interpretationen haben mit Theorie zu tun, manchmal auch mit Glaubensfragen. Bruno Zevi schrieb beispielsweise im Ausstellungskatalog 1978 in Florenz, daß meine Arbeit Architekturkritik sei. Architekturkritik war jedoch nie ein bewußtes Anliegen von mir. Auch über den *Weißen Platz in Tel Aviv* wurde geschrieben, daß er Kritik an Tel Aviv bedeute. Tel Aviv ist eine etwas chaotische Stadt, und mein Projekt wurde als Idealbild der organisierten Stadt interpretiert. Mit solchen Absichten realisierte ich mein Projekt aber nicht.

Gelegentlich heißt es, es gäbe eine Verbindung zwischen Isamu Noguchi und Ihnen. Was verbindet Sie mit der Arbeit Noguchis?
Ich traf Isamu Noguchi, als ich Anfang der sechziger Jahre ein Bühnenbild für Martha Graham in New York gestaltete. Ich war beeindruckt von seiner Arbeit, die ich bereits 1950 im Theater gesehen hatte. Noguchi war zu Beginn meiner Arbeit äußerst wichtig für mich. Später ent-

Zuweilen erinnern Dani Karavans Projekte an die metaphysischen Gemälde des Italieners Giorgio de Chirico. Von den zwölf Säulen führt die Treppe hinunter in die *Jardins des droits de l'homme*.

wickelte ich meinen eigenen Weg, aber ich bin sicher, daß ich von seiner Arbeit stark beeinflußt worden bin. Was es war, weiß ich noch nicht einmal so richtig. Vielleicht die Tatsache, daß er Projekte realisierte, die von Menschen genutzt und nicht nur betrachtet werden sollten, auch die Integration von Vegetation als Teil des Werkes, aber nicht im Sinne japanischer Gartenkunst, absolut nicht, sondern nur in konzeptioneller Hinsicht.

Sie empfinden also keine starke Beziehung zur japanischen Gartenkunst?
Es sind die Japaner, die eine Beziehung zwischen ihrer und meiner Kunst feststellen. Als ich zum erstenmal nach Japan kam und die Zen-Gärten sah, wurde mir klar, daß ich zwar mit ähnlichen Materialien arbeitete, ihnen aber eine ganz andere Bedeutung zumaß. Sand und Kies sind genauso unterschiedlich wie Bronze und Marmor. Ein winziger Stein kann genauso schön sein wie Michelangelos David. Die gleiche intellektuelle Schwingung und Spannung kann auch mit minimalen Mitteln erreicht werden.

Pierre Restany schreibt in seinem Buch über Ihre Arbeit, daß die Semiotik in Ihrem Werk eine bedeutende Rolle spiele. Arbeiten Sie bewußt mit Semiotik, oder ist die semiotische Interpretation nur ein weiteres Schema zum Verständnis Ihrer Arbeit?
Ich will immer eine Begründung für mein Tun finden. Ich kann nicht einfach etwas tun, weil mir irgendwie danach ist. Ich muß einen Grund

Blick über den *Jardin des Impressionistes* und die *Esplanade de Paris* zu den zwölf Säulen und der Astronomischen Insel. Am Horizont ist Paris-La Défense zu erkennen.

Dani Karavan

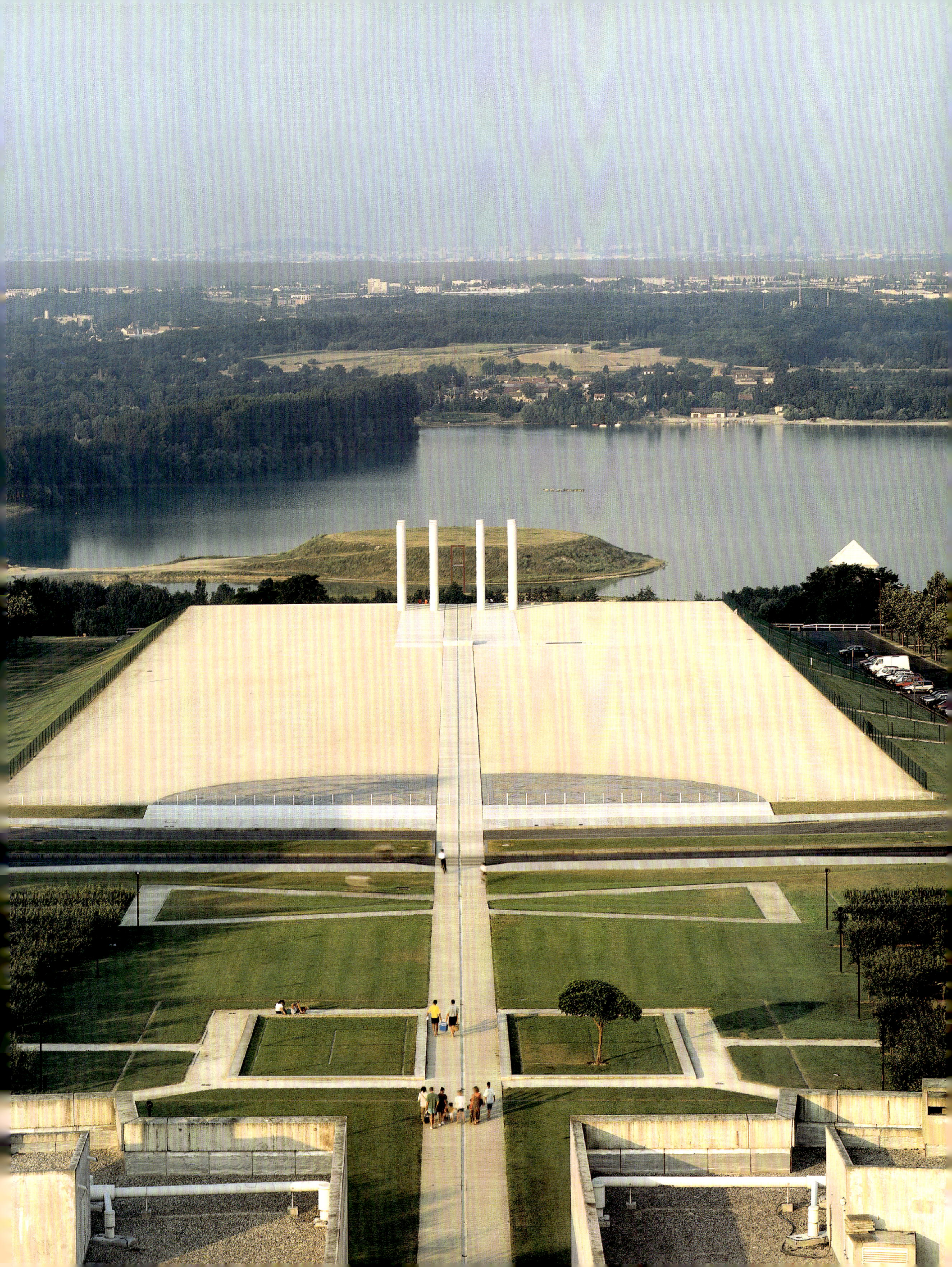

finden. Ich finde Begründungen in vielen Bereichen. Die Semiotik hilft mir sehr dabei. Insbesondere Zahlen spielen bei meiner Arbeit eine wichtige Rolle. Ich denke, daß die Zahlen, die wir täglich verwenden wie Stunden, Tage, Monate und so weiter, in enger Beziehung zu unserem Lebensrhythmus und dem Verhältnis Mensch-Universum stehen. Wenn ich die Zahl Zwölf verwende, oder die Sechs oder etwa die mythische Zahl Sieben, dann geht es mir um diese Beziehung. Beispielsweise heißt es in der Bibel, daß du sechs Tage arbeiten und am siebten ruhen sollst. Das hat etwas mit Rhythmus zu tun. Warum sind es nicht drei, nicht zwölf oder zehn Tage? Vielleicht haben wir nach sechs Tagen noch immer Energie und müssen einhalten, solange noch etwas Energie da ist. Alle diese Zusammenhänge sind der Menschheit über Jahrhunderte erhalten geblieben.
Ich habe übrigens einen sehr engen Bezug zur Bibel, sicher nicht wegen der Religion, sondern wegen der Weisheit und Poesie der Bibel.

Am Ende der Esplanade de Paris bei den zwölf Säulen öffnet sich der Blick über die hangseitigen *Jardins des droits de l'homme Pierre Mendès-France* zur Pyramide im Wasser.

Diese Kultur ist Teil meines Lebens. All die Merkmale, die Pierre Restany in meiner Arbeit hervorhebt, entstammen nicht einem Konzept. Nichts an meinem Werk ist vorgefertigtes festes Konzept. Ich versuche, eine Art Harmonie anzustreben. Ich kritisiere nicht durch meine Arbeiten. Der Frieden spielt für mich eine wichtige Rolle, nicht im Sinne meiner politischen Vision von Frieden, sondern eher aus dem Gefühl heraus. Das Gefühl, eine Beziehung, einen Dialog zu schaffen zwischen den Elementen, die mir begegnen: zwischen Sonnenaufgang und Sonnenuntergang, zwischen den unterschiedlichen Erscheinungsformen des Wassers, zwischen dem Unsichtbaren in der Erde und dem Sichtbaren über der Erde.
Als ich das erstemal nach Cergy-Pontoise kam und man mir die Achse zeigte, fragte ich: „Warum wollt ihr sie ausgerechnet hier verwirklichen? Ihr berührt nichts Bestimmtes am Horizont. Es gibt den Eiffelturm, La Défense und viele andere Elemente, die miteinander in Beziehung stehen, aber die Achse verläuft einfach irgendwohin. Wir müssen eine Begründung finden." So begannen wir mit der Untersuchung der weiteren Umgebung und fanden heraus, daß wir in der Verlängerung eine kleine Insel in der Seine erreichen namens Ile de Chatou, die ‚Insel der Impressionisten'. An dieser Stelle kreuzen wir die große historische Achse von Paris. Das ist zwar vom Beginn der Achse aus nicht zu sehen, es verknüpft aber konzeptionell die Axe Majeur mit der großen Achse von Paris, und es hebt zugleich symbolisch die historische Bedeutung von Pontoise für das Umland hervor.

Welche Funktion übernimmt Kunst heute im öffentlichen Raum?

Ich glaube nicht, daß Kunst im Freiraum besonders wichtig ist. Vielmehr halte ich jede Art von Kunst für wichtig. Jede Art von Kreation ist wichtig. Jeder sollte seinen Weg des Dialoges mit anderen Menschen verwirklichen. Wenn ich Vorträge über meine Kunst halte, pflege ich zu betonen, daß dies meine Art der Kunst ist. Es ist nicht die beste Art der Kunst. Es ist eine von unendlich vielen Möglichkeiten. Ich habe meinen Weg nicht etwa in Einklang mit einer vorher festgefügten Vorstellung eingeschlagen. Es ist vielmehr die ständige Suche nach einem Weg, die beeinflußt wird durch Begegnungen, manchmal durch bereits realisierte oder geplante Projekte, durch die Reaktionen auf mein Schaffen. Die Menschen werden mein Werk beurteilen, heute und in Zukunft. Es wird bestehen bleiben oder nicht, das weiß ich nicht.
Ich fühle mich in einer Hinsicht besonders verantwortlich: Solange ich in meinem Studio arbeite, ist Kunst meine private Angelegenheit. Sobald ich öffentliche Mittel in Anspruch nehme und für die Öffentlichkeit baue, bin ich der Öffentlichkeit verantwortlich. In dieser Hinsicht befinde ich mich in der gleichen Situation wie Architekten und Landschaftsarchitekten. Andererseits bin ich nach wie vor ein Bildhauer, der benutzbare Objekte entwirft, die nach Form, Material, Licht, Schatten und der Wechselwirkung dieser Aspekte beurteilt werden.

Bereitet es Ihnen als Künstler besondere Schwierigkeiten, benutzbare Objekte zu schaffen? Man denke an die vielen gesetzlichen Sicherheitsvorschriften, die zu beachten sind.

Ich versuche durchaus, mich an gegebene Vorschriften zu halten. Oft sagt man mir, bestimmte Details seien unmöglich auszuführen, und ich beweise, daß es doch möglich ist. Als ich 1977 in Kassel auf der documenta 6 die große Treppe installierte, hatte ich große Bedenken, daß jemand von der Treppe fallen könnte, denn es waren keine Geländer angebracht. Die Veranstalter verboten das Betreten der Treppe und sperrten den Zugang, aber die Leute entfernten die Absperrung einfach und kletterten hinauf. Die documenta dauerte hundert Tage, sehr viele Leute waren da, und ich sah immer wieder Menschen auf der Treppe. Ich fragte die Verantwortlichen in Kassel: „Wieviele Menschen sind während dieser Zeit auf den Straßen von Kassel gestürzt?" „Viele", bekam ich zur Antwort. „Warum lassen Sie dann nicht die Straßen sperren? An der Treppe ist nichts passiert, aber auf den Straßen." Ich bin dafür verantwortlich, beim Bau eines Entwurfs darauf zu achten, daß

Der 36 m hohe *Tour Belvédère* ist der Ausgangspunkt der *Axe Majeur*. Der quadratische Grundriß des Turmes hat eine Seitenlänge von 3,60 m und illustriert, wie viele andere Elemente entlang der Achse, Karavans Umgang mit der Zahlensymbolik.

Nachts markiert ein Argon-Laserstrahl den Verlauf der *Axe Majeur*.

Dani Karavan

Die *Straße der Menschenrechte* wurde 1993 vor dem Germanischen Nationalmuseum in Nürnberg fertiggestellt. Die Säulen tragen Menschenrechtstexte in unterschiedlichen Weltsprachen.

den Leuten nichts geschieht. Das Negev-Monument kann man beispielsweise begehen und gelangt an Stellen, wo man leicht abstürzen kann. Es ist wirklich gefährlich. Die Menschen erkennen das aber, denn es ist offensichtlich, und sie passen auf.

Natürlich habe ich Probleme mit Feuerschutzbestimmungen und anderen Gesetzen. Ich sehe darin keine maßgebliche Beschränkung, sondern denke, daß das in Ordnung ist. Kein Künstler und keine Kunst ist absolut frei von Beschränkungen. Selbst das Blatt Papier ist eine Beschränkung. Die Farben, die man kauft, schränken einen ein, denn man wird beispielsweise nie das Rot finden, das man gefühlsmäßig für das richtige hält. Wenn man absolut frei sein möchte, kann man keine Kunst machen. Ich denke, man braucht gewisse Grenzen. Willst du keine, mußt du versuchen, sie zu überwinden. Du mußt versuchen, das Papier zu zerreißen, es zu zerschneiden, mußt ein neues Blatt suchen, versuchen seine Form zu verändern. Nach einer Weile kann es passieren, daß du dich entscheidest, das Beste im vorgefundenen Format zu verwirklichen.

Ich habe viele Probleme dieser Art, viel mehr als manch anderer Künstler, denn ich muß mit so vielen Institutionen arbeiten. In Cergy-Pontoise sind es: die Stadtverwaltung, die Parteipolitiker, das Kulturministerium, der französische Staatspräsident und die Leute, die die Arbeit für mich machen: die Firmen, die per Ausschreibung ermittelt werden und nichts mit Kunst zu tun haben und Geld verdienen wollen. Sie verstehen nicht, daß manchmal drei Millimeter für meine Arbeit wichtig sind. Ich muß mit allen arbeiten, muß ihnen erklären, worum es geht, muß einen Weg finden, mit ihnen zu streiten, und muß sie trotzdem auf meiner Seite halten.

In dieser Hinsicht ist der Unterschied zwischen der Arbeit in der freien Landschaft und der Arbeit in der Stadt nicht so groß. Ich bin nie absolut frei. Möglicherweise war ich beim *Negev-Monument* frei, weil sich niemand einmischte in die Formfindung. Keiner fragte mich, ob es wirklich möglich sei, das Projekt zu realisieren. Ich hatte lediglich das Finanzproblem. Ich arbeitete mit einer Gruppe von Leuten, die entschlossen waren, es zu wagen.

Die räumliche Situation ist in der freien Landschaft aber anders als in der Enge der Stadt. Muß man darauf nicht reagieren?

Sicher. Die räumliche Integration ist eine meiner schwierigsten Aufgaben als Künstler. Die richtige Antwort auf die Frage und auf die Anforderungen zu finden, ist nicht so einfach, denn es gibt so viele Möglichkeiten der Reaktion.

Gibt es andere Landschaftskünstler, deren Arbeit Sie besonders schätzen?

Ja, ich denke, daß Newton Harrison und Helen Mayer Harrison sehr wichtige Arbeit leisten. Ich bin vielleicht sogar vom ökologischen Ansatz ihrer Kunst beeinflußt worden. Sie gaben mir mehr Freiheit, weil sie mir zeigten, daß es möglich ist, solche Dinge zu realisieren. Eine andere Künstlerin, die ich in New York kennenlernte, ist Agnes Denes. Sie arbeitet viel mit Natur und schuf 1982 das Projekt „Wheatfield Battery Park City" in Manhattan.[1] Ich mag viele der naturbezogenen Arbeiten von Robert Morris – Robert Smithson gehört sicherlich dazu – Michael Heizer natürlich – einige der Arbeiten von James Turrell mag ich sehr, besonders sein Roden Crater Projekt in Arizona. Die Arbeiten der Künstler George Trakas, Richard Fleischner und Alice Aycock im Rahmen der documenta 6 haben mir gut gefallen.

Haben Sie mit einem dieser Künstler schon einmal zusammengearbeitet?

Ja, einige Male schon. Ich arbeitete mit ihnen auf der documenta und im Skulpturenpark der Villa Celle bei Pistoia in Italien. Vielleicht kennen Sie das Projekt in der Toskana. Es ist ein wunderschöner Skulpturengarten im Besitz von Giuliano Gori und beinhaltet sehr viele gute Kunstwerke, darunter sehr schöne Arbeiten von Richard Serra beispielsweise.

Wie kommt ein Künstler, der aus einem anderen Kulturkreis stammt, mit den Verhältnissen in Europa zurecht?

Hier spielt mein jüdisches Erbe natürlich eine wichtige Rolle. Ich bin Teil einer Kultur, die zweitausend Jahre lang in Europa von einem Land zum nächsten Land auf Wanderschaft war. Der Versuch, sich auf die bestmögliche Weise in die Lebensweise eines jeden Landes zu integrieren, gehört zu dieser Kultur ebenso wie die

[1] vgl. S. 34

Flexibilität, sich auf die jeweilige Umgebung einzustellen. Auch meine Familie wanderte lange, bis sie schließlich nach Mitteleuropa kam. Mein Vater wurde in Galizien geboren und kam im Alter von einem Jahr nach Manchester. Die Eltern sprachen bereits Polnisch, Deutsch und Jiddisch, aber seine Muttersprache war Englisch. Er hörte zu Hause alle Sprachen. Vor dem Ersten Weltkrieg, unter der deutsch-österreichischen Monarchie, kam er zurück nach Polen, und mit achtzehn Jahren erreichte er Palästina. Ich fühle, daß in meinem Erbgut diese Information gespeichert ist. Für mich ist es daher vielleicht einfacher, mich in unterschiediche Kulturen hineinzudenken und mich in ihnen heimisch zu fühlen.

Wie kommen Sie mit der deutsch-jüdischen Geschichte zurecht, wenn Sie an einem Ort wie Nürnberg arbeiten?
Ich wollte eigentlich nie in Deutschland arbeiten. Ich weigerte mich, in Deutschland zu arbeiten, bis ich 1977 von Manfred Schneckenburger zur documenta 6 nach Kassel eingeladen wurde. Ich nahm teil und weiß eigentlich nicht, warum – vielleicht war es die Aussicht, in der internationalen Kunstszene zu arbeiten. Dann bekam ich die ersten Aufträge in Deutschland. Es war nicht einfach für mich, denn ich wußte nie, ob man mich einlud, weil ich ein guter Künstler war oder weil ich Jude bin und man sein Gewissen beruhigen wollte. Ist es attraktiv, einen jüdischen Künstler aus Israel in Deutschland arbeiten zu lassen, oder ist man wirklich von meiner Arbeit überzeugt? Diesen Zweifel werde ich mein ganzes Leben lang haben – obwohl ich irgendwie weiß, daß meine Kunst sie überzeugt.
Den Nürnberger Auftrag wollte ich damals gar nicht. Normalerweise nehme ich nicht an Wettbewerben teil, und ich hoffte, daß der Entwurf nicht angenommen würde. Aber ich habe das Projekt bekommen und bin sehr froh, daß ich es realisieren durfte, denn ich denke, daß es ein wichtiges Projekt ist. Niemand forderte mich auf, dort etwas über die Menschenrechte zu tun, denn das war nicht das Thema, sondern jeder Künstler war frei zu entscheiden, was er tun wollte. Es war nicht so, daß mir bei Nürnberg sofort die Menschenrechte eingefallen wären. Zu allererst wollte ich eine formale Lösung für die Straße finden. Erst dann brachte ich die Idee mit den Menschenrechten nach Nürnberg. Trotz meiner Freude über die Realisierung zweifle ich noch immer, ob ich damit nicht doch zur Beruhigung des deutschen Gewissens beigetragen habe. Vielleicht hätte ich es nicht tun sollen. Es ist nicht meine Aufgabe, das Gewissen der Menschen zu erleichtern. Ich werde kein Holocaust-Monument in Deutschland realisieren. Egal welcher Auftrag mir dazu angeboten wird, ich werde ihn nicht annehmen, denn ich denke nicht, daß es meine Aufgabe ist, das zu tun. Ich werde aber immer Zweifel haben, so wie ich immer Zweifel an all meinen Arbeiten haben werde. Nicht nur wegen meiner jüdischen Herkunft. Ich zweifele, ob Cergy-Pontoise gut ist, ob ich das Richtige getan habe, ob ich es nicht auf andere Weise hätte tun sollen.
Es gibt sehr viele Dinge, an denen ich immer zweifeln werde. Ich werde diese Erde mit Zweifeln verlassen, mit Fragen, nicht mit Antworten.

Das Environment *Dorfplatz* in Horgen in der Schweiz entstand 1995 im Rahmen der Umgestaltung eines Bauernhofes zum Kommunikationszentrum. Die eigenwillige Anlage setzt sich formal sehr deutlich vom Charakter des Gehöftes ab. Eine neonbeleuchtete Säule zur Zeitmessung, ein baulich streng gefaßter Wasserlauf und ein kleines Amphitheater aus hellem Beton sind unverwechselbare Elemente des Formenkanons von Dani Karavan.

Dani Karavan

Biographie und Werkverzeichnis
(Auswahl)

Dani Karavan wurde am 7. Dezember 1930 in Tel Aviv geboren.
Er lebt und arbeitet in Tel Aviv und Paris.
Studium der Malerei in Tel Aviv und an der Bezalel-Akademie in Jerusalem.
Kibbuzmitglied bis 1955.

1956–1957	Studium der Frescotechnik an der Accademia delle Belle Arti in Florenz und Zeichenstudium an der Académie de la Grande Chaumière in Paris
1960–1973	Bühnenbilder für mehrere Theater und Tanzgruppen in Israel und Italien sowie für die Martha Graham Dance Company in New York

Auswahl realisierter Projekte im Außenraum:

1962–1964	Wandrelief aus Beton für das Weizmann-Institut der Wissenschaften in Rehovot, Israel
1962–1967	Wandreliefs und Innenhofgestaltung für den Justizpalast in Tel Aviv
1963–1968	„Negev-Monument", Environment aus Beton, Wüstenakazien, Windorgeln, Sonnenlinien und Wasser, Beer Sheba, Israel
1965–1966	Wandrelief aus Stein für den Plenarsaal der Knesset, Jerusalem
1969–1970	Environment aus Stein, Metallkugeln und Olivenbäumen für den Platz vor der Dänischen Schule in Jerusalem
1972	Denkmal für die Opfer des Holocaust, Weizmann-Institut der Wissenschaften, Rehovot, Israel
1976	„Environment für den Frieden", Israelischer Pavillon, 38. Biennale in Venedig
1977	„Environment aus natürlichem Material und Erinnerungen", documenta 6, Kassel
1977–1988	„Kivar Levana", Environment im Wolfsohn-Park, Tel Aviv
1978	„Zwei Environments für den Frieden" und Laserinstallation, Forte di Belvedere, Florenz und Castello dell'Imperatore, Prato
1979–1986	„Ma'alot" Environment vor dem Wallraf-Richartz-Museum/ Museum Ludwig, Köln
1980	Beginn der Arbeit an der „Axe Majeur" von Cergy-Pontoise
1989–1994	„Weg der Menschenrechte" beim Germanischen Nationalmuseum, Nürnberg
1990–1994	„Passagen, Environment zum Gedenken an Walter Benjamin" in Port Bou, Spanien
1994	Stätte der Erinnerung zu Ehren der Gefangenen im Konzentrationslager Gurs, Südfrankreich
1995	„Dorfplatz", Environment für das Fortbildungszentrum der Schweizerischen Kreditanstalt in Horgen, Schweiz
1993–1995	Environment für die UNESCO in Paris

Literaturauswahl

Barzel, Amnon: Art in Israel. Mailand 1988
Bott, Gerhard (Hrsg): Dokumentation. Germanisches Nationalmuseum, Nürnberg, 1989
Duby, Georges: Cergy-Pontoise 1969–1989, „L'Axe Majeur". Paris 1989
Kampf, Avram: From Chagall to Kitaj – Jewish Experience in 20th Century Art. Barbican Art Gallery, London 1990 (Katalog)
Restany, Pierre: Dani Karavan. München 1992
Schneckenburger, Manfred: „Dani Karavan", in: Secrétariat Général des Villes Nouvelles (Hrsg): L'art et la Ville. Urbanisme et Art Contemporain. Genf 1990
Töpper, Barbara: „Dani Karavan und Frédéric Bettermann", in: Wilhelm-Lehmbruck-Museum Duisburg: Bildhauerzeichnungen des Wilhelm-Lehmbruck-Museums Duisburg. Duisburg 1991 (Katalog)

Bildnachweis

Freundlicherweise vom Künstler zur Verfügung gestellt:
Andreas Heym: 83 li.
Constantinos Ignatiadis: 81
Michel Jaouën: 83 re.
Dani Karavan: 72, 74
Kumasegawa: 75 li., 79, 80 li.
Roman Mensing: 84
Gil Percal: 73, 75 re.
Alex Rubinschon: 85
Peter Szmuk: 71, 76/77
außerdem:
Rita Weilacher: 78, 80 re., 82

Mare Nostrum, die Bezeichnung der Römer für das Mittelmeer. „Große Bäume erfüllen *Little Sparta* mit Meeresrauschen." (Ian Hamilton Finlay)

Lyrik in ungebändigter Wildnis – Ian Hamilton Finlay

Als Ian Hamilton Finlay 1966 mit seiner Frau Sue das kleine verfallene Farmhaus von Stonypath nahe den Pentland Hills in den schottischen Lowlands bezog, war das mehr als 1,5 ha große, verwilderte Anwesen umgeben von karger, rauher Moorlandschaft. Geht man heute den holprigen Feldweg hinauf, taucht man, nachdem man drei Gatter überwunden und die Schafweiden hinter sich gelassen hat, in einen üppigen, paradiesisch anmutenden Garten ein, dessen fein abgestimmte Komposition aus Kunstwerken und blühender Gartenpracht den Besucher sofort in ihren Bann zieht. Finlay, geboren 1925 und vor mehr als 30 Jahren bereits als namhafter Vertreter der konkreten Poesie international bekannt, hat in drei Jahrzehnten einen sehr persönlichen, vielfältigen Dichtergarten geschaffen. Dieser hat im Laufe der Zeit und infolge leidenschaftlich geführter Kämpfe gegen die totale Säkularisierung unserer Kultur neoklassizistische Züge angenommen.

Finlays Neoklassizismus ist alles andere als die vordergründig ästhetische Nachahmung klassischen Formenrepertoires, sondern Folge eines Programms zur

„neoklassizistischen Wiederaufrüstung" aus dem Jahr 1978, das er angesichts des gravierenden allgemeinen Werteverfalls unserer Kultur für unumgänglich hielt. Für ihn ist die Rückbesinnung auf die klassische Tradition essentiell wichtig, weil ihr die Überzeugung zugrunde liegt, daß sich der Mensch als kulturelles Wesen nicht der ungebändigten Natur unterwerfen darf. Stonypath wurde damals in *Little Sparta* umbenannt und steht im übertragenen Sinne auch für den Widerstand gegen die modische Oberflächlichkeit weiter Bereiche heutiger Kunst. Finlay lebt diesen Widerstand in überzeugender Ernsthaftigkeit und scheut keine Auseinandersetzung, wenn es darum geht, entgegen der verbreiteten Tendenz zur „political correctness" klar Stellung zu beziehen. Sein hartnäckiger Kampf um *Little Sparta*, den er 1983 gegen die örtliche Finanzbehörde führte, die seinen Gartentempel als kommerziell genutztes Gebäude besteuern wollte, ist Beleg für den unbeugsamen Willen des Künstlers, säkularen Mächten die Stirn zu bieten.

The Garden, Little Sparta

1 Entrance to Front Garden
2 Roman Garden
3 Henry Vaughan Walk
4 Sunk Garden
5 Mare Nostrum
6 Raspberry Camouflage
7 Sundial (Fragments/Fragrance)
8 Julie's Garden
9 'Das grosse Rasenstück'
10 Temple Pool
11 Temple of Philemon and Baucis
12 Lararium
13 Allotment (Epicurean) Garden
14 Pacific Air War Inscribed Stone
15 C. D. Friedrich Pyramid
16 Claudi Bridge
17 Xaipe after J. C. Reinhart
18 Grotto of Aeneas and Dido
19 Hypothetical Gateway to an Academy of Mars
20 Hillside Pantheon
21 'Silver Cloud'
22 Virgil's Spring
23 Upper Pool
24 Middle Pool
25 Apollo and Daphne
26 Nuclear Sail
27 Lochan Eck
28 Hegel Stile
29 Midway Inscription
30 'The Present Order ...'
31 Laugier's Hut
32 Saint-Just's Column
33 O Tannenbaum
34 Tristram's Sail (Sundial)
35 Garden Temple
36 Monument to The First Battle of Little Sparta

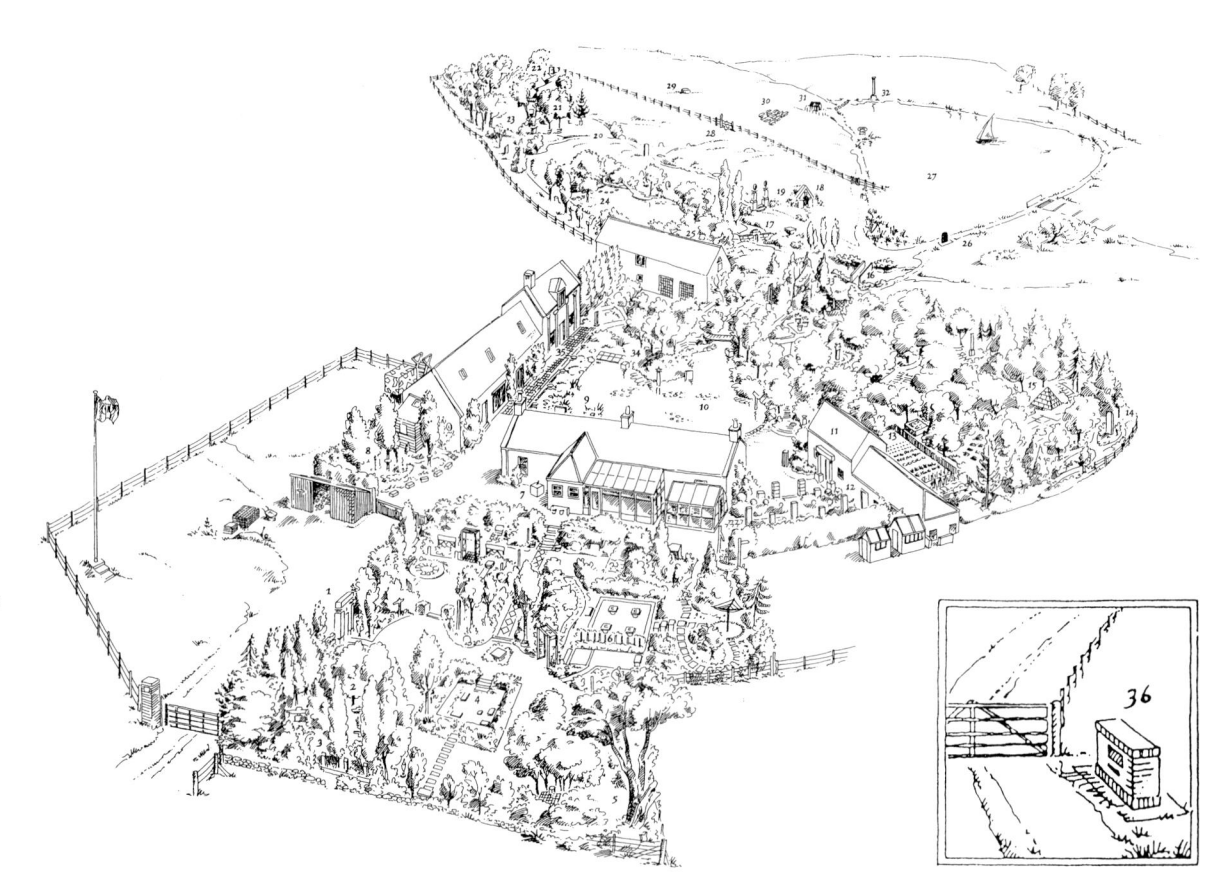

In seiner Kunst schöpft der streitbare Künstler aus dem Repertoire der gesamten europäischen Kulturgeschichte, aber insbesondere aus der Französischen Revolution, die er als perfektes Beispiel für die Dialektik zwischen Kultur und Natur, zwischen Vernunft und Terror betrachtet. Als Dichter legt Ian Hamilton Finlay eine eigene Bedeutungsschicht über die Landschaft, indem er in Stein gehauene Gedichte, Sinnsprüche und Zitate in den gärtnerischen Kontext einfügt, die beim Betrachter metaphorische Assoziations- und Interpretationsakte auslösen können. So ließ er beispielsweise ein Zitat des französischen Revolutionärs Louis-Antoine Saint-Just Wort für Wort vom Bildhauer Nicholas Sloan in einzelne Steinblöcke hauen: *THE PRESENT ORDER IS THE DISORDER OF THE FUTURE SAINT-JUST.* Wer in der Lage wäre, die Steine zu vertauschen, würde die Bedeutungen dieses Zitates ständig verändern können. Im Sinne eines offenen Kunstwerks gibt dieses Spiel dem Betrachter die Gelegenheit, die Perspektive ständig zu verändern, neue Bedeutungen zu erfahren, „Revolution"

Inmitten der kargen schottischen Moor- und Weidelandschaft der Pentland Hills liegt Finlays Garten *Little Sparta* wie eine üppige grüne Insel.

THE PRESENT ORDER IS THE
DISORDER OF THE FUTURE
SAINT-JUST
Ein Zitat des französischen
Revolutionärs Louis-Antoine
Saint-Just (1767–1794), 1983
in Steinfragmente gehauen,
mit Nicholas Sloan.

Plan des Steinmonumentes *The Present Order*. Finlays Anweisung: „Cut around outlines. Arrange words in order."

Ian Hamilton Finlay

zu begreifen. Die konventionellen Standpunkte zeitgenössischen Denkens verlieren plötzlich an Stabilität und müssen womöglich in Zweifel gezogen werden. Finlay hält jedoch nichts von intellektueller Indoktrination und zwingt dem Besucher die Auseinandersetzungen mit seinen Arbeiten nicht auf, sondern eröffnet lediglich die Möglichkeit zur kritischen Reflexion.

Zuweilen trifft man in Finlays Gartenreich auf kriegerische Symbolik, die mit scharfem Witz seine zeitgenössische Interpretation Arkadiens verdeutlicht: Eine kleine Flugzeugträger-Skulptur ruft Erinnerungen an den Zweiten Weltkrieg wach und dient als harmloser Futterplatz für Vögel. Vor der landschaftlich reizvollen Kulisse des Lochan Eck taucht plötzlich das *Nuclear Sail*, die steinerne Nachbildung des Turmes eines reaktorgetriebenen U-Bootes auf und wird zum Symbol ungeheurer Bedrohung unter der Oberfläche. Finlay scheut sich nicht davor, zuweilen auch Symbole der NS-Gewaltherrschaft zu verwenden, und verdeutlicht damit, daß unter der sichtbaren Oberfläche bukolischer Friedlichkeit Arkadiens das Schlachtfeld liegt, auf dem einst nicht nur der Tod, sondern sogar der gewaltsame Tod, der Mord herrschte. Für Finlay geht es um die offene Auseinandersetzung mit den gesellschaftlichen Tabus unserer Zeit. Er zielt mitten in die Problemzonen einer Gesellschaft, in der Verdrängung und Vergessen praktiziert wird, in der die altbewährten Lösungsmechanismen der Aufklärung nicht mehr greifen. Verständlicherweise wird diese Art der offenen Kritik auf Ablehnung stoßen müssen, weil sie das bürgerliche Weltbild zu erschüttern droht. Längst läßt Finlay in aller Welt Arbeiten realisieren, die die unverwechselbaren Merkmale seiner Lyrik aufweisen und die Wahrnehmungsfähigkeit auch in Bezug auf unsere eigene Kulturgeschichte erweitern. Zu den frühen und eindrucksvollsten Projekten außerhalb von *Little Sparta* zählt die Arbeit *Five Columns for the Kröller-Müller*, die 1982 im Skulpturenpark des Kröller-Müller-Museums bei Otterlo in den Niederlanden entstand. Hier versah der Künstler in Zusammenarbeit mit Sue Finlay und dem Bildhauer Nicholas Sloan fünf existierende Bäume mit halbierten Säulenbasen, die die lebenden Bäume scheinbar in neoklassizistische Säulen verwandeln. Jeder Sockel ist mit Namen beschriftet, die für Finlay in enger Beziehung zur Französischen Revolution stehen: *LYCURGUS*, der legendäre Gesetzgeber Spartas; *ROUSSEAU*, der philosophische Wegbereiter der Revolution; *MICHELET*, der Historiker; *ROBESPIERRE*, der Advokat der Revolution; und *COROT*, der begeisterte Landschaftsmaler im neoklassizistischen Stil. *Five Columns for the Kröller-Müller* hat jedoch noch zwei weitere Bedeutungsebenen, auf die Finlay mit einem zweiten und dritten Titel der Arbeit verweist. Der zweite Titel *A Fifth Column for the Kröller-Müller* deutet das Werk als fünfte Säule oder fünfte Kolonne für das Kröller-Müller-Museum, in dem moderne Skulpturen ausgestellt werden, und bezeugt Finlays kritische Haltung zur modernen Bildhauerei und zu modernen Skulpturenparks. Der dritte Titel *Corot – Saint-Just* bringt Finlays Ideal von der unlösbaren Verbindung zwischen künstlerischer Vision und visionärer Politik, von Ästhetik und Ethik zum Ausdruck. Finlays Installation ist also nicht nur Beispiel einer kulturell geprägten Art der Naturaneignung, die die wissenschaftliche, rationale Sicht der Welt relativiert. Der Heilige Hain ist zudem ein zeitgenössisches Monument der Heldenverehrung eines bekennenden Anhängers klassischer Ideale. *Five Columns for the Kröller-Müller* steht mit dem Geist der gartenhistorischen Vorbilder aus Stowe, dem „Temple of British Worthies" von William Kent, in enger Verbindung.

Das *Nuclear Sail*, ein in Stein gehauener Turm eines U-Bootes, wurde 1974 in Zusammenarbeit mit John Andrew angefertigt. Wenige Jahre zuvor war der kleine See *Lochan Eck* aufgestaut worden.

Im *Roman Garden* von Little Sparta taucht zwischen den Hostas das U-Boot NAUTILUS auf.

Five Columns for the Kröller-Müller, oder: *A Fifth Column for the Kröller-Müller*, oder: *Corot – Saint-Just*, Rijksmuseum Kröller-Müller in Otterlo, 1982 mit Sue Finlay, Steine mit Nicholas Sloan. An die Stämme von fünf Bäumen sind klassisch proportionierte, beschriftete Säulenbasen im Halbschnitt gelehnt. Jede Säulenbasis trägt einen Namen, der mit der Französischen Revolution in Verbindung steht: *LYCURGUS*, *ROUSSEAU*, *ROBESPIERRE*, *MICHELET* und *COROT*. „Tree-column-base" nennt Finlay die neoklassizistischen Säulen. Sie stehen als subversive Kritik an moderner Skulptur und modernen Skulpturengärten; daher: *Fifth Column*. Der dritte Titel *Corot – Saint-Just* verdeutlicht Finlays Ideal von der Verbindung zwischen Ästhetik und Ethik.

Auch *Little Sparta* zeugt von den Bezügen zur klassischen Gartenkunst: Wie im Englischen Landschaftsgarten von Stourhead, den Henry Hoare im 18. Jahrhundert nach dem idealen Landschaftsbild von Claude Lorrain und der Dichtung des Vergil schuf, geht es Finlay in *Little Sparta* auch um die Sichtbarmachung von Bildern, die kulturell verankert im Kopf des Betrachters präsent sind und sein Denken und Handeln beeinflussen.

„Was also kann die Gartenkunst allgemein von ihm lernen? Unsere konventionellen Gärten sind sozusagen naiv", stellt der schweizerische Soziologe Lucius Burckhardt fest. „Weil Blumen schön sind, pflanzt man sie massenhaft; weil Teiche und Hügel lieblich sind, läßt man die Bulldozer kommen und verwandelt Ebenen in Minigolf-Topographien. Finlay dagegen lehrt uns ein reflektiertes Gärtnern: Gärtnern muß man von einer Theorie der Landschaft her. […] Bevor man den Spaten überhaupt einsticht, müßte man immer versuchen, sie ohne gärtnerischen Eingriff zu verstehen.

Dieses Verständnis ist nicht spontan und naiv: Unsere Wahrnehmung hat kulturelle Vorprägungen, und sie muß durch Eingriffe auf die richtige Spur gelenkt werden. Das kann auch geschehen durch ein Wort, ein Zeichen; der gärtnerische Eingriff richtet sich gar nicht auf den Garten, sondern auf unseren Kopf."[1]

[1] Burckhardt, Lucius in: Anthos 4/84; S. 7

Ian Hamilton Finlay

IO APOLLO

HIS MVSIC   HIS MISSILES   HIS MVSES

Als ich las, daß Sie 1966 nach Stonypath kamen, fragte ich mich, wie Sie hierher, an diesen relativ abgelegenen Ort gelangten.
Ich lebte damals noch zusammen mit meiner Frau Sue in einem winzigen Haus in Easter Ross, nördlich von Inverness. Wir hatten ein Baby, und dort im Haus gab es kein fließendes Wasser. Damals mußten die Windeln noch gewaschen werden, weil es keine Einwegwindeln wie heute gab. Ohne fließendes Wasser im Haus war das sehr schwierig. Sues Vater besaß das Land hier in dieser Gegend und machte uns das Angebot, hier zu leben. Das Farmhaus war zwar in einem ziemlich ruinösen Zustand, denn es hatte lange Zeit leergestanden, aber es gab fließendes Wasser.

Der Umzug hierher veränderte Ihr Leben offensichtlich grundlegend.
Ja, das kann man wohl sagen. Das Land rings um das Haus war damals noch eine ungebändigte Wildnis, in der Schafe weideten. Man sollte aber aus der jeweiligen Situation immer das Beste machen und die besonderen Möglichkeiten nutzen. Wären wir damals an einen anderen Ort gezogen, hätte ich vielleicht Filme gemacht, Romane geschrieben oder irgend etwas anderes getan. Ich hatte von Gärten überhaupt keine Ahnung. Ich war ahnungsloser und naiver, als Sie sich das wahrscheinlich vorstellen können. Als ich aber mit dem Garten begonnen hatte, packte mich eine Art Vision, deren Herkunft ich nicht kannte. Es war irgend etwas außerhalb meiner Selbst, das plötzlich Besitz von mir ergriff, eine fesselnde Idee. Die Idee, Artefakte in der Landschaft zu plazieren, ergänzte sich mit meinem Interesse an der konkreten Poesie.
Wir waren damals unglaublich arm. Lange Zeit hatte ich nur einen Spaten. Wir sind bis heute durch fehlende finanzielle Mittel sehr stark eingeschränkt. Alles ging sehr langsam voran. In gewisser Hinsicht war das aber sogar vorteilhaft, denn solange ich noch lernte, war es besser, kleine Schritte zu tun. Ich hätte damals nie gedacht, jemals einen Garten zu kreieren, für den die Menschen hierher reisen würden, um ihn zu besichtigen. Ich kann das bis heute noch nicht recht glauben.
Die nächste Etappe begann in den frühen siebziger Jahren, als der Garten bereits langsam Form anzunehmen begann. Damals verbrachte der Architekt Jürgen Brenner vom Architekturbüro Brenner und Partner aus Stuttgart seinen Sommerurlaub in Schottland. Er kannte bereits meine Gedichte, denn er publizierte jährlich eine Art Kunst- und Literaturanthologie und hatte bereits eines meiner Werke darin veröffentlicht. Als er mich besuchte und den Garten sah, erzählte er mir von seiner *Gartenplanung für das Max-Planck-Institut in Stuttgart* und fragte mich, ob ich nicht mitarbeiten wolle. Ich sagte zu und entwarf einige Arbeiten zusammen mit meinem Freund Ron Costley. Die Arbeiten ließ man in Deutschland von einem deutschen Kunsthandwerker anfertigen. Das bedeutete für mich einen großen Schritt nach vorne. Einige Jahre später besuchte mich der Direktor des *Kröller-Müller-Museums in Otterlo* und lud mich ein, eine Arbeit für den Museumsgarten anzufertigen. Dadurch wurde meine Arbeit einem breiteren Publikum bekannt.

Welches waren die ersten Schritte in der Entstehung Ihres Gartens?
Es gab nur einen einzigen Baum in dieser Einöde, aber keinen See oder ähnliches, und ich begann mit einem quadratischen Loch, das ich vor dem Haus grub, der heutige *Sunk Garden*. Ein unregelmäßiges Loch, das ich hinter dem Haus aushob, wurde später der *Temple Pool*. Immer wenn ich wieder einmal Geld hatte, baute ich weiter. Der Garten entwickelte sich an verschiedenen Ecken und in kleinen Partien. Jede kleine Partie enthielt normalerweise ein kleines Kunstwerk, das als eine Art Gottheit dort herrschte oder den Geist des Ortes bestärkte. Das Kunstwerk mochte manchmal sehr klein sein, aber es spielte seine Rolle in der Komposition. Ich verstehe nicht etwa das Artefakt als Werk, sondern das Werk ist der Garten als Komposition.
Ein Garten wurde bis zum Zweiten Weltkrieg immer als Amalgam aus Pflanzen, Bäumen,

Ian Hamilton Finlay

Inschrift beim *Temple Pool*, 1969 mit Bildhauer Maxwell Allan.

Garden Temple und *Temple Pool* in *Little Sparta*. Der *Garden Temple* steht für Finlay in der Tradition des „Musaea" im antiken Griechenland und der Gartentempel in den großen englischen Landschaftsgärten.

Kunst und Architektur verstanden. Das Problem ist, daß sich heute alles voneinander abgespalten hat. So kennt man heute solch merkwürdige Phänomene wie den Skulpturenpark, den schicken Pflanzengarten, den botanischen Garten oder eine Art neo-impressionistischen Garten mit vielen bunten Blumen. Dies sind aber alles keine befriedigenden Kompositionen. Das entscheidende Merkmal der traditionellen Gärten war meines Erachtens die Existenz verschiedenartigster Elemente. Natürlich muß man die Elemente nicht immer auf die gleiche Weise komponieren. Selbst wenn man die traditionellen Elemente der Gartenkunst verwendet, muß man nicht immer den gleichen Garten kreieren. Die Sprache im Garten ist sehr variabel.

Haben Sie sich im Laufe Ihrer Arbeit intensiver mit historischer Gartenkunst befaßt?
Es war mir nie möglich, die berühmten historischen Gärten zu besichtigen, aber ich versuchte damals, aus den wenigen existierenden Gartenbüchern zu lernen. Ich kam aber noch in anderer Weise mit Gärten in Berührung. Mein Vater stammte aus der Umgebung von Edinburgh, und mein Großvater war Förster oder Sägewerker oder so auf dem Gut von Hopetoun House, einem sehr bekannten klassizistischen Gebäude mit großen neoklassizistischen Gärten. Mein Onkel arbeitete als Nachtwächter im Haus, und ich verbrachte manchmal einige Zeit dort, wenn ich meine Tante besuchte. Ich vermute, daß ich dort einige Eindrücke gesammelt habe. Die Idee des neoklassizistischen Gartens verstand ich jedenfalls immer recht leicht. Sie schien irgendwie in mir zu sein.
Als ich damit begann, die Inschriften und die Kunstwerke im Garten zu installieren, hatte ich große Schwierigkeiten damit, denn ich wußte einfach nicht, wie man das macht. Ich verbrachte traurige Nachmittage damit, im Branchenfernsprechbuch zu blättern, weil ich hoffte, jemanden zu finden, der sich damit auskennt. Ich konnte nie jemanden finden. Als ich mit Lettercutters arbeitete, dachte ich, die würden sich auskennen, aber die wußten nur, wie man einen Grabstein für einen Kunden anfertigt, doch darüber hinaus hatten sie kein Interesse an ihrer Arbeit. Mir blieb das verwirrende Gefühl, daß es Regeln geben müsse oder jemanden, der mich anleiten müßte. Manchmal konnte ich im wahrsten Sinne des Wortes vor Sorgen nicht mehr schlafen, und so ging ich manchmal um drei Uhr in der Frühe im Morgenrock in den Garten und suchte verzweifelt nach der richtigen Lösung.

Stück für Stück lernte ich aus eigener Kraft ein wenig, wie man es macht, und gelangte schließlich an die quälende Frage, wie man Sprache in die Natur bringt. Ich begann zunächst mit Sonnenuhren, denn jeder akzeptiert, daß auf Sonnenuhren Worte sind. Man konnte Worte auch an Bänken anbringen, weil die Leute häufig Bänke für Parks stiften und Namensschilder anbringen lassen. Stück für Stück entwickelte ich eine Art Sprache. Auch die Plakette am Baum entdeckte ich als Möglichkeit. Schließlich kam die „tree-column-base" dazu, also die halbierte Säulenbasis, die um den Wurzelansatz des Baumes plaziert wird. Ich weiß nicht, ob es ein historisches Vorbild dieser Idee gibt, aber ich rechne immer damit, daß ich eines Tages ein Buch über die römische Gartenkunst lese und herausfinde, daß es das schon einmal gegeben hat. Es scheint mir so naheliegend. Wenn man einmal etwas entdeckt hat, kann man die Idee weiterentwickeln. Es kommt wirklich nur darauf an, eine Sprache aufzubauen.

Vergleicht man Ihren Garten mit den klassischen Landschaftsparks, dann fallen bestimmte Parallelen auf. Bereits im achtzehnten Jahrhundert gab es im Garten kein Kunstwerk, keine Skulptur, die nicht zugleich auf das politische Programm des Besitzers, sein Weltbild hingewiesen hätte.
Ja, ganz genau. Es ging um ein sehr bestimmtes politisches Programm. Gerade im Hinblick

Eine der vielen Sonnenuhren mit Inschrift in *Little Sparta*. Für Finlay gelten Sonnenuhren als gelungene Verbindung aus Philosophie, Poetik und Handwerkskunst.

Ian Hamilton Finlay

auf die englischen Landschaftsgärten dürfen wir nicht vergessen, daß viele der damaligen Gartengestalter Ausgestoßene waren und deshalb ihre Gärten schufen. Einige hatte man beispielsweise aus dem Parlament geworfen, sie waren entehrt worden oder waren gegen die Regierung. Der Garten hatte nicht gerade einen revolutionären, aber durchaus einen oppositionellen Charakter. Der Garten war also sicherlich im politischen Sinn kein Echo der etablierten Kultur, aber er war es im ästhetischen Sinn. Das macht es uns heute vielleicht so schwer. Moderne Kunst paßt nicht besonders gut in einen Garten, weil Hard Edge Kunst nicht gut in den Garten paßt. Ich weiß, daß man beispielsweise im Kröller-Müller-Museum sehr viel Geld dafür ausgeben muß, die Skulpturen jeden Winter zu restaurieren. In Stowe oder anderen Landschaftsgärten hat man dieses Problem nicht so sehr, denn die Arbeiten sind so beschaffen, daß sie den Alterungsprozeß ertragen.

Die Krise unserer Zeit ist die Säkularisierung, in der alles auf eine banale Ebene reduziert wird. Das ist natürlich auch mit dem Garten passiert und hat zur geschilderten Aufspaltung der Bestandteile geführt. Skulpturenparks sind meist schlecht komponiert und werden von Leuten geleitet, die mit Museen zu tun haben und nicht verstehen, daß es einen Unterschied zwischen dem Innen- und dem Außenraum gibt. Die Werke werden auf den Boden und nicht in die Landschaft gestellt. Dieser Grad an Ignoranz überrascht mich immer wieder aufs neue. Gleichzeitig nimmt unser Zeitalter für sich in Anspruch, besonders auf die Umwelt zu achten. Ich glaube, es gab nie zuvor ein Zeitalter, das die Umwelt schlechter verstand als unseres.

Elegische Inschrift am *Upper Pool* von 1975 mit John Andrew. „See" Poussin verweist auf die wohldurchdachten Architektur- und Naturformen in Nicolas Poussins Malerei, während „Hear" Lorrain die charakteristischen lyrischen Momente in Claude Lorrains klassischer Landschaftsmalerei betont.

Wie in Albrecht Dürers „Adam und Eva" trifft man im *Woodland Garden* auf eine Plakette im Geäst mit den Initialen AD. 1980, mit Bildhauer Nicholas Sloan.

Ian Hamilton Finlay

Wenn ich mir anschaue, wie Sie inmitten dieser anfangs öden Kulturlandschaft Ihren Garten realisiert haben, gewinne ich den Eindruck, daß es sich dabei um eine idealisierte Gegenwelt handelt.

Meine Absicht war es, etwas Harmonisches, etwas Ernstgemeintes zu schaffen, das natürlich seinen Witz haben sollte, aber mir fällt auf, daß Klassizismus für die Leute ein Problem ist. Für mich ist das gar kein Problem. Wenn die Leute beispielsweise von der Französischen Revolution sprechen, dann reden sie darüber, als ob das überhaupt nichts mit ihnen zu tun hätte, nicht nur in zeitlicher Hinsicht. Ich empfinde das ganz anders. Auch wenn ich die Vorsokratiker, zum Beispiel Heraklit oder Parmenides lese, ist es nicht in meinem Bewußtsein, daß diese Dinge vor fast zweitausend Jahren geschrieben wurden. Für mich ist das sehr lebendig und gegenwärtig, während die meisten Menschen es als weit weg und absolut andersartig empfinden.

Ähnlich ergeht es mir mit der Frage nach der Kunst. Ich weiß nicht, ob das heute noch so ist, aber in Schottland machten sich die Künstler viele Gedanken um ihr Künstlertum. Sie fragten sich immer, was Kunst sei. Ich hatte diese Sorgen nie. Mir war von Anfang an klar, was Kunst ist: etwas sehr Mächtiges, etwas Reales, etwas Kraftvolles und Natürliches für den Menschen. Wenn man etwas nicht als Problem empfindet, ist es schwer, es zu erklären.

Wissen Sie, vor zehn oder fünfzehn Jahren war ich besessen von der Idee, gegen die totale Säkularisierung unserer Kultur kämpfen zu müssen. Ich verstand mein Leben als eine Serie von Gefechten. Jetzt ist die Säkularisierung in allen Lebensbereichen erreicht. Damals war das noch nicht so, man konnte das Problem isolieren und darüber sprechen. Weil es heute überall ist, sehe ich die Dinge ganz anders. Irgendwie kann man heute nichts mehr dagegen tun, während es damals noch möglich schien. Mein Kampf mit der Strathclyde Region entwickelte sich aus diesem Problembewußtsein. In diesem Monat muß ich vor Gericht, aber ich wünschte, sie hätten mich vor zehn Jahren vor Gericht gestellt. Damals war das alles noch relevant für mich, aber heute ist es vorbei. Ich habe den Eindruck, diesen Kampf gewonnen zu haben, aber sie gaben es nicht zu. Es gibt nichts Mühseligeres, als einen Kampf zweimal zu führen. Man kann nur Kämpfe führen und gewinnen, die einem wirklich wichtig sind.

Welches sind für Sie die wesentlichen aktuellen Probleme?

Das eigentliche Problem besteht für mich in der Erkenntnis, daß man über die tatsächlichen Probleme unserer Zeit nicht sprechen kann. Könnte man über die aktuellen Probleme sprechen, würde man verurteilt werden, aber unsere Zeit hat gar kein Vokabular, um über ihre eigenen Probleme zu sprechen. „Political correctness" ist ein Vokabular unserer Zeit, das das wahre Vokabular, mit dem man über die eigene Zeit sprechen könnte, gewaltsam an sich gerissen hat. Political correctness ist wie ein Ersatz oder eine Säkularisierung der Moral, in gewisser Hinsicht sogar das Ende der Moral. Über unsere Zeit wird man wahrscheinlich erst in zwanzig, dreißig oder vierzig Jahren richtig sprechen.

Ich bin mir sicher, daß man dann – ich kann es nur so klischeehaft ausdrücken – über die allgemeine Trivialisierung, die Banalisierung, die Säkularisierung sprechen wird. Unsere Kultur, unsere Gesellschaft hat die Pietät vollkommen abgelegt. Nicht nur das Verhalten, sondern sogar das Konzept der Pietät an sich.

Welches sind demnach die wichtigsten Zutaten Ihres Gartens?

Feingefühl, Takt und ein Gespür für Komposition. Über diese Dinge wird leider nie gesprochen, weil man nur schwer über Harmonie als Inhalt schreiben kann. Man kann zwar sagen, daß etwas harmonisch ist, aber was kann man noch sagen? Harmonie mag das allerwichtigste sein, aber es ist einfacher, über scheinbar problematische Dinge zu schreiben. Da finden sich schnell genügend Worte.

Es wurde vorhin bereits über Natur gesprochen. Welche Bedeutung hat der Naturbegriff für Sie?

Für mich ist die Natur zum einen das Reich des Tragischen, der Zerstörung und zum anderen das, was Rousseau darunter verstand. Es ist auffällig, daß Rousseau den Begriff Natur nie definierte, sondern ihn nur als Gegenteil des Artifiziellen nutzte. Er stellte damit das Artifizielle bloß, er verurteilte es, wie man gut und böse gegeneinander setzt. Mir geht es ähnlich. Ich kann Natur wie Rousseau verwenden oder als Rohmaterial einer idealen Landschaft betrachten. Normalerweise stelle ich der Natur die Kultur gegenüber. Es gibt natürlich eine Menge Natur in meinem Garten, wenn man so will. Im Unterschied zur herkömmlichen Verwendung ist für mich die Natur aber nicht der ultimative Ausdruck des Guten.

Es gibt viele neue Baumpflanzungen von eigenwilliger Heterogenität in Ihrem Garten. Welches Konzept steckt dahinter?

Das Grundkonzept meines Gartens basiert auf der Vorstellung vom Hain, der für mich eine Art platonische Form ist. Der Garten ist außerdem so organisiert, daß man zunächst den vorderen Garten und dann den Waldgarten durchquert, bevor man schließlich sehr abrupt in die offene Landschaft geht. Das ist ein sehr bedeutender Effekt, der mir durchaus bewußt ist, aber ich erzwinge dieses Erlebnis nicht. Ich nutze es, denn die Umgebung ist vorhanden.

Der Hain ist für mich das Grundelement des Gartens, denn er bietet einem viele gestalterische Möglichkeiten. Die Bäume sind ganz klar Natur, aber der Hain ist keine Natur, sondern Kultur. Der Hain hat eine lange Kulturgeschichte. Ich finde das so traurig an den städtischen Gärten, daß sie nie einen Hain beinhalten. Ein Hain findet im kleinsten Garten Platz, und er macht den Leuten große Freude. Der Hain hat etwas sehr Wunderbares an sich, vielleicht dieses platonische Konzept. So wird in meinem Garten die Natur zum Bestandteil der Kunst und darf sich zugleich als Natur entfalten, aber nur unter der Voraussetzung, daß es der Kunst zuträglich ist.

Bemooste Trittsteine und blühender Wasserhahnenfuß im *Middle Pool*. Einer der ersten Steine trägt eine Inschrift, die einer Definition aus einem Lexikon gleicht: *RIPPLE, n. A FOLD, A FLUTING OF THE LIQUID ELEMENT.*

Ian Hamilton Finlay

RIPPLE, n. A
    A FLUTING OF
    LIQUID ELEMENT

Könnten Sie sich Ihre künstlerischen Installationen auch inmitten unberührter Natur vorstellen? Man könnte sich denken, daß dadurch Naturlandschaft zur Kulturlandschaft würde.
Ja, richtig. Bringt man beispielsweise eine steinerne Plakette an einem Baum an, wird man sich sowohl des Steines in seiner Form und in seiner Gestaltung als auch der Rinde, der Blätter, des gesamten Baumes sehr bewußt. Die Dinge definieren sich gegenseitig, und in diesem Augenblick handelt es sich nicht mehr einfach nur um Natur.

Da es in Mitteleuropa nahezu keine unberührte Natur mehr gibt, sondern überwiegend Kulturlandschaft, ist es schwierig, sich über die präzisen Unterschiede klar zu werden.
Julies Garten aus der „Nouvelle Héloise" von Rousseau ist ein berühmtes Beispiel für diese Verwirrung. War dieser Garten Natur, oder keine Natur? Er sah sicher wie Natur aus, aber es war keine, weil der Garten so gestaltet worden war, daß er wie Natur aussieht. Das sollte das große Vorbild für europäische Landschaftsarchitekten sein. Heute sieht man immer häufiger sogenannte Kunst, die so aussieht, als ob nie ein Mensch Hand angelegt hätte, und das scheint mir völliger Nonsens zu sein. Es ist der komplette Verzicht auf Kultur zugunsten der Natur.

On the Path of Language, Little Sparta 1990; mit Bildhauer Keith Bailey.

Lucius Burckhardt bezeichnet Ihren Garten gerne als grammatikalischen Kontext der One-Word Poems.
Nach meiner Definition besteht ein One-Word Poem immer aus einem Titel, der jede beliebige Länge haben kann, und einem Wort. Es ist nicht nur ein Wort. Man kann kein Gedicht nur aus einem Wort machen, denn um ein Gedicht zu sein, muß es einen Bezug geben. Ich kann mir zwar vorstellen, einmal ein One-Word Poem im Garten zu installieren, aber ich habe es bislang nie getan. Da gibt es auch nichts zu interpretieren. Anstatt des Titels könnte man natürlich Kiefern oder ähnliches verwenden. Ich kann mir das schon vorstellen, aber das Wort braucht die Beziehung, und die Kultur muß den Bezugspunkt bilden.

Die Kunstwerke in Ihrem Garten erregen Aufmerksamkeit, und besonders die Sprache, das Wort spricht den Betrachter sofort direkt an.
Die Menschen denken aber immer, daß das Artefakt das Werk sei, aber das stimmt nicht: Das Werk ist das Artefakt im Kontext. Das Werk ist eine Komposition und kein isoliertes Objekt, sondern ein Objekt mit Bäumen, Blumen, Pflanzen, Wasser und so weiter. Das sollte klar sein, aber jeder richtet seine Kamera immer nur direkt auf das Kunstwerk. Mich erinnert das immer an Mondrian, den man einmal nach den rechten Winkeln in seinen Arbeiten fragte. Er antwortete: „Rechte Winkel? Ich sehe keine rechten Winkel!"

Wenn man liest, wie sich Ihr Garten im Laufe der vergangenen Jahrzehnte veränderte, hat man den Eindruck, daß der Streit mit Strathclyde Region, der etwa 1970 begann, eine ganz entscheidende Wende war. Damals wurde beispielsweise Stonypath in *Little Sparta* umbenannt.
Ja, denn als ich begann, Arbeiten außerhalb des Gartens zu realisieren, wurde mir klar, daß jede Arbeit mit einem Kampf um qualifizierte Ausarbeitung verbunden war. Jeder dachte nur in Kategorien von Zeit und Geld. Ich war erschüttert, daß sich niemand um Qualität Gedanken machte. Mich machte es fast verrückt, daß die Dinge nie richtig umgesetzt wurden. In diesem Augenblick glaubte ich an die Notwendigkeit einer Revolution, um die Menschen zum Nachdenken zu bringen.
Ich dachte darüber nach, welche Revolutionen es bereits gegeben hatte, und besaß zufällig die Geschichte der Französischen Revolution von Thomas Carlyle. Mit der Zeit faszinierte mich dieses Ereignis so sehr, daß ich immer mehr Bücher über die Französische Revolution las. Ich entdeckte, daß Saint-Just sehr kongenial zu mir war, denn es gab keine Kluft zwischen seinem Denken und seinem Handeln. Er sprach und handelte wie eine Axt. Auch Robespierre fand ich kongenial. Er mußte damals vernichtet werden, weil er der Überzeugung war, daß Demokratie nicht ohne Geistigkeit, nicht ohne Pietät existieren könne. Mir wurde das globale Problem bewußt, daß die Intellektuellen, die die Dinge durchschauen, keine Ahnung von der Verwirklichung ihrer Ideen hatten. Man konnte sich also in keiner Weise auf sie verlassen.
Ein Beispiel dieser Unzuverlässigkeit erlebte ich, als ein Londoner Verlag die dritte Auflage meiner Gedichtsammlung herausgeben wollte. Nach der Unterzeichnung des Vertrages erklärte mir der Verleger, daß er das Buch als Erstauflage auf den Markt bringen würde. Ich gab ihm zu verstehen, daß es sich eindeutig um eine dritte und nicht um eine erste Auflage handelte. Er lachte bloß über diesen Einwand und erklärte mir, daß er damit mehr Gewinn machen könne. Acht Jahre lang kämpfte ich mit allen Mitteln darum, daß dieser Betrug geahndet wurde. Das hat man mir nie vergeben. Ich hatte etwas Schreckliches getan, von dem keiner so recht wußte, was es war, aber es war schrecklich. Zur gleichen Zeit wurde mir bewußt, daß mein Garten und meine Arbeit irgendwie in tiefem Widerspruch zur vorherrschen Kultur stehen. Zu jener Zeit habe ich einen der Ställe zur

Ian Hamilton Finlay

Ian Hamilton Finlay: *Apollo in George Street*, Zeichnung von Ian Appleton für die Ausstellung *The Third Reich Revisited*, 1982.

Galerie umgebaut, weil ich den Besuchern einige Arbeiten zeigen wollte, die ich weder im Haus noch im Freien präsentieren konnte. Mir wurde jedoch klar, daß das Wort Galerie heute nur noch mit Profit und Touristenattraktion in Verbindung gebracht wird. Ich nannte das Gebäude darum Gartentempel und veränderte seinen Charakter, so daß die Arbeiten nicht mehr nur im Gebäude aufbewahrt wurden, sondern einen Ort definierten, was etwas ganz anderes ist. Ich wandte mich also an die Region mit der Bitte, die Bezeichnung in der Registratur entsprechend zu ändern. Man sagte mir, daß das unmöglich sei, weil es den Begriff Gartentempel im Computer nicht gäbe. Ich hielt diese Begründung für lächerlich. In jeder Geschichte der westlichen Gartenkunst kennt man den Gartentempel, und dieser Begriff steht nicht etwa in Anführungszeichen. Wenn man die Feste und Manifestationen, die David für Robespierre veranstaltete, als religiöse Zeremonien betrachtet, was allgemein anerkannt wird, dann kann man mein Gebäude auch als religiöses Bauwerk verstehen. Ich teilte der Region of Strathclyde darum mit, daß das Gebäude von der Besteuerung ausgenommen sei, weil das Gesetz bestimmt, daß völlig oder teilweise religiös genutzte Gebäude, die von einer öffentlichen Einrichtung betreut werden, nicht besteuert werden. Die öffentliche Einrichtung ist entweder die revolutionäre neoklassizistische Tradition als solche, oder es sind die Saint-Just Vigilanten, eine teilweise reale, teilweise mythische Organisation, die mein Wirken unterstützt. Diese Stellungnahme verursachte natürlich Bestürzung, aber mir war die Sache sehr ernst, weil ich zeigen wollte, daß das gesamte Konzept der Pietät aus der Kultur verschwunden war. Ich behauptete also meinen Standpunkt, und man bedrohte mich. Man kam hierher, um meine Arbeiten zu pfänden und so weiter. Die Kunstkritiker schrieben über all das nicht. Niemand schilderte die Ereignisse bewußt im Hinblick auf ihre tiefere Bedeutung, die es zu beleuchten und zu verstehen galt.

Der Konflikt mit Strathclyde Region ist also kein Einzelereignis, sondern steht für den Konflikt mit dem Wesen der Zeit.
Richtig. Deshalb veränderte ich den Charakter des Gartens und der Gebäude, um ausdrücklich Stellung zu beziehen. Die heroischen Embleme tauchten auf, und den Namen *Little Sparta* wählte ich als Gegensatz zum „Athen des Nordens", wie Edinburgh manchmal genannt wird. Wie mein Tempel für die Strathclyde Region nicht tolerierbar war, war Robespierres Pietät für seine Zeitgenossen nicht tolerierbar. Das war der Grund für sein Scheitern. Darin sind wir uns ähnlich. Ich denke, wir können uns selbst durch die Französische Revolution besser verstehen. Die Revolution war ein Art reale Dramatisierung von Idealen und Problemen. Das ist alles sehr lebendig und nicht akademisch für mich.

Sie nutzen häufig die Symbolik der Französischen Revolution, um Kultur zu repräsentieren, und manchmal die Nazisymbolik, um Natur zu repräsentieren.
Ja, aber das hat nichts Obskures an sich. Der Tod, der von einem alten Mann mit einer Sense repräsentiert wird, hat für uns völlig an Bedeutung verloren. Deshalb arbeite ich mit dem SS-Blitz, denn der hat eine Bedeutung für uns, aber offensichtlich mehr Bedeutung als tolerierbar. Ich werde mich aber weder von der political correctness noch von modischen Trends einschränken lassen. Jedes Zeitalter glaubt von sich, unglaublich emanzipiert zu sein. Jedes Zeitalter kennt die Tabus der Geschichte, aber nicht die eigenen. In unserem Zeitalter wird die Existenz von Macht in jeglicher Form als Tabu betrachtet. Da Macht aber ein universelles Prinzip ist, läßt sich Macht nicht dadurch beseitigen, daß man einfach nicht mehr darüber spricht. Ebensowenig können wir das Erhabene abschaffen, indem wir nicht mehr darüber sprechen.
Ich habe früher viele Modelle gebaut, und wenn ich auf das Leitwerk eines Modellfliegers ein Hakenkreuz aufmalte, hat das niemanden besonders gestört. Nur in der Welt der Intellektuellen sind diese Zeichen geächtet. Diese Zeichen haben aber einen aktuellen Inhalt. Deswegen habe ich beispielsweise auch Apollos Pfeil und Bogen durch eine Maschinenpistole ersetzt. Pfeil und Bogen waren für die Griechen sehr ernste Waffen, und diese Attribute wurden Apollo nicht zum Spaß oder zur Dekoration zugeordnet. Apollo stand für den Geist, die Seele und so weiter, symbolisiert durch die Lyra. Er stand aber auch für jene anderen Dinge, die wir in unserer Welt aber nicht haben wollen. Wir wollen nicht sehen, daß sie existieren, und wir wissen nicht, wie man damit umgeht. Mein ganzes Leben lang war ich mir bis zu einem gewissen Maß der Tabus bewußt und ließ mich nie davon dirigieren.

OSSO, drei Marmorfragmente, beschriftet in Zusammenarbeit mit Bildhauer Nicholas Sloan. Die Arbeit wurde 1987 im ARC, Museé d'Art Moderne de la Ville de Paris, ausgestellt und löste eine diffamierende Pressekampagne gegen Finlay aus.

Das ist ein riskanter Weg. Mit der Arbeit *Osso*, die 1987 in Paris ausgestellt wurde, entzündete sich ein sehr heftiger Konflikt, der letztendlich sogar dazu führte, daß Sie Ihren Gartenentwurf zum Gedenken an das zweihundertjährige Jubiläum der Französischen Revolution in Paris nicht realisieren konnten.

Ich hatte es damals mit einem großzügigen Ausstellungsraum zu tun, der für mich sehr schwer zu besetzen war, also baute ich eine Sequenz, die mit großen neuplatonischen Würfeln endete und mit *Osso* begann. *Osso* symbolisierte die ungebändigte Natur, bezogen auf die neoplatonische Philosophie. *Osso*, das italienische Wort für Knochen, besteht aus drei Marmorfragmenten, wovon das mittlere das SS trägt. *Osso* ist also ein zerbrochener Knochen. Für mich ist SS pure Natur, ungebändigt durch Kultur, während die Würfel die höchste Kulturstufe repräsentieren. Der Katalog erklärte sehr ausführlich diese Sequenz in der Ausstellung, aber man sprach nur über dieses eine Wort. Die Arbeit wurde 1988 noch einmal in der Tate Gallery Liverpool ausgestellt, und nicht ein einziger beklagte sich über mein Werk oder stellte irgendwelche Fragen. Das *Osso*, das all die Probleme verursachte, existierte gar nicht, sondern wurde erfunden. Erst behauptete man, die Arbeit würde nur aus dem SS-Zeichen bestehen. Später, als die Ausstellung in der Tate Gallery problemlos verlief, hieß es, es gäbe zwei *Ossos*: eines in Frankreich und eines in Schottland, aber im Tate-Katalog ist das Foto von *Osso* in Frankreich. Warum also dieser ganze Aufstand? Die gleichen Leute beschreiben meinen Garten, als ob er voller Hakenkreuze sei, und bezichtigen mich sogar des Antisemitismus, um mich und meine Arbeit zu vernichten.

Es ist alles eine Frage bestimmter Tabus und beruht auf sehr primitiven Mechanismen. Wenn etwas Tabu ist, wird es von den Intellektuellen nicht als Teil der Kunst begriffen. Die Bedeutung liegt für sie nur im Sichtbaren. Für manche Menschen ist eine nackte Figur immer etwas Pornographisches. Botticellis Venus ist nackt, also pornographisch. Was mich daran fasziniert, ist, daß ganz normale Menschen im Unterschied zu den Intellektuellen mit dem Tabu keinerlei Schwierigkeiten haben. Wie kommt das? Jedenfalls wußte die Mehrheit der Leute, die mich beschuldigten, ganz genau, daß die Vorwürfe reine Erfindung waren.

In Ihrem Garten wird man mit einer überwältigenden Vielfalt philosophischer Gedanken und kulturhistorischer Andeutungen konfrontiert. Machen Sie es den Menschen nicht vielleicht ein wenig zu schwer, die Dinge zu begreifen?

Nein, überhaupt nicht. Nur die Intellektuellen haben damit Schwierigkeiten. Viele ganz normale Leute besuchen meinen Garten, weil er im „Good Garden Guide" verzeichnet ist. Die Leute haben nie Schwierigkeiten, denn was sie nicht verstehen, lassen sie einfach auf sich beruhen. Menschen besichtigen Gärten in der Erwartung, erfreut zu werden. Bei einem Ausstellungsbesuch ist das anders. Sie haben also keine Probleme mit dem Garten. Wenn sie etwas Lateinisches nicht lesen können, ignorieren sie es meistens einfach. Ich bin immer überrascht, wie erfreut die meisten Besucher über meinen Garten sind. Sehr oft verlassen sie mich mit der Bemerkung, daß sie ihren eigenen Garten völlig verändern werden. Das bedeutet natürlich nicht, daß sie ab jetzt Inschriften im Garten installieren werden, sondern sie werden ihn anders organisieren.

Die Sprache meines Gartens befindet sich auf einer sehr demokratischen Stufe, die außerordentlich zugänglich ist. Die *Grotte von Äneas und Dido* ist beispielsweise sehr einfach zu verstehen. Die beiden verliebten sich ineinander. Dido war eine große Königin und veranstaltete eine Jagd in den Bergen, als ein fürchterliches Gewitter losbrach. Beide suchten Schutz in einer Höhle und liebten sich dort zum ersten Mal. Das ist alles sehr einfach zu erklären, aber wenn Sie mit einem soliden Würfel konfrontiert werden, was erzählen Sie da?

Es klingt paradox, aber je elitärer etwas ist, desto demokratischer ist es. Na gut, manche Leute sehen im Garten die rote Figur, die die grüne Figur verfolgt, und denken, es handle sich um Pan. Ich erkläre den Leuten, daß es sich statt dessen um Apollo handelt, der Daphne verfolgt. Die wunderschöne Nymphe bittet ihren Vater, den Flußgott, ihr bei der Flucht zu helfen, und wird in einen Baum verwandelt. Das ist sehr einfach zu erklären, aber in meinem Werk wird Apollo sehr oft mit Saint-Just verknüpft. Also ist auch in diesem Fall nicht nur Apollo gemeint, sondern Saint-Just, der das Ideal einer tugendhaften Republik verfolgt, aber mit zu viel Strenge, mit zu viel Verlangen. So geht das Ideal der Republik verloren und wird wieder Natur. Es ist einfach, sehr einfach.

Sie realisieren viele Projekte in aller Welt, aber man betrachtet *Little Sparta* als Ihr Hauptwerk. Ich weiß, sie mögen es nicht besonders, wenn man das tut.

Nein, das paßt mir nicht. Ich messe jedem meiner Werke gleichermaßen viel Bedeutung zu, aber es gibt natürlich keinen anderen Ort, wo so viele Arbeiten von mir zu sehen sind wie hier. Die Menschen versuchen immer, mich zu kategorisieren, damit sie sagen können: „Das ist der Typ mit dem Garten." Das ist es dann meistens, und keiner denkt an all die anderen Werke. Ich würde es hassen, wenn man mich zu jenen fanatischen Leuten zählen würde, die auf naive Weise den eigenen Garten zum Abbild ihres ganzen Lebens machen. Ich möchte nicht, daß man so über mich denkt. Ich würde natürlich meinem Garten immer noch gerne etwas hinzufügen, wenn ich das Geld dafür auftreiben kann.

Wie finanzieren Sie Ihren Garten?

Durch die Arbeiten, die ich an anderen Orten realisiere, aber ich habe immer große Schwierigkeiten mit dem Geld. Es kostet viel Geld, den Garten zu betreiben. Ich bedauere, daß ich keine Hilfe von außen bekomme.

Der Garten ist dichter mit Kunstwerken bestückt, als ich es mir vorgestellt habe. Wieviel verträgt der Garten noch?

Es gibt noch ein großes freies Feld da draußen, das erst entwickelt werden muß. Ich werde mein ganzes Leben noch damit zu schaffen haben. Ich denke, man kann eine große Dichte

Die Äneas-und-Dido-Grotte in Little Sparta.

APOLLON TERRORISTE, 1988 mit Alexander Stoddart. In *Little Sparta* wird Apollo oft mit dem französischen Revolutionär Saint-Just gleichgesetzt.

IHR HOLDEN SCHWÄNE TUNKT IHR DAS HAUPT, aus Friedrich Hölderlins „Hälfte des Lebens". Eine von neun permanenten Arbeiten für die Landesgartenschau im Schloßpark Grevenbroich 1995, in Zusammenarbeit mit Pia Maria Simig und Horst Ottenstein.

erreichen, wenn man taktvoll vorgeht. In den großen englischen Gärten gab es natürlich eine Menge rhetorischer Räume, freie Räume zwischen den einzelnen Werken, die es bei mir nicht gibt. Wenn man die Bepflanzung aber klug durchführt, wird man eine überraschende Komplexität erreichen.

Ihre Arbeiten werden oft in Kombination mit den Arbeiten anderer Künstler gezeigt. Gibt es Künstler, die kongeniale oder gar kompatible Ansätze verfolgen?
Generell mag ich die aktuelle Kunst im öffentlichen Raum nicht besonders. Sie kennen sicherlich das Buch „Land Art and Beyond" von John Beardsley. Viele Arbeiten in diesem Buch sind wirklich jämmerlich, weil sie keinen Sinn für Gestaltung erkennen lassen. Auch der Sinn für die Maßstäblichkeit fehlt. Sie sind einfach nur gigantisch, ohne Inspiration.

Sie fühlen sich also im Kontext von Land Art unwohl?
Meine Arbeit hat überhaupt nichts mit Land Art zu tun. Die Arbeiten von Richard Long finde ich

Vielleicht ist man heute bemüht, das Leben mit all seinen Brüchen und Widersprüchen als charakteristische, manchmal spannende Merkmale zu akzeptieren?
Dahinter steckt doch die Auffassung, daß Harmonie keinen Gehalt habe, aber Harmonie ist doch Gehalt.

Leben nicht auch viele Ihrer Kunstwerke vom Bruch, von der Disharmonie zwischen Form und Inhalt, oder zwischen Werk und Kontext? Ich denke beispielsweise an das Kriegsschiff, das man im Blumenbeet nicht erwarten würde.
Für Sie ist das vielleicht ungewöhnlich, aber normale Leute empfinden das nicht so, glauben Sie mir. Für den alltäglichen Besucher sind Kriegsschiffe ein Teil dieser Welt. Panzer sind Teil dieser Welt. Eines der wichtigsten Motive in römischen Gärten war die Kriegsgaleere. Die Kriegssymbolik gehörte in vielen historischen Gärten dazu, aber man erkennt sie nicht mehr als solche. Die Kriegssymbolik in meinem Garten ist im Vergleich zum Anteil des Pastoralen verschwindend gering.

Miniaturisierte Flugzeugträger, U-Boote und Kampfflugzeuge prägen das Ambiente im *Roman Garden* von *Little Sparta*. Steinarbeiten mit John Andrew, 1980.

in Ordnung, weil sie meist vergänglich und zurückhaltend im Maßstab sind. Ich fühle mich vielmehr in der Tradition des Landschaftsgartens und des Gartens, aber ein großes Problem der modernen Landschaftsarchitektur ist ihr vollkommener Mangel an Lyrik, und das hat mit Inschriften und solchen Dingen nichts zu tun.
Ich habe großes Vertrauen in die Kraft der Kunst und der Poesie. Selbst der Streit mit der Region Strathclyde konnte künstlerisch aufbereitet werden. Ich sah die Möglichkeit, diesem Vorfall durch die Kunst etwas Lyrisches zu verleihen. Lyrik bedeutet, die Dinge auf bestimmte Art miteinander in Bezug zu setzen. Das ist die Kunst. Etwas Seltsames hat sich in die Kultur unserer Zeit eingeschlichen. Die Kultur lehrt den Menschen Haß anstatt Liebe, Unehrlichkeit anstatt Ehrlichkeit, Unreinheit anstatt Reinheit. Alles, was einmal von Wert war, wird heute abgelehnt. Ich kann für unsere Zeit keine Worte finden. Worte wie Schönheit, Ordnung, Anstand, Güte, Reinheit, eben all die schönen Worte sind heute weltweit als sentimentale Begriffe geächtet. Was ist bloß geschehen?

Man muß sich trotzdem fragen, was ein Kriegsschiff zu bedeuten hat. Ein Kriegsschiff ist nicht nur ein Kriegsschiff, und ein Panzer ist nicht nur ein Panzer. Im *Roman Garden*, gleich vorne am Tor, sind viele Flugzeugträger und ähnliche Dinge vorhanden. Das Wesentliche ist aber, daß ich eine Art Kammermusik-Version der großen italienischen Gärten machen wollte, eine Miniatur. Ich habe natürlich keine römische Galeere in meinem Garten, weil das zu abgedroschen wäre. Der Flugzeugträger ist viel besser, weil sich nur Weltmächte diese Technik heute leisten können. Der Flugzeugträger ist also das heutige Äquivalent zur Kriegsgaleere. Im Sinne der political correctness ist der Flugzeugträger schlecht. Für die Vogelliebhaber ist ein Futterplatz aber etwas Gutes. Also haben wir etwas, das zugleich gut und böse ist. Wenn man im Winter nämlich Brotkrumen auf den Flugzeugträger legt, kommen die kleinen Vögel und werden zu Flugzeugen. Es entsteht eine Art Mimikry, die man im siebzehnten Jahrhundert als Witz betrachtet hätte. Außerdem wird nur ein Intellektueller trotz der Miniaturisierung des

Ian Hamilton Finlay

Flugzeugträgers an etwas Bedrohliches denken. Es handelt sich also um eine Arbeit, in der sich viele Bedeutungen und Ideen überschneiden. Ich habe da eine Art Hypothese, die nicht ganz ernst gemeint ist, an der aber trotzdem etwas dran ist: Der Tarnanstrich von Militärfahrzeugen ist die letzte Form klassischer Landschaftsmalerei, denn er repräsentiert das Allgemeine und nicht das Besondere. Ich hatte einmal ein Holzmodell eines Panzers, auf den ich anstatt des typischen Tarnanstriches ein Gemälde von Poussin malte. Es gab ein weiteres Modell mit einer aufgemalten Wasserlandschaft. Eines Tages kam ein Intellektueller aus Deutschland zu Besuch und sagte: „Ich kann all diese Panzer nicht ausstehen." Das ist eine absurde Reaktion. Natürlich handelte es sich, oberflächlich betrachtet, um Panzer, aber es mußte in meinen Augen ein Panzer sein, weil er normalerweise mit einem Tarnanstrich versehen ist. Ich fand die Vorstellung von klassischer Landschaftsmalerei als Tarnanstrich irgendwie sehr reizvoll. Man muß offen für die Arbeit sein und sich ganz einfach an den Dingen erfreuen. Wenn man aber intellektuell sein will, darf man nicht einfach seine ganze Bildung vergessen.

1991 entstand in Zusammenarbeit mit David Edwick das *Hypothetical Gateway to an Academy of Mars* in *Little Sparta*.

Manchmal werden die Dinge ja nicht nur miniaturisiert, sondern auch vergrößert. Am *Hypothetical Gateway to an Academy of Mars* befinden sich zwei große Granaten auf den Torpfosten.

Diese Art der ornamentalen Bekrönung eines Pfeilers, im Englischen „finials" genannt, hat eine eigene gartenhistorische Tradition. Es gibt unterschiedliche Formen, wie die einfache Kugel, Früchte und eben auch die Ananas. Im achtzehnten Jahrhundert war die Ananas ein beliebtes Motiv für derlei Bekrönungen. Ich fügte nur ein kleines Element, einen Ring, hinzu und hatte die Ananas-Granate. Philosophisch betrachtet ist es ein Bild im Sinne von Heraklit, das die Natur als Harmonie der Konflikte und den Krieg als Vater aller Dinge thematisiert. Im Sinne der political correctness wird man denken, daß ich Militarismus predige. Es geht mir natürlich um etwas anderes: In der Natur ist der Konflikt ständig präsent. Sobald man anfängt, einen Garten zu bewirtschaften, wird man feststellen, daß jedes kleine Pflänzchen ein Imperialist ist, der seinen Grund behaupten will. Harmonie ist jene unsichere Balance zwischen verschiedenen Elementen. Man kann also auch die Granaten in diesem Licht betrachten.

Welchen Eindruck sollen die Menschen aus Ihrem Garten mitnehmen?

Die meisten Menschen haben den Eindruck eines Paradieses, empfinden den Garten also durchaus friedlich und erfreulich. Damit bin ich völlig zufrieden. Wenn meine Arbeit diesen Eindruck hinterläßt, soll es mir recht sein.

„Et in Arcadia ego" deutet aber darauf hin, daß nicht alles paradiesisch ist.

Sie wissen, daß man sich über die Interpretation dieses Zitates streitet: Poussins Gemälde bringt den elegischen Aspekt zum Ausdruck. Man kann meinen Garten natürlich als sehr elegisch bezeichnen, aber die Menschen empfinden auch das als friedlich. Nein, mein Problem sind die Intellektuellen, die ihr gesamtes kulturelles Verständnis irgendwie abzulegen scheinen. Die Kultur beginnt langsam, Kultur zu hassen.

Et in Arcadia Ego, 1976, Stein, 28,1 x 28 x 7,6 cm

Ian Hamilton Finlay

Biographie und Werkverzeichnis
(Auswahl)

Ian Hamilton Finlay wurde 1925 in Nassau, Bahamas geboren.
Anfang der vierziger Jahre besuchte er kurz die Glasgow School of Art bis zum Militärdienst und arbeitete danach autodidaktisch.
Nach 1945 Arbeit als Schäfer auf den Orkneys, als Bauer und daneben auch als Schriftsteller. Verfaßte Kurzgeschichten und kleine Bühnenstücke.
Späte fünfziger Jahre, Umzug nach Edinburgh, Schottland. Zeit der ersten Gedichte. Seither zahlreiche Publikationen.
Er lebt und arbeitet seit 1966 in Stonypath bei Dunsyre, Schottland.

Auswahl realisierter Projekte im Außenraum:

1974–1976	Serie von Projekten mit Ron Costley, Garten des Max-Planck-Instituts in Stuttgart
1980–1982	„Sacred Grove" mit Nicholas Sloan, Kröller-Müller-Museum, Otterlo, Niederlande
1983	„The Present Order is the Disorder of the Future, Saint-Just", Stonypath
1984	Baumplaketten mit Nicholas Sloan, Merian-Park, Basel, Maritime Village, Swansea und Villa Celle, Italien
1985	„Black and White" mit Nicholas Sloan, Schweizergarten, Wien
1986–1991	Installationen und Plaketten mit Nicholas Sloan und Bob Burgoyne, Stockwood Park, Luton
1987	„A view to the Temple" mit Keith Brookwell und Nicholas Sloan, documenta 8, Kassel.
	„A remembrance of Annette" (von Droste-Hülshoff), Skulpturen-Projekte, Münster
	Beschrifteter Stein „F. Hodler", Furka-Pass, Schweiz
1989	„Stone drums" mit Michael Harvey, Eingang des Harris-Museum und Kunst-Galerie, Preston
1995	Neun Arbeiten für die Landesgartenschau in Grevenbroich/Schloßpark

Seit 1966 konsequente Weiterentwicklung des Gartens „Little Sparta" in Zusammenarbeit mit verschiedenen Künstlern.

Seit den späten fünfziger Jahren internationale Einzel- und Gruppenausstellungen, darunter:

1968	Erste Einzelausstellung, Axiom Gallery, London
1972	Retrospektive Ausstellung, Scottish National Gallery of Modern Art
1984	„The British Show", Wanderausstellung des British Council, Australien
1985	„Little Sparta & Kriegsschatz", Espace Rameau-Chapelle Saint Marie, Nevers (Frankreich) und Eric Fabre Gallery, Paris
	„Reflections on the French Revolution", Graeme Murray Gallery, Edinburgh
1987	Documenta Kassel
1988	„Contemporary British Sculpture Show", Tate Gallery, London
1990	Kunsthalle Hamburg, Kunsthalle Basel.
	„Von der Natur in der Kunst", Messepalast, Wien
1991	„Rhetorical Image", Museum of Contemporary Art, New York Philadelphia Museum of Art
	„Konfrontationen", Museum der Modernen Kunst, Wien
	„Die Sprache der Kunst", Kunsthalle Wien
	„Metropolis", Internationale Ausstellung, Berlin
	„Virtue and Vision", Royal Scottish Academy
1992	London Institute of Contemporary Art
1993	CAYC, Buenos Aires
1995	„Ian Hamilton Finlay. Works in Europe 1972–1995". Deichtorhallen, Hamburg

Literaturauswahl

Den bislang besten Überblick über das Schaffen von Ian Hamilton Finlay im Bereich der bildenden Kunst bietet neben den zahlreichen internationalen Ausstellungskatalogen:
Abrioux, Yves: Ian Hamilton Finlay. A visual primer. London 1992 (2. Aufl.)
Außerdem:
Finlay, Ian Hamilton: Heroic Emblems. Calais, Vermont 1976
Fondation Cartier (Hrsg): Poursuites Révolutionnaires. Paris 1987
Graeme Murray Gallery (Hrsg): Ian Hamilton Finlay & The Wild Hawthorn Press: a catalogue raisonné, 1958–1990. Edinburgh, 1990
Galleria Acta (Hrsg): Catalogue of Finlay Exhibition. Milano 1990
ICA London (Hrsg): Instruments of Revolution. London 1992
Bann, Stephen: „Die Gärten von Ian Hamilton Finlay", in: Mosser, M./Teyssot, G.: Die Gartenkunst des Abendlandes. Stuttgart 1993
Chapman. Scotland's Quality Literary Magazine No 78–79: Ian Hamilton Finlay. Edinburgh 1994
Crowther, Paul: „Ian Hamilton Finlay. Classicism, Piety and Nature", in: Academy Group (Hrsg): Art and the Natural Environment. London 1994
Zdenek, Felix/Simig, Pia (Hrsg): Ian Hamilton Finlay. Works in Europe 1972–1995. Werke in Europa. Ostfildern 1995

Bildnachweis

Freundlicherweise vom Künstler zur Verfügung gestellt:
Robin Gillanders: 87, 90 li., 95 re.; Werner J. Hannappel: 91, 101 u.; Tom Scott: 103 re.
außerdem:
Udo Weilacher: 89 o./m., 90 re., 92, 93 re., 94, 95 li., 97, 98, 100, 101 o., 102, 103 li.;
W. P. Wood: 93 li.; aus Yves Abrioux, Ian Hamilton Finlay, A visual primer, London 1992: 99

Die Erfindung des „espace propre" – Bernard Lassus

Un air rosé. 1965. Ein minimaler Eingriff verändert die Wahrnehmung.

Extravagante, finanziell und formal sehr aufwendige Projekte prägen das aktuelle Profil französischer Landschaftsarchitektur. Die meisten der neuen Parkanlagen und Gärten – besonders im repräsentationsfreudigen Paris – beeindruckten schon im Entwurfsstadium durch künstlerisch gestaltete Pläne und ausgefeilte Detaillösungen. Vom Ballast traditioneller Gartenkunstideale, ökonomischer, ökologischer, funktionaler und soziologischer Zwänge hat man sich offensichtlich im Interesse der Verwirklichung neuer, individueller Gestaltungsideen weitestgehend befreit. Viele der entstandenen Gärten präsentieren sich den Besuchern von Paris als sorgsam gepflegte Schmuckstücke, die den alltäglichen Gebrauch eher zwangsläufig ertragen müssen.

Für den Landschaftsarchitekten und Künstler Bernard Lassus, Professor an der Ecole Nationale d'Architecture La Villette, ist der Park als aufwendig gestyltes Kunstobjekt aus der Hand eines bestimmten Gestalters von geringem Interesse. Vielmehr geht es dem wortgewandten Landschaftstheoretiker und „einzigen Gartendenker der

Gegenwart", wie ihn der amerikanische Gartenkenner Bob Riley nennt, um die Entdeckung des alltäglichen Ortes als speziellen Fall. Den tabula-rasa-Ort gibt es für ihn nicht. Die Landschaft besteht für Lassus, gleich einem Blätterteig, aus vielen überlagerten historischen Schichten und Bedeutungsebenen, die jedem Ort potentielle Einzigartigkeit verleihen. Die kulturelle und altersbedingte Heterogenität unserer Gesellschaft bringt es mit sich, daß vom einzelnen Menschen immer nur bestimmte Bedeutungsebenen des Gartens und der Landschaft wahrgenommen werden. Die grundlegende Problematik bei der Gestaltung öffentlicher Gärten besteht demnach darin, unterschiedliche Lesarten zu ermöglichen, eine Vielschichtigkeit zu entwickeln, die sowohl für den Blumenliebhaber als auch für das spielende Kind und den Kenner der Gartenhistorie die Besonderheit des Ortes wahrnehmbar macht. Dabei darf weder eine vordergründige Vergnügungslandschaft entstehen, noch darf die Vielfalt der Möglichkeiten des Ortes dauerhaft eingeschränkt werden.

Um den Grundprinzipien der Landschaftswahrnehmung auf die Spur zu kommen, befaßte sich Bernard Lassus nach seinem Kunststudium, der Arbeit im Atelier des Malers Fernand Léger in den fünfziger Jahren und seinen kinetischen Arbeiten und Environments in den sechziger Jahren verstärkt mit der eingehenden Analyse historischer Landschaftsentwicklung. Von Anfang an – schon Lehrmeister Léger beschäftigte sich mit dem Leben des Arbeiters in der beginnenden Moderne – fand Lassus besonderes Interesse an den phantasievollen Motiven der Arbeiter- und Siedlergärten, in denen sich das Verhältnis des Menschen zu seiner Umwelt, das innere Bild

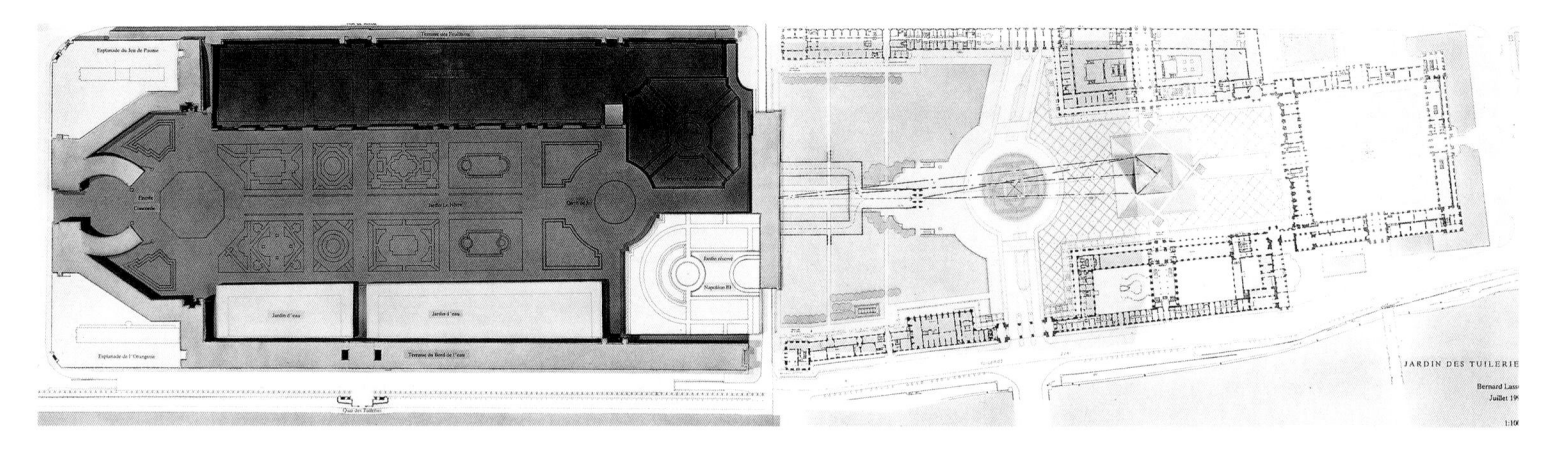

Der Wettbewerbsentwurf zur *Neugestaltung der Tuilerien* in Paris aus dem Jahr 1990 reagiert sensibel auf die unterschiedliche axiale Ausrichtung des Louvre und des Gartens von Le Nôtre. „Axe mythique" und „Axe sensible" sollen wieder miteinander verbunden werden.

der Natur sehr anschaulich ausdrückt. Im Rahmen einer mehrjährigen Untersuchung Anfang der siebziger Jahre dechiffrierte Lassus die gestalterische Sprache des Hobbygärtners und kam dadurch zu einigen der wichtigsten theoretischen Grundprinzipien seiner Landschaftsarchitektur. Die Schaffung einer Umwelt von sinnlichem Reichtum mit möglichst minimalen Eingriffen gehört seither zu Lassus' wichtigsten Zielen. Während man in Frankreich dem unkonventionellen Querdenker eher ablehnend begegnet, haben im Ausland viele herausragende Landschaftsarchitekten die Tragfähigkeit der Strategie des „minimalen Eingriffs" erkannt und bringen sie gezielt zum Einsatz, um mit sanften, kleinsten Eingriffen aus einer Anhäufung unzusammenhängender Landschaftsfragmente ein lesbares Landschaftsbild zu entwickeln. Die eingehende Kenntnis der kulturhistorischen Grundlagen der Landschaft zählt für Lassus zu den unabdingbaren Voraussetzungen der richtigen Anwendung dieses Prinzips.

Die Vorstellung von der Schichtung der Landschaft und Lassus' ausgezeichnete gartenkünstlerische Kenntnisse kamen dem 1990 entwickelten Konzept für die Sanierung und *Neugestaltung der Tuilerien-Gärten* zugute. Zwischen dem Arche de la Défense und der Glaspyramide des Architekten I. M. Pei am Louvre erstreckt sich heute die große Achse von Paris, die die Tuilerien-Gärten auf neue Weise in die Struktur der Weltmetropole einbindet. Seit dem Abriß des Palais des Tuileries 1882 besteht die Gefahr, daß die Identität des Gartens im Schatten großer architektonischer Gesten verblaßt. Den Bruch zwischen den verschiedenen Zeitebenen und die kontinuierliche Metamorphose des Gartens wollte Lassus in seinem Wettbewerbsentwurf

Bernard Lassus

zum Thema machen, wollte dem Besucher einen Weg durch die Zeit ermöglichen. Dazu sollten in fast archäologischer Weise fünf unterschiedliche Schichten der Gartenanlage auf verschiedenen Ebenen wieder freigelegt werden:
- die Schicht des sechzehnten Jahrhunderts, als Katharina von Medici den großen Garten anlegen ließ (80 cm unter der derzeitigen Oberfläche);
- die Schicht der Zeit des königlichen Gärtners von Heinrich IV, Claude Mollet (20 cm unter der existierenden Oberfläche);
- die Schicht der Zeit Le Nôtres (existierendes Niveau);
- die Schicht des neunzehnten Jahrhunderts (50 cm über dem existierenden Niveau);
- die Schicht der zeitgenössischen Epoche (170 cm über dem heutigen Niveau).

Da die historischen Zeugnisse der Gestaltung des Gartens in sehr unterschiedlicher Vollständigkeit überliefert sind, schlug Lassus drei Strategien vor: Restaurierung der erhaltenen oder gut dokumentierten Gartenteile, Rehabilitierung der nur bruchstückhaft überlieferten ältesten Schicht und die schlüssige „Wiedererfindung" dessen, was nicht mehr oder noch nicht bekannt ist, so etwa die zeitgenössische Schicht, die viel-

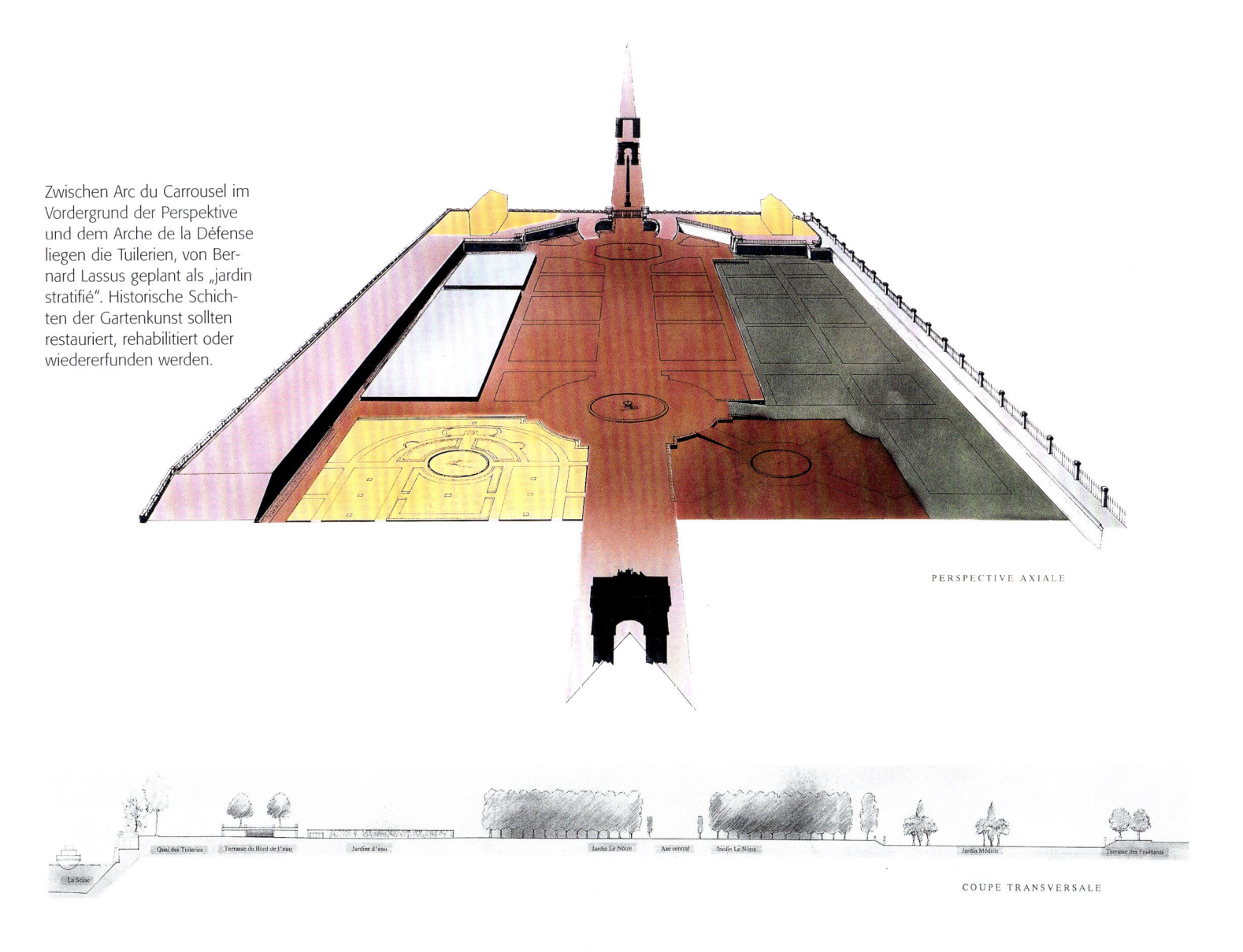

Zwischen Arc du Carrousel im Vordergrund der Perspektive und dem Arche de la Défense liegen die Tuilerien, von Bernard Lassus geplant als „jardin stratifié". Historische Schichten der Gartenkunst sollten restauriert, rehabilitiert oder wiedererfunden werden.

PERSPECTIVE AXIALE

COUPE TRANSVERSALE

fältigen Aktivitäten Raum bieten sollte. Lassus wollte weder einen perfekt restaurierten Garten schaffen, um ihn unter Denkmalschutz zu stellen, noch ging es ihm um eine völlige gärtnerische Überformung des Areals. Der Besucher sollte die Vielschichtigkeit und die innere Logik der zeitlich und räumlich miteinander verwobenen Schichten direkt erfahren, sollte das einzigartige Potential des Gartens als kulturelles Gedächtnis und aktuellen Lebensraum erleben können. Das Konzept von Lassus konnte sich

Bernard Lassus

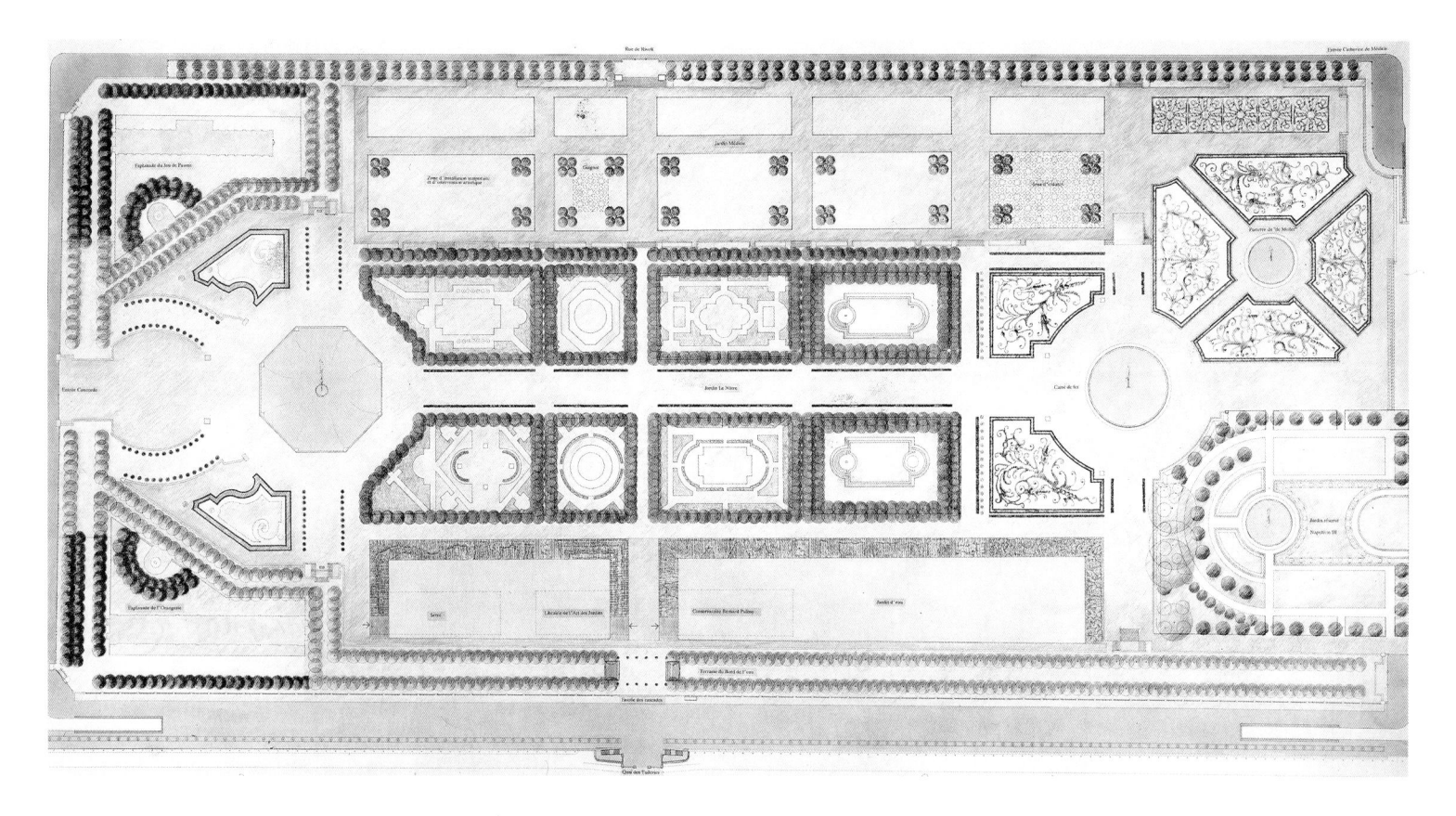

[1] Bann, S.: „From Captain Cook to Neil Armstrong" in: Eade, J.C.: Projecting the Landscape. Canberra 1987

im Wettbewerbsverfahren trotz des hohen Anspruchs oder gerade deswegen nicht durchsetzen.

Stephen Bann hält Bernard Lassus für das einzige Beispiel eines Künstlers, dem die Entwicklung einer umfassenden Poetik der Landschaft gelungen ist.[1] In vielen Wettbewerbsentwürfen und Projektvorschlägen stellte Lassus die Tragweite seiner theoretischen Konzeption unter Beweis und wurde mit zahlreichen nationalen und internationalen Preisen ausgezeichnet. Die preisgekrönte Originalität der Projekte verhinderte jedoch auch meist deren Verwirklichung. Die Realisierung des Wettbewerbsentwurfes für den *Parc de la Corderie Royale* in Rochefort-sur-Mer ist in dieser Hinsicht eher eine Ausnahme, aber auch der Bau des Rastplatzes von *Nîmes-Caissargues* zählt zu den wenigen großen realisierten Entwürfen der vergangenen zehn Jahre und zeigt die Bandbreite der landschaftsgestalterischen Aufgaben, denen sich Lassus in der Praxis widmet. Die eigentliche Stärke seiner Arbeit liegt jedoch in der intensiven theoretischen Auseinandersetzung mit dem Phänomen Landschaft, mit der er wichtige Grundlagen zukünftiger Gartenkunst geschaffen hat.

Die Vision von Bernard Lassus: Die Tuilerien als „archäologisches" Fenster in die Geschichte des Ortes mit Elementen neuer Gartenkunst. Der Entwurf konnte sich im internationalen Wettbewerb 1990 nicht durchsetzen.

Bernard Lassus

Herr Lassus, Ihre berufliche Entwicklung begann mit einer starken Beziehung zur Kunst. Sie haben 1950 bei Fernand Léger Malerei studiert und arbeiten heute als Landschaftsarchitekt. Wie kommen Sie im Spannungsfeld zwischen Kunst und Landschaftsarchitektur zurecht?

Das ist ganz einfach. Kunst und Landschaftsarchitektur sind für mich das gleiche. Es gibt keinen Unterschied. Das große Problem vieler Landschaftsarchitekten ist ihre fehlende ästhetische Ausbildung. Sie wissen nicht, was eine „invention" ist, denn um das Wesen der Erfindung zu begreifen, muß man eine ästhetische Ausbildung haben. Gartenkünstler wie Le Nôtre hatten eine Ausbildung als Maler, William Kent, der große englische Gartenkünstler, war Maler, und Roberto Burle Marx war Maler. Viele gute Landschaftsarchitekten hatten eine hervorragende künstlerische Ausbildung. Außerdem braucht man natürlich auch theoretische Kenntnisse und ein soziales Bewußtsein. Wenn man nie die Möglichkeit hatte, das Wesen gesellschaftlich relevanter Freiräume zu begreifen, dann kann man kein Landschaftsarchitekt sein, denn der Landschaftsarchitekt entwickelt Freiräume, die die Gesellschaft für ihre Aktivitäten braucht.

Landschaftsarchitektur ist ein Beruf, bei dem es darauf ankommt, viele unterschiedliche Techniken zu beherrschen. Das ist sicherlich eine der besonderen Schwierigkeiten dieser Profession. Vor zwanzig oder dreißig Jahren entdeckte ich, daß die Landschaft der Ort der Erfindungen sein wird, und bin deshalb von der Kunst zur Landschaftsarchitektur gekommen. Wir sind gezwungen, erfinderisch zu sein, denn die Landschaft von morgen ist ein Rätsel, und die Landschaft von gestern kann man nicht einfach rekonstruieren. Es sind nicht mehr Malerei und Bildhauerei, die die neuen Erfindungen machen, sondern es ist die Gartenkunst. Der Garten ist der Ort der Erfindungen unserer Epoche.

Das Erkennen der Probleme und die Formulierung der richtigen Fragen ist der schwierigste Teil jeder neuen Aufgabe. Daher versuche ich mit der „analyse inventive" den Problemen auf die Spur zu kommen. Das Projekt *Landschaftspark Duisburg-Nord* im Rahmen der IBA Emscherpark war eines der ersten Projekte, wo mir dieser Zwang zur Erfindung klar wurde. Der *Landschaftspark Duisburg-Nord* ist kein Projekt, das Sie in einer Zeitschrift einfach veröffentlichen können, denn er ist eine Erfindung. Mit der erfinderischen Analyse gelang es mir, in Duisburg wichtige Teile des Gesamtproblems zu verstehen. Wenn man erst einmal die Analyse erfunden hat, ist auch das Projekt zu realisieren.

Welche Bedeutung hat für Sie der ökologisch-planerische Umgang mit Landschaft?

Der Umweltschutz sichert die Basis unserer Existenz, aber wir sind keine Pfleger, wie es im Wort Landespflege immer wieder impliziert wird. Ich halte das für einen großen Irrtum. Einerseits ist es zwar sicher sympathisch und wichtig, daß sich Landschaftsarchitekten um die Pflege der Landschaft sorgen, aber das genügt nicht, denn die Pflege löst nicht die eigentlichen Probleme. Die Reinhaltung des Wassers, der Lärmschutz und so weiter sind wissenschaftliche und technische Probleme, wichtige Umweltprobleme, aber keine Landschaftsprobleme. Diese Unterschiede muß man gut verstehen.

Ihr theoretischer Ansatz der Landschaftswahrnehmung spielte für die Umsetzung des *Frankfurter Grüngürtelprojektes* im Sommer 1990 eine wichtige Rolle.

Die meisten Leute denken, die Theorie sei in der Landschaftsarchitektur nicht wichtig. Tom Koenigs, der damalige Frankfurter Umweltdezernent, hat die Wichtigkeit und Komplexität der Landschaftstheorie verstanden; er hat mich nach Frankfurt eingeladen, weil er genau wußte, daß ich in Frankreich einer derjenigen bin, die die Theorie der Landschaft beherrschen. Ich konnte in Zusammenarbeit mit ihm und dem Landschaftsarchitekten Peter Latz zur Realisierung des Projektes beitragen. Es war wichtig, den theoretischen Hintergrund zu formulieren, auf dem der Grüngürtel rational und mental entstehen konnte. Ein Grüngürtel entsteht nicht, weil Landschaftsarchitekten irgendwo Bäume pflanzen oder weil irgendwo zwei Bäche gesäubert werden. Die Frage war vielmehr: Was bedeutet der Stadt Frankfurt ein Grüngürtel und wie funktioniert er? Man mußte den Beteiligten verdeutlichen, daß der Grüngürtel in Wirklichkeit aus verschiedenartigsten, heterogenen Landschaftsteilen besteht. Der Grüngürtel ist weder ein französischer Garten noch ein englischer Landschaftspark. Im Kopf der Landschaftsarchitekten existierte aber das Idealbild eines Grüngürtels mit reicher Vegetation und vielfältiger Fauna. Das Frankfurter Stadtparlament konnte es außerdem nicht verantworten, ein Konzept zu verfolgen, das den Abriß von Häusern, Kleingärten und Fabriken forderte, nur um Rasenflächen zu schaffen. Das wäre blödsinnig gewesen. Ich mußte deshalb ein theoretisches System entwickeln und überzeugte damit die Verantwortlichen. Das beweist meines Erachtens die Stärke einer schlüssigen Theorie, die in diesem Fall die Organisation der Einzelteile und deren Funktion untereinander neu definierte.

Wie definieren Sie den Begriff Landschaft?

Ich halte mich an die allgemein akzeptierte Definition von Landschaft als einem Begriff, der der Identifikation eines Teiles unserer Umwelt dient. Landschaft existiert eigentlich nicht, sondern sie ist, wenn Sie so wollen, ein kulturelles Phänomen. Die Pflanzung vieler Bäume und der Bau kleiner Bäche hat, auch historisch gesehen, nichts mit Landschaft zu tun. Bei Christian Cay Laurenz Hirschfeld, dem großen deutschen Theoretiker der Gartenkunst, können Sie das nachlesen. Der große Kieler Philosoph schrieb im Jahr 1779 die „Geschichte und Theorie der Gartenkunst". Ich denke, daß man in Deutschland kein Landschaftsarchitekt sein, und die deutsche Landschaft nicht verstehen kann, wenn man Hirschfelds Theorie nicht gelesen hat, wenn man Friedrich Ludwig von Sckells Theorie nicht kennt, wenn man Leberecht Migge nicht gelesen hat. Die Existenz des Begriffes Landschaft ermöglicht es uns, einen Berg als schön zu bezeichnen. Vor zweihundert Jahren hielt der Mensch die Berge für häßlich. Auch die Gartenkünstler dachten so. Heute wird die Bergwelt bewundert. Was ist also Landschaft?

Bernard Lassus

Sie ist die Lesbarkeit der Realität. Landschaft bedeutet die Fähigkeit zur Interpretation, die Fähigkeit, die Dinge beim Namen zu nennen. Wenn man das nicht begreift, kann man nicht verstehen, was Landschaft ist.

Es gibt offensichtliche Parallelen zwischen den Theorien und Vorstellungen von Ihnen, dem schweizerischen Soziologen Lucius Burckhardt und dem schottischen Künstler Ian Hamilton Finlay.

Es gibt auch Unterschiede zwischen unseren Auffassungen, und ich denke, daß auch der niederländische Gartenkünstler Louis G. Le Roy in dieser Hinsicht sehr wichtige Zusammenhänge herausgefunden hat. Er entdeckte, wie man mit spontaner Vegetation zu einer neuen Gestaltung gelangen kann, aber darüber wird heute nicht mehr oft gesprochen. In Frankreich sind derzeit jedoch Landschaftsarchitekten wie Gilles Clément aktiv, die man durchaus als seine Schüler und Nachahmer bezeichnen kann. Le Roy hat den alten Begriff „Zirkusspiele" wieder eingeführt. Die Römer ließen zur Belustigung des Volkes das wilde Tier und den Krieger gegeneinander kämpfen. In Spanien tut man das heute noch, und damit der Kampf in der Arena länger dauert, schwächt der Pikador den Stier, indem er die Banderilla in den Nacken des Tieres steckt. Le Roy tut das Gleiche. Er veranstaltet einen Kampf zwischen Pflanzen, und damit der Kampf länger anhält, schneidet er die Vegetation von Zeit zu Zeit. Genau das ist es, was oft nicht verstanden wird: Die freie Wahl der Mittel ist ein wichtiger Faktor. Derjenige, der in den Kampf zwischen den Pflanzen eingreift, kann seine Mittel frei wählen. Es ist eine klassische Position, die Le Roy in diesem Spiel einnimmt. Sie ist klassisch nicht etwa in bezug auf die Gartenkunst, sondern in bezug auf unsere westliche Historie, ja die gesamte Menschheitsgeschichte.

Daß man gerade in der jungen Profession so wenig über Le Roy weiß, ist für mich das Armutszeugnis einer Landschaftsarchitektur, die ohne kulturelles Bewußtsein ist. Man muß sich darüber bewußt sein, woher die Gedanken ursprünglich stammen und wer sie weiterentwickelt hat. Ich bin der Ansicht, daß man unbedingt Le Roys Konzeption verstehen muß, wenn man heute über eine bestimmte Art der Gartenkunst spricht. Gute Landschaftsarchitekten, zu denen ich in Deutschland beispielsweise Arno Schmid, Peter Latz oder Jürgen von Reuß zähle, kennen die historischen und theoretischen Grundlagen ihrer Profession. Ich denke, daß wir vielleicht in zehn Jahren die Geschichte der Gartenkunst aus einer ganz anderen Perspektive betrachten werden, und wir werden vielleicht feststellen, wie blödsinnig es ist, die Geschichte der französischen Gärten von der Geschichte der englischen Gärten zu trennen. Man wird feststellen, daß es viel interessantere Betrachtungsweisen gibt. Die Debatte über englische und französische Gärten ist meines Erachtens schon vor etwa 200 Jahren beendet worden. Die Verbindungen in unsere Gegenwart sind rein intellektueller Art.

Was unterscheidet mich von Ian Hamilton Finlay? Da sind viele Unterschiede. Ich kenne ihn seit langem, und wir hatten sogar die gleiche Ausbildung, deshalb haben wir anfangs ähnliche Ansätze verfolgt. Meine Arbeit wird heute aber von ganz anderen Schwerpunkten bestimmt. Ich interessiere mich zum Beispiel für den Raum im realen Maßstab. Ich habe mich schon früh für kleine Gärten interessiert und verfaßte bereits vor 15 Jahren einen Text, in dem ich erläuterte, daß Finlay einen Ansatz verfolgt, der der Methode des „minimalen Eingriffs" ähnlich ist. Er ist ein Spezialist der Miniaturisierung. Er arbeitet nicht im realen Raum, sondern in einem imaginären Raum. Ausgehend von Fixpunkten, von Objekten, gestaltet er den imaginären Raum. Das ist eine sehr vereinfachte Darstellung der Zusammenhänge, aber im Prinzip ist das die Grundlage seiner Arbeit. Die Miniaturisierung ist ein klassisches Phänomen, das wir aus der Gartenkunst kennen. Denken Sie nur an Beispiele wie das Modell des antiken „Roma Triumphans" im Garten der Villa D'Este. In meiner Untersuchung über die

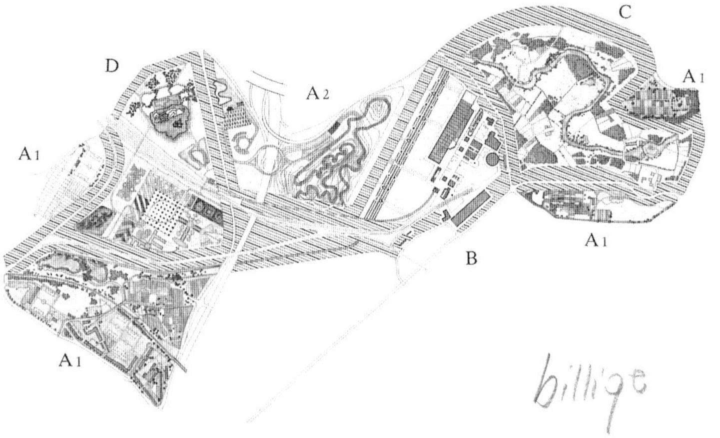

Der Parkbereich „Vorgestern" des *Landschaftsparks Duisburg-Nord* präsentiert sich als wiedererfundener idyllischer Landschaftsausschnitt mit malerischem Flußlauf der Emscher, die bislang noch immer ein offener Abwasserkanal ist.

Der Wettbewerbsentwurf „Vorgestern, Gestern, Heute und Morgen" des Planungsteams Bernard Lassus et Associés für den *Landschaftspark Duisburg-Nord* auf dem Gelände des stillgelegten Hüttenwerkes Duisburg-Meiderich, 1991. Baumreihen sollten als Zeitschleusen dienen und die unterschiedlichen Zeitinseln voneinander trennen.

„Morgen" im *Landschaftspark Duisburg-Nord*: Neben Forschungsgärten und Laboratorien soll der künstlich geschaffene Erlebnisbereich „Von Eis zum Dampf" den Menschen mit den technisch erzeugten Aggregatzuständen des Wassers in direkten Kontakt bringen und verdeutlichen, wie sehr der Mensch in der Lage ist, durch Technologie seine Umwelt zu beeinflussen.

Bernard Lassus

[2] Lassus, B.: Jardins imaginaires. Paris 1977

Arbeitergärten bin ich diesem Phänomen bereits nachgegangen.[2] Die Verwandtschaft zwischen Finlays Strategie und der Gestaltung der Arbeitergärten mit ihrem assoziationsreichen Figurenarsenal ist deutlich. Der entscheidende Unterschied ist aber, daß der schottische Künstler einen großen Garten zur Verfügung hat und frei entscheiden kann, ob er mit der Miniaturisierung arbeiten will, während die Arbeiter in ihren kleinen Gärten gar keine andere Wahl haben. Finlay arbeitet mit Miniaturisierung, um die Dinge zu vereinfachen, aber ich arbeite mit beiden Dimensionen, der miniaturisierten und der tatsächlichen. Denken Sie zum Beispiel an das *Labyrinthe des batailles navales*, das in Rochefort gepflanzt wurde. Ich nutze die Räume des Labyrinths in ihren tatsächlichen Maßstäben: Wenn 1 Quadratmeter vorhanden ist, möchte ich, daß es 1 Quadratmeter bleibt und in seiner realen Dimension erlebt wird. Mich interessiert der Zusammenhang zwischen realem und abstrahiertem Raum. Diese Dimension meiner Arbeit über den „espace propre", wie ich das nenne, kennen viele Leute nicht. Um diese Dimension zu erfahren, müssen sie die Räume vor Ort erleben. Fotografisch ist das schlecht zu dokumentieren, weil der eigentlichen Raum nicht in Einzelfotografien zerlegbar ist. Für mich war das lange Zeit ein fürchterliches Hindernis, denn niemand konnte mein eigentliches Anliegen verstehen.

Ich habe vor einigen Jahren zum „espace propre" in der Londoner Coracle Gallery eine Ausstellung realisiert. Ich hänge von der Decke der Galerie gelbe Papierstreifen, installierte ein Senklot an der Wand und eine Wasserwaage am Boden. Ich tat das, um die Vorstellung zu zerstören, daß die Zimmer exakt geometrisch sind. Die Leute glauben nämlich an die Geometrie der Dinge. Das ist auch der große Fehler vieler aktueller Gartenentwürfe. Man sieht eine ganze Reihe geometrischer Zeichnungen mit Winkeln, Geraden und so weiter, aber die bedeuten im Grunde überhaupt nichts. Es sind nur Zeichnungen, das ist alles. Ich wollte mit meiner Arbeit, diesem rein geometrischen System, zeigen, daß kein Raum exakt senkrecht noch exakt waagerecht ist. Solche Projekte machen mir Spaß, denn durch sie werden wichtige Fragen gestellt. Es ist die Darstellung, die Bewußtmachung, die ich wichtig finde. Es geht darum, falsche Vorstellungen zu zerschlagen und die scheinbare Wirklichkeit zu hinterfragen: Ich nehme an, daß das Zimmer kein Parallelepiped ist. Ich zeichne diesen Körper vielleicht, aber ich weiß, daß es keiner ist. Es kann keiner sein! Für mich sind geometrisch exakte Räume Fälschungen, Tarnungen. Menschen, die immer glauben, was sie sehen, sind für mich ein Problem. Die Autosuggestion ist unser Erzfeind. Daher muß man falsche Vorstellungen, falsche Geometrien, alles Falsche bekämpfen. Da Finlay von imaginären Proportionen ausgeht, braucht er sich nicht um die Zerschlagung falscher Vorstellungen zu kümmern. Er braucht keinen tatsächlichen Raum, das ist nicht sein Problem. Er kreiert seinen Garten, aber ich muß im realen Raum arbeiten. Ich versuche deshalb, für Klarheit zu sorgen: 21 Zentimeter sind für mich nicht 22 Zentimeter, sondern 21 Zentimeter. Finlay macht durch die miniaturisierten Schiffe den Garten teilweise zum Meer. Ich sage: „Das ist das Meer, und 21 Zentimeter sind 21 Zentimeter". Die Beziehung zwischen der imaginären Komponente und der realen Komponente interessiert mich. Für den Künstler sind alle nur Zuschauer seines Systems, während es mir wichtig ist, daß der Mensch im Raum Zeitung lesen kann, seine Schuhe ausziehen, die Beine ausstrecken kann und so weiter. Gleichzeitig muß der Gedanke an das Meer möglich sein. Wenn einem Landschaftsarchitekten nicht beide Komponenten bewußt sind, glaube ich nicht, daß er Landschaften gestalten kann. Wenn er an den Ozean und an das Element Wasser denken kann und zugleich spürt, daß die Luft angenehm ist, das

Im wellenförmig geschnittenen Heckenlabyrinth *Labyrinthe des batailles navales* des *Parc de la Corderie Royal* werden Miniaturen historischer Kriegsschiffe präsentiert.

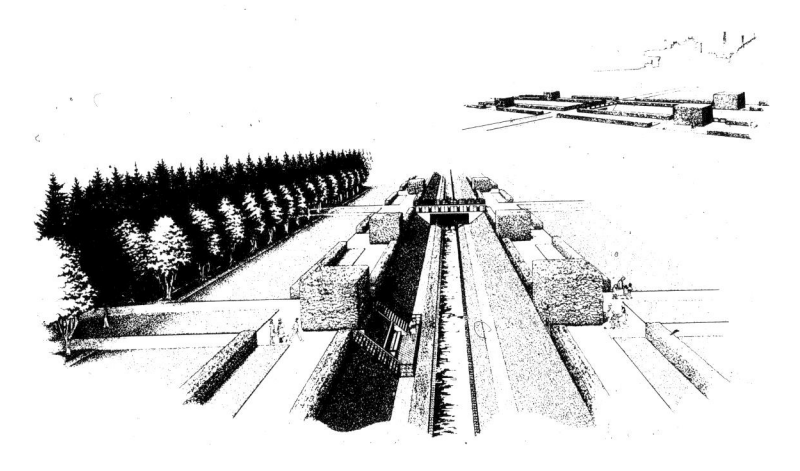

Streckenweise soll der Charakter der Emscher als Industriekanal im *Landschaftspark Duisburg-Nord* im Wettbewerbsentwurf von 1991 bewahrt werden.

Bernard Lassus

Wasser sauber ist und gut schmeckt, dann kann er mit Landschaft arbeiten. Im realen Raum interessiere ich mich für Motorräder und Autobahnen, denn wenn es keinen Raum für den Verkehr gibt, wird es zum Unfall kommen. Das hat nichts mit Funktionalismus zu tun, sondern mit angemessenen Räumen.

Bei der Umgestaltung des *Rastplatzes von Nîmes-Caissargues* an der Autobahn A54 versuchte ich, Imaginäres und Reales miteinander zu verknüpfen. Der Rastplatz wird von einer 700 Meter langen Baumallee eingefaßt, die die Autobahn kreuzt. Ist es die Allee, die die Autobahn kreuzt, oder umgekehrt? An einem Ende des Rastplatzes stehen die Säulen des alten Theaters von Nîmes, und etwas abseits ließ ich zwei Aussichtstürme aus Metall errichten, die die Umrisse des historischen Turmes Magne in Nîmes nachempfinden. Damit die Besucher die Zusammenhänge verstehen, habe ich ein Modell des Tour Magne aus Stein in die stählernen Aussichtstürme montieren lassen. Von den Türmen aus sieht man die charakteristische Silhouette des echten Turmes in der Stadt, und von der Stadt aus sieht man die Aussichtstürme am Rastplatz. Nachts werden die Türme beleuchtet. So etwas wurde an einem Rastplatz noch nie gemacht, aber die Leute sind von der Gestaltung begeistert. Ich wollte nicht, daß dieser Parkplatz wie ein Parkplatz aussieht. Ich habe also eine Allee geplant, und die Autos parken entlang dieser Allee unter den Bäumen. Das ist alles. Ich bin sehr zufrieden mit diesem Projekt, und die Leute beginnen, es zu verstehen. Es ist eine neue Arbeit, die zur Autobahn gehört und zum Nachdenken herausfordert.

Wie hat sich Ihre Arbeit seit den sechziger Jahren, als sie noch als Künstler arbeiteten, verändert?

Viele sehen in meinem vermeintlichen Wandel vom Künstler zum Landschaftsarchitekten einen Bruch. Für mich ist die Entwicklung seit den sechziger Jahren aber ein kontinuierlicher Prozeß gewesen und keine Diskontinuität. Das kann man nur verstehen, wenn man begreift, daß Landschaftsarchitektur und Kunst nicht zu trennen sind.

Der *Autobahnrastplatz von Nîmes-Caissargues,* 1992. Ein grüner Teppich von 700 m Länge, gefaßt von Baumalleen, überquert die Autobahn zwischen Arles und Nîmes.

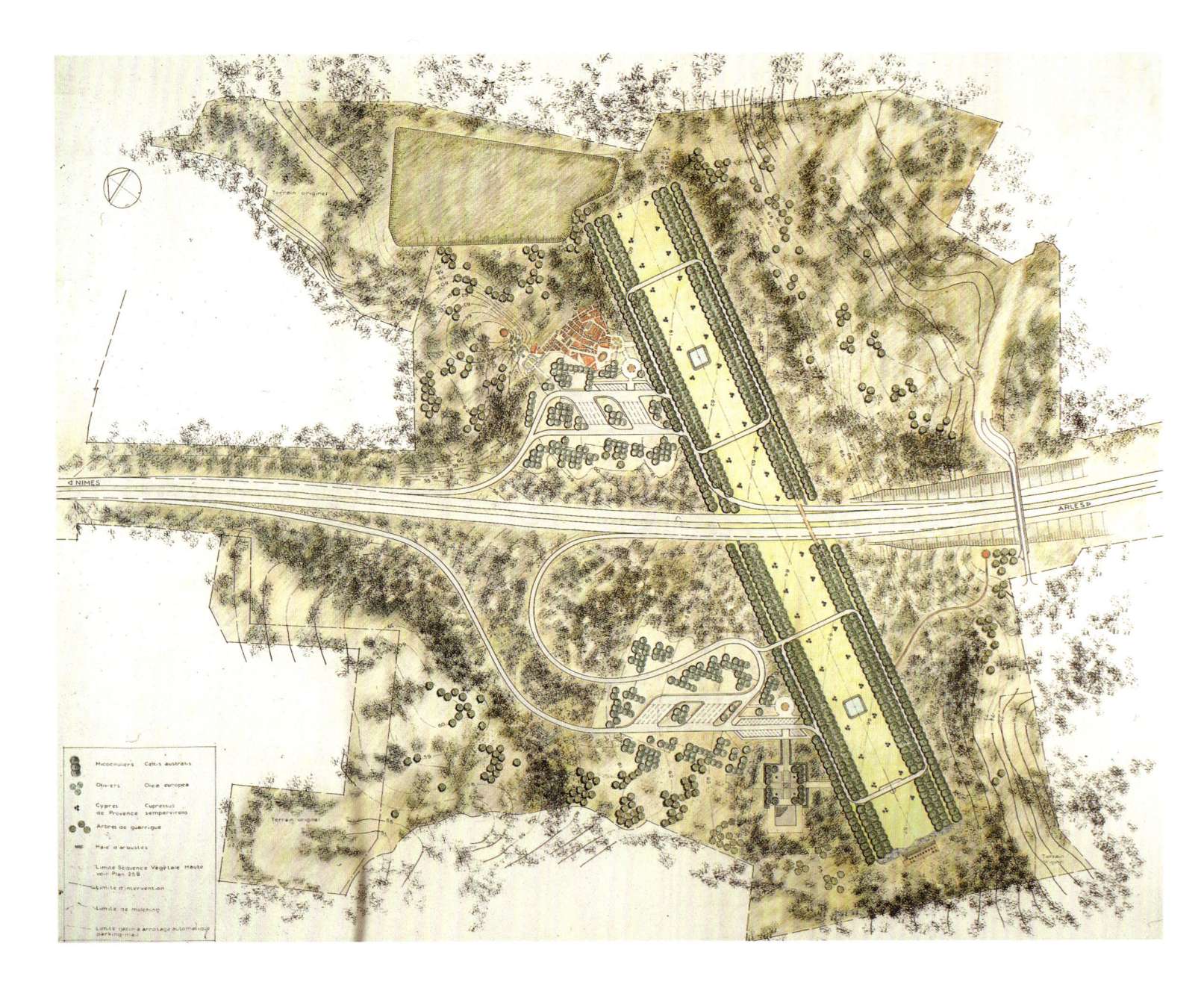

Bernard Lassus

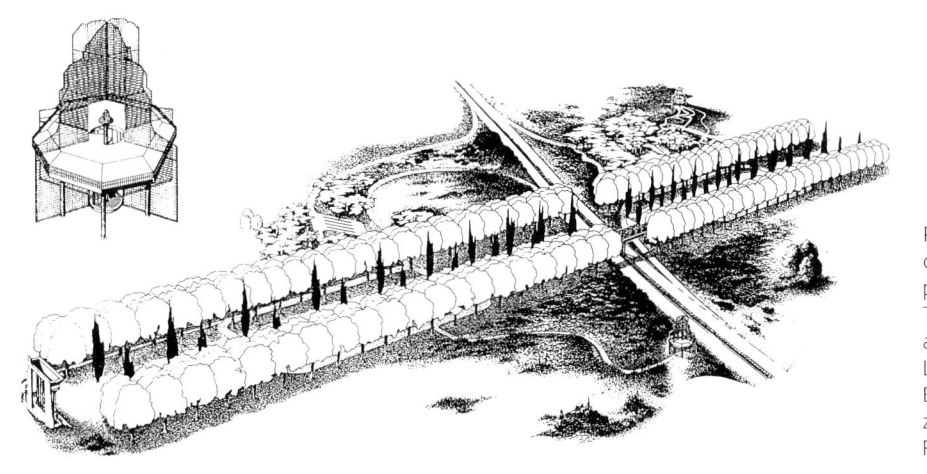

Zwei stählerne Aussichtstürme, die die charakteristische Form des historischen Tour Magne in Nîmes nachempfinden, ermöglichen den Blick in die nahegelegene Stadt.

Prägendes bauliches Element des Rastplatzes ist der Säulenportikus des ehemaligen Theaters von Nîmes, das abgerissen werden mußte. Lassus ließ die Reste des Bauwerkes aus dem neunzehnten Jahrhundert am Rastplatz wiedererrichten.

Zur Verdeutlichung der Bezüge befindet sich in jedem der beiden Aussichtstürme am Rastplatz eine miniaturisierte Nachbildung des Tour Magne in Nîmes.

Bernard Lassus

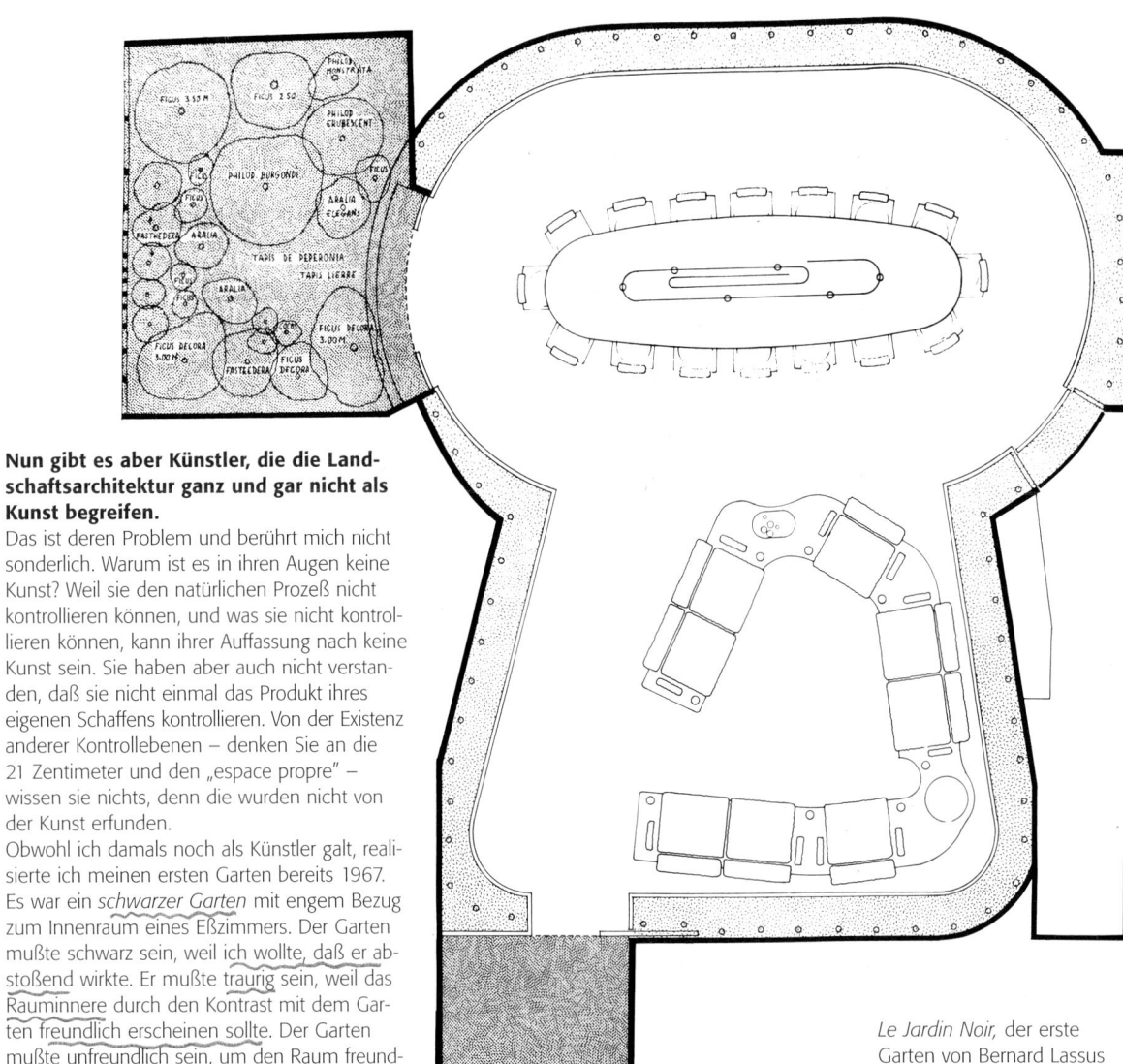

Nun gibt es aber Künstler, die die Landschaftsarchitektur ganz und gar nicht als Kunst begreifen.
Das ist deren Problem und berührt mich nicht sonderlich. Warum ist es in ihren Augen keine Kunst? Weil sie den natürlichen Prozeß nicht kontrollieren können, und was sie nicht kontrollieren können, kann ihrer Auffassung nach keine Kunst sein. Sie haben aber auch nicht verstanden, daß sie nicht einmal das Produkt ihres eigenen Schaffens kontrollieren. Von der Existenz anderer Kontrollebenen – denken Sie an die 21 Zentimeter und den „espace propre" – wissen sie nichts, denn die wurden nicht von der Kunst erfunden.

Obwohl ich damals noch als Künstler galt, realisierte ich meinen ersten Garten bereits 1967. Es war ein *schwarzer Garten* mit engem Bezug zum Innenraum eines Eßzimmers. Der Garten mußte schwarz sein, weil ich wollte, daß er abstoßend wirkte. Er mußte traurig sein, weil das Rauminnere durch den Kontrast mit dem Garten freundlich erscheinen sollte. Der Garten mußte unfreundlich sein, um den Raum freundlich wirken zu lassen. Ich habe die gesamte Raumausstattung entworfen. Dem Licht widmete ich besondere Aufmerksamkeit. Ich wollte unbedingt, daß der Raum angenehm wirkte, obwohl er aus Plexiglas war und mit künstlichem Licht beleuchtet wurde. Ich war sehr zufrieden mit diesem Garten. Ein negativer Garten hatte 1967 nichts mit den damaligen Ideen der Kunst zu tun. Stephen Bann hat den Garten 1970 in England in einem Kunstbuch veröffentlicht und wurde dafür sehr kritisiert. Die Times schrieb: „Warum veröffentlichen Sie in einem Buch zwischen Vasarély und Giacometti ein Eßzimmer?" Bann wußte genau, daß dieses Eßzimmer kein herkömmliches Eßzimmer war. Er hat verstanden, daß ein Eßzimmer im Grunde ein Kunstobjekt sein kann. Das Buch hat große Bekanntheit erlangt und hatte starken Einfluß auf die damalige Diskussion über Ästhetik.

Leider gibt es Leute, die sich hinter dem Etikett des Berufes Landschaftsarchitekt verstecken. Sie sind keine Landschaftsarchitekten mit Leib und Seele, sondern nur weil sie in der Schublade Landschaftsarchitekt stecken. Manche behaupten, ich sei kein Landschaftsarchitekt, und halten sich an ihre etablierte Berufsdefinition. Von dem Tag jedoch, an dem man erkennt, daß das eigene Tun unabhängig von der Schubladenzugehörigkeit zum Ziel führen wird, interessiert es einen nicht, ob man Regisseur oder Antiquitätenhändler genannt wird. Die Bezeichnung ist

Le Jardin Noir, der erste Garten von Bernard Lassus aus dem Jahr 1967, wurde in Zusammenhang mit einem extravaganten Eßzimmer von ihm realisiert.

mir egal. Warum sollte ich mir die Frage stellen, ob ich Künstler oder Landschaftsarchitekt bin? Ich befasse mich seit geraumer Zeit mit einer bestimmten Arbeit und erzielte bereits einige Ergebnisse. In den USA, wohlgemerkt nicht in Frankreich, sind manche sogar der Überzeugung, daß ich neue Ideen in die Landschaft gebracht habe – um so besser. Ich habe Freunde in Deutschland, mit denen ich arbeite, und wir glauben, neue Vorstellungen von Landschaft entwickelt zu haben. Ich bin jedenfalls ganz sicher, daß sich der Beruf des Landschaftsarchitekten in den kommenden Jahren total verändern wird.

In welcher Hinsicht wird sich der Beruf Ihrer Ansicht nach verändern?
Unter anderem wird die soziale Symbolik in Zukunft eine große Rolle spielen. Die Ästhetik wird sich nicht vom sozialen Anspruch befreien können. Das haben viele Landschaftsarchitekten noch nicht begriffen. Meine Beschäftigung mit Landschaftsarchitektur hat etwas mit sozialem Interesse zu tun, deshalb habe ich mich so intensiv mit den Landschaftsbewohnern befaßt. Die Konzeption des „espace propre" macht nur

Le jardin des buissons optiques, Niort 1993.

unter dieser Voraussetzung Sinn. Ein Land Art-Künstler, wie beispielsweise der Amerikaner James Turrell, kann keinen „espace propre" entwickeln, weil er in seinem System steckt, und alle sind Zuschauer dieses Systems.

Wir müssen in Zukunft auch die Vorstellung von Landschaft von Grund auf ändern, denn die ökologische Weltkrise zwingt uns dazu und erfordert den richtigen Umgang mit der Landschaft. Wir müssen erfinderisch werden, weil die ursprüngliche Landschaft beschädigt ist. Es ist aber vollkommen falsch, die Natur im Sinne von Renaturierung wiederherstellen zu wollen. Das kann man nicht! Man muß erfinderisch sein! Das Wasser muß in Zukunft sauber sein, und man muß erfinderisch sein. Sie können nicht die Landschaft des siebzehnten oder achtzehnten Jahrhunderts wiederherstellen, das geht nicht. Im Entwurf für die Neugestaltung der Tuilerien habe ich versucht, das zu verdeutlichen.

ihrem Platz, die Frau, die mit ihrem Kinderwagen fährt und nicht stürzen soll ... das gehört natürlich auch zu meiner Arbeit. Das hat aber nichts mit Funktionalismus zu tun. Ich sehe es nicht als funktionales Problem, sondern ich verstehe es als Frage nach einer präzisen Verknüpfung von Realem und Imaginärem.

Häufig stellt sich die schwierige Frage, wie man die Theorie dem Betrachter verständlich macht. Ian Hamilton Finlay wirft man zuweilen vor, daß er Betrachter mit seinen anspruchsvollen Arbeiten intellektuell überfordert.

Er wendet sich an ein anderes Publikum, denn er ist stärker als ich im Bereich der Kunst geblieben. Er arbeitet an seinem Garten, stellt in Galerien und Museen aus, während ich mich mit Autobahnrastplätzen und Autobahnausfahrten beschäftige. Ich bin im Alltag tätig. Was

Der Übersichtsplan des *Parc de la Corderie Royale* in Rochefort-sur-Mer zeigt den langgestreckten Gebäudekomplex der restaurierten Corderie Royale, die ehemalige Seilerei für die Marine Ludwigs XIV., erbaut 1666. Von Rochefort brachen die meisten französischen Naturforscher, Kaufleute und Kriegsflotten zu ihren Seereisen in die Neue Welt auf. Lassus legte Sichtschneisen durch die dichte Ufervegetation, um die Corderie wieder enger mit dem Fluß zu verknüpfen. Er schuf mit der Realisierung seines 1982 preisgekrönten Wettbewerbsentwurfes *Le Jardin des Retours* neue Bezüge zur historischen Bedeutung des Ortes.

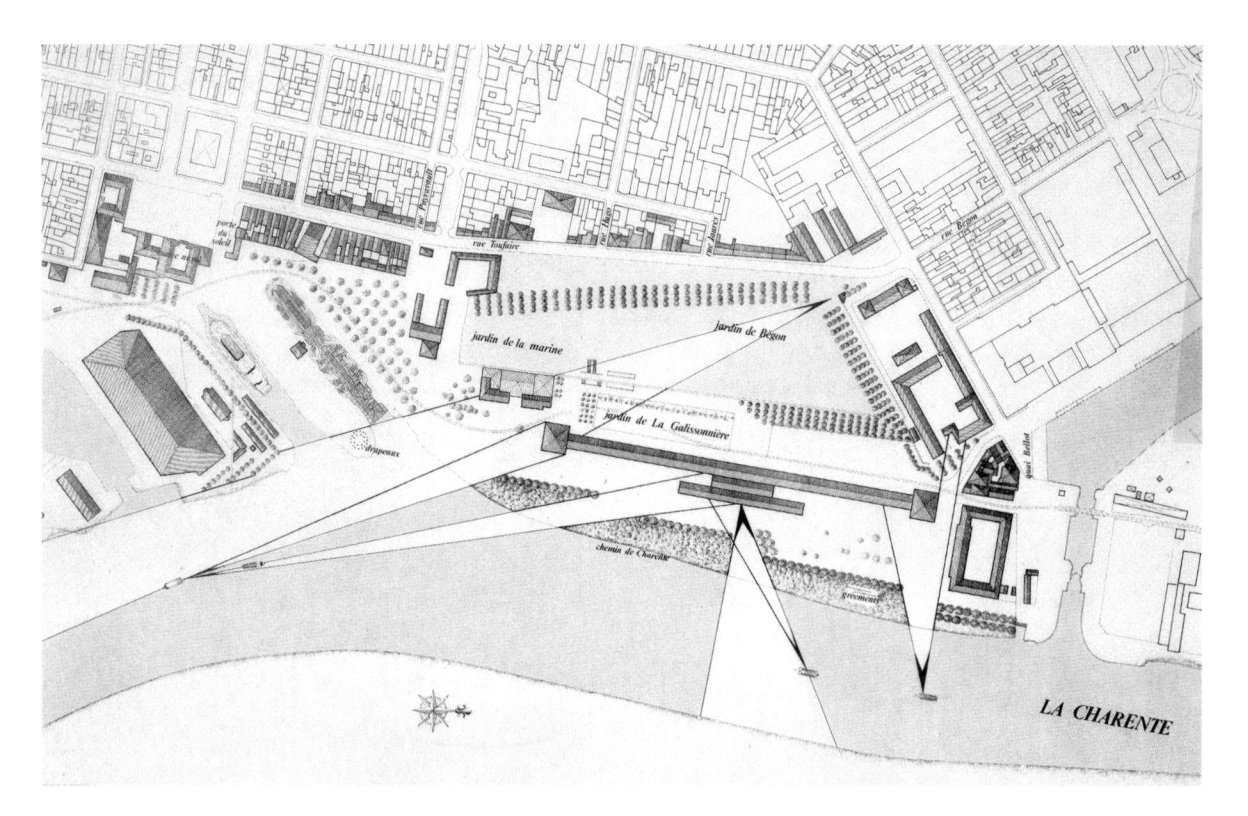

An Entwürfen und realisierten Projekten entwickele ich meine Überlegungen und löse andauernde Debatten um die Wichtigkeit von Theorie und Praxis aus. Beides ist wichtig: die Realisierung eines Projektes und die theoretischen Überlegungen zur Realisierung. Wenn man sich nicht theoretisch vorwärts bewegt, wird es keinen Fortschritt geben. Ich halte nichts von der Behauptung, wir seien Handwerker. Wir sind das Gegenteil vom Handwerker, denn wir tun Dinge, die wir eigentlich nicht können. Der Handwerker beherrscht seine Arbeit und versucht, sie zu optimieren. Ich verbessere meine Arbeit nicht, sondern ich versuche, Ideen zu verwirklichen, von denen ich anfangs nie weiß, wie sie zu realisieren sind. Ich lehre deshalb meine Studenten nicht etwa Dinge, die sie nachher tun, sondern sie sollen Dinge lernen, die es ihnen später ermöglichen, Erfindungen zu machen. Das soll nicht heißen, daß wir nicht genau hinschauen: 21 Zentimeter, die Stufe an

mich interessiert, ist der „espace propre" und die Einmischung in das alltägliche Leben. Mich interessiert es nicht, eine Ausstellung zu arrangieren, die nicht direkt im Leben stattfindet. Deshalb ist meine Theorie vielleicht einfacher verständlich.

Ihr langjähriger Freund, der englische Kunstkritiker Professor Stephen Bann, betrachtet Ihre Arbeit häufig in Zusammenhang mit der Land Art. Was bedeutet Ihnen die Landschaftskunst?

Es gibt Land Art-Künstler, die interessante Experimente gemacht haben, aber es stellt sich die Frage: Welche Wirkung haben solche Arbeiten auf die Landschaft? Leute wie James Turrell oder Robert Smithson unternehmen landschaftliche Eingriffe, aber das ist nicht mit meinem Ansatz zu vergleichen. Für mich sind Künstler wie Hamish Fulton viel interessanter, denn er geht in meinen Augen in seinen Betrachtungen

Bernard Lassus

viel weiter als beispielsweise Richard Long. Auch Chris Drury hat interessante Projekte realisiert. Die Arbeit dieser Leute interessiert mich, weil sie vom gleichen Ansatzpunkt ausgehen wie ich, und weil ich als Landschaftsarchitekt aus vielen Quellen schöpfen muß.

Für den *Takelagen-Park* im *Parc de la Corderie Royale* in Rochefort mußte ich mich beispielsweise um die Reproduktion von Flaggen kümmern, nämlich um die Flaggen der englische Marine, der holländischen Marine, der spanischen Flotte des siebzehnten und achtzehnten Jahrhunderts. Jetzt sind sie fertig. Es hat uns viel Mühe gekostet, in den Archiven die Vorlagen zu suchen. Wir fanden zwar viel über die formale Gestaltung, aber von den Farben wußten wir fast nichts. Wir mußten nach London fahren, um die exakte Farbabstimmung der englischen Flaggen zu ermitteln, denn nicht einmal die Botschaft kannte die richtigen Farben. Das ist notwendige Präzisionsarbeit und erfordert viel Zeit. Gleichzeitig – solche Dinge sind mir wichtig – arbeitete ich mit einer Klasse des technischen Gymnasiums von Rochefort, die die Technik der Goldfädenstickerei beherrscht. Ich ließ alle Flaggen von ihnen besticken. Für eine Flagge braucht man sechs Monate, und wir wollten alle Flaggen des achtzehnten Jahrhunderts mit Goldfäden besticken lassen, wie es zur damaligen Zeit üblich war. Ich habe mehrere Monate im Marinemuseum gearbeitet, und wir haben die Pläne aller 21 Schiffe gefunden, mit denen der Marineoffizier und Schriftsteller Pierre Loti gesegelt ist. Ich werde also eine Arbeit über seine Schiffe machen können. Wir haben auch die Zeichnungen zum „Radeau de la Méduse" gefunden. Im Louvre befindet sich ein Gemälde von Théodore Géricault aus dem Jahr 1817, welches den dramatischen Untergang der Fregatte Méduse 1816 vor der afrikanischen Westküste zum Thema hat. Der Prozeß gegen den Kapitän der Méduse fand in Rochefort statt. Natürlich werden sich manche fragen, ob das die Arbeit eines Künstlers, eines Konservators, eines Archäologen oder eines Landschaftsarchitekten ist. Für mich ist es eine Arbeit, die getan werden muß. Mein Etikett interessiert mich nicht.

In Anbetracht Ihrer Projekte – ich denke dabei zum Beispiel an den vertikalen Garten, ein Entwurf für den Wettbewerb des Parc de la Villette – stellt sich die Frage, ob Sie zu den Romantikern in der Landschaftsarchitektur zählen?

Der Ausdruck Romantiker ist in Deutschland sehr beliebt, und er ist sicherlich ganz wichtig. Bin ich ein Romantiker? Nein, ich glaube nicht. Ich verfechte die Vorstellung einer sensiblen Annäherung an die Landschaft, aber das hat nichts mit Romantik zu tun. Es geht mir vielmehr um eine gewisse Art, die Sensibilität zu nutzen. Für mich ist das schon immer einer der wichtigsten Aspekte meiner Arbeit gewesen: Wie kann ich das Empfindsame im täglichen Leben wieder einführen? Ich glaube nicht, daß Romantik ein guter Ausdruck dafür ist. Es geht mir um die Sorge für das Empfindsame und um die Sensibilität, die wieder in der Stadt, in den Industriegebieten, den Schulen und in der Architektur spürbar werden sollte. Die Art und Weise, wie man mit diesem Motiv umgeht, kann ganz unterschiedliche Formen annehmen. Ich bin besorgter über den Akademismus als über die Romantik.

Ihre Konzeption des „minimalen Eingriffs" gehört zu den wichtigsten theoretischen Komponenten aktueller Landschaftsarchitektur. Was bedeutet minimaler Eingriff?

„Minimaler Eingriff" bedeutet nicht, daß man nichts tun möchte, sondern daß man mit dem „espace propre" sorgfältig umgeht. Als ich 1965 das wichtige Experiment *Un air rosé* mit einer roten Tulpe durchführte, wurde deutlich, was minimaler Eingriff bedeutet. Wenn Sie einen Streifen weißes Papier in den Blütenkelch einer Tulpe halten, werden sie erkennen, daß die Luft farbig leuchtet. Das ist das Prinzip des minimalen Eingriffs: Der Ort wird überhaupt nicht physisch beeinflußt, und trotzdem verändert man die Landschaft. Ich führte dieses Experiment zur gleichen Zeit durch, als Smithson seine Land Art-Projekte realisierte. Alles was ich dazu brauchte, war ein Streifen weißes Papier, um das Unsichtbare sichtbar zu machen.

Auf den Grundmauern einer Festung aus dem Zweiten Weltkrieg ließ Lassus im *Parc de la Corderie Royale* den Takelagenpark *Aire des Gréements* errichten, wo Nachbildungen der historischen Takelage gezeigt werden, die in der Corderie hergestellt wurden.

Im *Parc de la Corderie Royale* findet man Beton-Nachbildungen der Körbe „tontines", in denen auf Schiffsreisen exotische Pflanzen transportiert wurden. Die konische Haube auf den Körben schützte die empfindlichen Pflanzen gegen die salzige Seeluft.

S. 118/119 ▷
Über eine große Rampe hinter der alten Stadtmauer, bepflanzt mit Tulpenbäumen, gelangt man in den mit Palmen bepflanzten *Jardin de La Galissonnière*. 1711 brachte Roland-Michel de la Galissonnière von seiner Reise nach Amerika die ersten Samen einer großblütigen Magnolie mit, die heute unter dem Sortennamen „Galissonniensis" bekannt ist. Auch den Tulpenbaum führte La Galissonnière 1732 aus Virginia ein.

Bernard Lassus

Bernard Lassus

Bernard Lassus

Biographie und Werkverzeichnis
(Auswahl)

Bernard Lassus wurde 1929 in Chamalières (Puy-de-Dôme) geboren.
1949 Studium der Malerei bei Fernand Léger
Studium an der Ecole Nationale Supérieure des Beaux-Arts.
Bernard Lassus lebt und arbeitet in Paris.

Büro für Landschaftsarchitektur und Lehrtätigkeit (Auswahl):

1961	Gründung des Centre de Recherche d'Ambiance
seit 1967	Professor an der Ecole Nationale Supérieure des Beaux-Arts in Paris.
1985	Gastprofessur an der Gesamthochschule Kassel
1976–1986	Gründung und Leitung des Atelier Charles Rivière Dufresny an der Ecole Nationale Supérieure du Paysage de Versailles
	Derzeit Professor an der Ecole d'Architecture de Paris-La Villette
1995–1999	Adjunct Professor an der University of Pennsylvania, Department of Landscape Architecture, Philadelphia

Auswahl realisierter Kunst- und Landschaftsprojekte:

1960	kinetische Kunst und Environments
1965	Ambiance 6, „Un air rosé"
1967	„Le Jardin Noir"
1971–1978	Fassadengestaltung in der Ville Nouvelle d'Evry
1975	„Jardin de l'Anterieur" in Isle d'Abeau
1980–1981	„Passarelle d'Istres", Brückenbau in Bouches-du-Rhône
1981–1987	Fassadengestaltung und Wohnumfeldverbesserung in Uckange/Elsaß
1982–1997	„Parc de la Corderie Royale" und „Jardin des Retours" in Rochefort-sur-Mer; Auszeichnung durch das Kulturministerium 1993
1989–1990	Umgestaltung des Rastplatzes von Nîmes-Caissargues an der A54
1989–1992	Boulevard Périphérique Sud in Nîmes
1990–1991	Teilnahme am Grüngürtelprojekt in Frankfurt am Main
1990–1994	„Square de la ZAC Dorian" in Paris
1990–1996	„Jardin de la ZAC Dorian" in Paris
1991–1994	Landschaftsgestaltung an der Autobahn A837 Saintes-Rochefort
1992–1995	„Les Jardins de la Paix" in Verdun
1993	„Le jardin des buissons optiques" in Niort
1994–1995	Landschaftsgestaltung an der Autobahn A85 Angers-Tours
Seit 1955	zahlreiche internationale Ausstellungen über Kunst, Städtebau und Gartenkunst

Zahlreiche Gutachterverfahren, Studien und internationale Wettbewerbe, darunter:

1970	Studien über Arbeitergärten
1982	Wettbewerb „Parc de la Corderie Royale de Rochefort-sur-Mer" (1. Preis)
	Wettbewerb „Parc de La Villette" in Paris (engere Wahl)
1990	Internationaler Wettbewerb zur Neugestaltung der Tuilerien in Paris
1990–1991	Mitglied des internationalen Expertengremiums der IBA
1990–1992	Eingeladener internationaler Wettbewerb „Landschaftspark Duisburg-Nord" (engere Wahl)

Literaturauswahl

Lassus, B.: The Landscape Approach of Bernard Lassus. London 1983
Bann, Stephen: „From Captain Cook to Neil Armstrong: Colonial Exploration and the structure of landscape.", in: Eade, J.C. (Hrsg): Projecting the Landscape, Canberra 1987
Lassus, B.: Villes-Paysages, Couleurs en Lorraine. o.O. 1990
Lassus, B.: „Zwischen Schichtung und Tiefe", in: Koenigs, T. (Hrsg): Vision offener Grünräume. Frankfurt/New York 1991
Lassus, B.: Le jardin des Tuileries de Bernard Lassus. London 1991
Lassus, B.: Hypothèse pour une Troisième Nature. London 1992
Lassus, B./Leyrit, C.: Autoroute et Paysages. Paris 1994
Zahlreiche Veröffentlichungen in der internationalen Fachpresse, darunter:
Lassus, B.: „The Landscape Approach of Bernard Lassus: Part II", in: Journal of Garden History. London 1995

Bildnachweis

Freundlicherweise vom Landschaftsarchitekten zur Verfügung gestellt:
Arnaud Baumann: 109
Gérald Buthaud: 113 m./u.
Bernard Lassus: 105, 114, 115, 117 re., 118/119
außerdem:
aus Sutherland Lyall, Künstliche Landschaften, Basel/Berlin/Boston 1991: 118/119

Blauer Gleissteg im
*Landschaftspark
Duisburg-Nord*, 1995.

Die Syntax der Landschaft – Peter Latz

In den Jahren 1985–1989 entwickelte sich auf dem Gelände eines ehemaligen Kohlehafens am Ufer der Saar in Saarbrücken ein Park, der das bürgerliche Idealbild von beschaulicher Gartenkunst nachhaltig in Frage stellt. Die *Hafeninsel*, entstanden unter der Regie des Landschaftsarchitekten Peter Latz, spaltete nicht nur das professionelle Publikum in zwei Lager: Die einen sprechen begeistert von einem längst fälligen Beitrag zur Diskussion um eine zeitgemäße Gartenkunst, die sich endlich von alten Klischeevorstellungen befreit, während die Gegenseite heftig gegen eine sogenannte Schrottästhetik protestiert und von einem kaum zu überbietenden „Chaos von Materialien, Formen und figuralen Elementen" spricht.[1] Peter Latz hat es gewagt, entgegen den Gepflogenheiten eines sonst eher opportunistisch veranlagten Berufsstandes eine klare Position zu beziehen, und zählt heute zu den bekanntesten Vertretern innovativer europäischer Landschaftsarchitektur. Er lehnt es ab, Natur gemäß dem längst vergangenen arkadischen Ideal darzustellen und verweist statt dessen auf den Wert der Alltagsnatur, die unserem

[1] vgl. Lührs, H.: „Der Bürger-(meister)park Hafeninsel Saarbrücken" in: Bauwelt Heft 39, 1990; S. 1973 ff

alltäglichen Leben viel mehr zu bieten hat als gepflegte Sterilität, die immer und überall funktionalen Kriterien genügen muß.

Das mehr als 9 ha große, citynahe Gelände des ehemaligen Saarbrücker Kohlehafens wurde nach der Zerstörung im Zweiten Weltkrieg zugeschüttet und verschwand mitsamt den Resten der ehemaligen Verladeanlagen fast vollständig unter einer Decke von Schutt. Erst mit der Planung einer Autobahnbrücke über die Saar, die die *Hafeninsel* als Auflager für den nördlichen Brückenkopf nutzt, wurde man sich wieder dieses inzwischen stark verwilderten Geländes bewußt. Anstatt dem Areal aber mit einem vordergründigen Facelifting – eine bislang probate Methode in solchen Fällen – zu Leibe zu rücken, wählte das Planungsteam den Weg des minimalen Eingriffs. „Für das Zentrum der Stadt", so beschrieb der Landschaftsarchitekt damals sein Anliegen, „war eine neue Syntax zu entwickeln, die die zerrissene Stadtstruktur wieder zusammenfügen, die Vielfalt der Erscheinungsformen binden würde, jedoch Erinnerungen nicht verschütten, ja eher Verschüttetes aus dem Schutt wieder herauskristallisieren sollte; es entstand der syntaktische Entwurf für eine städtische Freifläche."[2]

[2] Latz, P. in: Garten und Landschaft 11/1987; S. 42

Aus der Vielzahl der fragmentierten Strukturebenen wählte der Landschaftsarchitekt neben den Industrieresten drei weitere Komponenten aus: das städtische Erschließungsnetz in Kombination mit Blickachsen, die existierende Trümmerflora sowie eine Reihe öffentlicher Gärten. Der „syntaktische Entwurf" hatte die Wiederbelebung und Sicherung des Genius loci zum Ziel, und diesem Ziel kam man mit ungewöhnlichen Experimenten sehr nahe. Durchstreift man heute das Areal, begegnet man unter-

Ausschnitt vom Ausführungsplan des „syntaktischen" Entwurfs für die *Hafeninsel Saarbrücken* 1985–1989.

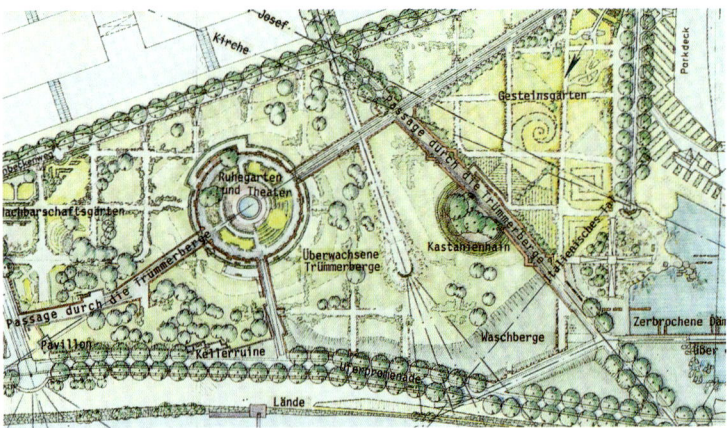

Der Hafen und die sogenannte Hafeninsel in Saarbrücken in einer Schrägluftaufnahme von 1946.

schiedlichsten Versatzstücken aus Vergangenheit und Gegenwart, archetypischen Bildern aus der Gartenkunst und Kunstinstallationen, die auf subtile Weise zu einem dichten Gewebe verknüpft sind.

Während für die meisten Künstler die Bedeutung der Struktur im Vergleich zur Gestaltfrage eher zweitrangig ist, spielt für Peter Latz die Struktur als Rahmen für selbstbestimmtes individuelles Handeln der Nutzer eine entscheidende Rolle. Der Ausdruck des Werkes soll nicht der minutiösen Wiedergabe eines künstlerischen Entwurfes zu verdanken sein, sondern der Arbeit von vielen innerhalb einer möglichst rational entwickelten Struktur. So bietet beispielsweise der rasterförmig gegliederte westliche Teil des Parks den Bürgern die Möglichkeit zu individueller Nutzung und Gestaltung. Peter Latz mußte auf der *Hafeninsel* das Risiko einer Planung mit offenem Ausgang eingehen, weil der kollektive Gestaltungswille auch unvorhergesehene Formen annehmen kann. Jedes offene Kunstwerk im Sinne von Umberto Eco[3] lebt von diesem Risiko des Unvorhersehbaren und wird als dynamisches Gebilde verstanden, das sich keiner starren Idealvorstellung fügt, sondern immer wieder Freiheit und Veränderbarkeit signalisiert. Die *Hafeninsel* ist in diesem Sinne ein offenes Gartenkunstwerk.

[3] vgl. ECO, Umberto: Das offene Kunstwerk. Frankfurt 1990

Viele der Prinzipien und Strategien im Umgang mit Zerstörung und Verfall, die auf der *Hafeninsel* zum ersten Mal erprobt wurden, wie beispielsweise das Materialrecycling, werden im derzeit größten Projekt des Büros Latz+Partner, dem über 200 ha großen *Landschaftspark Duisburg-Nord* bei der Entwicklung des „Parks des 21. Jahrhunderts" eindrucksvoll umgesetzt. Das Landschaftsbild des ehemaligen Hüttenbetriebes Mei-

Hafeninsel Saarbrücken. Die künstliche Ruine der *Wasserwand,* in rotem Ziegelstein errichtet.

Hafeninsel Saarbrücken. Die Vorbilder des vertieften Ruhegartens im Trümmerberg des Westteils des Parks findet man in der historischen Gartenkunst.

Die Gesteinsgärten im Westteil der *Hafeninsel Saarbrücken* erinnern an archäologische Grabungsstätten. Ihre formale Gestaltung ergab sich aus der Sortierung des Trümmerschutts.

Peter Latz

derich, wo bis ins Jahr 1985 37 Millionen Tonnen Roheisen produziert wurden, prägt eine unüberschaubare Zahl alter industrieller Objekte und Geländestrukturen, die schon nach kurzer Zeit von wilder, teilweise sehr seltener Vegetation völlig überwuchert wurden. Für Peter Latz, der zusammen mit seiner Frau, der Landschaftsarchitektin Anneliese Latz, und dem Planungsteam seit 1990 an diesem Projekt arbeitet, war die wichtigste Frage, ob die existierenden Reste einer industriellen Massenproduktionsanlage, riesige Gebäude und Hallen, gigantische Erzlager, Schlote, Hochöfen, Gleisanlagen, Brücken, Kranbahnen und so weiter tatsächlich zur Grundlage eines Parks werden konnten. Auch in *Duisburg-Nord* strebte man nicht etwa die Harmonisierung offensichtlicher Brüche und Fragmente an, sondern die Neuinterpretation existierender Strukturen und Elemente. Vier Schichten: Der *Wasserpark* aus Kanälen und Sammelbecken, die *Verbindungspromenaden*, die *Nutzungsfelder* und der *Bahnpark* mit den Hochpromenaden, sollen weiterhin nebeneinander existieren und nur an bestimmten Stellen durch besondere Verknüpfungselemente in Form von Rampen, Treppen, Terrassen oder Gärten visuell, funktional, ideell oder symbolisch miteinander verknüpft werden. Auch in Duisburg geht es im Sinne des syntaktischen Entwurfes um größtmögliche Offenheit für die Zukunft. Dieser Planungsansatz verträgt sich verständlicherweise nicht mit der gewohnten Erstellung eines fertigen Gesamtgestaltungsplanes. Peter Latz und sein Team wollten deshalb den Generalplan eigentlich nie fertigstellen.

Das Hüttenwerk Duisburg-Meiderich, wo Thyssen seit 1900 37 Millionen Tonnen Roheisen produzierte, blieb so erhalten, wie es 1985 stillgelegt wurde – 200 ha Brachfläche für einen postindustriellen Park.

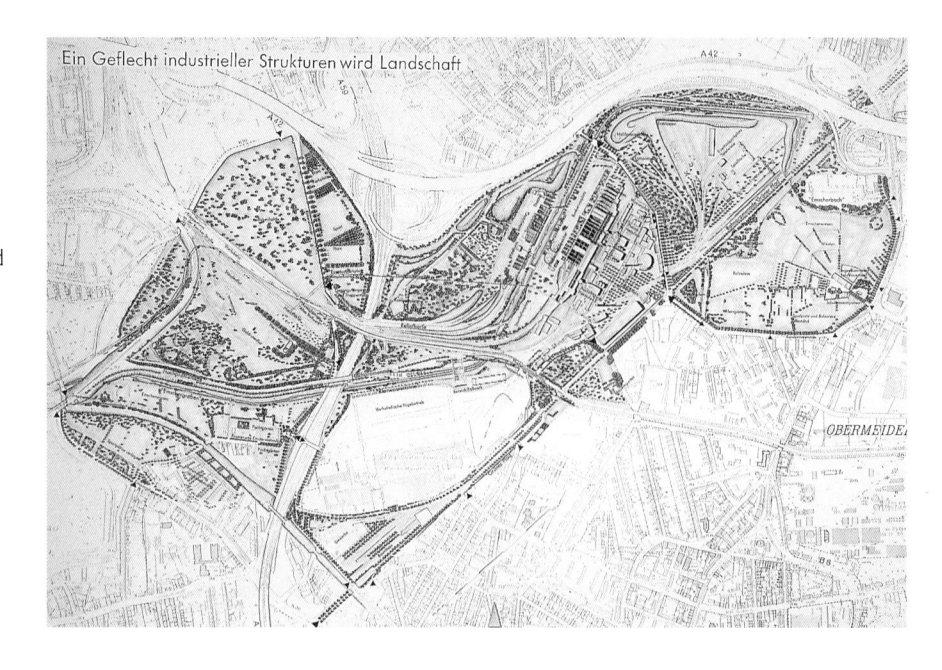

Der Gesamtplan des *Landschaftsparks Duisburg-Nord*, Ergebnis der Überlagerung von Konzeptebenen und Strukturelementen.
Die Darstellung einer vermeintlichen „Gesamtheit" der Landschaft aus Spuren, Brüchen, Harmonischem und Zerrissenem wurde bewußt nie beabsichtigt.

Peter Latz

Herr Latz, wie entwickelte sich Ihr Wunsch, Landschaftsarchitekt zu werden?

Mein Vater war Architekt, und aufgrund der Bedingungen während der Nachkriegszeit wollte ich zunächst unbedingt Landwirt werden, mit einem großen Hof. Den Hof gab es aber nicht. So begann ich sehr früh, für die Familie meiner Eltern im Garten Gemüse zu ziehen. Mit fünfzehn Jahren legte ich eine Obstplantage mit hundert Obstbäumen an und pflanzte Erdbeeren, um schnell etwas verkaufen zu können. Letztendlich versorgte ich ein paar Jahre lang die große Familie meiner Eltern mit Frischgemüse und Frischobst. Mit dem Erlös aus dem Verkauf der Plantage finanzierte ich mein Studium. Daher erklärt sich meine Liebe zum Obstbau, und in manchen meiner Projekte taucht noch heute das Motiv des Obstbaumes auf. Durch den Beruf meines Vaters war mir auch das Bauen schon immer sehr wichtig. Ich arbeitete sehr früh im Landschaftsbau und erwarb dabei eine ganze Menge wichtiger Fertigkeiten und Kenntnisse. Bereits zu Beginn der gymnasialen Ausbildung war mir völlig klar, daß ich Landschaftsarchitekt werden würde. Der Hauptimpuls für mein Interesse war die Vorstellung, wie ein Architekt gestalterisch zu arbeiten, aber mit sehr viel Pflanzenmaterial.

Zusammen mit dem Architekten Thomas Herzog baute Peter Latz in Kassel einen Altbau zum ökologischen Wohnhaus um, das er mit seiner Familie bewohnte.

Das klingt nach einer idealen Verbindung von Architektonischem und archetypisch Gärtnerischem. Hat das Studium Ihre Erwartungen erfüllt?

Das Studium an der TU München-Weihenstephan hat sicher viel hergegeben, und ich begann sehr früh, an Wettbewerben teilzunehmen. Ich schloß mein Studium 1964 nach der geforderten Mindestzeit ab und erlernte anschließend im Rahmen einer Nachausbildung an der Technischen Hochschule Aachen die Grundlagen des Städtebaus. Der Schwerpunkt des Studiums lag damals bei den Fragen der Stadtsanierung. Die Hauptarbeit zu dieser Zeit drehte sich um eine Stadtsanierung mitten im Ruhrgebiet, in Wattenscheid. Meinen ersten Auslandsjob als Dozent für Städtebau und Methodik nahm ich damals an der Akademie in Maastricht an und lehrte anschließend an der Akademie in Amsterdam.

Ich machte mich relativ schnell, nämlich 1968, selbständig. Die Aachener Zeit ging durch den Ruf nach Kassel zu Ende, wo ich eine Professur für Landschaftsarchitektur annahm. Zu dieser Zeit bearbeitete ich im Saarland das regionalplanerische Projekt *Naturpark Saar-Hunsrück*, das sehr viele analytische Komponenten beinhaltete. Ich kam damals zu dem Entschluß, mich wieder sehr viel stärker der Detailplanung zu widmen. Ich wollte vom Maßstab 1:50 000 wieder zum Maßstab 1:1. Das war in Kassel durch die Werkstätten der damaligen Hochschule der Bildenden Künste zum Glück sehr gut möglich. Ich hatte dort mein Atelier und beschäftigte mich intensiv mit alternativen Technologien, natürlich im Sinne der eigenen Profession. Die zentralen Themen reichten von der Dachbegrünung über den richtigen Umgang mit Wasser bis hin zu Fragen der Selbstversorgung. Mir ging es insbesondere um die konkrete Umsetzbarkeit meiner Erkenntnisse. Dieser Wechsel zu den Detailfragen hat mir sicher gut getan. Damals habe ich mit anderen Professionen in der Gruppe „Alternative Technologie" zusammengearbeitet, und das hat mich sicher beeinflußt. Noch heute arbeite ich mit dem Architekten Thomas Herzog zusammen. Zu der Zeit gab es starke Impulse, in der Architektur Veränderungen zu provozieren, auch von Seiten der Landschaftsarchitektur. Das war spannend. Über das gemeinsame Ziel, mit passiver oder aktiver Sonnenenergienutzung zu arbeiten, fand man den Zugang zu kleineren, aber langfristigen Forschungsprojekten. In meinem *ersten eigenen Haus*, das ich in Kassel zusammen mit Thomas Herzog baute, wurden wichtige Ergebnisse erarbeitet und erprobt. Beim Bau des *zweiten Hauses*, hier in Ampertshausen, profitierte ich erneut von diesen Erfahrungen. Hier verarbeitete ich zudem meine frühen Erinnerungen – der Wiederaufbau nach dem Krieg und das erste Haus meines Vaters im Selbstbau – in bautechnischer Hinsicht. Das hat sehr viel Spaß gemacht und vermittelte viele Erfahrungen mit temporären Prozessen. Es ging plötzlich nicht mehr nur um das Verständnis der Objekte wie sie sind, sondern wie sie werden. Die prozessuale Erfahrung in bezug auf Garten, Landschaft und Architektur war sehr wichtig.

Der Ruf als Professor an die TU München-Weihenstephan bedeutete nochmal eine ganz drastische Wende. In dieser Zeit hatte ich als Langzeitprojekt mit einer *Wohnsiedlung in Wattenscheid* und mit der *Universität Marburg-Lahnberge* zu tun, wo es um größere, um

Peter Latz

Büro und Wohnhaus Latz, ökologische Architektur in Ampertshausen bei Freising.

extensivere Dimensionen ging. Mit der Zeit wurde deutlich, daß es bei solchen Projekten heute nicht so sehr um flächendeckende Interventionen, sondern um die Auswahl wichtiger Orte oder Teilgebiete geht, die man konkret bearbeitet. Daneben kann man möglicherweise andere, große Flächen sich selbst überlassen.

Für einen Außenstehenden ist das eine sehr rasante berufliche Entwicklung. Woher nimmt man die Energie dafür?
Es war mir von Kindheit an immer selbstverständlich, viel Arbeit selbst zu machen, deshalb sehe ich darin eigentlich nichts Besonderes. Sicherlich sind auch Zwänge im Spiel, wenn man sich ohne jegliche Mittel, ohne jedes Kapital, vom Studium bis hin zur mühsamen Existenzgründung auf die eigene Arbeit verlassen muß. Ich habe natürlich auch nicht ökonomisch gearbeitet und habe oft mit Dingen experimentiert, die noch lange nicht ausgereift waren.

oft darum, die Grenzen der eigenen Vorstellung auszuloten, Konzepte zu erproben und schließlich zu realisieren. Und auch scheinbar extrem konservative Elemente, wie Buchshecken, gehören zum Repertoire. Landschaftsarchitekt zu sein bedeutet, das gesamte Repertoire unserer Garten- und Landschaftskultur permanent abzuprüfen und kontinuierlich daraus zu schöpfen, um die aktuellen Aufgaben optimal zu lösen. Dabei können scheinbar widersprüchliche Situationen oder scharfe Gegensätze entstehen. Es gibt Projekte, in denen vielleicht ein abgeschlossener, lieblicher Garten vorkommt, und sehr sehr nahe daneben häuft sich Trümmerschutt, verwittert Industriearchitektur, rostet eine Stahlskelettkonstruktion. Diese Merkmale entwickeln sich aber stets aus dem jeweiligen, einzigartigen Ort heraus.

Eine gegebene Aufgabe bearbeite ich anfangs immer so rational und so strukturell wie möglich. Am Anfang einer Aufgabe steht selten ein definitiver Gestaltungsanspruch. Der kommt

Blauer Gleissteg und Hochöfen. *Landschaftspark Duisburg-Nord*, 1995.

Wie definieren Sie heute Ihr Selbstverständnis als Landschaftsarchitekt, und welche zentrale Aufgabe hat Ihrer Ansicht nach die Landschaftsarchitektur heute zu erfüllen?
Das ist, wie man an meinen Projekten sieht, sehr schwer eindeutig zu beantworten und hängt von der jeweiligen Situation und deren Interpretation im Sinne einer neuen Nutzung, einer neuen Funktion ab. In der Regel geht es in der Landschaftsarchitektur um Veränderung oder Schutz. Man bedient sich entweder der Elemente, die möglichst selbstverständlich im gegebenen Kontext erscheinen oder bereits existieren. Manchmal sind winzige Einzelheiten ausschlaggebend, wie die Stauden und Geophyten in der Buchshecke, die sich nahezu unbemerkt verbreiten und im Gemüsegarten zu Dauergästen werden. Manchmal sind aber auch ganz deutliche Eingriffe erforderlich, und wenn es sein muß, kann das mit brutal harten Materialien geschehen, wie Stein und Eisen. Es geht

erst in sehr späten Projektphasen hinzu, wenn die Strukturen gesichert und die rationalen Prinzipien erfüllt sind. Zuerst geht es um rational begründbare Systeme, um eine Art Ideologie für das betreffende Projekt, eine Art Philosophie – obwohl Philosophie in diesem Zusammenhang eigentlich ein völlig falscher Ausdruck ist.
Für *Duisburg-Nord* habe ich erst einmal Geschichten geschrieben. Geschichten über den Falken, der den Berg umkreist. Dadurch wurde mir langsam klar, was ich mit den Hochöfen machen würde. Der Eindruck von den Gebilden, ihre übertragene Bedeutung interessiert mich eigentlich recht wenig. Mit anderen Worten: die Semantik ist mir nicht so wichtig. Auch die praktische Ebene, die Machbarkeit interessiert mich zunächst überhaupt nicht. Am Anfang interessiert mich eigentlich nur, welche Anzahl von Elementen und Objekten mir zur Verfügung steht und welche Möglichkeiten es gibt, die Dinge miteinander zu verknüpfen. Mich interessiert die Syntax der Ebenen, die

Der *Cowperplatz* im *Landschaftspark Duisburg-Nord*.

Peter Latz

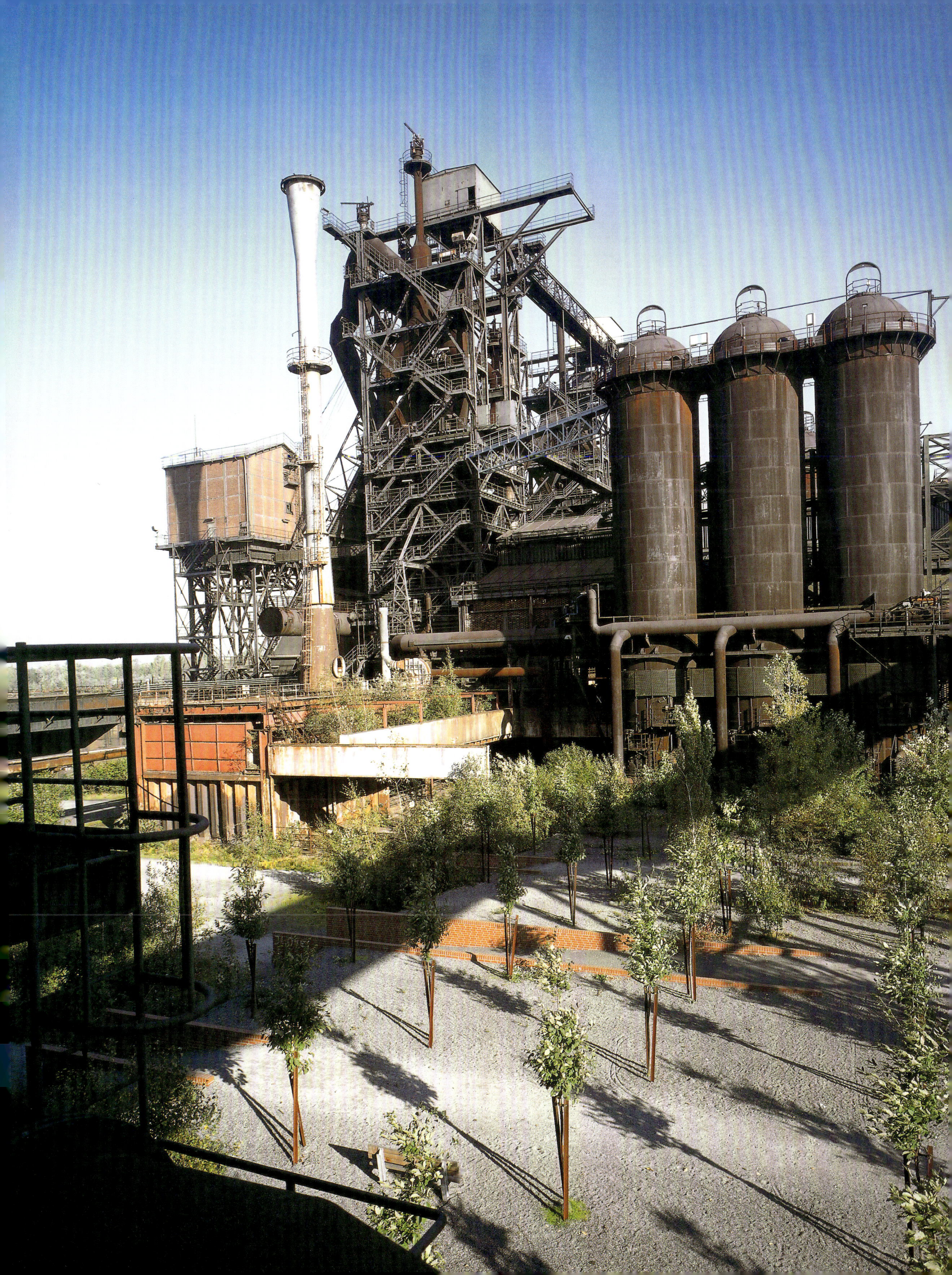

Regelhaftigkeit, mit der man eine oder mehrere Sachen einfängt. Die Regeln können unterschiedlich sein und auf verschiedenen Schichten zum Tragen kommen. Der Bleistift ist nicht das Suchsystem für die Formen, auch nicht die Tusche oder der Filzstift, sondern es geht darum, ein Prinzip für den jeweiligen Ort zu finden, mit dem man natürlich auch experimentieren kann. Solche Experimente können mal schiefgehen, aber wenn man schließlich merkt, daß man das Experiment beherrscht und es einen weiterführt, dann treibt man es soweit wie möglich.

Was bedeutet in diesem Kontext der Entwurf für Sie?
Es kommt im wesentlichen darauf an, welche Kraft die existierenden Objekte bereits haben, welche Informationsdichte sie schon besitzen oder welche Informationsdichte man erst in ein Projekt einbringen muß. Vielleicht kann man mehrere Prinzipien des Entwurfsprozesses beschreiben: Bei sehr unbekannten Aufgaben und Projekten bilde ich Schichten von Informationen, die ich anschließend zusammenpacke. Bei anderen Projekten mache ich rasch auf einem Blatt Papier, einer Serviette oder ähnlichem eine Skizze, die in der nächsten Zeit, wenn neue Gedanken auftauchen, immer weiter verändert wird, manchmal bis zu einem Punkt, an dem das Ergebnis nichts mehr mit der anfänglichen Idee zu tun hat. Diese Strategie wird unter Umständen so lange verfolgt, bis ein ausreichend komplexes Informationsgebilde entsteht – mit dem man selbstverständlich noch umgehen können muß. Solange ein Projekt in der Wachstumsphase ist, werden bestimmte Entwicklungszustände oder Bedeutungsschichten noch nicht sichtbar. Das kann bedeuten, daß diese Informationsschichten durch temporäre Installationen vorweg sichtbar gemacht werden müssen. Bis die Rosenhecke wirklich über und über blüht, dauert es eine Weile, während ein Centranthus, den man zwischen die Rosen pflanzt, schon viel früher einen vitalen Sommeraspekt entfaltet.

Welchen Bezug haben Sie zur traditionellen Gartenkunst?
Ich sagte vorhin, daß man mit dem gesamten gartenkünstlerischen Repertoire arbeiten kann, von der mittelalterlichen Rasenbank bis hin zu Interventionen der fünfziger Jahre. Ich glaube natürlich weder, daß man die Villa Lante kopieren kann, noch meine ich, daß man das tun sollte. Man kann an den Villengärten der Renaissance aber sehr viel lernen. Der *Landschaftspark Duisburg-Nord* hat für mich viel mit Bomarzo zu tun. Das läßt sich nicht an einem bestimmten Objekt festmachen, aber ich sah in Duisburg sehr schnell Bomarzo. Andere Projekte haben mehr mit der heiteren Zurückgezogenheit der Villa Lante gemeinsam oder spiegeln die Sprödigkeit und Antigeometrie der Schloßgärten von Caprarola. Zuweilen entdeckt man auch den Rest eines Barockgartens, repräsentiert durch das Wasser oder eine einzige Achse, die einem klarmacht, welche perspektivischen Potentiale die Landschaft entfaltet. Aber auch viele historische Maschinenbauten gehören für mich zum Repertoire. Historische Baumethoden, der Umbau von Stadt und Landschaft mit rationalen Interventionen, der Bau von Kanälen, von Schleusen, die Bewässerungssysteme, Hallen und Gewächshäuser – das sind alles Elemente, die es einem ermöglichen, Räume zu erkennen und zu interpretieren. Einige Projekte nenne ich sehr gerne in diesem Zusammenhang: die Studien über das „Gleisdreieck" in Berlin oder den sogenannten *Bahnpark* in Duisburg.

Das räumliche Erfassen von Landschaft spielt dabei eine ganz wichtige Rolle. Den Umgang mit landschaftsanalytischen Methoden, die einem erlauben, Landschaft auf die unterschiedlichsten Grundbedingungen zurückzuführen, halte ich für sehr wichtig, und die Landschaftstheorie hat mich schon immer sehr beschäftigt. Es geht mir darum zu verdeutlichen, daß man nur über vorformulierte Techniken Landschaft erfassen kann. Die erlernte Methode, ein Schneefeld zu überqueren, gehört für mich zu diesen Techniken. Man erfaßt Landschaft immer nur von jenen Orten, die einem selbstverständlich erscheinen. Die Vorinszenierung der Landschaft bedingt also deren neue Wahrnehmung.

Viele Menschen haben Schwierigkeiten, Ihre Projekte auf der *Hafeninsel in Saarbrücken* und im *Landschaftspark Duisburg-Nord* mit den traditionellen Vorstellungen von Gartenkunst in Einklang zu bringen. Andererseits ertönt immer häufiger der Ruf nach einer neuen Gartenkunst. Welche Position beziehen Sie in diesem Kontext?
Ich war mir nie bewußt, etwas Neues zu wollen oder zu machen. Ich wollte etwas entwickeln, das dem jeweiligen Ort gemäß ist. Sicherlich verwendete ich andere Filter, als sie normalerweise in der Landschaftsarchitektur benutzt werden. Aufgrund meiner Nachkriegserfahrung gibt es beispielsweise überhaupt keine Berührungsängste mit Trümmerschutt. Ich weiß, daß man damit phantastische Häuser nicht nur bauen konnte, sondern sogar bauen mußte. Auch Steinbrüche gehörten für mich sehr früh zu den attraktivsten Orten, die ich schon als Zehnjähriger sehr gerne erkundet habe. Ich konnte nie verstehen, daß diese spannenden Orte in der Profession als Landschaftsschäden bezeichnet wurden. Deswegen habe ich vielleicht gar keine andere Möglichkeit gehabt, als anders hinzuschauen. Ich war mir sicher nicht bewußt, daß es in dieser Hinsicht so unterschiedliche Wahrnehmungen gibt. Der Unterschied zum traditionellen Park war mir natürlich klar, aber mit der heftigen, teils aggressiven Abwehrreaktion der Kollegen hatte ich nicht gerechnet.

Es war also keine bewußte Provokation oder ein bewußter Verstoß gegen die Konventionen der Wahrnehmung?
Es war eine bewußt andere Anwendung der Konventionen, denn im Grunde genommen ist es der Genius loci, den ich suchte. Das ist ja wirklich nicht neu. Vielleicht ging es mir um die klare Formulierung einer neuen, abstrakten Aussage. Die Architektur von Mies van der Rohe hat mich lange Zeit sehr beschäftigt, besonders im Hinblick auf die Frage nach der Reduktion von Information und deren Redundanz. Simple, additive Systeme in der Landschaft faszinierten

mich immer sehr, und man findet diese Systeme überall. Für mich war es deshalb gar nichts Besonderes, den Park auf der *Saarbrücker Hafeninsel* ganz einfach nach dem Gauß-Krügerschen Netz zu unterteilen, denn dieses rationale System war bereits auf dem Lageplan. Ich hätte auch ein anderes Netz erfinden können, aber das wäre gar nicht sinnvoll gewesen.

Ich finde es sehr spannend, daß ausgerechnet zwei Projekte an zerstörten Standorten zu den faszinierendsten Arbeiten für Sie zählen.

Natürlich suche ich auch die schönen Stellen in der Landschaft und genieße dieses Erlebnis. Das ist nicht die Frage. Die Frage ist: Wo wird am meisten Fantasie provoziert, im Zustand des Harmonischen oder im Zustand des Disharmonischen? Das Disharmonische führt möglicherweise zu einer anderen Aussage, einer anderen Harmonie, einem anderen Ausgleich. Wenn man aus einem flachhügeligen Land wie dem Saarland kommt, dann wirken natürlich solche außergewöhnlichen Ereignisse wie brutale Steinbrüche sehr viel dynamischer und packender. Auch ein gesprengter Bunker aus dem Zweiten Weltkrieg hat solche Qualitäten, und man weiß, daß man dort etwas tun darf, wogegen viele andere Orte heute noch tabuisiert sind. Diese zerstörten Orte bieten viel größere Handlungsfreiheit, nicht nur dem Landschaftsarchitekten, sondern vor allem auch dem Nutzer. Deswegen werden viele Menschen von solchen Orten angezogen.

Das klingt ein wenig nach der Faszination des Erhabenen, nach der Vorliebe für die Schönheit von Ruinen. Fast vermutet man den Romantiker hinter diesen Auffassungen.

Ich habe vor einiger Zeit bei einem Vortrag in Dresden den Schutz der Zerstörung vor der Zerstörung gefordert. Die scheinbar zufälligen Ergebnisse menschlicher Eingriffe, die allgemein negativ betrachtet werden, haben so ungeheuer spannende, positive Aspekte und letztlich, wenn man genau schaut, sogar im Sinne von Naturschutz. Diese Areale bieten ein besonderes Potential für die Entwicklung vollkommen anderer Dinge. Es ist kein Zufall, daß ich meine ersten Berufsjahre im Ruhrgebiet verbrachte. Das hat mit Sicherheit nichts mit Romantik zu tun. Ich bin nun mal nicht der Meinung, daß Klassizismus, Romantik und andere kulturelle Stufen alternative Funktionen sind, sondern daß wir sie synchron besitzen. Es ist daher nicht immer strikt zu trennen, ob das nun rational oder romantisch ist. Natürlich kann man jede Blume, jeden Stein zumindest sekundenweise auch romantisch interpretieren. Ich kann einen rational konstruierten Holzstützenbau errichten, und dann scheint plötzlich aus irgendeinem

Privatgarten Latz in Ampertshausen, Mauer in „Klamott-Bauweise".

Winkel die Sonne durch das Glasdach, und es entsteht ein ungeheuer romantisches Zufallsbild. Genauso gut kann ich bewußt romantische Bilder erzeugen, die an einem Nebeltag so banal ausschauen können, daß ich sie gar nicht wahrnehme. Ich weiß, daß das sehr bürgerlich klingt, aber in meinen Augen gibt es eine Vielzahl vorgeprägter, eingeübter Optionen des Denkens, des Fühlens oder des Erlebens. Wenn ich ans Meer fahre, dann weiß ich im Grunde schon Wochen davor, welche Erlebnisse ich dort haben kann. Ich sagte bereits, daß mich die semantischen Effekte gar nicht interessieren. Mir ist es wichtiger, eine Struktur zu finden, in der sich eine ganze Menge solcher semantischer Erscheinungsformen abwechseln und gegenseitig auslösen können. Im Wechsel der Jahreszeiten, Wetterlagen und Ereignisse sollen permanent andere Ausdrucksweisen entstehen.

In der Publikation „Stadt-Parks" aus dem Jahr 1993 schreiben Sie: „Es wird Zeit für ein neuentwickeltes Naturverständnis." Wie definiert sich Ihr eigenes Naturverständnis, und an welchen Merkmalen Ihrer Projekte wird es deutlich?

Naturverständnisse sind im Grunde ebenso geschichtet wie die anderen kulturellen Verständnisse, die wir mit uns herumtragen. Heute wird in der Hauptsache gerade manifest, was wir als sogenannte Kulturlandschaft begreifen. Diese Kulturlandschaft ist in Wirklichkeit eine ganz brutale, historische land- und forstwirtschaftliche Nutzlandschaft. Ich versuche, dieses allgemeine Naturverständnis in Artikeln und Vorträgen zu diskutieren, und das ist sicherlich als Provokation zu verstehen. Das hat nicht nur mit der eigenen Arbeit zu tun. Es gelingt mir zwar nicht immer, aber ich möchte ziemlich radikal zwischen Natur und Landschaft unterscheiden, denn sie haben im Prinzip nichts miteinander zu tun. Landschaft ist ein kultureller Begriff, den eine Gesellschaft modifiziert im Kopf hütet. Natur ist eine Gesetzmäßigkeit, ein Mythos. Im Grunde genommen stecken wir mitten in der Natur, was einem spätestens dann klar wird, wenn man körperlichen Schmerz empfindet. Ich bilde mir ein, daß alle Objekte, die ich mache, insbesondere wenn sie aus Eisen, Stahl und Stein sind, eine Auseinandersetzung mit Natur sind. Wenn ich Schnittblumen ziehe und Gemüsebeete anlege, dann hat das meiner Ansicht nach in erster Linie nichts mit Natur zu tun, sondern eher mit Kulturtechnik, auch wenn es scheinbar naturnäher, natürlicher ist. Sehr viele Menschen sind schnell geneigt, gerade in diesem Zusammenhang von Natur zu reden. Die Ambivalenz der Begriffe erfordert eine gewisse Vorsicht im Umgang mit diesen Vokabeln.

Mich faszinieren am meisten die Systeme, die auf der einen Seite extrem hohe technische Anforderungen erfüllen müssen und die auf der anderen Seite fast idealtypische ökologische Qualitäten entwickeln. Diese Systemkomponenten sind so eng miteinander verknüpft, daß die Ökologie verschwindet, wenn die Technik verschwindet, und die Technik verschwindet, wenn die Ökologie nicht mehr stimmt. Wir müssen begreifen, daß ein großer Teil unserer Welt so funktioniert. Was dreißig Jahre zuvor von Naturschützern als extremste Zerstörung der Umwelt bekämpft wurde, wird heute unter Naturschutz gestellt. Was ich hier gerade als synchronen Prozeß beschrieben habe, wird in der Regel immer als dialektischer Zusammenhang aufgefaßt. Mich interessiert der synchrone Aspekt jedoch wesentlich mehr. Ich bin natürlich auch ganz froh, wenn ich im Mai zu Hause in meiner Blumenwiese sitze, aber ich denke, daß wir gezwungen sind, mit Natur und Landschaft zu experimentieren, und sei es auch nur im Geiste. Prüft man diese Experimente in der Realität, macht man viele Entdeckungen, und dann können sich plötzlich die etablierten Werte schon mal verschieben. Ich kann mir inzwischen ein Gartenbeet vorstellen, das ausschließlich aus einem Substrat aus rostigen Schrauben besteht. Ich kann mir natürlich genauso gut ein sechzig Zentimeter tiefes Komposterdebeet vorstellen, wo die Rettiche, der Salat und die Kürbisse nur so wuchern. Das sind gärtnerische Herangehensweisen. Man kann aber auch für eine vorhandene technische Landschaft große Faszination entwickeln und erkennt sie als idealtypischen Landschaftsausschnitt. Das mag vielleicht in zwanzig Jahren völlig uninteressant sein, aber momentan ist er sehr spannend. Wir haben immer gemeint, es gäbe auf der ganzen Welt nichts mehr zu entdecken, außer vielleicht in den Urwäldern von Indochina, Indonesien, Brasilien. Wir sind sogar auf den Mond geflogen, um Neues zu entdecken, dabei existieren mitten in unseren Städten faszinierende, zugängliche Entdeckungsgebiete. Wir müssen nur etwas genauer hinsehen.

Im Bereich *Hamborner Stadtgarten* werden Stäube, Minerale, Kohle, Koks, Schrott, Aschen und Pellets auf ihre besondere Eignung als Gartenerden getestet. Schon heute findet man im *Landschaftspark Duisburg-Nord* auf belasteten Böden sehr seltene Pflanzengesellschaften.

An einer anderen Stelle im erwähnten Buch schreiben Sie: „Es wird Zeit, die Entwicklung der Künste aus zwei Jahrzehnten zu einem zukunftsweisenden Gedanken zu verbinden." Was steckt hinter dieser Forderung?

Unsere Profession muß im Hinblick auf ihren gedanklichen und theoretischen Entwicklungsstand bedauerlicherweise immer mit einem Timelag von, freundlich gesprochen, zwei Jahrzehnten gegenüber Kunst und Architektur zurechtkommen. Vielleicht ist unsere Verspätung sogar noch viel größer. Man müßte die Sichtweisen der Kunst, Umwelt wahrzunehmen und darzustellen, ihre experimentellen Strategien, auch in der Landschaftsarchitektur einführen und zwar nicht nur in ein, zwei Projekten, sondern in ganz entschiedener Breite. Man sollte nicht einfach alle diffamieren, die von den Regeln abweichen, die Lenné und von Sckell vor etwa zweihundert Jahren aufgestellt haben. Die Entwicklungen seit dieser Zeit darf man nicht einfach ignorieren. Es gab im Laufe der Geschichte der Gartenkunst sehr viele Alternati-

Die massiven Möllerbunker aus Stahlbeton, wo früher große Mengen verschiedener Erzsorten und Zuschlagstoffe gelagert wurden, sind heute ein beliebter Klettergarten im *Landschaftspark Duisburg-Nord*. Das Gipfelkreuz markiert den „Monte Thyssino".

ven, die nicht beachtet werden. Oft stellt sich bei genauerem Hinsehen übrigens heraus, daß an Lenné und von Sckell gar nicht ernsthaft angeknüpft wird, sondern man tut nur so. Das sind die Gründe für die angesprochene, provokative Forderung, die ich während meiner Arbeit am *Frankfurter Grüngürtel* formulierte.

Eine andere provozierende Forderung lautet: „Ich möchte einen Park machen, ohne Baum und Strauch." Das bedeutet, wir müssen versuchen, einmal drei Schritte von den Klischees wegzugehen, und von diesem Abstand aus sollten wir überlegen, welche Potentiale uns tatsächlich zur Verfügung stehen. Als Beispiel will ich nur den unsinnigen Versuch nennen, Halden zu begrünen. Mit großem Aufwand werden Böschungsneigungen korrigiert und Hänge bepflanzt, damit nur ja keine Erosion einsetzen kann. Die Halden werden im landschaftlichen Stil mit runden Buckeln oder steilen Flanken hingehügelt, -geschrägt oder -gestaffelt, damit sich nur ja nichts verändern kann. Das einzige natürliche Prinzip solcher Materialanhäufungen ist ein vernünftiger Erosionsprozeß, der zu ganz anderen Formationen führt. Das einzig Interessante wäre eine Provokation und Förderung von Erosion, um anschließend die phantastischen Erosionsstrukturen zur Darstellung der Umwelt zu nutzen. Statt dessen verwendet man allen Geist darauf, genau dieses zu verhindern. In den stillgelegten Braunkohlegruben der neuen Bundesländer soll bei der Rekultivierung genauso verfahren werden. Jede Rekultivierung ist auf die Formung eines ästhetisch-technischen Bildes ausgerichtet, das meistens fürchterlich langweilig wird, und anschließend verwendet man auch noch all sein Können auf die Fixierung dieses Zustandes, so daß sich überhaupt nichts anderes daraus entwickeln kann. In anderen Zusammenhängen ist Erosion sicherlich etwas Fürchterliches, aber an so einer Stelle ist sie vielleicht ungeheuer wichtig.

Schauen sie sich beispielsweise die *Piazza Metallica* im *Landschaftspark Duisburg-Nord* an. Dieser Platz aus massiven Eisenplatten ist nur aufgrund zweier physikalischer Prozesse so interessant: Das eine ist die Erstarrungsformation, die man unter dem Schlackenbelag mühsam wieder zum Vorschein bringen mußte, und das zweite ist die Erosion. Diese gehört zu einer Technik und zu einer Zeit, wo anstelle von Wasser glühendes Eisen von eintausenddreihundert Grad oder mehr auf die Platten floß. Dabei entstanden fluviatile Systeme, die einem Gletscherschliff sehr ähnlich sind, also urtümliche Formationen, die durch die Gewalt flüssiger Elemente entstanden sind. Das finde ich als Natursymbol wesentlich interessanter als irgendeine dusselige Birke!

Ich möchte trotzdem gerne genauer wissen, in welcher Hinsicht die Landschaftsarchitektur der Kunst um mindestens zwei Jahrzehnte hinterherhinkt. Welche Anregungen kann man der Kunst entnehmen? Die einfache Nachahmung künstlerischer Vorbilder ist sicherlich ausgeschlossen.

Genau. Die relativ banale formale Übernahme von Elementen der Moderne in die architektonisch gerasterten Gärten der fünfziger Jahre war eine vorübergehende Erscheinung. Was fehlte, war eine wirklich geistige Auseinandersetzung mit der Moderne im Garten, von ganz wenigen Ausnahmen abgesehen. Meistens blieb es bei vordergründigen Versuchen. Es hat beispielsweise keine wirklich überzeugenden Beispiele der Pop-Kultur im Garten gegeben. Es gibt im Grunde auch keine Beispiele des Umgangs mit anderen nachmodernen Strömungen. Es gibt wenige realistische Ansätze einer postmodernen Gartenkunst. Kaum jemand hat sich ernsthaft mit den Gedanken des Strukturalismus auseinandergesetzt, obwohl strukturalistische Prinzipien ausgesprochen tragfähig sind, um Landschaftsstrukturen aufzubauen. Allenfalls die Niederlande machen darin vielleicht eine Ausnahme. Es gibt ganz wenige tragfähige ästhetische Konzepte, die versuchen, ökonomische Denkprinzipien darzustellen. Ich denke dabei nicht etwa an gärtnerische Produktionsweisen und deren Organisation, sondern an eine vollkommen andere Dimension der Darstellung. All dies zieht im Laufe der Zeit an einer Profession vorüber, die sich nach wie vor in der Hauptsache an Vorbildern wie Fürst Pückler-Muskau orientiert und unbeirrt die Traditionen des letzten Jahrhunderts weiterführt. Währenddessen entstehen auf anderen Feldern bereits die nächsten Experimente, und wir schauen schon wieder daran vorbei.

Generell gefällt sich unsere Branche in Designspielen oder in Rückgriffen auf die Vergangenheit. Die Ursache dafür liegt vielleicht auch in den Mechanismen unserer medialen Welt. Den meisten Landschaftsarchitekten fehlt der Mut, die aktuellen Sprachen unserer zeitgenössischen Kultur zu verwenden. Natürlich spielen dabei Akzeptanzprobleme eine wichtige Rolle, die ich durchaus kenne. Derlei Probleme gibt es aber genauso in der zeitgenössischen Kunst und der zeitgenössischen Architektur. Das müßte man aber einfach einmal durchstehen.

Haben Sie sich in einem Ihrer Projekte schon einmal bewußt der Kunst als Sprache bedient?

Ja, mit unterschiedlichen Erfahrungen. Es gibt in der Gartenkunst Objekte und Situationen, bei denen man zwingend noch ein Kunstwerk als solches braucht. In anderen Fällen ist das Projekt abgeschlossen, steht für sich und braucht kein zusätzliches Objekt. Die Spannweite zwischen diesen beiden Situationen ist ziemlich groß. Ich habe mir beispielsweise für das *Hafen-*

Besondere Stahlplatten, 2,20 x 2,20 m groß und etwa 8 t schwer, dienten früher als Gießbettauskleidung in der Masselgießerei. Latz baute daraus die *Piazza Metallica*. „Das finde ich als Natursymbol wesentlich interessanter als irgendeine dusselige Birke!" (Peter Latz)

Inselprojekt viele künstlerische Interpretationen bestimmter Situationen gewünscht, aber der finanzielle Rahmen ließ das nicht zu. An anderer Stelle, wie beispielsweise bei der *Piazza Metallica*, war ich wiederum froh, daß wir ausschließlich mit unseren Sprachen und Methoden zu einem sehr guten Ergebnis kamen.
Die Objekthaftigkeit der Kunst ist für unsere Profession praktisch. Prozessuale Kunst ist nicht nur praktisch, sondern sogar ideal, weil sie das Objekt nicht verändert, sondern für sich existiert, und weil das andere Objekt ruhig wachsen kann. Ich halte die Lichtkunst für ein gutes Beispiel, weil die eigene Arbeit unter Umständen in völlig anderem Licht interpretiert wird, als man sich das vorgestellt hat. Es gibt eine Menge Künstler, wie beispielsweise Richard Serra, die sich ihren umgebenden Raum selbst entwickeln.
Bei einigen unserer Projekte funktionierte die Zusammenarbeit mit Künstlern sehr gut. In solchen Projekten war im Endeffekt nie ganz klar, wo die Grenzen zwischen Kunst und Landschaft lagen. Die Freiraumgestaltung der *Universität Marburg* ist ein gutes Beispiel dafür, oder auch die Platzgestaltung an der *Landeszentralbank in Kassel*. Bei diesem Projekt kombinierten wir die künstlerischen Objekte mit unserer Vorstellung der Freiraumgestaltung. Ich spreche in diesem Zusammenhang nicht von barocken Nischen, in die man dann etwas hineinstellt. Die Landschaft bildet heute den Rahmen der künstlerischen Installation, und die Anlage wird als Gesamtbild betrachtet, obwohl das zu Beginn nicht so gedacht war. In manchen Projekten entwickelt man also eine ganz lakonische Struktur, und die Kunst hat darin eine sehr große Bedeutung, und bei anderen Projekten geht man in der landschaftsarchitektonischen Interpretation so weit, daß vielleicht gar kein Platz für andere künstlerische Aussagen bleibt.

Ich fand es bemerkenswert, daß Sie im Rahmen des Landschaftsparkes in Duisburg einen Teil der Topografie im Sinne der Land Art interpretierten. Wieso greifen Sie in diesem Zusammenhang zu einer Vokabel, die eindeutig aus der künstlerischen Terminologie stammt?
Die Gleisharfe, wo jedes zweite Bahngleis nach unten führt und das andere nach oben, ist ein phantastisches, technisch gebildetes Objekt. Aufgrund der Vorliebe für die sensiblen Methoden der Bahntechnik, Gleisstränge zu teilen und wieder zusammenzuführen, entdeckte ich den *Bahnpark in Duisburg* sehr schnell. Die Gleisführung provoziert eine Bewegungsart, die so kompliziert ist wie ein Ballett. Die Ingenieure hatten mit Sicherheit beim Bau dieser Anlage, der sich über einen Zeitraum von sechzig, siebzig Jahren zog, nicht etwa Kunst im Sinn, sondern Technik. Hätte man ihnen damals gesagt, daß sie Kunst machen, wären sie sicherlich sehr ärgerlich gewesen, hätten vielleicht sogar ihren Job verloren. Sehr oft entstehen in der Geschichte der Technik faszinierende Gebilde. Die sollte man erkennen und die Aussagekraft solcher Objekte unterstützen. Insofern habe ich den Begriff Land Art benutzt, obwohl es da keinen Künstler gab. Es ging mir eher um die Assoziation. Derlei Qualitäten stecken in sehr vielen Objekten. Es gehört zu den ambivalenten Fragen unserer Kultur, ob man solche technischen Gebilde, zu denen ich auch die Halden zähle, unter Kulturschutz stellen sollte.

Die IBA Emscherpark bindet in ihr umfangreiches Entwicklungsprogramm verstärkt künstlerische Aktionen ein. Wie beurteilen Sie diese Strategie?
Zunächst bin ich der festen Überzeugung, daß es Gartenkunst gibt. Ob das eine oder andere meiner Projekte zur Gartenkunst gezählt werden wird, weiß ich nicht, ich hoffe es aber. Trotz des hohen Anteils funktionaler Aspekte denke ich, daß bestimmte Teile meiner Arbeit nicht nach dem Gebrauchswert oder dem Funktionswert zu beurteilen sind und andere Qualitäten vermitteln. Wir müssen uns aber in unserer Alltagsarbeit mit ziemlich großen Einschränkungen abfinden: Es sind große Zeiträume zu überbrücken, und die Information zur gestellten Aufgabe ist nie ausreichend. Zum schnellen Sichtbarmachen bestimmter Zusammenhänge integriert die Internationale Bauausstellung selbstverständlich das Thema Kunst. Unabhängig von der Frage, ob es sich um Landschaftskunst oder Objekte handelt, denke ich, daß es sich dabei auch in Zukunft um ganz wesentliche, zwingende Bestandteile im Konzept der IBA handeln wird. Wenn ich nämlich bestimmte Interpretationen von Orten, Räumen und Situationen brauche, müssen die verschiedenen kulturellen Sprachen alle zur Anwendung kommen. Kunst ist eine dieser notwendigen Sprachen. Im Laufe der Architekturgeschichte wurde schon immer nach den objektiven bautechnischen Kriterien, dem zivilisatorischen Erbe, dem künstlerischen Erbe, der theologischen Bedeutung und so weiter gefragt. In unserer Kultur werden diese Komponenten immer getrennt abgefragt, aber ich kann mir vorstellen, daß diese Differenzierung zwischen Kunst, Architektur und Landschaftsarchitektur vielleicht gar nicht so sinnvoll ist.

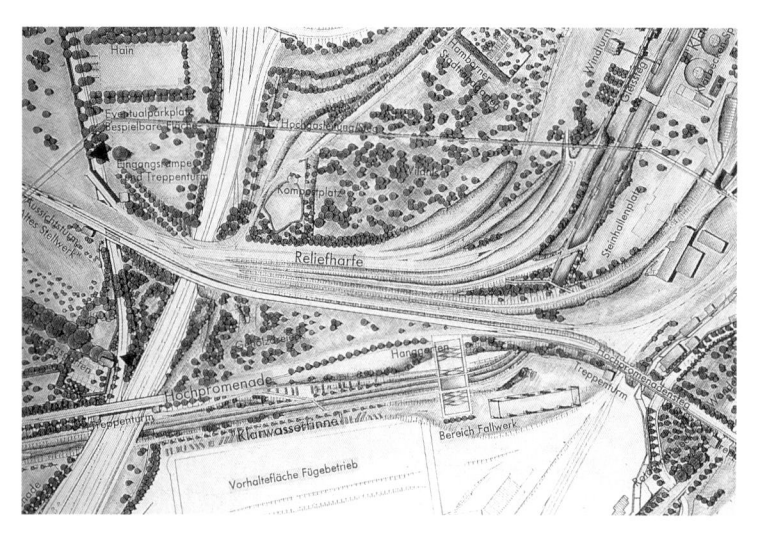

„Die Gleisführung provoziert eine Bewegungsart, die so kompliziert ist wie ein Ballett" (Peter Latz). Planausschnitt *Bahnpark*

In manche Sinterbunker wurden mit Spezialsägen Öffnungen geschnitten, die den Blick in die Gärten oder den Durchgang ermöglichen.

Farngarten im *Landschaftspark Duisburg-Nord*, 1995.

Peter Latz

ARBORETUM UND GRÜNFLÄCHEN

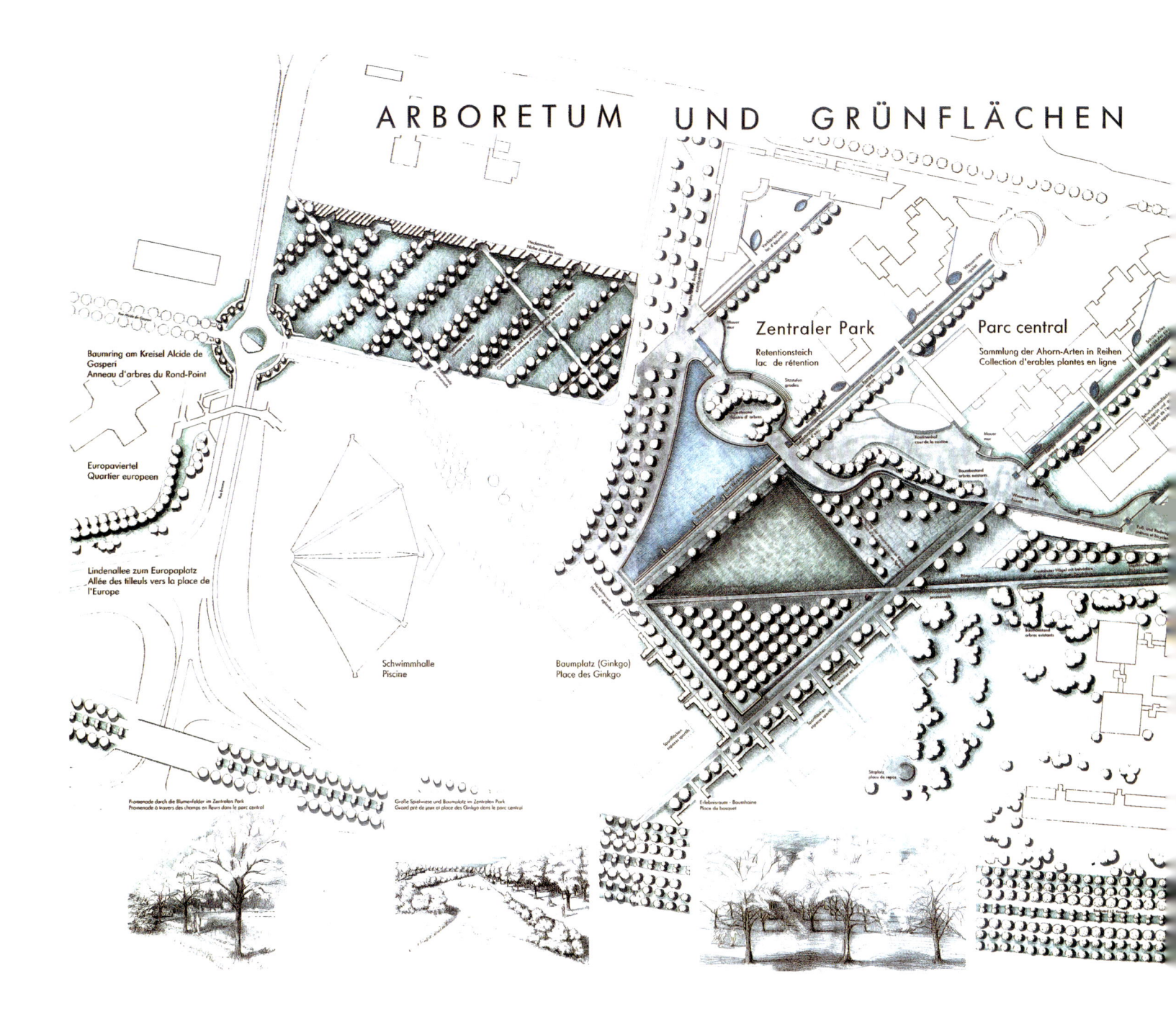

Baumring am Kreisel Alcide de Gasperi
Anneau d'arbres du Rond-Point

Europaviertel
Quartier européen

Lindenallee zum Europaplatz
Allée des tilleuls vers la place de l'Europe

Schwimmhalle
Piscine

Baumplatz (Ginkgo)
Place des Ginkgo

Zentraler Park
Retentionsteich
lac de rétention

Parc central
Sammlung der Ahorn-Arten in Reihen
Collection d'érables plantés en ligne

Promenade durch die Blumenfelder im Zentralen Park
Promenade à travers des champs en fleurs dans le parc central

Große Spielwiese und Baumplatz im Zentralen Park
Grand pré de jeux et place des Ginkgo dans le parc central

Erlebnisraum - Baumhaine
Place de bosquet

Peter Latz

F DEM PLATEAU DE KIRCHBERG LUXEMBOURG

Römerwegpark
Sammlung: Europäische Eichen
Collection de chênes

Parc de la voie romaine

PAP Reimerwe

Gesamtplan *Arboretum und Grünflächen auf dem Plateau de Kirchberg, Luxemburg* im Rahmen des Projektes Europastadt Luxembourg 1995.

Peter Latz

Biographie und Werkverzeichnis
(Auswahl)

Peter Latz wurde 1939 in Darmstadt geboren. Er lebt und arbeitet zusammen mit seiner Frau, der Landschaftsarchitektin Anneliese Latz in Kranzberg bei Freising, Region München.

1964	Diplom in Landschaftsarchitektur an der Technischen Universität München-Weihenstephan
bis 1968	städtebauliche Nachausbildung am Institut für Städtebau und Landesplanung an der RTWH Aachen
seit 1968	selbständiger Landschaftsarchitekt und Stadtplaner

Büro für Landschaftsarchitektur und Lehrtätigkeit:

1965 – 1968	Mitarbeit im Büro Professor Kühn-Meurer in Aachen (Städtebau)
1968	Gründung des eigenen Büros für Landschaftsarchitektur in Zusammenarbeit mit Dipl. Hort. Anneliese Latz in Aachen und Saarbrücken, für Stadtplanung, Landschafts- und Systemplanung in Aachen in Partnerschaft
1974	Bürostandort Kassel, verschiedene Partnerschaften; seither Forschungsarbeit und Projekte zu neuen Technologien zwischen Freiraum und Architektur.
seit 1989	Büro für Landschaftsarchitektur und Planung Latz und Partner mit Anneliese Latz in Kranzberg, Projektbüro in Duisburg
1968 – 1973	Dozent an den Akademien für Baukunst, Maastricht und Amsterdam
1973 – 1983	Professur für Landschaftsarchitektur, Gesamthochschule Kassel
seit 1983	Professur für Landschaftsarchitektur und Planung, Technische Universität München-Weihenstephan

Auswahl realisierter Projekte:

1968/1969	Stadterneuerung Dillingen/Saar, mit C. Schmitz und O. Neuloh
1970/1971	Außenanlagen DSD Hauptverwaltung Saarlouis-Röderberg (Auszeichnung für landschaftliche Einbindung einer Industrieanlage)
1973 – 1978	Forschungsprogramm, Landschaftsfunktions- und Rahmenplanung Naturpark Saar-Hunsrück, mit G. Kaule, P. v. Pattay, M. Sitthard, E. Schneider
1976 – 1985	Freiflächenkonzept der Universität Marburg-Lahnberge, Außenanlagen und Gebäudebegrünung für Großklinikum, Institute und Mensa
1978 – 1981	Rahmenplan und Außenanlagen, TH Darmstadt-Lichtwiese
1979 – 1983	Passivsolarhaus Latz in Kassel mit Th. Herzog und R. Baumann, Auszeichnung für beispielhafte Glashausanbauten
1979 – 1989	Stadtpark „Hafeninsel Saarbrücken", ausgezeichnet mit dem BDLA-Preis 1989
1983 – 1986	„Grüne Häuser" und „Grüne Straße" BUGA Berlin 1985, zusammen mit den Architekten O. Steidle, T. Herzog, E. Schneider-Wessling und anderen Außenanlagen und Gebäudebegrünung für Universität 2, Ulm, zusammen mit Architekt O. Steidle
ab 1989	Energie- und Regenwasserkonzepte, Gebäudebegrünung, baubegleitende Beratung, Gewerbegebiet München-Freimann
1990/1991	Entwicklungsplanung „Grüngürtel" Frankfurt am Main mit P. Lieser und M. Hegger
ab 1991	„Landschaftspark Duisburg-Nord" im Rahmen der IBA Emscher Park
ab 1991	Europastadt Luxembourg, städtebauliche, landschaftliche und künstlerische Entwicklung des europäischen Stadtteils Kirchberg, mit Architekten J. Jourdan, C. König und Chr. Bauer

Zahlreiche internationale Wettbewerbe, Gutachtertätigkeiten, Ausstellungen und Vorträge

Literaturauswahl

Koenigs, Tom (Hrsg): Vision offener Grünräume. Frankfurt/New York 1991
Wernersche Verlagsgesellschaft (Hrsg): „Die Gartenkunst" Heft 1/1991
Uitgeverij TOTH (Hrsg): Modern Park Design. Recent trends. Amsterdam 1993
Koenigs, Tom (Hrsg): Stadt-Parks. Frankfurt 1993
Burckhardt, Lucius: „La memoria, come renderla visibile?" in: Eden 2/93, Milano
Lancaster, Michael: The New European Landscape. London 1994
Zahlreiche Veröffentlichungen in deutschen und internationalen Fachzeitschriften für Architektur, Landschaftsarchitektur und Städtebau.

Bildnachweis

Freundlicherweise vom Landschaftsarchitekten zur Verfügung gestellt:
Büro Latz + Partner: 122, 124, 125 u., 126, 129, 130, 131 re.
Michael Latz: 125 o./m.
Monika Nikolic: 123 o.
Christa Panick: 121, 127, 133
Claus Reisinger: 123 m.
außerdem:
Rita Weilacher: 131 o.

Die Kultivierung der Brüche – Dieter Kienast

„Strenge allein kann sehr dogmatisch sein." (Dieter Kienast)
Streng geschnittene Buchshecken im *Privatgarten E.* am Uetliberg in Zürich, 1993.

Die Frage der Erneuerung der Gartenkunst reduziert sich für die meisten Landschaftsarchitekten auf ein formales Problem. Man klammert sich an historische Vorbilder, reproduziert künstlerische Vorlagen, entwickelt eine auffällige Plangrafik oder verstrickt sich in vordergründige, formalistische Gestaltungsansätze, stets auf der Suche nach dem eigenen Stil im Sinne eines Markenzeichens mit hohem Wiedererkennungswert.

Für den schweizerischen Landschaftsarchitekten Dieter Kienast, Jahrgang 1945, sind solche Tendenzen die symptomatischen Folgen des akuten Theoriedefizits. Kienast betrachtet die Erneuerung der Gartenkultur vordringlich als inhaltliches Problem. Sein Ziel, an dessen Verwirklichung er im Zürcher Büro mit seiner Frau, der Kunsthistorikerin Erika Kienast, und dem Landschaftsarchitekten Günther Vogt arbeitet, ist die Gartenarchitektur als Ausdruck des Zeitgeistes, der Garten als Bedeutungsträger, der das Bewußtsein schärfen und die Sinne wecken soll. Das erfordert nicht nur die Auseinandersetzung mit der Historie unserer Kultur, sondern auch die Aufgeschlossenheit für die vielfältigen kulturellen

Erscheinungen unserer Zeit in Film, Video, Philosophie, Literatur, Musik, Werbung und zeitgenössischer Kunst, von Peter Greenaway bis Sol LeWitt. Während manch anderer fürchtet, sich im labyrinthischen Gefüge heutiger Gesellschaftsstruktur zu verirren, erkennt Dieter Kienast gerade darin die reizvolle Chance zum Experiment des Denkens und Handelns.

Dieter Kienasts Vorliebe für die objektivitätsbemühten Werke der Minimal Art ist unverkennbar. Das Bekenntnis des amerikanischen Minimal-Künstlers Robert Morris zur formalen Einfachheit könnte ebenso gut aus einem der vielen Traktate des Zürcher Landschaftsarchitekten stammen: „Einfachheit in der Form bedeutet nicht unbedingt auch Einfachheit des künstlerischen Erlebnisses. Einheitliche Formen reduzieren die Beziehungen nicht, sie ordnen sie. Wenn die beherrschende hieratische Natur der Einheitsform als Konstante agiert, werden alle partikularisierenden Beziehungen von Größenordnung, Proportion und so weiter nicht dadurch aufgehoben, sondern eher fester und untrennbar verbunden."[1] Wie sich die künstlerische Avantgarde der sechziger Jahre mit ihren spröden Projekten gegen den Verschleiß der Bildwelt wehrte, so wehrt sich Kienast gegen den Bedeutungsverschleiß in der Gartenkultur und ringt um die Authentizität des Ortes. Die wenigen Elemente, die er verwendet, setzt er nur dort ein, wo sie die Lesbarkeit der Situation fördern, dem Wesen des Ortes gerecht werden. Die Inszenierung des scheinbar Natürlichen zur Kaschierung des Künstlichen, wie etwa das Lehrbuch-Feuchtbiotop auf dem Dach der Tiefgarage, zählt zur Kategorie jener vordergründigen Bilder am falschen Ort, die der streitbare Planer strikt ablehnt.

Kann dieser langsam gedeihende Organismus, den wir Garten nennen, den Anspruch auf zeitgemäße Aktualität erfüllen, ohne zum kurzlebigen, modischen Schauobjekt zu werden? Die unzähligen Entwürfe und vielen realisierten Projekte des Zürcher Teams in Deutschland und der Schweiz sind jedenfalls alles andere als ein kurzlebiges Feuerwerk an Formen und Farben, im Gegenteil: Die Arbeiten sind geprägt von gestalterischer Klarheit, die das Gewöhnliche selbstverständlich einbezieht und selbst der Vielfalt durch kraftvolle Einfachheit ihren unverwechselbaren Reiz verleiht. Inhaltliche Komplexität verbindet sich mit formaler Einfachheit zu einer Gestaltung, die gemäß den Prinzipien der Transparenz und der Ambivalenz die Heterogenität bejaht, den Bruch nicht nur zuläßt, sondern ihn kultiviert.

Was die Kultivierung des Bruches am konkreten Projekt bedeutet, läßt sich beispielsweise am Wettbewerbsentwurf für die Erweiterung des *Günthersburgparkes in Frankfurt am Main* deutlich ablesen, der gerade realisiert wird. Durch die Auslagerung der städtischen Gärtnereien eröffnete sich Ende der achtziger Jahre die Möglichkeit, den alten Günthersburgpark, einen stark übernutzten Landschaftspark aus dem vorigen Jahrhundert, auf das Doppelte zu vergrößern und ihn zum Bindeglied zwischen Innenstadt und zukünftigem Grüngürtel zu entwickeln. Während sich der historische Park vollkommen von der Stadt abwandte und als grüne Oase im Chaos der Großstadt fungierte, will der neue Parkteil mit der Stadt, samt den Widersprüchen unserer Zeit leben und verzichtet auf jegliche bauliche Abgrenzung zu den angrenzenden Stadtquartieren. Der neue Parkteil übernimmt existierende Elemente und Strukturen und entwickelt daraus eine neue gestalterische Sprache von zeitgemäßer Eigenständigkeit. Malerisch gesetzte Baumgruppen des historischen Teiles kristallisieren zu klaren, teils linearen, teils flächigen Baumstrukturen, die heterogene Randbereiche formen oder sich zum geheimnisvollen Parkwald verdichten, der durch präzise formulierte Lichtungen akzentuiert wird. Gewundene Wege werden im neuen Parkteil zu linearen Bewegungslinien, die das Raumerlebnis betonen, anstatt selbst Raum definieren zu wollen. Pflanzenskulpturen, sogenannte Topiarys, bevölkern wie Fabelwesen den Eingangsbereich zum Park und knüpfen an alte gartenkünstlerische Traditionen an. In der Mitte des neuen Parks liegt jedoch die offene, freie Wiesenfläche und überläßt es den Bewohnern der Stadt, den Mittelpunkt des klar konzipierten Rahmens zu beleben.

Trotz eindeutiger Verknüpfung des alten Parks mit seinem neuen Pendant bleibt der Bruch spürbar. Die Schnittstelle wird am deutlichsten vom ehemals rein zweckbestimmten Gärtnerweg überbrückt, der heute von Rosenbögen überstanden ist. Er bil-

---

[1] Morris, Robert "Notes on Sculpture" in Battock, Gregory (Hrsg): Minimal art. A critical anthology. New York, 1968; S. 228

Günthersburgpark in Frankfurt am Main. Der preisgekrönte Wettbewerbsentwurf von 1991 verknüpft den Landschaftspark aus dem neunzehnten Jahrhundert im Süden mit dem neuen Teil des Parks, ohne den Bruch zwischen Alt und Neu zu verwischen.

Dieter Kienast

² aus dem Erläuterungsbericht des Wettbewerbes 1991.

det den Auftakt zu jenem romantisch-ironischen Vexierbild am Ende des Weges: Das moderne Gärtnerhaus am Seerosenweiher wird von Efeu überwuchert und verwandelt sich in die neue Günthersburg, die einst als kleine Wasserburg der Ritter von Bornheim im Park existierte und ihm den Namen gab. Die neue Günthersburg ist nicht mehr introvertierter Festungsbau, sondern ermöglicht den Blick auf die alltägliche, wechselhafte Realität der Stadt Frankfurt. „Der Park erzählt uns von Geschichte und Geschichten. Er ist auf unterschiedlichsten Ebenen erlebbar. Er ist gleichzeitig Spielplatz und gartenkultureller Ort. Er lebt, altert und verändert sich mit und von seinen Nutzern."²

Günthersburgpark in Frankfurt am Main, Perspektiven.
oben links: Weiher und Burghaus
oben rechts: Sand-Lichtung
unten links: Parkwald mit Staudenhof
unten rechts: Bambuseingang

Herr Kienast, Sie lernten Ihr Metier schon früh im gärtnerischen Betrieb der Eltern kennen.
Als Kinder mußten wir zu Hause arbeiten, aber mich hat der Beruf damals überhaupt nicht interessiert. Als es irgendwann hieß, ich solle eine Gärtnerlehre machen, war mir das ziemlich gleichgültig, denn ich wollte eigentlich nur Klettern. Die tägliche Arbeit in der Gärtnerei war eine zwangsläufige Unterbrechung, bevor es am Wochenende endlich wieder zum Klettern ging. Ich denke, das ist typisch für mich: ich tue etwas immer ganz oder gar nicht.

Im Alter von etwa zwanzig Jahren wurde mir bewußt, daß ich doch einen Beruf erlernen sollte, und ich begann mit der Arbeit in den Büros der Gartenarchitekten Albert Zulauf und Fred Eicher. Dort lernte ich im Grunde fast alles, was man für den Bürobetrieb braucht. Fred Eicher gehört zu den Altvätern der schweizerischen Gartenarchitektur. Er lehrte mich grundlegende Prinzipien, beispielsweise wie wichtig es ist, sich bei der Arbeit auf wenige wesentliche Aspekte zu reduzieren. Eicher sagte beispielsweise immer, es sei das wichtigste, die Bäume am rechten Ort zu setzen, und das konnte er wirklich sehr gut. Nach einer Weile war ich schließlich der Überzeugung, alles sehr gut zu können, und mir fehlte eigentlich nur noch irgendeine Bescheinigung meiner Fähigkeiten. In der Schweiz war es üblich, bei einem Gartenarchitekten einige Jahre im Büro zu arbeiten und sich dann selbständig zu machen. Ich wollte aber ein Diplom und ging mit vierundzwanzig Jahren – mit Frau und Kind – an die Gesamthochschule Kassel. Dort wurde mir sofort klar, daß ich im Grunde ganz wenig wußte. Das Studium in Kassel war im Aufbau begriffen, man hatte sehr viel Freiheit und mußte sich selbst organisieren. Das bekam mir gut. Weil mich niemand zur Arbeit drängte, tat ich sehr viel. Unsere Projekte waren immer das Ergebnis harten Ringens, denn die Problemstellungen wurden immer erst einmal grundsätzlich diskutiert. Es ging in Kassel in erster Linie um den gesellschaftspolitischen Ansatz und um die planerische Umsetzung.

Nach dem Vordiplom merkte ich, daß eine ganze Reihe wichtiger Grundlagen fehlten, beispielsweise Grundlagen der Gestaltung und der Kunstgeschichte ebenso wie Grundlagen der Botanik. Ich beschloß deshalb, mich sehr intensiv nur einem Gebiet, nämlich der Pflanzensoziologie zu widmen. Professor Karl-Heinrich Hülbusch vertrat das Lehrgebiet sehr engagiert und verstand es, mich für das Fach zu begeistern. Außerdem bin ich von Haus aus ein eher chaotischer Mensch, und der strenge logische Aufbau des Fachgebietes half mir, mich zu disziplinieren. In den Semesterferien mußte ich unseren Unterhalt verdienen, denn wir waren mittlerweile zu viert. Ich arbeitete anfangs noch bei Fred Eicher und später bei einem ehemaligen Mitarbeiter von Albert Zulauf, Peter Stöckli, der ein eigenes kleines Büro gegründet hatte. In dieser Zeit realisierte ich bereits eigene Projekte. Die Kombination aus theoretischem Hintergrundwissen von der Hochschule einerseits und den fachbezogenen, fast bodenständigen Erfahrungen aus der Praxis andererseits fand ich sehr günstig. Ich mochte schon immer beide Teile meiner Arbeit, den gestalterischen und den theoretischen Teil.

Nach dem Diplom hatte ich den Eindruck, immer noch nicht genug zu wissen, erhielt ein Stipendium und promovierte bei den Professoren Hülbusch und Tüxen, dem Altmeister der Pflanzensoziologie. Ich beschäftigte mich mit dem Thema der spontanen innerstädtischen Pflanzengesellschaften in Kassel. Es sollte nachgewiesen werden, daß der pflanzensoziologische Ansatz planerisch verwertbar sei. Es stellte sich aber im Laufe der Arbeit heraus, daß es ungeheuer aufwendig war, die planerische Umsetzbarkeit nachzuweisen, und so beschränkte man sich gezwungenermaßen auf den naturwissenschaftlichen Schwerpunkt, während planerische Aspekte nur angerissen werden konnten.

Der systematische Planungsansatz entwickelte sich also während des Hochschulstudiums, aber wo liegen die Quellen ihres gestalterischen Schaffens?
Ich bin im Grunde ein gestalterischer Autodidakt. Bei Professor Grzimek habe ich kaum etwas über Gestaltung erfahren, und Professor Latz vermittelte vor allem Grundlagen der Planungstheorie. Ich habe daher zunächst das reproduziert, was ich bei Fred Eicher gesehen habe, weil sich seine Arbeit von allem, was ich bis dahin kannte, deutlich unterschied.

Ihre Vorliebe für die Arbeit des Minimalisten Carl Andre läßt darauf schließen, daß gerade die Kunstszene am Ende der sechziger Jahre für Sie von Interesse war.
Ich würde eher von unbewußter Wahrnehmung sprechen, die offenbar Spuren hinterlassen hat. Ich erinnere mich beispielsweise an die Arbeit von George Trakas im Rahmen der documenta 6[1], bestehend aus einer Stahl- und einer Holzbrücke, die an ihrem Kreuzungspunkt gesprengt wurden. Mich hat das sehr beeindruckt, aber ich habe das damals nie mit meiner Arbeit in Verbindung gebracht, denn ich war zu sehr mit Pflanzensoziologie beschäftigt. Hätte mich damals jemand nach meinen Zukunftsplänen gefragt, hätte ich meinen Beruf mehr in der wissenschaftlichen und weniger in der gestalterischen Arbeit gesehen.

Der Pflanzensoziologe ist offensichtlich nicht bei seinem Fach geblieben. Warum?
Es war eine wenig befriedigende Vorstellung, mich in Zukunft nur noch mit etwa zehn Experten auf der Welt über ein pflanzensoziologisches Spezialgebiet zu unterhalten. Ich ging zurück nach Zürich, wurde Partner im Büro von Peter Stöckli und befaßte mich ein oder zwei Jahre lang mit vielfältigen Arbeiten: Entwürfe, pflanzensoziologische Kartierungen, Abbauplanungen und so weiter.

Bald wurde mir bewußt, daß ich mich weder im gestalterischen Bereich noch in der Pflanzensoziologie weiterentwickelte, und schließlich entschloß ich mich, meinen Schwerpunkt ganz auf die gestalterische Arbeit zu verlagern. Der Ehrgeiz, mehr zu erreichen, spielte dabei durchaus eine Rolle, und 1980 wurde ich schließlich Professor für Gartenarchitektur am Interkantonalen Technikum in Rapperswil. Das war der Auftakt einer intensiven Auseinandersetzung mit gestalterischen Fragestellungen in Zusammenarbeit

[1] „Union Pass", Kassel 1977

Dieter Kienast

mit den Kollegen Jürg Altherr und Peter Erni. Altherr ist Bildhauer mit einem Studium in Gartenarchitektur. Peter Erni ist von Hause aus Architekt, unterrichtete Kunstgeschichte und verfügt über erstaunliches theoretisches Wissen, das er jedoch nie mit anderen Disziplinen verknüpfen konnte. Ich versuchte, diese unterschiedlichen fachlichen Voraussetzungen miteinander in gartenarchitektonischen Studienprojekten zu kombinieren. Das war zwar für die Studenten teilweise verwirrend, aber sie lernten dabei, daß es in der Auseinandersetzung mit einem Projekt immer unterschiedliche Vorstellungen und Betrachtungsweisen gibt. Die Zusammenarbeit mit Vertretern anderer Disziplinen war für mich schon immer etwas ganz Entscheidendes.

stets zurückhaltend. Seinen Plänen aus den fünfziger Jahren ist anzusehen, daß er einmal bei Hermann Mattern in Kassel studiert hatte. Einige der Arbeiten von Eicher halte ich noch heute für das Beste, was in den letzten zwanzig bis dreißig Jahren entstanden ist. Dazu gehört unter anderem auch der Friedhof Eichbühl in Zürich. Als Schweizer waren beide Persönlichkeiten in der Anfangszeit so etwas wie Vorbilder für mich.

In der aktuellen Landschaftsarchitektur ist für mich Bernard Lassus von hervorragender Bedeutung. Seine Arbeiten sind zwar sicherlich nicht frei von Widersprüchlichem, trotzdem – oder vielleicht gerade deshalb – gehören sie zum Spannendsten, was ich derzeit kenne. Bei

Der *Brühlpark in Wettingen* (1982/1983) zählt zu den ersten großen Projekten, die Dieter Kienast realisierte. Die Gestaltung knüpft an die Konzeption des Volksparkes zu Beginn des zwanzigsten Jahrhunderts an. Wesensbestimmend ist die Einfachheit und Kraft der wenigen Gestaltungselemente, die sich einer naturalistischen Ausprägung widersetzen.

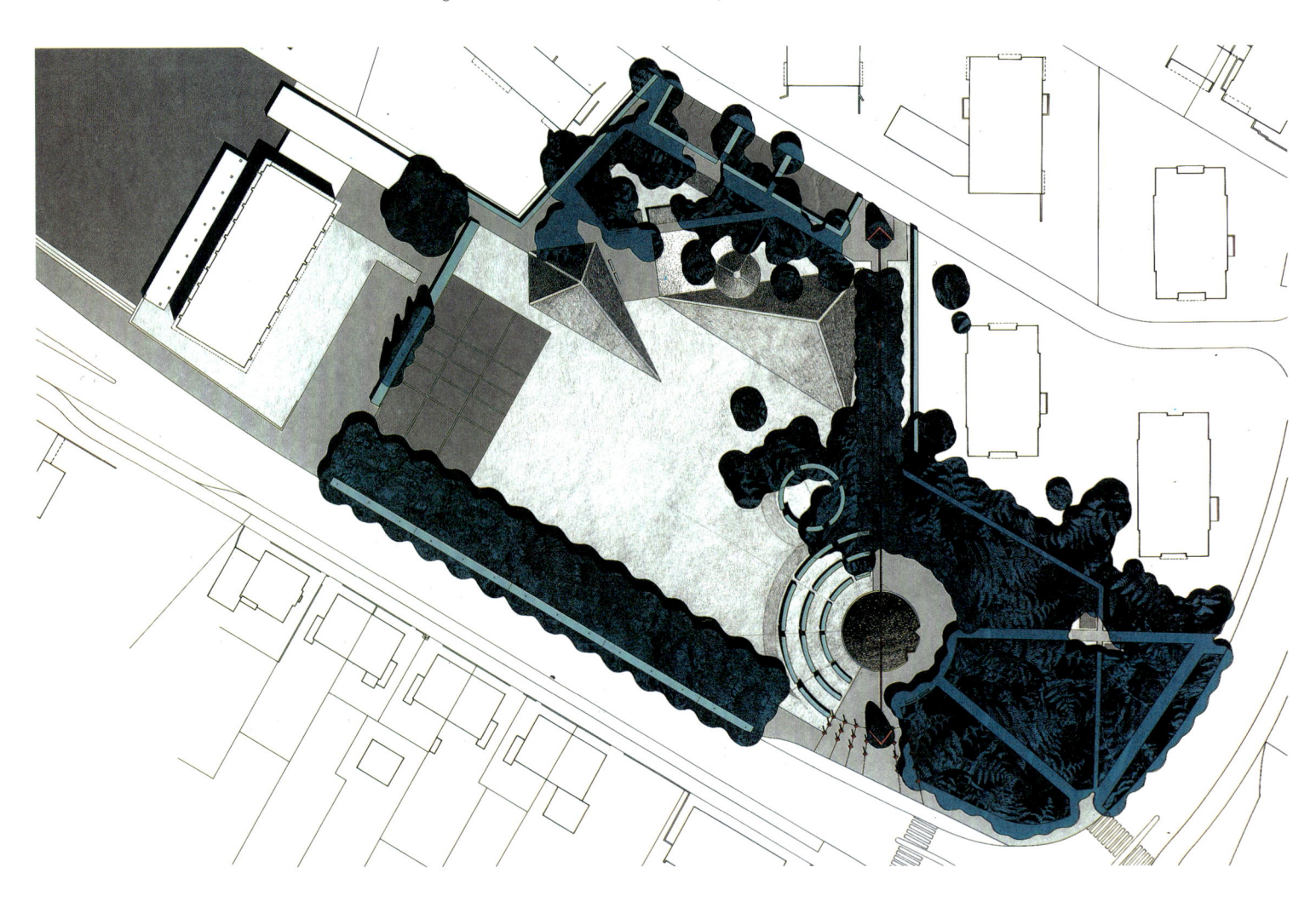

Haben die schweizerischen Gartenarchitekten Ernst Cramer und Fred Eicher Leitbildfunktion, sind sie noch heute für Sie aktuell?

Anfang der achtziger Jahre waren zwar andere Dinge aktuell als 1995, aber die Arbeiten von Ernst Cramer begeistern mich noch heute, und die wohltuende Einfachheit im Schaffen von Fred Eicher habe ich in kaum einer anderen Arbeit je wieder gefunden. Das deduktive Prinzip, die Beschränkung auf das Wenige, aber um so Kraftvollere hat mich bei beiden nachhaltig beeindruckt. Cramer hat mit Sicherheit viel entschiedener gearbeitet, war innovativer und programmatischer in seinen Ansätzen. Die Arbeiten von Fred Eicher kennen keine Brüche und sind

den Arbeiten von Lassus geht es nicht nur um die Weiterentwicklung der Theorie, sondern auch um den Versuch der praktischen und poetischen Umsetzung. Ernst Cramer und Fred Eicher ließen mich in dieser Hinsicht mit der Zeit eher ins Leere laufen, weil in ihrer Arbeit die formale Ebene die wichtigere Rolle spielte. Gerade die gelungene Verbindung zwischen Inhalt und Form ist aber das entscheidende. Die Theorie hat für mich einen sehr hohen Stellenwert, denn ein wichtiger Teil der Landschaftsarchitektur kann nicht von der emotionalen Ebene aus bestritten werden. Das allseits beklagte Theoriedefizit ist in meinen Augen tatsächlich gravierend. Ich meine damit nicht etwa die Planungstheorie, sondern das all-

Geometrisch geformte Schlittenhügel unterstreichen die Künstlichkeit der Gestaltung des *Brühlparkes in Wettingen* und treten in Dialog mit den „Lägernrücken", der Bergkette im Hintergrund.

gemeine kulturelle Verständnis, also die Kenntnisse der Gartengeschichte, der Kunstgeschichte, der Sozialtheorie und so weiter. Die Theorie gehört zum intellektuellen Teil unserer Arbeit. Wenn es nur darum geht, schöne Förmchen zu backen, brauche ich natürlich keine Theorie.

Für viele Landschaftsarchitekten spielt insbesondere der Bezug zur historischen Gartenkunst eine besondere Rolle. Wie wichtig ist Ihnen dieser Bezug?
Die intensive Beschäftigung mit der Gartenkunst ergab sich gezwungenermaßen erst mit Beginn der Hochschullehre in den achtziger Jahren. Ich mußte mich sozusagen einmal quer durch die Geschichte der Gartenkunst arbeiten, und dabei wurde mir bewußt, daß viele historische Konzeptionen nicht etwa veraltet, sondern immer noch von aktueller Bedeutung sind. Vielleicht sind es aber auch veraltete Konzeptionen, mit denen wir uns nach wie vor befassen? Eine besonders interessante Epoche der Gartenkunstgeschichte gibt es für mich aber nicht.

Wie hat sich im Laufe der Zeit Ihr Selbstverständnis geändert?
Kurz nach Beginn des Studiums hatte ich bereits das Gefühl, die Landschaftsarchitektur sicher zu beherrschen. 1973 gewann ich dann einen gesamtschweizerischen Wettbewerb, und das war absolut verheerend. Da hatte ich zum ersten Mal den Eindruck, wirklich der Beste zu sein. Ich beurteilte die Arbeiten damals ausschließlich danach, ob sie mir gefielen oder nicht. Mit zunehmendem Alter wird man natürlich immer selbstkritischer und relativiert solche unkritischen Sichtweisen. In der Zusammenarbeit mit Studenten und Kollegen entwickelte sich zunehmend die Kritikfähigkeit. Erst danach entstanden die ersten halbwegs gescheiten Entwürfe.

Welche Projekte gehören für Sie in diese Kategorie?
Der *Brühlpark in Wettingen* zählt noch heute für mich zu den gelungeneren Projekten, nicht zuletzt wegen seiner einfachen gestalterischen Mittel. Der Park hat kleine Fehler, denn er war eines meiner ersten größeren Projekte. Beispielsweise bin ich mit dem Kinderspielbereich immer noch nicht zufrieden, weil er einfach nicht gut funktioniert. Außerdem gibt es diesen schmalen Bodenstreifen, der zwei angrenzende Straßenzüge miteinander verbindet, dabei dem Verlauf eines Hauptweges folgt und sogar das runde Wasserbecken durchquert. Eine gewisse Zeit fand ich diesen Streifen ungeheuer wichtig, um den Park in seiner ganzen Breite zu durch-

Das runde Wasser- und Planschbecken, eingefaßt von einem Wäldchen im Hintergrund und geschnittenen Hecken im Vordergrund, liegt im Schnittpunkt der Rathaus- und der Parkachse, die die größte Ausdehnung des *Brühlparkes* in der Breite mißt.

Dieter Kienast

Umgestaltung der *Psychiatrischen Klinik Waldhaus* in Chur, 1994. Hinter dem Hauptgebäude befinden sich zwei große, betongefaßte Spiegelbecken, die Licht in den Hof bringen und den ehemaligen Hintereingang zum Haupteingang aufwerten.

messen. Heute ist mir dieses Bedürfnis eher schleierhaft, denn es vermittelt nur den Schein von Logik. Das Verlangen, daß man bestimmte Dinge unbedingt merken muß, ist heute nicht mehr gegenwärtig.

Die Reduktion auf ganz einfache, fast archaische gestalterische Grundprinzipien entstand damals übrigens aus dem Zwang zum sinnvollen Umgang mit dem knappen Budget. Dieser Zwang bringt den erfreulichen Nebeneffekt mit sich, daß man sich disziplinieren muß. Es gibt durchaus einige junge Kollegen, die in meinen Augen das Unglück hatten, daß ihnen zu viel Geld zur Verfügung stand. Dadurch kamen manchmal schreckliche Projekte zustande. Die Planung des *Brühlparks* führte unter den genannten Umständen sogar zu einem Ergebnis mit gestalterischer Eigenständigkeit. Die Erdpyramiden erinnern an Pückler und Cramer. Diese Verwandtschaft war von mir nicht gewollt, und fast hätte das zu einer neuen formalen Gestaltung mit vielen Hügeln geführt, aber schließlich beließ ich es dabei, weil ich der Ansicht war, daß der Park nur wenige, einfache Elemente vertragen würde. Die Hügel sollten einen Kontrast zur ebenen Umgebung und zum Bergrücken des Lägern bilden.

Wie würden Sie heute Ihr Selbstverständnis als Landschaftsarchitekt beschreiben?
Das sind heikle Fragen. Kürzlich fragte mich ein Architekt nach meiner „message". Ich antwortete ihm: „Gute Dinge tun."

Hinter Ihren Gärten- und Landschaftsbildern steht aber doch eine bestimmte Vision von der zukünftigen Qualität unserer Lebensumwelt?
Das ist richtig. Die Gestaltung von Außenräumen ist aber zunächst eine relativ einfache Aufgabe. Schwierigkeiten entstehen erst mit dem Versuch, einen besonderen Ort zu schaffen. Das ist für mich keine Frage eines bestimmen Stils oder der festgelegten Verwendung bestimmter Materialien und Pflanzen. Mir geht es eher um die Auseinandersetzung mit den eigenen Möglichkeiten. Diese ergeben sich aus der Ansammlung des individuellen Kultursedimentes, das man in sich trägt. Selbstverständlich spielt auch die Örtlichkeit und die jeweilige Aufgabenstellung eine entscheidende Rolle. Aus der Kombination dieser Faktoren ergeben sich für mich immer wieder überraschend vielfältige Antworten. Es kommt mir eher wie ein Zufall vor, wenn zwei Arbeiten plötzlich nach einer ähnlichen Konzeption aufgebaut sind. Zuweilen taucht dann schon die Frage nach dem Selbstverständnis auf. Ich frage mich in solchen Augenblicken, ob ich einfach alles tun kann, ohne daß es dabei auf bestimmte Wertvorstellungen ankommt.

Welche Relevanz kommt der Gartenkunst Ihrer Ansicht nach in der heutigen Gesellschaft, der aktuellen Kultur zu?
Die Frage, wie es um die aktuelle Gartenkunst steht oder was Gartenkunst heute sein soll, interessiert mich nicht. Ich glaube nicht, daß es die Aufgabe der Macher ist, diese Frage zu beantworten. Diese Diskussion führt mich nicht weiter. Was habe ich davon zu unterscheiden, was Gartenkunst ist und was nicht? Es gibt eine schöne Definition vom Philosophen Hans-Georg Gadamer, wonach alles Profane nichts mit Kunst zu tun hat. Wenn wir dieser Definition folgen wollen, gibt es keine Gartenkunst.
Vielleicht sollten wir lieber wie Leberecht Migge, der das Problem recht elegant umging, von Gartenkultur sprechen. Ich fühle mich außerstande, einzelne Werke danach zu beurteilen, ob sie Kunst oder keine Kunst sind. Überlassen wir diese Diskussion lieber Theoretikern wie Lucius Burckhardt, die darüber wesentlich kompetenter reden können. Sonst läuft man Gefahr,

Im dreiseitig geschlossenen Gartenhof der Akut-Psychiatrischen Abteilung bestimmen Streifen aus schmalen Betonplatten und Kiesrasen den Bodenbelag. Kleinkronige Bäume, eine lange geschwungene Sitzbank und ein schmales, erhöhtes Wasserbecken aus rostroten Stahlplatten prägen das räumliche Gefüge der Situation.

Dieter Kienast

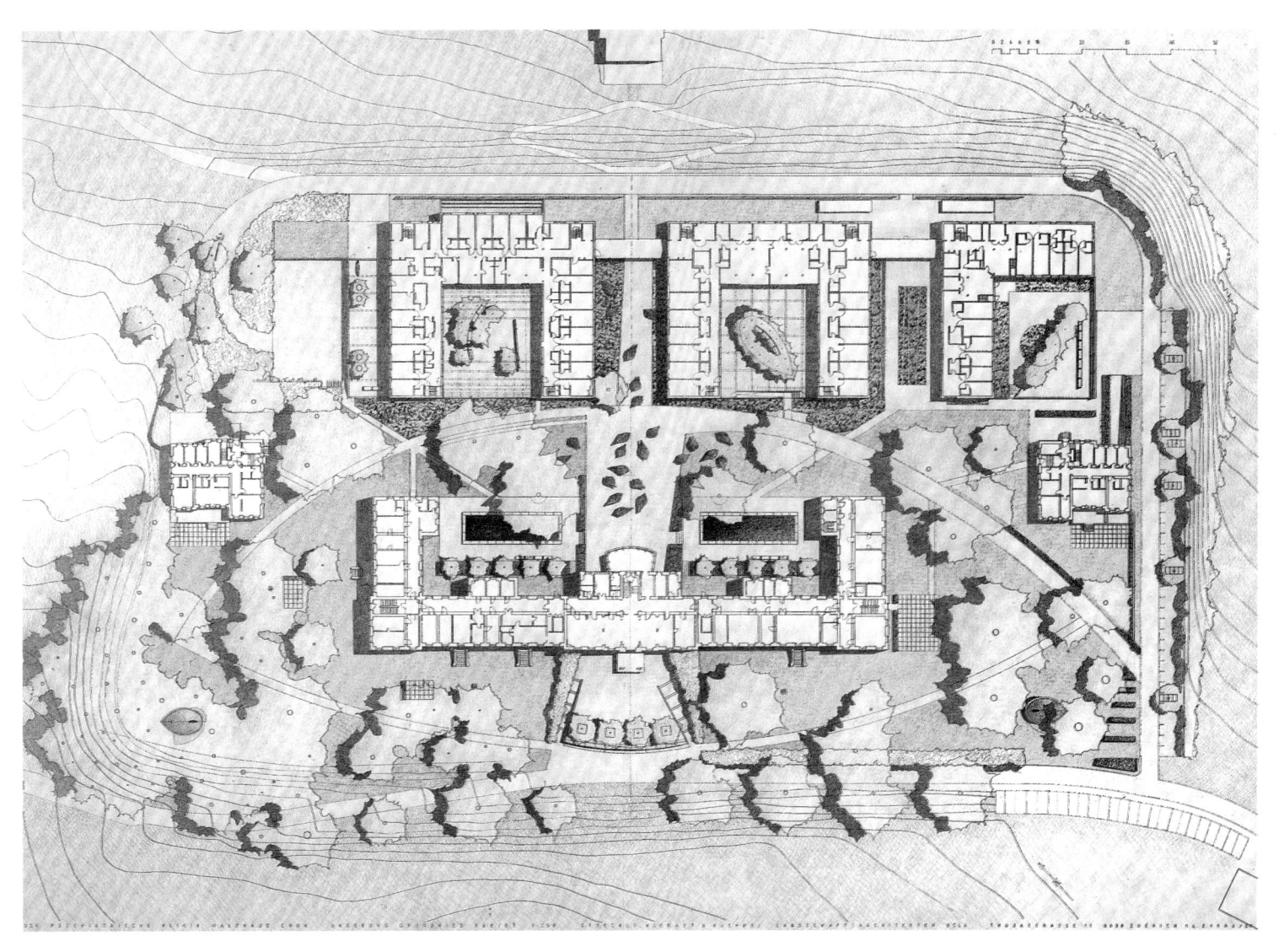

In unterschiedlichen Situationen des alten Parkes befinden sich zwei kleine Pavillons identischer Form und Bauweise. Das blattförmige Blechdach, dessen Unterseite aus Sperrholz besteht, wird von einer rippenartigen Stahlkonstruktion getragen. Die Bodenplatte aus Beton wiederholt die Grundform des Daches zweimal und verschiebt die beiden Flächen gegeneinander.

Gestaltungsplan der *Psychiatrischen Klinik Waldhaus in Chur*, 1994. Sowohl im Bereich des großen Hauptgebäudes als auch in den Innenhöfen der drei Klinikabteilungen beschränken sich die schweizerischen Landschaftsarchitekten auf wenige Gestaltungselemente in ruhiger, aber abwechslungsreicher Variation: der Baum, das Wasser, der Belag. Die Neugestaltung öffnet sich räumlich zum alten Park und setzt sich gestalterisch bewußt mit kleinkronigen Bäumen vom alten Bestand ab.

Dieter Kienast

daß jeder nur noch im Hinblick darauf arbeitet, irgendwann einmal in die Annalen der Gartenkunst einzugehen.

Viele Ihrer Projekte sprechen aber nicht gerade für die These, daß es sich bei der Landschaftsarchitektur nur um eine profane, einfache Angelegenheit handelt.
Wenn ich vorhin behauptete, daß Landschaftsarchitektur im Grunde eine sehr einfache Sache sei, dann war das durchaus keine Koketterie, sondern entspricht den Tatsachen. Trotz der unterschiedlichen Ansätze, Lösungen und Konzeptionen in unserer Arbeit schließe ich nicht aus, daß es einige Projekte gibt, die nahezu erschreckend einfach sind. Manchmal reduziert es sich tatsächlich auf den rechten Baum am rechten Ort, den Weg und vielleicht eine Bank.

nend, weil er die Möglichkeit bietet, sich unbeschwert zu bewegen und Dinge auszuprobieren. Das interessiert mich immer wieder. Gerade bei kleinen Arbeiten probieren wir oft neue Konzeptionen, Materialien und Formen aus, die wir später vielleicht nie wieder verwenden. Wenn es also eine charakteristische Herangehensweise gibt, dann ist es das ständige Ausprobieren.

Das klingt so, als ob es für Sie den definitiven Standpunkt in der eigenen Arbeit nicht gäbe. Andererseits formulieren sie in Publikationen und Vorträgen immer wieder eine umfangreiche, praxisbezogene Sammlung von Grundsätzen, nach denen sich der Umgang mit Freiräumen richtet[2].

[2] vgl. Kienast, Dieter: „Ohne Leitbild" in: Garten + Landschaft 11/86; S. 34

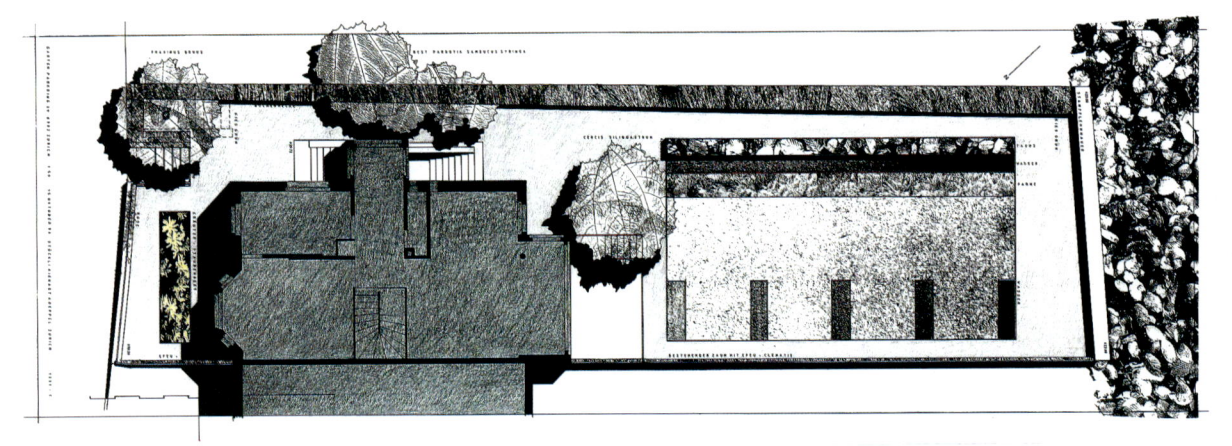

Die Länge des kleinen *Privatgartens der Familie K. in Zürich*, realisiert 1995, betont eine 40 m lange, sich verdickende Buchenhecke im Osten. Der gegenüberliegende alte Gartenzaun wird berankt.

Den südlichen Abschluß des *Privatgartens der Familie K.* bildet eine neue Stampflehmmauer vor einer Kulisse aus 20 m hohen Buchen und Eiben. Ins Rasenparterre sind strenge Wasserflächen eingestanzt. Realisierung 1995.

Diese Dinge miteinander zu verbinden kann manchmal schwierig und manchmal sehr einfach sein, aber die Situation kann uns hinterher immer Auskunft darüber geben, ob es ein gelungener Eingriff war. Das ist eine Frage der Atmosphäre, der Stimmung, der Poesie. Den Begriff Schönheit will ich nicht ins Spiel bringen, weil er mit dem Reizwort des Naturschönen verbunden ist, und dabei geht es immer um Lieblichkeit. Der Außenraum, der Garten kann, aber er muß nicht unbedingt lieblich sein. Ich mag auch Orte, von denen man landläufig behauptet, sie seien nicht schön, denn es gibt auch eine Schönheit des Häßlichen, eine Schönheit, die nicht einlullt, sondern erschreckt. Den jeweiligen Charakter des Ortes zu treffen, die Authentizität zu wahren, halte ich für eine heikle Aufgabe. Darum beurteile ich unsere Arbeit stets danach, ob sie den Charakter des Ortes, seine Atmosphäre richtig trifft. Das hat manchmal weder etwas mit den formalen Mitteln noch mit der inhaltlichen Konzeption zu tun.

Ich erinnere mich an eine Publikation, in der Sie den Umstand schilderten, daß der Berufstand ohne Leitbild sei. Das provoziert die Frage nach Ihrem eigenen Leitbild.
Ich habe kein Leitbild. Es ist nun mal eine Tatsache, daß unsere aktuelle gesellschaftliche, politische und religiöse Situation in der Schwebe ist, und dagegen können wir sehr wenig tun. Je länger dieser Schwebezustand anhält, desto mehr neigen wir dazu, uns an bestimmte Prinzipien oder Leitbilder zu klammern. Ich finde diesen Schwebezustand aber besonders span-

Das deutet auf eine dezidierte Vorstellung hin, was Landschaftsarchitektur zu leisten hat.
Wissen Sie, die Postmoderne wurde beispielsweise oft mißverstanden als ein Programm, das einem alles erlaubt. Es geht natürlich alles, aber nur in einem beschränkten Bereich. Es war Henry Ford, glaube ich, dem jede Farbe für ein Auto recht war, Hauptsache sie war schwarz. Ich glaube, daß wir durchaus klare konzeptionelle Vorstellungen über unsere Arbeit haben, aber die Anwendung dieser Konzeptionen und Grundsätze wechselt ständig und führt zu unterschiedlichen Ergebnissen, die sich nicht nur formal unterscheiden. Erstaunlicherweise werden die meisten unserer Grundsätze allgemein befür-

Dieter Kienast

Der Lageplan des *privaten Gartens der Familie Kienast* in Zürich läßt bereits erkennen, wie sich Gebautes und Gewachsenes miteinander zu einer Collage verbinden.

Aus Hainbuchen geschnittene, meterhohe Fabeltiere bevölkern den *privaten Garten der Familie Kienast*, verwandeln die Perspektive des Erwachsenen in die des Kindes und erinnern zugleich an die klassischen Elemente historischer Gartenkunst: Topiarys.

Ein hoher Zaun bildet die klare Begrenzung des *privaten Gartens der Familie Kienast*, ist aber nicht unüberwindlicher Sichtschutz, sondern transparenter Vorhang.

Dieter Kienast

wortet, weil sie alles andere als ungewöhnlich sind. Beispielsweise wird sich jeder um die Besonderheit des Ortes bemühen. Es ist ein Problem, daß die erwähnte Grundsatzsammlung Statements enthält, die ich heute nicht mehr schreiben würde, weil einige davon so allgemeingültig sind, daß jeder bedenkenlos zustimmen würde. Trotz dieser Übereinstimmung würden aber am Ende völlig unterschiedliche Projekte entstehen. Wenn Sie mich also nach unserem Standpunkt fragen, dann gehört die Erkenntnis dazu, daß die eigene Position ihre Eindeutigkeit verloren hat. An deren Stelle ist die Ambivalenz, die Gleichzeitigkeit oder die Vieldeutigkeit getreten.

Können Sie erläutern, wie sich die erwähnten Grundsätze konkret am Projekt auswirken?
In Zürich arbeiten wir beispielsweise an einem kleinen Hausgarten. Der Garten liegt mitten in der Stadt, und das Gelände ist von einem Eisenbahntunnel unterhöhlt. Wir stellten uns die Frage nach dem speziellen Charakter des Ortes und griffen das Thema der Erde als ständig manipuliertes Rohmaterial auf. Der Garten mußte räumlich abgeschlossen werden, deshalb bauten wir eine Mauer aus Stampflehm, der im Garten gewonnen wurde. Es ergab sich ein ambivalentes Bild, zusammengesetzt aus der Erde als Gartengrund, als Rohmaterial und der Mauer als typisch städtischem Element. Mit der Mauer wird das Unsichtbare sichtbar, denn die Erde, die normalerweise versteckt hinter der Gartenmauer liegt, wird in ihrer typischen Farbigkeit zum einfassenden Rahmen. Ich halte diese einfach durchzuführende Maßnahme für einen ökologischen Beitrag in mehrfacher Hinsicht.
In unserem eigenen Garten, der für uns eine Art Spielwiese für allerlei Experimente ist, gibt es große geschnittene Heckenfiguren. Jedesmal kommt von Besuchern die Frage, was das darstellen soll, und ich antworte: „Ich weiß es auch nicht, was meinen Sie denn?"
Die Vieldeutigkeit, sowohl in der Konzeption unserer Werke als auch in der späteren Wahrnehmbarkeit, ist uns wichtig. Wir glauben, daß die Welt in ihren komplexen Abhängigkeiten so schwer als Ganzes zu begreifen ist, daß wir es uns nicht mehr leisten können, nur in eine Richtung zu denken, wenn wir den Anspruch erfüllen wollen, für viele etwas zu tun. Ich habe von Bernard Lassus gelernt, daß sehr verschiedene Ebenen existieren, die man lesen muß. Das ist vielleicht der Teil unserer Grundsätze, den nicht mehr alle so einfach unterschreiben können.

Ihre Projekte entstehen in Zusammenarbeit mit Ihrer Frau Erika Kienast und dem Landschaftsarchitekten Günther Vogt. Wie arbeitet dieses Team?
Zwischen uns spielt sich die Zusammenarbeit auf ganz unterschiedlichen Ebenen ab. Mit meiner Frau diskutiere ich zwar einzelne Projekte, und sie weist mich darauf hin, wenn sie Merkwürdigkeiten entdeckt, die sie für problematisch hält. Viel wichtiger sind in unserer Zusammenarbeit aber die indirekten Anmerkungen.
Mit Günther Vogt arbeite ich seit etwa acht Jahren zusammen. Wir verstehen uns spontan ohne viele Worte. Wir diskutieren und streiten aber auch miteinander, den Bleistift in der Hand. Nach dem Reden folgt in der Regel die Tat, die Zeichnung. Das ist häufig mein Part, aber die grundlegende Konzeption entwickeln wir, wenn möglich, immer gemeinsam. Unsere Projekte entstehen nicht als Einzelarbeit.

Ihre Frau ist Kunsthistorikerin, und es liegt die Vermutung nahe, daß der Kunst in Ihrer gemeinsamen Arbeit eine wichtige Bedeutung zukommt. Welcher Kunst messen Sie in Ihrer Arbeit besonderes Gewicht zu?
Mein Vorliebe liegt bei der Minimal Art und den davon abgeleiteten Musikkonzepten. So manches Fundstück stammt aus dieser Kunstrichtung. Was mich an diesen Arbeiten so interessiert, ist natürlich wieder die Reduktion, die Beschränkung auf ganz wenige Elemente, die Konzeption der Klarheit und der Logik. Weil wir aber nicht nur mit toten Materialien, wie Beton, Stahl und Glas, sondern auch mit Pflanzen in einem anderen Kontext arbeiten, besteht nicht die Gefahr, die Minimal Art einfach wörtlich zu übernehmen. Darum sind mir die MinimalKünstler, wie Carl Andre und Donald Judd viel lieber als die Land Art-Künstler. Ich erwähnte bereits, daß der Zwang zur Logik für mich hilfreich gewesen ist. Die Neigung zum Überborden ist dagegen bei mir von Haus aus gut ausgebildet.

Die Reduktion auf das Wesentliche ist also auch eine Art Selbstdisziplin?
Hinzu kommt sicherlich eine gewisse Ordnungsvorstellung. Das Chaos müssen wir nicht erzeugen, weil es von selbst entsteht. Daher stellt sich eher die Frage, ob ich Ordnung schaffen kann oder soll. Dem Chaos, das uns zu einem gewissen Maß die Natur liefern kann, setzen wir die Ordnung als tragfähiges Rückgrat entgegen. Da ist Disziplin, auch die Selbstdisziplin notwendig. Das duale Prinzip von Ordnung

An der tiefsten Stelle des *privaten Gartens der Familie Kienast* inmitten der Wildnis befindet sich ein blaues Keramikquadrat. Chaos und Ordnung im Wechselspiel.

„OGNI PENSIERO VOLA" – „Jeder Gedanke fliegt."
Die Worte in blauen Betonbuchstaben bilden die Begrenzung des einfachen Pavillons in einem *Privatgarten* in Süddeutschland. Sie sind einer Inschrift aus dem sechzehnten Jahrhundert von Vicino Orsini im Garten von Bomarzo entnommen. Während sich in Bomarzo mit diesen Worten das Höllenmaul öffnet, untermalen sie in Kienasts Garten den malerischen Blick über den Hanggarten und die Stadt am Fuß des Berges. Kienasts Übersetzung lautet: „Die Gedanken sind frei."

Dieter Kienast

und Chaos existiert natürlich auch im eigenen Denken und Handeln und muß dirigiert werden. Ich kann nicht zur gleichen Zeit denken und zeichnen, sondern muß beides abwechselnd tun. Dieses wechselseitige Verhältnis prägt durchaus die Gestalt der Freiräume.
Die Reduktion hat aber auch einen gesellschaftlichen Hintergrund: Die Anreicherung des Raumes geschieht von selbst, während wir Sorge dafür tragen müssen, den tragfähigen Rahmen zu schaffen. Wenn die Schale bereits von Anfang an voll ist, kann sie nicht weiter gefüllt werden, oder die unerträgliche Masse wird zum Problem. Wir müssen uns daher auf die teilweise Fertigstellung des Bildes beschränken.

Welche weiteren Bedingungen gehören neben der zurückhaltenden Strenge zu einem Freiraumentwurf, damit sich die Poesie entfalten kann?
Strenge allein kann sehr dogmatisch sein. Der Entwurf für den *Augustusplatz in Leipzig* strahlt beispielsweise auf den ersten Blick eine gewisse Strenge aus. Erst die gezielte Verwendung des Lichtes bringt das poetische Moment ins Spiel. In der Nacht entfaltet der Platz durch zweifarbige Bodenleuchten ein faszinierendes Lichterlebnis. Nicht der Raum, sondern der Boden wird erleuchtet. Ich stelle mir das Eintauchen

Neugestaltung des *Augustusplatz in Leipzig*, Modellfoto. Zwischen Oper und Gewandhaus spannen sich zwei Bögen aus Lindenalleen und geben den Platz eine unverwechselbare Raumform.

ins gedämpfte, farbige Lichtermeer sehr eindrucksvoll vor. Im *Günthersburgpark in Frankfurt* ist es ein modernes Gebäude, das die Poesie der Situation fördert, indem es sich wie eine mittelalterliche Burg präsentiert. Es gibt meines Erachtens unterschiedliche Arten der Poesie. Im *Günthersburgpark* ist es eine romantisch getönte Poesie.

Worin unterscheidet sich die romantisch getönte Poesie von purer Romantik?
Die gesteigerte Romantik wird vom Schwelgen in Gefühlen bestimmt, ohne daß dabei noch irgendwelche sachliche Reflexion im Spiel ist. Erst auf den zweiten Blick erkennt man, daß die vermeintlich mittelalterliche Burg im Grunde eine ganz klare Kiste mit einer hundertdreißig Meter langen und sechs Meter hohen Mauer ist. Da bekommt das romantische Bild einen Bruch, weil die architektonische Sprache einem anderen Kontext entstammt.

Haben Sie einen Hang zur Romantik?
Natürlich.

Da sind Sie einer der wenigen, die das so offen eingestehen, denn viele verbinden mit diesem Begriff das Kleinbürgerliche, Nationalistische oder Triviale.
Wir haben eben unterschiedliche Seelen in uns, und der romantische Teil ist bei mir deutlich ausgeprägt: Ich klettere in den Bergen und genieße die Erhabenheit der Alpen. Wenn das nicht die perfekte Romantik ist? Die Kritik am Romantischen belastet mich überhaupt nicht, denn es gibt auch den anderen Teil in mir, der das Romantische hinterfragt. Ich gehe gerne in die Berge, und nach drei Tagen sehne ich mich nach dem Gestank der Abgase. Ich war vor einiger Zeit beim Bergsteigen am Montblanc und gerade als die Tour besonders schwierig wurde, kam die große Sehnsucht, inmitten des Trubels zu sein, einen Big Mac zu essen, im Warmen zu sitzen und vor der Flimmerkiste zu hocken.
Auch in unserem Garten gibt es das romantisch Verwunschene. Trotzdem findet man plötzlich auch ein Keramikquadrat, das einen ganz anderen Ausdruck hat. Ich lebe in dieser Polarität von Romantik auf der einen Seite und dem Bezug zur alltäglichen Realität, dem Rationalen auf der anderen Seite. Ich glaube jedenfalls, daß dem Romantischen in Zukunft wieder mehr Bedeutung zukommen wird.
Wenn ich mir die Internationale Gartenbauausstellung 1994 in Stuttgart in Erinnerung rufe, dann hatte auch da die Romantik ihren Stellenwert, aber eine andere Romantik, als wir sie vertreten. In der Romantik der Gartenschauen fehlt mir einfach der aufklärerische Teil, vielleicht sogar der intellektuelle Ansatz. Die schnellebige und vordergründige Formensprache, die auf den Gartenschauen präsentiert wird, ist mir genauso zuwider wie gängiges und weitverbreitetes, sogenanntes neuzeitliches Landschaftsdesign. Die Romantik in unseren Projekten ist immer gebrochen: Kurz vor dem Abtauchen in Schwelgereien wird man noch mal nachdenklich gestimmt.

Trifft es zu, was einmal über Sie geschrieben wurde, daß Sie Gärten für Intellektuelle schaffen?
Nein, diese Feststellung ist absoluter Unsinn. Wir möchten nicht einfach etwas machen, was anders, was aufregend ist und viel publiziert wird, sondern es geht uns um die Leute. Gerade die Menschen in der Stadt haben einen Anspruch darauf, auch einmal einen Baum zu erleben, wenn sie ihr Haus verlassen – denken Sie an Herrn K. von Bertolt Brecht. Ich glaube daß wir wieder lernen müssen, mit diesen scheinbar belasteten, angeblich unmodernen Elementen und Aspekten umzugehen. Die Romantik gehört dazu und ebenso die anspruchsvolle Pflanzenverwendung, die wir sträflich vernachlässigt haben. Wir haben uns sehr lange darin gefallen, Gärten und Anlagen zu schaffen, die den baumlosen Entwürfen der Architekten sehr ähnlich waren. Wir fanden das entsetzlich progressiv. Der Hang, ein wenig absonderlich zu erscheinen, spielte dabei eine viel zu große Rolle. Es ist nicht mein Bestreben, etwas speziell anderes zu machen. Wenn den Menschen unsere Entwürfe trotzdem gefallen, freut es mich und überrascht mich zugleich.
Wir bauten einen sehr kleinen *Garten für einen Mathematiker*. Die Pläne und das realisierte Projekt fand ich sehr schön und sehr diszipliniert. Die Poesie in diesem Garten ergibt sich allenfalls aus der Zusammenstellung der Pflanzen, die wir in geometrischen Reihen setzten.

SCHNITT A-A' 1:50

Garten des Mathematikers, Schnitte und Perspektive.

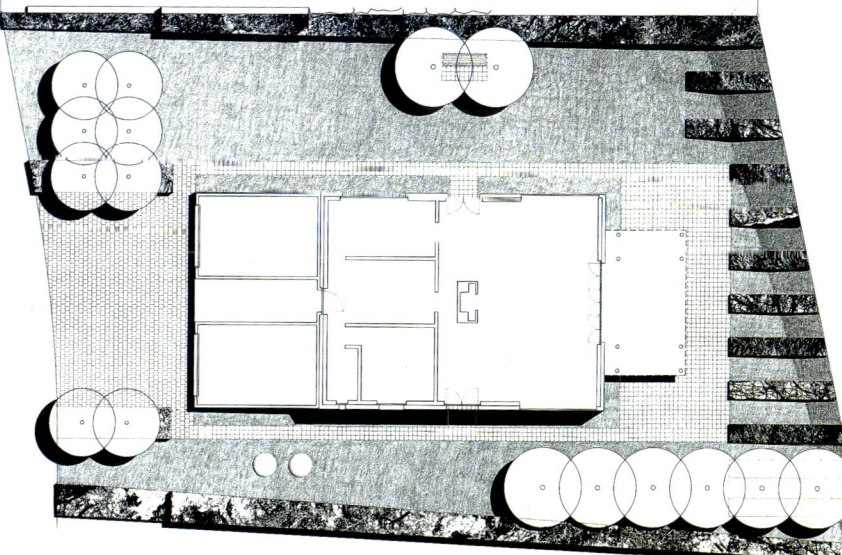

Gestaltungsplan des *Gartens des Mathematikers*, 1993.

Dieter Kienast

Das gefiel dem Mathematiker schließlich auch sehr, aber anfangs haben wir immer die größten Schwierigkeiten, für unsere Entwürfe die notwendige Akzeptanz zu finden. Die Grundstruktur unserer Anlagen ist relativ rigide, und sie hat anfangs immer eine deutliche Dominanz. Erst später pendelt sich mit der Entwicklung der Vegetation ein gewisses Gleichgewicht ein. Die Vegetation spielt bei unseren Entwürfen eine ganz wichtige Rolle.

Neben der Vegetation spielt auch das Wort als Inschrift oder als skulpturales Element in manchen Ihrer Projekte eine wichtige Rolle. Die Vermutung liegt nahe, daß Ihre Inspiration auch aus anderen Kunstrichtungen kommt, beispielsweise aus Arbeiten von Ian Hamilton Finlay.
Ja sicher, Ian Hamilton Finlay gehört ganz klar zu meinen Favoriten. Seine One-Word-Poems finde ich ausgesprochen faszinierend. Wir erleben heute aber auch in der Architektur, wie die Informationsaufnahme über das Wort immer wichtiger wird, weil die Menschen den Umgang mit dem geschriebenen Wort leichter beherrschen als den Umgang mit Architektursprache. Was uns mit anderen Mitteln im Garten nur schwer gelingen würde, können wir mit dem Wort sehr schnell erreichen, zum Beispiel das Spiel mit der Doppeldeutigkeit. Das Wort ist lesbar, kann zum Nachdenken anregen, und wir können die Menschen mit Worten auch in eine gewisse Stimmung versetzen, was uns in unserer Arbeit ganz wichtig ist. Finlay wird zuweilen vorgeworfen, seine Arbeit sei ausschließlich für Intellektuelle verständlich. Ich denke aber, daß solche Interventionen gerade für jene leicht lesbar sind, die nicht über umfassendes analytisches Wissen verfügen. Für die *EXPO 2000 in Hannover* haben wir im Eingangsbereich zu einem Parkstreifen den Satz von Laurie Anderson „Paradise is just where you are" in fünf Meter hohen Buchstaben vorgeschlagen. Um diesen Satz zu entschlüsseln, braucht es keinen intellektuellen Höhenflug.

Der Katalog Ihrer ersten Ausstellung trägt den Titel „Zwischen Arkadien und Restfläche". Was verbinden Sie mit dem Begriff Arkadien?
Arkadien ist für mich gleichbedeutend mit der Sehnsucht, immer woanders zu sein. Diese Sehnsucht, allen Problemen zu entkommen, steckt sicherlich in jedem von uns. Es gibt in unseren Gartenentwürfen aber immer beides: das Paradiesische und das alltägliche Leben. Der Bruch ist immanent. Ohne den Bruch würden wir Gefahr laufen, ins Banale abzurutschen.

Es geht Ihnen also nicht um die Harmonisierung der Brüche um jeden Preis.
Nein, wir kultivieren die Brüche. Das ist sicher. Auch mein eigenes Leben ist bestimmt von Brüchen, die für Spannung sorgen. Das ist manchmal etwas anstrengend, aber es bringt die Entdeckung neuer Erfahrungshorizonte und die Erweiterung sinnlicher Felder mit sich. Der Außenraum muß ein sinnlicher Ort sein. Nur an Bruchstellen zwischen den Polen kann man diese Erfahrungen machen. Der Entwurfsprozeß ist folglich immer ein Oszillieren zwischen Gegensätzen.

Sie scheuen in Ihren Projekten nicht die Zusammenarbeit mit den Schwesterdisziplinen Architektur, Ingenieurwesen und Bildhauerei, sondern betrachten die Kooperation als Selbstverständlichkeit, aus der beiderseitige Innovation erwächst.
Richtig. In den zehn Jahren der Lehre in Rapperswil habe ich beispielsweise nie mit Landschaftsarchitekten zusammengearbeitet, sondern immer mit Künstlern wie Jürg Altherr und Esther Gisler. Mit beiden habe ich später auch Projekte realisiert. In letzter Zeit arbeiten wir weniger mit Künstlern und häufiger mit Architekten zusammen. Diese Zusammenarbeit schätze ich sehr, wobei das synchrone Arbeiten mit anderen Disziplinen nicht immer notwendig ist. Manchmal sind wir ganz froh, nicht die ersten am Ort zu sein, weil bestimmte Rahmenbedingungen dann bereits gesetzt sind und manche Grundsatzprobleme nicht mehr bewältigt werden müssen.

Dem Künstler neidet man immer wieder, daß er im Gegensatz zu Landschaftsarchitekten die große Freiheit habe.
Diese Freiheit haben wir auch, ganz sicher. Ich habe festgestellt, daß es den Architekturstudenten bei der ersten Berührung mit Landschaftsarchitektur immer sehr viel Mühe macht, daß es meistens kein festgelegtes Programm gibt, das erfüllt werden muß. Daher liegt doch der Schluß nahe, daß wir im Unterschied zu anderen Disziplinen sehr viele Freiheiten haben.

Was ist mit der Erfüllung der vielfältigen soziologischen, ökologischen und funktionalen Anforderungen im Freiraum?
Ich sage nicht, daß wir alles gleichzeitig und jederzeit beachten müssen. Der ökologische Ansatz läßt sich auch in kleinsten Projekten erfüllen, ohne daß er dominant sein muß. Die Ökologie ist für uns aber gar kein eigenes Thema mehr, weil sie mittlerweile selbstverständlich zu jedem Projekt gehört. Das heißt, wir machen um die ökologischen Qualitäten unserer Projekte kein großes Aufheben. Wir verwenden beispielsweise immer weniger technisch veredelte Materialien und machen uns immer Gedanken um die Versickerung des Oberflächenwassers und so weiter. Das hat zwar etwas mit Ökologie zu tun, aber das steht nicht im Vordergrund.
Das rein zweckmäßige Denken halte ich für wesentlich problematischer. Denken Sie beispielsweise an die Stadtplanung der ehemaligen DDR. Die zweckmäßige Vorgehensweise und der Versuch, immer und überall auf funktionale Anforderungen und Raumansprüche optimal zu reagieren, hat dazu geführt, daß der Zusammenhang zwischen den städtischen Elementen, die Qualität und Sinnhaftigkeit des Stadtraumes verloren ging. Es entstanden völlig indifferente Freiräume. Natürlich gab es die gleichen Probleme in schwächerer Ausprägung auch bei westlichen Großsiedlungsprojekten. Die Zweckmäßigkeit darf nicht zum Maß aller Dinge werden. Auch die Ökologie darf nicht zum Maß aller Dinge werden.

Gestaltungsplan des *Privatgartens E.* am Uetliberg in Zürich, 1993. Der Garten reicht bis an den Waldrand, der zugleich die Hangkante betont. Wenige, punktuelle Eingriffe – Treppen, Wege, Sitzplätze, Buchstreppen, Eibenkegel und ein schmales Wasserbecken – wirken auf dem Plan wie eine minimalistische Assemblage.

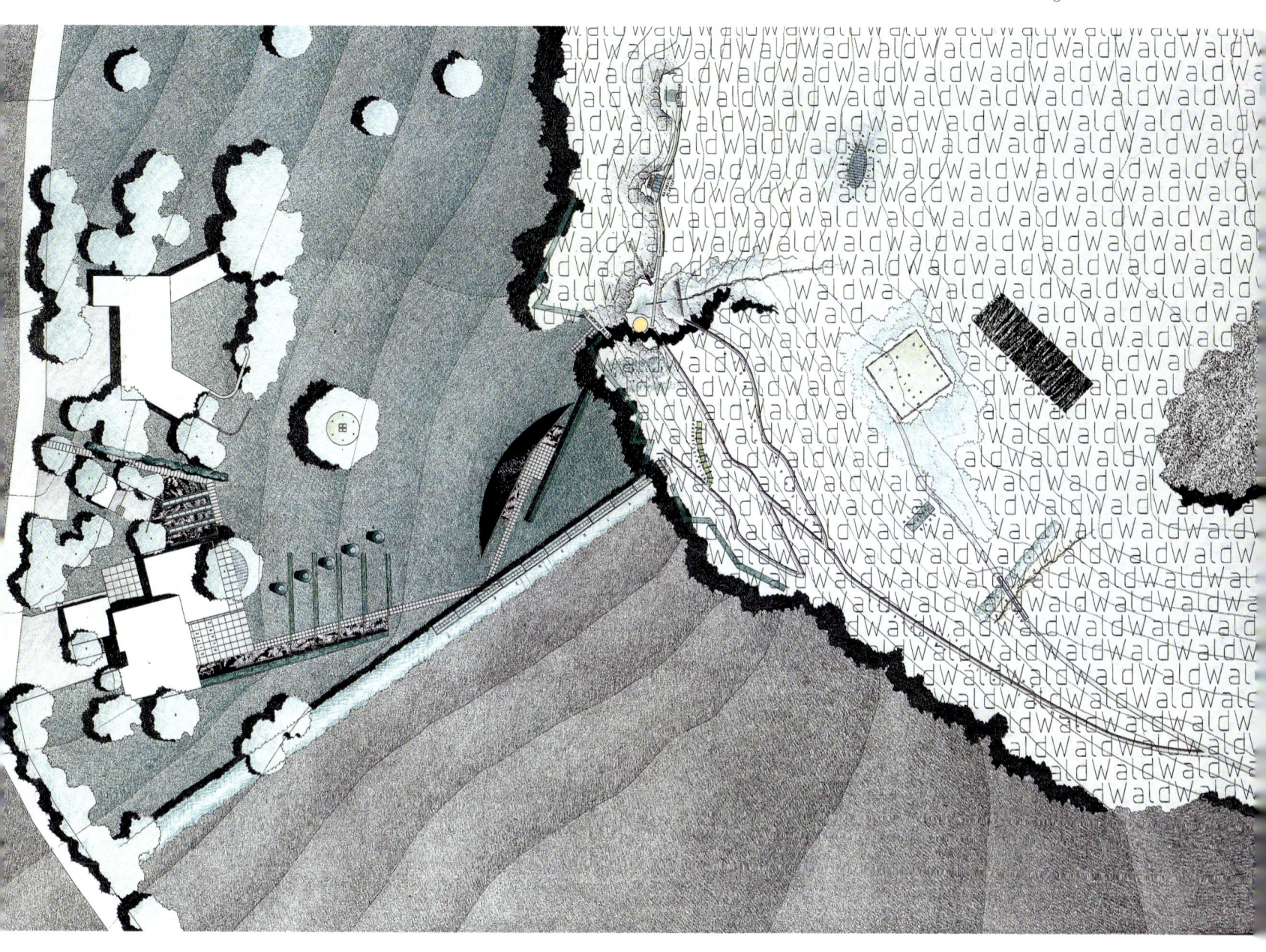

Dieter Kienast

Die künstlerische Freiheit darf auch nicht zum Maß aller Dinge werden?
Nein. Wenn man aber als Gegenpart zur künstlerischen Freiheit die Partizipation der Nutzer sieht, muß einem bewußt sein, daß die Ergebnisse nach zwanzig Jahren Bürgerpartizipation so bescheiden sind, daß man auch diesen Ansatz besser schnellstmöglich ad acta legt. Es stellt sich mittlerweile nämlich heraus, daß die Möglichkeiten der Einflußnahme so begrenzt sind, daß sich die Ergebnisse von partizipatorisch entwickelten Projekten und reinen Architekturentwürfen nicht wesentlich unterscheiden. Es gibt zwar den Spruch, wonach jeder den Anspruch auf Verwirklichung seiner Wünsche haben sollte, auch wenn sie noch so falsch sind, aber für den öffentlichen Raum gilt das in meinen Augen nicht.
Vielleicht ist der Ruf nach mehr künstlerischer Arbeit als Signal zu verstehen, sich weniger auf Mehrheitsentscheidungen zu stützen als vielmehr auf eigenständige Arbeit zu achten. Zu oft versteckten sich die Planer in Diskussionen hinter den Mehrheitsentscheidungen der Nutzer. In der Schweiz wissen wir, daß die Mehrheit nicht immer recht hat. Wir reden also nicht den Erfüllungsgehilfen das Wort, aber die grenzenlose Freiheit ist auch nicht der Antipode.

In den USA und in Europa sorgt Martha Schwartz mit ihren gewagten Entwürfen und ihrem Freiheitsanspruch für reichlich Diskussion um Kunst und Landschaftsarchitektur.
Martha Schwartz behauptet von sich, Künstlerin zu sein. Ich glaube, sie tut das deshalb, weil sie nicht angegriffen werden möchte, weder von Planern noch von Ökologen. Die Beschränkung auf rein ästhetisches Arbeiten hat also etwas von einem Rückzugsgefecht. Man macht es sich damit vielleicht zu einfach. Trotzdem haben ihre Arbeiten etwas sehr Erfrischendes, etwas Befreiendes. Allerdings bin ich der Ansicht, daß wir in der Öffentlichkeit arbeiten und mit unseren Planungen einen Teil des Alltags der Leute bestimmen. Es ist ein Unterschied, ob ich mich in einer Galerie, in der Wüste von Nevada, einem privaten Garten oder in einem öffentlichen Park betätige. Da tragen wir eine Verantwortung, die wir uns mit dem Hinweis auf künstlerische Freiheit oder partizipatorische Absicherung nicht einfach vom Hals halten können.
Es geht vielmehr darum, das eigene Tun immer wieder auf seine Qualität und seine Gültigkeit hin zu überprüfen, geistige Wachheit zu entwickeln und rezente Antworten auf Adornos alte Frage zu formulieren: Wie kann ein bestimmter Zweck Raum werden, in welchen Formen und in welchem Material? Architektonische Phantasie wäre demnach das Vermögen, durch die Zwecke den Raum zu artikulieren, sie Raum werden zu lassen, Formen zu Zwecken zu errichten.

„ET IN ARCADIA EGO" – „Auch ich war in Arkadien". Der Schriftzug bildet das Geländer eines Aussichtspunktes am Rande des Waldes. *Privatgarten E.* am Uetliberg in Zürich, 1993.

Dieter Kienast

Biographie und Werkverzeichnis
(Auswahl)

Dieter Kienast wurde 1945 in Zürich geboren. Er lebt und arbeitet zusammen mit Ehefrau Erika Kienast-Lüder in Zürich.
Schulen und Gärtnerlehre in Zürich
Studium der Landschaftsplanung an der Gesamthochschule Kassel

1978	Promotion mit pflanzensoziologischer Doktorarbeit

Büro für Landschaftsarchitektur und Lehrtätigkeit:

1979–1994	Mitinhaber von Stöckli, Kienast & Koeppel, Landschaftsarchitekten in Zürich, Bern und Wettingen
1980–1991	Professor für Gartenarchitektur am Interkantonalen Technikum in Rapperswil
1981–1985	Fachtechnischer Leiter Botanischer Garten in Brügglingen/Basel
ab 1985	Dozent für Landschaftsgestaltung an der ETH Zürich
ab 1992	Professor am Institut für Landschaft und Garten, TH Karlsruhe
ab 1995	Mitinhaber von Kienast Vogt Partner, Landschaftsarchitekten in Zürich und Bern, zusammen mit Erika Kienast-Lüder und Günther Vogt

Auswahl realisierter Projekte:

1982	Stadtpark in Wettingen
1987/1993	Stadtpark in St. Gallen
1988/1994	Grünplanung Inselspital Lory-Spital, PKT 2 etc., Bern mit Architekten U. Strasser, A. Roost, Bern
1989	Garten Medici in Erlenbach mit Architekten U. Marbach und A. Rüegg, Zürich
1990	Friedhof Rütihof, Baden mit Architekten J.+B. Fosco-Oppenheim und K. Vogt, Scherz
1991	Ecole cantonale de langue française, Bern mit Architekten Häflinger, Grunder, von Allmen, Bern
1992	Wohnanlage Vogelbach, Riehen mit Architekt M. Alder, Basel
1994	Psychatrische Klinik Waldhaus, Chur mit Architekten F. Chiaverio und F. Censi, Grono
1994	Städtebauliche und landschaftliche Sanierung Neustädter Feld, Magdeburg mit Architekten Herzog & de Meuron, Basel
1995	Hotel Zürichberg, Zürich mit Architekten M. Buchhalter und Ch. Sumi, Zürich

Zahlreiche Privatgärten

Zahlreiche Wettbewerbe, darunter:

1990	Bärenplatz und Waisenhausplatz Bern, 1. Preis
	Parkanlage Moabiter Werder in Berlin, 1. Preis
1991	Günthersburgpark in Frankfurt am Main, 1. Preis
1992	Friedhof Witikon in Zürich, 1. Preis
	Friedhof Chur, 1. Preis
1993	Kurpark Bad Münder, 1. Preis
1994	Städtebaulich-landschaftsgestalterischer Wettbewerb Dreissigacker Meiningen, mit Architekten Schnebli, Ammann, Ruchat, Zürich, 1. Preis
	Zentrum für Kunst und Medientechnologie in Karlsruhe, 1. Preis
1992–1995	Ausstellung „Zwischen Arkadien und Restfläche" in Luzern, Karlsruhe, Freising-Weihenstephan und Zürich

Literaturauswahl

Kienast, D.: „Die Sehnsucht nach dem Paradies", in: Hochparterre 2/7 1990

Edition Architekturgalerie Luzern (Hrsg): Zwischen Arkadien und Restfläche. Luzern 1992 (Ausstellungskatalog)

Kienast, D.: „Die Natur der Sache – Stadtlandschaften", in: Koenigs, T. (Hrsg): Stadtparks. Frankfurt 1993

Kienast, D./Vogt, G.: „Die Form, der Inhalt und die Zeit", in: TOPOS, Heft 2/1993

Kienast, D.:„Zwischen Poesie und Geschwätzigkeit", in: Garten und Landschaft 1/1994

Kienast, D.: „Zur Dichte der Stadt", in: TOPOS, Heft 7/1994

Kienast, D.: „Der Garten als geistige Landschaft", in: TOPOS, Heft 11/1995

Bildnachweis

Alle Abbildungen wurden freundlicherweise vom Landschaftsarchitekten zur Verfügung gestellt.
Büro Kienast: 150
Wolfram Müller/Institut für Landschaft und Garten, Universität Karlsruhe: 141
Christian Vogt: 137, 143, 144, 145 u., 147 u., 148, 149, 155

„Topiary-Abstraktionen.
Ich liebe sie."
(Sven-Ingvar Andersson)

Das Antidot zur virtuellen Realität –
Sven-Ingvar Andersson

Die dänische Landschaftsarchitektur, schreibt Sven-Ingvar Andersson, bezieht seit den dreißiger Jahren ihre Stimulation aus den bildenden Künsten. „Wie dies geschieht, ist nicht ganz sicher, aber es ist sinnvoll anzunehmen, daß die erfolgreiche Zusammenarbeit von Architekten und Landschaftsarchitekten, wie sie in anderen Ländern oft noch unüblich ist, die Landschaftsarchitekten in Kontakt mit den bildenden Künsten brachte. Es entwickelte sich ein Verständnis für die bildenden Künste, und das nährte das Verlangen, künstlerische Qualitäten zu integrieren, die das Niveau der bildenden Kunst erreichten."[1]

Für den bescheiden auftretenden Grandseigneur der aktuellen skandinavischen Landschaftsarchitektur zählt die dänische Gartenkunst selbstverständlich zu den bildenden Künsten und entwickelt im Unterschied zur stagnierenden Situation in anderen Ländern Europas vielfältige Aktivitäten. Sie entfaltet ihren besonderen Charme in der gelungenen Verschmelzung von künstlerischem Gestaltungsanspruch und einem profunden Gespür für das Wesen der dänischen Kultur- und Naturlandschaft, ihre räum-

[1] Andersson, Sven-Ingvar zit. aus: „Havekunst in Danmark" in: Arkitektur DK 4–1990; S. 174

liche Komposition, den zeitlichen Lauf der Lebenszyklen und den Geist des Ortes. Formale Strenge, Klarheit der Linienführung, zurückhaltende, gezielte Verwendung von Pflanzen und Baumaterialien und nicht zuletzt ein ausgeprägter Sinn für wirkungsvolle Raumbildung sind die charakteristischen Eigenschaften dänischer Gartenkunst.

Sven-Ingvar Andersson steht unmittelbar in der Tradition prominenter dänischer Landschaftsarchitektur, zu deren führenden Vertretern insbesondere Gudmund Nyeland Brandt (1878–1945) und Carl Theodor Sørensen (1893–1979) zählten. Vier Jahre lang, zwischen 1959 und 1963, war Andersson der Assistent von Sørensen am Lehrstuhl für Landschaftsarchitektur an der Königlich Dänischen Akademie der Schönen Künste. Der prägende Einfluß des Professors auf den Assistenten und späteren Nachfolger an der Akademie ist unverkennbar. Jahrzehnte vor den markanten landschaftlichen Eingriffen der amerikanischen Land Art entwarf und realisierte C. Th. Sørensen bereits Projekte, die in ihrer formalen Einfachheit und räumlichen Kraft den Werken der Earth Art bis heute in nichts nachstehen. Sørensen bediente sich bevorzugt archetypischer Geometrien wie Spirale, Kreis und Quadrat und entdeckte den Reiz ovaler Formen, die auch für Sven-Ingvar Andersson zum unverwechselbaren Formen-

repertoire gehören. Anderssons Arbeiten leben nicht von aufwendigen, vordergründigen Effekten, sondern entfalten ihre bemerkenswerte Qualität erst auf den zweiten Blick und in der direkten Raumerfahrung vor Ort. Zugunsten einer klaren Raumbildung und der Konzentration auf die subtilen materialeigenen Qualitäten wird die Vielfalt des Pflanzen- und Baumaterials in Garten und Park deutlich reduziert. Sensible Bodenmodellierungen und ein virtuoser Einsatz der Hecke als raumbildendes Element reichen meist vollkommen aus, um spannungsvolle, flexibel nutzbare Freiraumkonzeptionen zu verwirklichen.

Marna's have, der Heckengarten von Anderssons Landhaus Marna in Södra Sandby, nordöstlich von Malmö, dient dem Gartenkünstler schon seit Jahrzehnten als privates Spiel- und Experimentierfeld.² Hier manifestiert sich in besonders anschaulicher Form Anderssons Selbstverständnis als Gartenkünstler im intensiven Dialog mit den Prinzipien historischer Gartenkunst. Der Ursprung dieses Gartens liegt im frühen Traum von einer Abfolge klar definierter, grüner Räume ohne Decke, die flexibel nutzbar sein sollten. Ostern 1965 pflanzte Andersson auf einem Areal von etwa 1000 m² 600 kleine Weißdornpflanzen in einem unregelmäßigen Heckenraster, das sich an

² vgl. Andersson, Sven-Ingvar: „Häckar och höns – min torparträdgård" in: ‚Landscap' 8/1976; S. 180

Mit seinem Vorschlag zur Gestaltung des *Musikalischen Gartens im Vitus Bering Park in Horsens* wollte Carl Theodor Sørensen seiner Überzeugung Ausdruck verleihen, daß Gartenkunst eine rein ästhetische Funktion erfüllt.
Sein architektonischer Freiraumentwurf, hier ein Aquarell von 1954, wurde damals nicht realisiert.

Blickpunkten, Grundstücksgrenzen und geplanten Freiräumen orientierte. Um den Geländeunterschied von bis zu 3 m auszugleichen, wurden die Hecken auf eine einheitliche Höhe von 1 m über dem höchsten Geländepunkt geschnitten, so daß an manchen Stellen 4 m hohe Heckenwände entstanden. Es ergab sich ein reizvolles Raumgefüge aus begehbaren und benutzbaren Räumen unterschiedlicher Größe, isolierten und offenen Flächen, Wänden und Tunneln. Als eine Anzahl von Heckenpflanzen aus gestalterischen Gründen entfernt werden mußten, pflanzte man sie einzeln in die große, offene Fläche zwischen niedrige Ligusterhecken, duftende Lavendelkissen und rosafarbene, weiße und blaue Stauden, wo sie sich frei entwickeln konnten. Heute prägen die großen vogelähnlichen Heckengestalten den Charakter des „Hönsgård", des „Hühnerhofes", wie der Landschaftsarchitekt das Ensemble nennt. Andersson spielt im Heckengarten bewußt den Kontrast zwischen der geschnittenen Hecke als kontrollierte Form und der ungeschnittenen Hecke als freie Form aus. In diesem räumlichen Kontext, dem sensibel gestalteten, gartenkünstlerischen Rahmen, bieten sich vielfältige Möglichkeiten für allerlei Aktivitäten der Familie, vom Grillplatz bis zum Blumengarten. Im Wechsel der Jahreszeiten und der Bedürfnisse wandelt sich das Bild, bleibt offen für neue Nutzungen und Interpretationen, während die klar organisierte Heckenstruktur das räumliche Tragsystem, den Rahmen des Gartens prägt. „Ob ich die Gelegenheit haben werde", schreibt Andersson, „den Weißdorn-Garten im Alter zu genießen, weiß ich nicht, aber die Weißdornpflanzen gedeihen, ihre Zweige verstreuen im Frühling ihre weißen Blüten wie Neuschnee auf der Erde, und im Herbst sind sie schwer beladen mit massenhaft tiefroten Beeren, von denen sich die Vögel ernähren."[3]

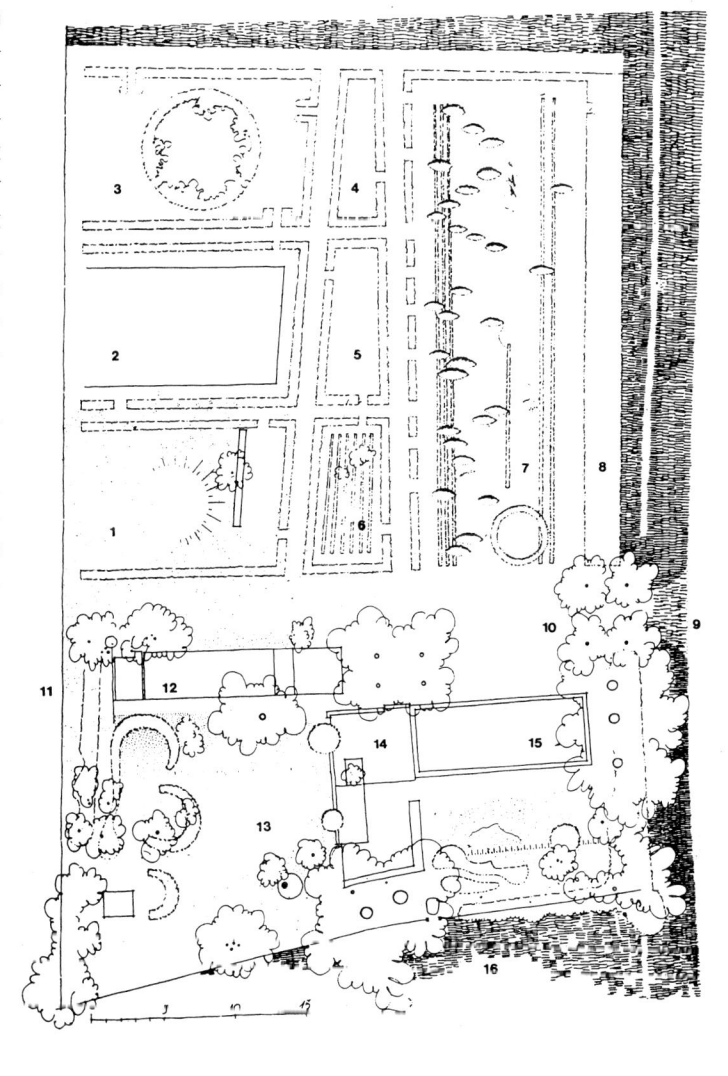

[3] ebenda, S. 184

Marna's have in Södra Sandby: Privater Garten, persönliches Spiel- und Experimentierfeld von Sven-Ingvar Andersson. Bereits im Plan des Gartens wird das Spiel zwischen architektonisch strenger und landschaftlich freier Gestaltung deutlich.

Herr Andersson, ist die Liebe zur Natur, die man den Skandinaviern nachsagt, nur Klischee oder Tatsache?

Ich denke, daß die Liebe zur Natur in Skandinavien jedenfalls bezeichnender ist als beispielsweise in Deutschland. Die Beziehung zur Landschaft ist seit über einhundert Jahren prägend für das nationale Bewußtsein, besonders in Finnland und Norwegen. In Dänemark ist dieser Bezug etwas schwächer ausgeprägt, denn auch die Landschaft ist hier schwächer. Es ist einfacher, sich mit einer ausdrucksstarken Landschaft zu identifizieren, besonders im Hinblick auf die Definition des eigenen Nationalbewußtseins. Viele dänische Dichter und Künstler befaßten sich intensiv mit den spezifischen Eigenheiten der dänischen Landschaft, der sanften Topographie und der engen Beziehung zum Wasser, zur Meeresküste, die die Menschen magisch anzieht.

Sie sind schon in frühester Kindheit mit der Natur auf einem ländlichen Hof aufgewachsen. Wie würden Sie heute Ihre Beziehung zur Natur definieren?

Das ist schwierig zu sagen. Daß man auf einem Bauernhof aufgewachsen ist, bedeutet noch nicht, daß man sich wirklich darüber bewußt wird, was Natur ist. Es bestand eigentlich gar keine Notwendigkeit, sich darüber Gedanken zu machen. Einerseits erlebte ich als Kind, wie es ist, direkt in der Natur zu leben. Es war auch sehr wichtig, daß meine Mutter für Naturerfahrungen sehr aufgeschlossen war. Sie sprach oft über den wunderschönen Himmel, den herrlichen Sonnenuntergang und schwärmte über das bezaubernde Farbenspiel des Herbstlaubes. Sie hatte ein großes Interesse für Schönheit, und mein Vater, der als Bauer den Hof bewirtschaftete, hatte ein feines ästhetisches Gespür. Das beeinflußte mich, und ich zeichnete schon sehr früh mit großer Begeisterung. Meine Lehrer gaben mir den Rat, Maler oder Bildhauer zu werden, aber ich hatte nicht den Mut dazu. Mutter war eine ausgesprochen gute Gärtnerin, und ich lernte viel von ihr. Ich empfand nie einen Konflikt zwischen Gartengestaltung und Ökologie, denn mir war klar, daß ein guter Gärtner die ökologischen Faktoren immer in seine Arbeit einbezieht, ganz gleich wie kunstvoll der Garten gestaltet ist. Ein Gärtner wie Le Nôtre war nicht nur ein begabter Künstler, sondern auch ein ausgesprochen intelligenter Ökologe. Seit ich als Landschaftsarchitekt arbeite, habe ich Schwierigkeiten mit all dem Gerede über Natur und Natürlichkeit. Ich habe Zeiten erlebt, in denen sich führende Landschaftsarchitekten gegen den Garten, gegen Planung und Entwurf wandten. Was damals als wertvoll und interessant erachtet wurde, war ausschließlich Natur, nichts als reine Natur. Wenn die Natur einmal nicht vorhanden war, dann mußte man sie imitieren. Diese Strategie war immer gegen meine Überzeugung und gegen mein Empfinden. Für mich besteht die Aufgabe des Landschaftsarchitekten darin, lebenswerte Umwelt für die Menschen zu schaffen, die hauptsächlich in Siedlungen und Städten leben. Die Betonung von Natürlichkeit um jeden Preis hat für mich etwas von einer Flucht vor der verantwortungsvollen Aufgabe des Landschaftsarchitekten. Es gab eine Zeit, da interessierte man sich in Kopenhagen nicht für Parks und Gärten, sondern nur für die Frage, wie man den höchsten Grad an Natürlichkeit und Naturschutz erreichen kann. Das alltägliche Leben in der Stadt war eine Sache, aber am Wochenende wollte man einen herrlichen Platz in der freien Natur genießen. Mir widerstrebt diese Einstellung. Mir geht es um einen Städtebau, der den typischen Charakter der Stadt zwar durchaus betont, aber zugleich Landschaftselemente in Form von Gärten integriert. Landschaft in der Stadt ist gleichbedeutend mit Garten.

Natürlich hat unsere Vorstellung von Natur auch etwas mit der Wahrnehmung und dem Verständnis der Landschaft zu tun. Dänemark ist fast ausschließlich Kulturlandschaft, in der die Waldgrenzen eine wichtige Rolle spielen. 1805 wurde in Dänemark ein Forstgesetz erlassen, das festlegte, daß das gesamte Land entweder als Wald oder als Acker zu bewirtschaften sei. Die Ursache für diesen Erlaß war der Brennholzmangel zu jener Zeit. Standen ein paar Bäume in der Landschaft, entschied man, daß hier Wald entstehen müsse. Die Eigentümer des Landes mußten daraufhin den Wald einzäunen, und es war ihnen laut Gesetz nicht gestattet, ihr Vieh darin zu weiden. Nur so konnte man den ungestörten Aufwuchs des Waldes gewährleisten. Das führte zur Ausprägung exakter Nutzungsgrenzen, die heute die räumliche Struktur der Landschaft prägen.

Sie wurden in Schweden geboren und arbeiten heute in Dänemark. Wo liegt für Sie der prinzipielle Unterschied zwischen den Kulturen dieser beiden skandinavischen Länder?

Sie müssen wissen, daß ich in einer dänischen Landschaft in Schweden geboren wurde. Südschweden ist Dänemark landschaftlich sehr ähnlich. Nur etwa 10 Prozent Dänemarks sind bewaldet. Die Wälder sind überschaubar und bilden Inseln in der Ackerlandschaft. Im Unterschied dazu ist die schwedische Landschaft im Grunde genommen ein Wald mit Lichtungen, und das ist eine ganz andere räumliche Struktur. Diese Waldlandschaft beeinflußte in Schweden die Kunst von jeher viel stärker, als es in Dänemark der Fall war.

Alhambra. Zeichnung von Sven-Ingvar Andersson.

Sven-Ingvar Andersson

4 m hohe Weißdorn-Vögel durchstreifen anmutig Anderssons *Marna's have*.

Für Andersson sind die geschnittenen Figuren aggressive Formen mit einer sanften Haut, die an leicht gewellte Hügellandschaften erinnern. *Marna's have* in Södra Sandby.

In die strenge Struktur geschnittener Buchshecken ist kräftig violett blühender Lauch eingestreut. *Marna's have* in Södra Sandby.

Sven-Ingvar Andersson

Was löste Ihr Interesse an der eigentlichen Landschaftsarchitektur aus?
Zu Beginn war ich mir des Interesses an der Landschaft gar nicht bewußt. Mein Interesse galt den Gärten und der Kunst. Ich verbrachte meine Kindheit in einem deutlich ästhetisch geprägten Umfeld. Als ich im Alter von 18 Jahren meine gymnasiale Ausbildung beendete, war ich mir sicher, daß ich Landschaftsarchitekt werden würde, obwohl ich noch gar nicht wußte, daß es die Landschaftsarchitektur als Beruf gab. Mein Lehrer fragte mich damals nach meinen Zukunftsplänen, und als ich ihm meine Absicht erläuterte, erklärte er mir, daß man als Landschaftsgestalter durchaus leben kann. Daran hatte ich noch nie gedacht! Ich begann meine Arbeit mit vorwiegend künstlerischen Ambitionen und stellte bald fest, daß ich mein Interesse am Garten mit meinem künstlerischen Interesse kombinieren konnte. Dennoch wollte ich im Wort „Gartenkunst" niemals den zweiten Teil, die „Kunst", besonders hervorheben. Der Garten selbst war für mich nie einfach nur ein Platz, wo Pflanzen existierten, sondern viel mehr. Ich träumte schon sehr früh vom Garten als Abfolge klar definierter Räume mit Wänden und Hecken, Treppen und Hofräumen, die man begehen und erleben kann. Als ich einige Jahre später erstmals die englischen Gärten, wie beispielsweise Hidcote besuchte, erkannte ich darin meine Ideen wieder.

Worin unterscheidet sich Ihrer Ansicht nach die Gartenkunst von der Landschaftsplanung und der Landschaftsarchitektur?
In der Herangehensweise gibt es zwischen den Begriffen eigentlich keinen Unterschied, aber ich arbeite mit allen dreien, denn die Unterscheidung machte die Lehre einfacher. Landschaftsplanung hat für mich nicht nur etwas mit dem größeren Maßstab zu tun, sondern bedeutet auch Umgang mit Strategien, erfordert soziales Bewußtsein und natürlich profundes ökologisches Wissen.
Landschaftsarchitektur befaßt sich hauptsächlich mit der Nutzung der Landschaft im urbanen Kontext. Dabei geht es immer um die Lösung funktionaler Probleme, wie Wegeführung, Platznutzung und so etwas. Natürlich spielen auch die sozialen Aspekte und Erlebnisqualitäten dabei eine wichtige Rolle. Während man in der Landschaftsplanung einer von vielen Experten ist, die sich mit einer speziellen Aufgabenstellung befassen, ist der Landschaftsarchitekt der Hauptverantwortliche und muß in der Lage sein, selbständige Entscheidungen zu treffen.
Die Gartenkunst befaßt sich in erster Linie nicht mit funktionalen Problemen, sondern will den Menschen mentale, ästhetische Erfahrungen vermitteln. Gartenkunst soll, wie Bildhauerei oder Malerei, ein künstlerisches Ausdrucksmittel sein. Das bedeutet, daß in diesem Fall persönliches Engagement und subjektive Ausdruckskraft sehr wichtig sind. Ich glaube nicht, daß sich Landschaftsarchitekten nur auf die künstlerischen Merkmale konzentrieren sollten, halte es aber dennoch für sehr wichtig, daß sie sich ihrer Verantwortung für die Gartenkunst bewußt sein sollten.

In Ihrer Publikation „Havekunsten i Danmark" aus dem Jahr 1990 stellen Sie fest, daß die Stimulation für die Landschaftsarchitektur seit den dreißiger Jahren hauptsächlich von der Kunst kommt.
Ich denke, daß es immer eine Beziehung zwischen den unterschiedlichen Künsten gibt. Gartenkunst zählt für mich zu den bildenden Künsten. Sie sollte aber nicht versuchen, andere Künste zu imitieren. Genau das geschieht zur Zeit: Man versucht um jeden Preis, künstlerisch zu arbeiten, versucht sich an Installationen, am Minimalismus oder ähnlichem. Ich halte das für ausgesprochen falsch. Es ist wichtig, den gleichen Anspruch an das eigene Tun zu stellen, wie man es in der Kunst tut, und einen Zugang zur Kunst zu finden, aber ich halte es für noch viel wichtiger, einen Zugang zum Leben zu finden. Die Kunst steht nämlich immer im Dialog mit dem Leben. Wenn Gartenkünstler ihren Zugang zur Kunst über eine andere Kunst finden, dann geht ihnen etwas verloren. Wenn man immer versucht, so clever wie der Künstler zu sein, wird man immer erst viel später zu einem eigenen Ausdruck finden.

Kunst sollte Ihrer Ansicht nach also eher den zündenden Funken, aber nicht die zu imitierende Vorlage liefern?
Genau. In Dänemark stehen wir in der guten Tradition von G. N. Brandt und C. Th. Sørensen. Sørensen arbeitete wirklich wie ein Künstler und war zugleich aufgeschlossen für die zeitgenössischen Künste. Er sprach weder über die Art der Inspiration, die er den Künsten entnahm, noch über einzelne Künstler. An seinen Entwürfen erkennen Sie aber deutlich die Bezüge und entdecken die Inspirationsquellen für sein außergewöhnliches Schaffen. Er wurde offensichtlich sehr inspiriert von der konkreten Kunst, auch futuristische Einflüsse sind erkennbar. Die Kunst half ihm, seinen Anspruch zu formulieren, aber er imitierte sie nicht. Sørensen hatte nur sehr wenige internationale Kontakte mit anderen Professionellen. Er hatte guten Kontakt zu Pietro Porcinai in Italien und zu Hans Warnau in den Niederlanden. Hans Warnau ist Minimalist und Purist und war übrigens der Lehrer des jungen niederländischen Landschaftsarchitekten Adriaan Geuze. Der Minimalist Warnau lebt sehr einfach. Als ich ihn vor zwei Jahren besuchte, hatte er in seinem Wohnraum wenige Stühle, einen Teppich und ein winziges Gemälde an der Wand. Ich halte Hans Warnau für eine faszinierende Persönlichkeit.

Betrachtet man die Strenge Ihrer Projekte, dann liegt die Vermutung nahe, daß auch Sie vom Minimalismus fasziniert sind.
Das mag sein, aber die zurückhaltende Formensprache hat auch etwas mit Pflanzenverwendung zu tun. Wenn man wirklich einen Dialog zwischen Pflanze und Raum inszenieren will, dann muß man berücksichtigen, daß die Pflanze ihre eigene Lebendigkeit mit sich bringt. Die Form des Raumes muß daher einfach sein. Sørensen wurde in dieser Hinsicht nicht verstanden. Die Menschen sahen seine Zeichnungen und beurteilten ihn danach als sehr sturen Charakter, der nur starre Formen entwirft. In Wirklichkeit wußte er genau, daß eine einfache, formale Pflanzung durch die Vitalität der Vegetation alle gewünsch-

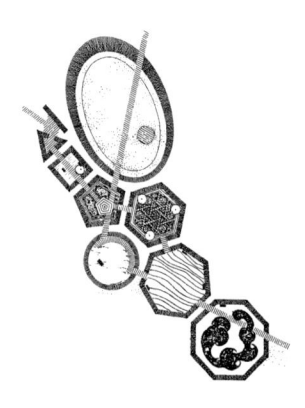

1981 entschloß man sich, Sørensens Entwurf für den Musikalischen Garten in Horsens von 1954 im Gelände des Kunstmuseums Herning als große begehbare Heckenskulptur mit 6 bis 8 m hohen Hecken zu realisieren. 1983 begann man mit der Realisierung des *Geometrischen Gartens*. Im Inneren einiger Heckenkabinette werden Gartenparterres in Sørensens typischem Stil entstehen. Das große Oval hat einen maximalen Durchmesser von 51 m. Plan von Landschaftsarchitektin Sonja Poll.

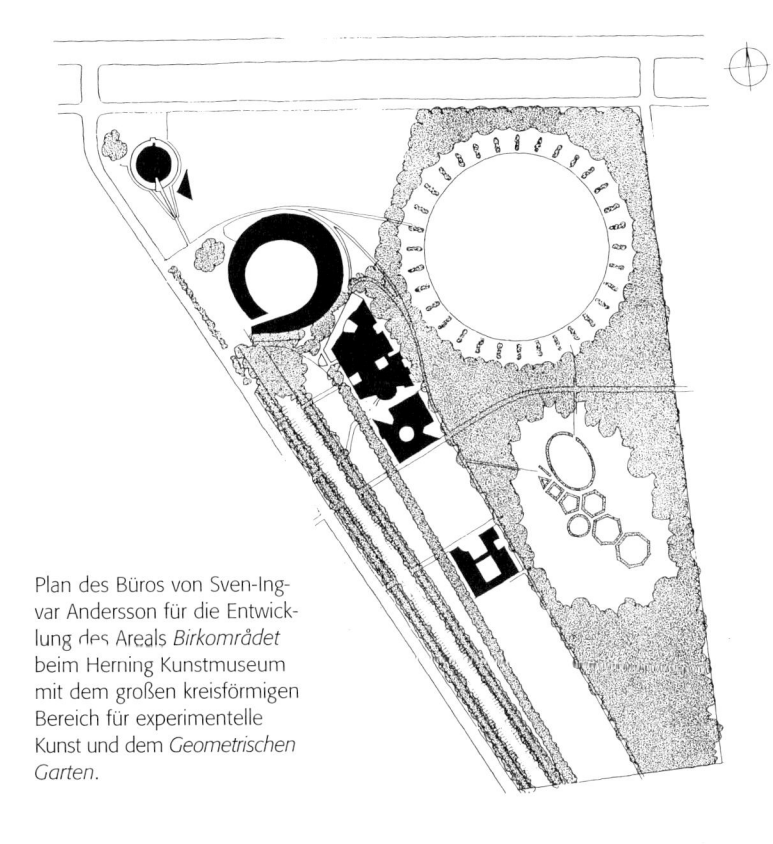

Plan des Büros von Sven-Ingvar Andersson für die Entwicklung des Areals *Birkområdet* beim Herning Kunstmuseum mit dem großen kreisförmigen Bereich für experimentelle Kunst und dem *Geometrischen Garten*.

ten Qualitäten im Garten entfaltet. Als ich vor einigen Jahren zusammen mit Sonja Poll den *Geometrischen Garten* von Sørensen in Herning restaurierte, mußte ich mich sehr darum bemühen, die Einfachheit der Form entgegen dem Wunsch der Leute nach attraktiver Dekoration zu erhalten. Im Prinzip ging es Sørensen um die weiten, offenen Flächen, um den Anblick des Himmels. Trotzdem sind natürlich auch all die anderen Erfahrungen und Nutzungen im Park möglich.

Ich wüßte gerne, welchen Bezug Sie zu den zeitgenössischen Künsten haben. Können Sie mir Ihre Inspirationsquellen aus der Kunst verraten?
In dieser Hinsicht bin ich ein Allesfresser und verarbeite einfach alles. Ich denke, Künstler wie Christo und Richard Serra geben für die Landschaftsarchitektur wichtige Impulse, aber ich kann wirklich nicht sagen, woher meine Inspiration im wesentlichen stammt. Ein Künstler könnte vielleicht von seinem besonderen Interesse am Tanz sprechen, aber es existieren nun einmal keine fixierten Grenzen zwischen den Disziplinen. Ich tue mein Bestes, um wie Shakespeare zu arbeiten. Ich versuche, in meinen Projekten verschiedene Ebenen herauszuarbeiten. Es geht dabei um gute Lesbarkeit, und ich will den Menschen etwas bieten, das sie unmittelbar verstehen und mögen, wovon sie möglicherweise sogar inspiriert werden. Derlei Qualitäten gehen über die künstlerisch-ästhetischen hinaus. Man sollte einen Garten immer wieder erleben können, genau wie man sich ein Stück von Shakespeare oder ein gutes Gemälde immer wieder anschauen kann, um ständig neue Wesenszüge darin zu entdecken. Es ist mir im Grunde besonders wichtig, für viele unterschiedliche Einflüsse und Lösungsmöglichkeiten offen zu sein. Mir geht es bei all den unter-

schiedlichen Projekten immer darum herauszufinden, wie meine Aufgabe im jeweiligen Fall definiert ist und wie die Lösungsmöglichkeiten aussehen. Ich trage nicht irgendwelche Ideen mit mir herum, die ich unbedingt verwirklichen will. Schauen Sie sich zum Beispiel mein Projekt am *Hafen von Helsingborg* an. Mir war wichtig, daß man am Hafen das Wasser wahrnimmt, aber im Hafen sind die Kaimauern so hoch, daß das Wasser nicht zu sehen ist. Deshalb integrierte ich in die Kaimauer eine große, ringförmige Rohrleitung, aus der an drei Stellen das Wasser radial herausschießt, was man deutlich sieht und hört. Mir ging es nicht um die Schaffung eines Kunstwerkes, aber es wird verstanden als Kunstwerk. Die Menschen benutzen den Ring wie ein Kunstwerk. Touristen fotografieren ihn, und die ganze Familie posiert unter dem Bogen.

Stört es Sie, wenn einzelne Komponenten Ihrer Projekte als isolierte Kunstwerke verstanden werden? Wäre es Ihnen lieber, man würde die ganze Anlage als Gesamtheit betrachten?
Die meisten Leute wissen nicht immer, warum sie manche Dinge mögen und andere nicht mögen. Wenn sie ein Familienfoto mit einer Skulptur machen, dann mögen sie vermutlich die Situation, fühlen sich an einer bestimmten Stelle wohl. Es geht prinzipiell immer darum, Räume so deutlich zu definieren, daß den Menschen die Nutzung ermöglicht wird. Wenn man Glück hat, nutzen die Leute den Raum ganz anders, als man es sich ursprünglich gedacht hat.
Für *La Défense* in Paris planten wir beispielsweise einen Streifen aus weißem Marmor, der rein ästhetisch zur Freude der Fußgänger gedacht war. Ich hatte den Streifen nicht für eine spezielle Nutzung vorgesehen. Viele Menschen begehen aber heute diese Fläche, und die Skateboarder nutzen das leichte Gefälle, um aus leeren Dosen einen Slalom-Parcours aufzubauen. Ich finde das besonders interessant. Wenn man etwas entwirft, das Identität und Ausdruck hat, dann wird es auch genutzt.

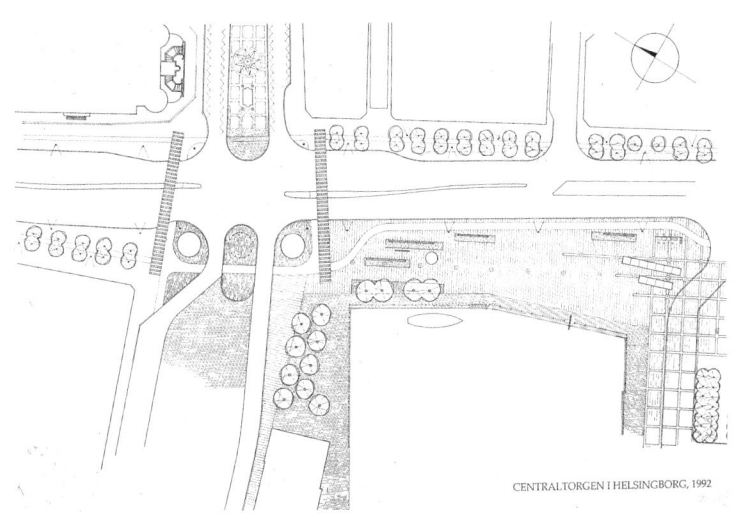

CENTRALTORGEN I HELSINGBORG, 1992

Den zentralen Bereich *Havnetorget* am inneren Hafen von Helsingborg gestaltete Andersson 1992/1993. Zentrales Problem war die Verknüpfung von gestalterischem Anspruch und verkehrstechnischen Anforderungen im Bereich der großen Straßenkreuzung.

Sven-Ingvar Andersson

„Blåbærkagerne" – „Heidelbeerkuchen" nennt Andersson die beiden skulpturalen Brunnen mit einem Durchmesser von 8 m im Bereich der Straßenkreuzung am *Havnetorget*. Die Künstlerin Betty Engholm verkleidete die Brunnen mit blauer Keramik.

Um Besucher und Anwohner auf die Nähe des Wassers aufmerksam zu machen, spritzt eine ringförmige Brunnenskulptur drei Wasserstrahlen in weitem Bogen in das Hafenbecken. *Havnetorget*, Helsingborg.

In Zusammenarbeit mit dem Architekten Otto von Spreckelsen entwickelte das Büro von Sven-Ingvar Andersson 1984 bis 1986 ein Freiraumkonzept für *Tête de Défense* in Paris. Entgegen der ursprünglichen Vorstellung von Andersson präsentiert sich dieser Bereich heute sehr streng und offen. Zeichnung vom Juli 1985.

Sven-Ingvar Andersson

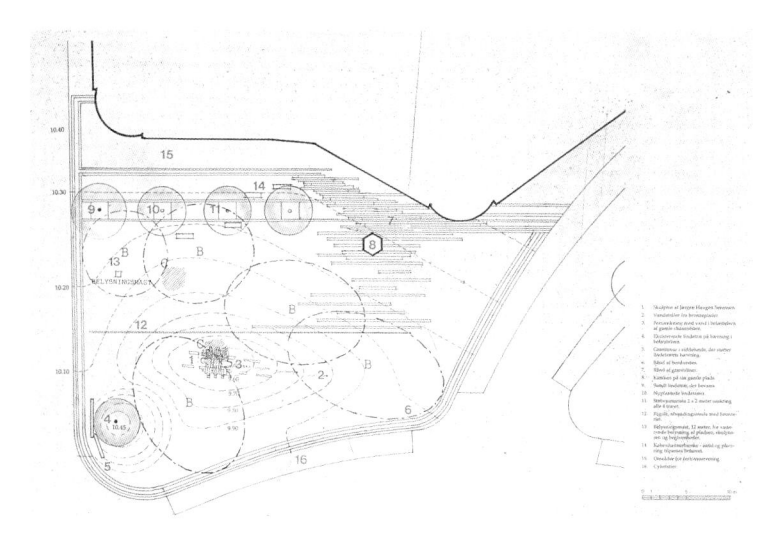

Für den kleinen Platz *Sankt Hans Torv* in Kopenhagen sollte der Bildhauer Jørgen Haugen Sørensen 1992 eine Skulptur anfertigen. In Zusammenarbeit mit Sven-Ingvar Andersson wurde der gesamte Platzbereich 1993 umgestaltet. Leichte Bodenmodellierungen, helle Granitstreifen im Pflasterbelag und die Installation eines Brunnens sind neben der Skulptur die wesentlichen Gestaltungselemente.

Gerade von Künstlern bekommt man immer wieder zu hören, daß es sich bei der Gartenkunst nicht um eine eigenständige Kunst handeln könne.
Durch mein Studium der Kunstgeschichte an der Universität von Lund kam ich in Kontakt mit vielen Kunstkennern und Künstlern. Mit vielen von ihnen bin ich nun schon seit dreißig oder vierzig Jahren befreundet, und ich beobachte in den letzten zehn Jahren eine Entwicklung, die viele Künstler wieder verstärkt mit der Gartenkunst in Kontakt bringt. Architektur und Gartenkunst sind an der Kunstakademie vertreten, und die gibt es schon seit 1754. Architektur, Bildhauerei und Malerei werden als gleichrangige Kunstgattungen betrachtet, die in der Akademie gleichberechtigt repräsentiert werden. Das wirkt sich natürlich auf das Image von Architektur und Landschaftsarchitektur sehr günstig aus. Wenn man sich über das Verhältnis zwischen Kunst, Gartenkunst und Landschaftsarchitektur in unserer Zeit Gedanken macht, muß man bedenken, daß sich die Kunst heute zu einem gewissen Maß von ästhetischen Ansprüchen gelöst hat und oft die Rolle einer oppositionellen Kraft einnimmt. Architektur, Landschaftsarchitektur und Gartenkunst können jedoch keine Opposition bilden. Für mich macht es jedenfalls keinen Sinn, häßliche Gärten zu gestalten, nur um Häßlichkeit als Teil unserer Gesellschaft zu präsentieren. Es gibt also tatsächlich einen entscheidenden Unterschied zwischen manch progressiver Kunst und der Landschaftsarchitektur. Die Landschaftsarchitekten tun sich deshalb sehr schwer im Umgang mit direkter Inspiration aus der Kunst. Martha Schwartz geht es beispielsweise viel mehr um ironische Kommentare als um Umweltkunst. Ich halte das für einen zu begrenzten Ansatz.

Einige Ihrer Projekte entstanden in Zusammenarbeit mit bildenden Künstlern. Welche Erfahrungen machten Sie dabei?
Ich habe noch nicht sehr viele gemeinsame Projekte mit Künstlern realisiert, aber die Zusammenarbeit unterschied sich in der Regel nicht von der Kooperation mit Architekten. In Wien war ich beispielsweise vor die Aufgabe gestellt, für eine Skulptur von Henry Moore den richtigen Standort zu finden. Obwohl Moore seine Arbeit nicht speziell auf den Freiraumentwurf abgestimmt hatte, stellte sich heraus, daß wir beide der gleichen Ansicht waren, was den Standort betraf, und Moore war mit der Lösung sehr zufrieden. Ich hatte den Eindruck, daß wir in gewisser Hinsicht die gleiche Sprache sprachen.
Ähnlich erging es mir in der Zusammenarbeit mit dem Bildhauer Jørgen Haugen Sørensen. Der nationale Kunstrat beschloß vor einigen Jahren, beim Bildhauer eine Skulptur für den *Sankt Hans Torv* in Kopenhagen in Auftrag zu geben. Gleichzeitig bemerkte man, daß viele Skulpturen im öffentlichen Raum sehr schlecht zur Geltung kommen, und das wollte man in diesem Fall vermeiden. Der Rat beschloß, daß die finanziellen Mittel nur dann bereitgestellt würden, wenn der Künstler mit einem Landschaftsarchitekten zusammenarbeiten würde. Der Bildhauer bat mich hinzu, weil er mich aus anderen gemeinsamen Projekten bereits kannte und gute Erfahrungen gesammelt hatte. Es stellte sich dann heraus, daß Sørensen bereits eine steinerne Skulptur angefertigt hatte, die nicht in direktem Zusammenhang mit meiner Planung des Platzes entstanden war. Ich hatte zu Beginn große Probleme mit seinem Werk, verstand aber nach einiger Zeit sein Anliegen und fand Gefallen an der Idee. Der Auftraggeber wünschte sich einen Bezug zum Wasser, denn ein Sponsor stellte die Gelder nur unter der Bedingung zur Verfügung, daß es sich dabei um eine Wasserskulptur handelte. Sørensen wollte seine Skulptur deshalb mit Wasserleitungen durchziehen, aber ich überzeugte ihn davon, daß er sie nicht wie einen wurmigen Apfel behandeln dürfe. Ich bemühte mich also um eine andere Lösung. Ein Bassin konnte auf dem Platz nicht entstehen, denn dazu war der Raum einfach zu knapp, und ich wollte kein Wasserbecken, das im Winter trockengelegt wird und dann unattraktiv ist. Anstatt eines Bassins ließ ich eine sanfte Mulde auf dem Platz ausbilden und installierte mehrere Wasserdüsen, die das Wasser unterschiedlich hoch von unten in die Skulptur spritzen. Die Skulptur trägt nämlich den Titel *Huset de regner*, das Haus des Regens. Ich war außerdem der Ansicht, daß seine Skulptur auf zwei langgestreckte Granitblöcke gesetzt werden sollte, nicht nur als Reaktion auf den Raum, sondern auch als eventuelle Sitzmöglichkeit für Passanten. Sørensen war damit einverstanden, und es stellte sich

Huset der regner – Haus des Regens nennt Jørgen Haugen Sørensen seine Skulptur auf dem *Sankt Hans Torv* in Kopenhagen.

heraus, daß es sehr gut möglich war, die drei Ideen miteinander zu verbinden.

Der Rest des Platzes sollte mit minimalem Aufwand gestaltet werden. Es ging mir darum, die Skulptur optimal zur Geltung zu bringen und die Nutzbarkeit des Platzes zu bewahren. Den Pflasterbelag dehnten wir so weit wie möglich aus und schufen mit streifenförmigen Plattenbelägen und einem Pavillon, der als Kiosk genutzt wird, die entsprechenden Übergänge und räumlichen Kontrapunkte. Kleine, gezielt gesetzte Elemente sollen den Charakter des Platzes unterstützen. Eine höher stehende Linde existierte bereits auf dem Platz, und ich wollte sie gerne erhalten. Wir mußten daher den Niveausprung mit einem sanften Hügel ausgleichen, der sehr schön im Dialog zur Mulde steht. Den Hügel verstand am Anfang niemand so recht, aber das waren nun einmal die existierenden Bedingungen. Um den Hügel zur Straße hin abzufangen, mußten zwei Granitblöcke gesetzt werden, die heute sehr gerne als Sitzmöglichkeit genutzt werden. Es stimuliert mich, gegebene Situationen weiterzuentwickeln.

Starke Düsen spritzen Wasser direkt aus der Oberfläche und laden besonders im Sommer zum Spielen ein. *Sankt Hans Torv* in Kopenhagen.

Die einzelnen Elemente wirken auf der nahezu neutralen Fläche wie Figuren auf einem Spielfeld, und damit bekommt der gesamte Platz einen abgerundeten, unspektakulären Charakter.

Es war sehr schwierig, die Einfachheit zu erreichen und die Dinge selbstverständlich erscheinen zu lassen. Ich werde häufig gefragt, was ich dort eigentlich verändert hätte. Im *Park von Ronneby* hatten wir es mit einer ganz anderen Aufgabenstellung zu tun, die uns viel Freude bereitet hat. Wir realisierten dort große Wasserflächen, aber auch da fragen uns die Leute immer wieder: „Ronneby ist ein wunderbarer Park, aber was haben Sie denn dort gebaut?"

Eine andere Frage bezüglich Ihrer Entwürfe taucht immer wieder im Zusammenhang mit den ovalen Formen auf, die man sowohl in Ihren als auch in C. Th. Sørensens Entwürfen findet. Woher stammt die Idee des Ovals?

Es gibt mehr als eine Antwort auf diese Frage. Die dänische Tradition hat schon immer Formen aufgegriffen, die im Katalog der historischen Gartenkunst vorkommen. Im Gegensatz zur niederländischen Auffassung, daß nur die orthogonalen Formen akzeptabel seien, geht es uns um präzise Formen, die nicht unbedingt im Lehrbuch der Geometrie zu finden sind. Schauen Sie sich zum Beispiel die neuen Wasserflächen im *Park von Ronneby* an. Da finden Sie präzise Formen, die jedoch nicht durch einfache Geometrie zustande gekommen sind. Eine andere Antwort ergibt sich aus dem Pragmatismus, aus dem Ergebnis logischer Funktionsanalyse. Das Oval ist eine sehr pragmatische Form, die sich als Fläche bequem umgehen läßt. Es vermeidet die typischen Eckprobleme. Die dritte Antwort hat etwas mit Pflanzungen zu tun. Wenn sie einen Baumhain oder ein Rosenbeet pflanzen möchten, dann bietet sich das Oval an. Bäume wachsen nicht rechtwinklig, sondern entwickeln sich rundlich. Vielleicht gibt es noch eine weitere Antwort auf die Frage, sie betrifft die Schönheit dieser präzisen Form. Die Spannung der ovalen Form spricht mich sehr an. Ich erwähnte vorhin, daß Carl Theodor Sørensen dem Futurismus sehr zugeneigt war. Die besondere Raumerfahrung zwischen den Ovalen spielt dabei eine Rolle. In der *Kleingartenanlage von Nærum* bewegt man sich sehr elegant zwischen den ovalen Einfassungen der einzelnen Parzellen. Man kann schon fast von einer Choreographie sprechen. Es ist sehr wichtig, die typisch menschlichen Bewegungsabläufe zu kennen, und man braucht beides, den dynamischen und den statischen Raum.

Welche Beziehung hatten Sie zu Ihrem Lehrer?

Ich war ein Schüler von Sørensen und wußte es anfangs gar nicht. Später hatte ich eine sehr enge Beziehung zu ihm, denn ich war in seinen letzten vier Jahren an der Akademie sein Assistent. Ich lernte viel von ihm, vor allem aber, an mich selbst zu glauben. Wir hatten ein Verhältnis, das trotz des Altersunterschiedes von gegenseitigem Respekt gekennzeichnet war. Sørensen war Menschen gewohnt, die ihm entweder nicht richtig zuhörten oder einfach alles glaubten, was er sagte. Einige Jahre hatte ich das Gefühl, nur das Echo von Sørensen zu sein, aber mit der Zeit begann ich zu begreifen, daß ich eigene Vorstellungen hatte, bevor ich Sørensen kennenlernte. Er war natürlich eine Autorität für mich. Es liegt in der dänischen Mentalität, Autorität abzulehnen. Ich stellte später jedoch fest, daß Studenten die Autorität brauchen, um sich zu entwickeln, um zu lernen, wie man sich wehrt. Ein Lehrer muß nicht nur etwas von der Lehre verstehen, sondern er muß auch gut zuhören können. Es ist wichtig, daß man seinen eigenen Vorstellungen Ausdruck geben kann. Man muß lernen, „ich" zu sagen. Sørensen hat mir seine persönlichen Erfahrungen sehr deutlich vermittelt.

Ein auszugleichender Höhenunterschied gab den Anlaß für den Dialog zweier Granitblöcke. *Sankt Hans Torv* in Kopenhagen.

Sven-Ingvar Andersson

Das Projekt für die *Weltausstellung in Montreal 1967* hält Andersson noch heute für einen seiner besten Entwürfe. Ellipsenförmige, 2 m hohe Betonwände, mit Erde gefüllt und begrünt wie große Rasenbänke bildeten einen labyrinthischen Skulpturengarten für den Skandinavischen Pavillon des Architekten Erik Herløw.

Ihre Arbeit wird häufig mit den Zen-Gärten Japans verglichen. Was bedeuten diese Gärten für Sie?

Das spricht wieder den Allesfresser in mir an. Die japanischen Gärten waren enorm wichtig für die Entwicklung der westlichen Gartenkunst, aber ich habe meine Probleme mit der hochspezialisierten, elitären und passiven Bedeutung des japanischen Gartens. Vor Jahren formulierte ich das einmal so: Der japanische Garten bildet eine Szenerie, aber der westliche Garten ist eine Bühne. Beiden liegt zwar eine künstlerische Gestaltung zugrunde, aber der westliche Garten soll Aktionsraum sein.

Ich frage mich, warum sich die skandinavische Gartenkunst in all den Jahrzehnten gegen die modischen Einflüsse von außen so eigensinnig behauptete. Heute ist der sachlich kühle skandinavische Entwurfsstil wieder sehr gefragt, und ihn gibt es schon seit langem.

Die dänische Mentalität zeichnet sich durch ein hohes Maß an Skeptizismus aus, und Sørensens Freund, der Architekt und Journalist Steen Eiler Rasmussen, bescheinigte den Dänen common sense. Ich möchte den Dänen auch einen Sinn für das Pragmatische unterstellen. Anstatt ständig auf Neuerungen zu warten, sucht man in Dänemark eher nach der Verbesserung bestehender Lösungen. Beispielsweise wurde dieser Stuhl, auf dem ich sitze, bereits vor vierzig Jahren von Arne Jacobsen entworfen und wird noch heute regelmäßig mit Preisen ausgezeichnet. Er ist sehr einfach und praktisch gemacht, man sitzt sehr gut darauf, die Materialien sind einfach, er ist stapelbar und so weiter. Er ist traditionell und gleichzeitig hervorragend für den Gebrauch im alltäglichen Leben geeignet. Das tägliche Leben spielt auch für den Entwurf eines Gartens eine wichtige Rolle. Der Mensch will Bequemlichkeit, und der dänische Lebenswandel legt großen Wert auf Bequemlichkeit. Die Beständigkeit hat zudem etwas mit der Beziehung zu Deutschland zu tun. Dänemark ist ein kleines Land und fühlte sich immer ein wenig bedroht durch den nächsten Nachbarn. Man mißtraute daher den großen Neuerungen aus Deutschland und sah nie einen Grund, durch monumentale oder spektakuläre Manifestationen den scheinbar aussichtslosen Konkurrenzkampf mit dem mächtigen Nachbarn zu führen. Bequemlichkeit war immer wichtiger und erfolgversprechender.

Warum ist dänisches Design auf dem internationalen Markt seit einigen Jahren wieder so attraktiv?

In den letzten Jahren erwacht ein internationales Interesse am Modernismus. Man versucht herauszufinden, was Modernismus eigentlich gewesen ist und wie sich der Modernismus in Landschaftsarchitektur und Gartenkunst auswirkte. Anne Whiston Spirn[1] hat sich beispielsweise mit den sozialästhetischen Qualitäten des dänischen Modernismus befaßt, und Dorothée Imbert beschäftigt sich in ihrem Buch mit der französischen Moderne in der Gartenkunst[2], die sehr interessant gewesen ist, aber in Vergessenheit geriet, weil sie sehr elitär und spezialisiert war. Sie stellte fest, daß die Moderne in der Landschaftsarchitektur nicht überlebte und daß man zu einem traditionelleren Stil zurückkehrte. Heute gehört das französische Gartendesign zum besten in Europa. Daß die amerikanische Landschaftsarchitektur in den vergangenen zwei Jahrzehnten so überaus starke Beachtung fand, hat damit zu tun, daß man in den USA sehr aufwendige und ungeheuer kostspielige Projekte realisierte. Die ökonomischen Rahmenbedingungen sind von wesentlichem Einfluß, aber es liegt auch an der Mentalität der Menschen in Dänemark, daß man den Ehrgeiz zur Realisierung bombastischer Projekte nicht kennt. Die einfachen Dinge, die billigen Dinge lagen Sørensen am Herzen. Er und seine Kollegen wollten soziale und ästhetische Qualitäten miteinander kombinieren. Das ist auch mir wichtig.

[1] Anne Whiston Spirn ist Professorin für Landschaftsarchitektur an der University of Pennsylvania in Philadelphia, USA

[2] vgl. Imbert, Dorothée: The modernist garden in France. London 1993

Ronneby ist ein Kurpark in Schweden, der bereits seit 1705 besteht. Seit 1983 ist das Büro von Sven-Ingvar Andersson mit dem Umbau und der Erweiterung des 85 ha großen Parks betraut. 1987 legte man neue Seen an, deren Ufer sehr präzise, aber nicht geometrisch geformt wurden.

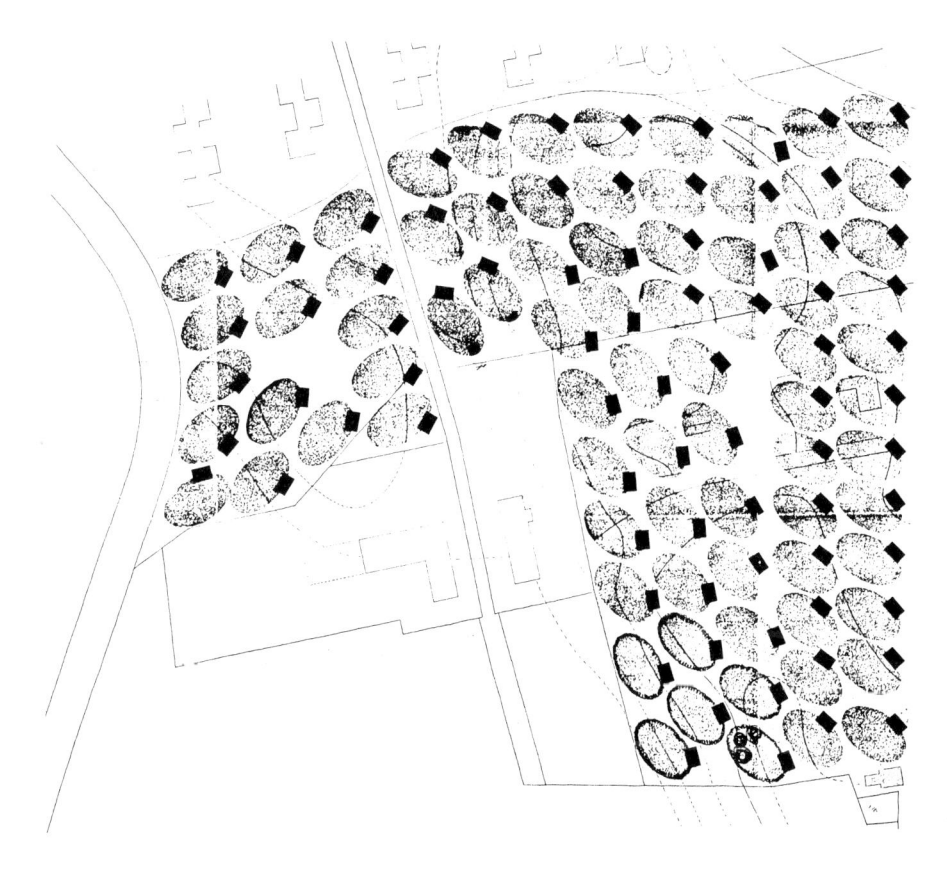

Das Oval, eine besonders beliebte Form in den Entwürfen von Carl Theodor Sørensen, prägt bis heute den unverwechselbaren Charakter der *Kleingartenanlage von Nærum*. Plan von Carl Theodor Sørensen.

Carl Theodor Sørensen: *Kleingartenanlage von Nærum*, 1948.

Sven-Ingvar Andersson

Es gibt ein wiedererwachtes Interesse an der Romantik in der Landschaftsarchitektur. Insbesondere die skandinavische Landschaft wird oft mit dem Attribut romantisch beschrieben.

Sie werden niemals einen Dänen finden, der zugeben wird, romantisch zu sein, denn man verbindet den Begriff mit Kleinbürgerlichkeit. Natürlich sind die Menschen romantisch. Jeder Mensch hat eine romantische Seite. Die Definition dieses Begriffes spielt in diesem Zusammenhang eine wichtige Rolle. Im Grunde geht es um die Sensitivität und das Ansprechen aller Sinne des Menschen, und das halte ich für wesentlich in der Landschaftsarchitektur. Körperliche und mentale Sensibilität sollten nicht voneinander getrennt werden. In der dänischen Architektur bemühte man sich beispielsweise immer in besonderer Weise um die bewußte Gestaltung der Oberflächen. Scharfkantige Formen findet man nur selten; der Einfluß von Mies van der Rohe war in Dänemark zwar spürbar, aber seine Architektur entwickelte hier nie die volle Strenge.

In Dänemark sagt man mir oft nach, daß ich die Poesie in die Gartenkunst bringe. Damit bin ich natürlich sehr zufrieden. Die Sensibilität ist das Gestaltungsmerkmal der Poesie, auch in Landschaftsarchitektur und Gartenkunst. Diese Komponente ist schon immer wichtig gewesen und ist es heute mehr denn je, denn das tägliche Leben wird mehr und mehr von technischen Ersatzkontakten per Fernsehen und Computer bestimmt. Die Bilder sind fast wichtiger geworden als die Realität. Um es präzise auszudrücken: Gartenkunst und Landschaftsarchitektur sind auf Sensitivität angewiesen, um authentische Erfahrungen zu vermitteln. Gartenkunst und Landschaftsarchitektur sind das Antidot der virtuellen Realität.

Im *Duftgarten* des Kurparks *Ronneby* ließ Andersson 150 schlanke Betonstützen für eine Pergola errichten. Im Kontrast zwischen den grazilen Betonstützen und den knorrigen Querhölzern der Pergola entwickelt sich eine subtile Spannung, die von den blühenden Kletterpflanzen umspielt wird.

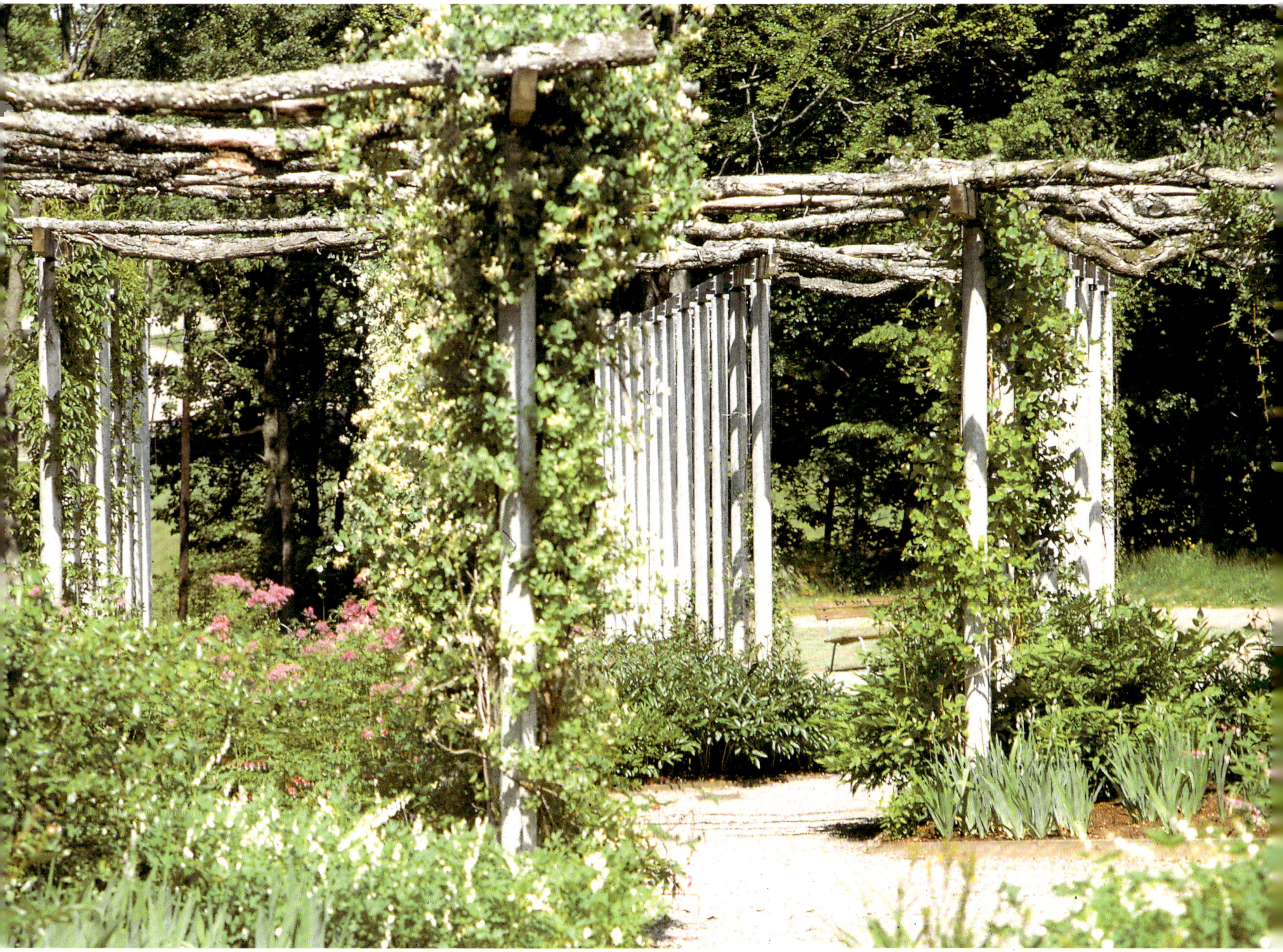

Biographie und Werkverzeichnis
(Auswahl)

Sven-Ingvar Andersson wurde 1927 in Södra Sandby, Südschweden geboren.
Er lebt und arbeitet in Kopenhagen.
1954 Diplom in Landschaftsarchitektur an der Universität Alnarp, Schweden
Studium der Kunstgeschichte und Botanik an der Universität Lund

Büro für Landschaftsarchitektur und Lehrtätigkeit:
1959–63	Eigenes Büro in Helsingborg
1959–63	Assistent bei Carl Theodor Sørensen am Lehrstuhl für Landschaftsarchitektur an der Königlich Dänischen Akademie der Schönen Künste in Kopenhagen
1963–94	Professor am Lehrstuhl für Landschaftsarchitektur an der Königlich Dänischen Akademie der Schönen Künste in Kopenhagen
1992	Gastprofessur an der University of Pennsylvania, USA
seit 1963	Landschaftsarchitekturbüro in Kopenhagen. Mitarbeiter 1995: Henrik Pøhlsgaard, Lise Schou, Jacob Fischer

Zahlreiche Mitgliedschaften in berufsständischen Vereinigungen im In- und Ausland, darunter im Akademierat Nationaler Kunst

Auswahl realisierter Projekte:
1958	Arkiv för Dekorativ Konst in Lund
1961	Rathaus in Höganäs, Wasser-und-Feuer Installation
1963	Studentenwohnheim Vildanden in Lund
1964	Marna's have, eigener Garten in Södra Sandby, Schweden
1967	Projekt im Rahmen der Weltausstellung in Montreal, Kanada
1968	Klarskovgård, Bildungszentrum der Danmarks Sparekasseforening
1969	Sophienholm
1970	Wohnsiedlung Eremitageparken in Lundtofte Ådalsparken in Kokkedal
1971–78	Karlsplatz-Resselpark, Park- und Stadtsanierung in Wien
1965–85	Frederiksdal in Helsingborg
1982	Trinitatis Kirchplatz in Kopenhagen
1984–86	Tête Défense in Paris
1986	Dänische Konfektions- und Strickschule, Herning
1987	Kurpark in Ronneby
1990	Hosebinderlauget in Herning
1992	Sankt Hans Torv in Kopenhagen Uraniborg, Insel Ven, Schweden
1992–93	Museumsplatz Amsterdam
1993	Havnetorget, Hafen Helsingborg Campus der Universität Lund
1994	Gustav Adolph's Torg in Malmö

Zahlreiche Wettbewerbe, darunter:
1971	Karlsplatz in Wien
1982	Internationaler Wettbewerb Parc de la Villette, Paris (engere Wahl)

Literaturauswahl

Andersson, S.-I./Christiansen, H. H./Hammer, B.: Parker og haver i København og omegn, Kopenhagen 1979
Andersson, S.-I./Bramsnæs, A./Olsen, I. A.: Parkpolitik: boligområderne, byerne og det åbne land, Kopenhagen 1984
Andersson, S.-I./Lund, A.: Havekunst i Danmark/Landscape Art in Denmark, Kopenhagen 1990
Andersson, S.-I./Høyer, S.: C. Th. Sørensen-en havekunstner, Kopenhagen 1993
Høyer, S./Lund, A./Møldrup, S.: Festskrift Tilegnet Sven-Ingvar Andersson, September 1994", Kopenhagen 1994
Die meisten Artikel ab 1967 von und über Sven-Ingvar Andersson wurden in der dänischen Fachzeitschrift „Landskap/Landskab" (ursprünglich „Havekunst") veröffentlicht. Vor dieser Zeit veröffentlichte Sven-Ingvar Andersson hauptsächlich im Magazin „Hem i Sverige".

Bildnachweis

Freundlicherweise vom Landschaftsarchitekten zur Verfügung gestellt:
Sven-Ingvar Andersson: 157, 161, 164, 166, 168, 171
Annemarie Lund: 165 re.
Carl Theodor Sørensen: 169
außerdem:
Gunnar Martinsson/Institut für Landschaft und Garten, Universität Karlsruhe: 160

Im Wahnsinnstanz von Entropie und Evolution – Herman Prigann

Zeichen der Wandlung in Hamm 1994. Aus Abbruchmaterialien einer Fabrikanlage errichtete Herman Prigann ein metamorphes Objekt.

Seit den sechziger Jahren, als die fatale ökologische Krise unserer Zivilisation plötzlich evident wurde, kehrten viele engagierte Künstler dem traditionellen Kunstbetrieb den Rücken, um sich in ihrem Schaffen verstärkt mit der Umweltproblematik auseinanderzusetzen. Zu den weltweit bekanntesten Vertretern dieser Gruppe von Künstlern gehört zweifellos das amerikanische Künstlerehepaar Helen Mayer Harrison und Newton Harrison, die sich bis heute unermüdlich mit ökologischen Krisengebieten in aller Welt auseinandersetzen. Zu den schlagfertigsten Protagonisten dieser Strömung in Europa zählt Herman Prigann, Jahrgang 1942, ein unkonventioneller Grenzgänger zwischen allen Disziplinen, die sich in irgendeiner Weise mit Landschaft befassen. Seit seinem Studium der Malerei und Stadtplanung Mitte der sechziger Jahre mischt sich Prigann öffentlich ein, engagiert sich für Drogenabhängige, veranstaltet gesellschaftskritische Happenings und Installationen, inszeniert Hörspiele, realisiert Freiraumskulpturen, malt, schreibt und macht seit Ende der achtziger Jahre vor allem durch seine intensive theoretische und künstlerische Auseinandersetzung mit zerstörten Landschaften auf sich aufmerksam. Im Umgang mit Politikern, Wissenschaftlern, Planern, Ingenieuren und anderen Mitwirkenden kennt er keinerlei Berührungsängste, sondern sucht die konstruktive Auseinandersetzung, auch wenn man in Kreisen der Fachwelt nicht nur seine Kompetenz, sondern auch seine Berechtigung zur Mitwirkung immer erst einmal anzweifelt.

Theoretisches Kernstück seines derzeitigen Schaffens ist das ehrgeizige, interdisziplinär angelegte Konzept „Terra Nova", ein Programm zum ästhetischen und ökologischen Recycling zerstörter Landschaftsteile. Terra Nova entstand aus der Erkenntnis, daß die Gesellschaft die Mitverantwortung am derzeitigen Zustand der Landschaft weitgehend verdrängt und daß sich der Künstler angesichts der globalen Umweltzerstörung nicht in seinen Elfenbeinturm zurückziehen darf. Prigann geht es um nichts weniger als um die Revision unseres Natur- und Landschaftsverständnisses und um die Entwicklung eines ästhetischen Bewußtseins des „Schönen" in der Natur, das die Spuren der Zerstörung als Zeugnis kulturellen Handelns akzeptiert. In seinen Projek-

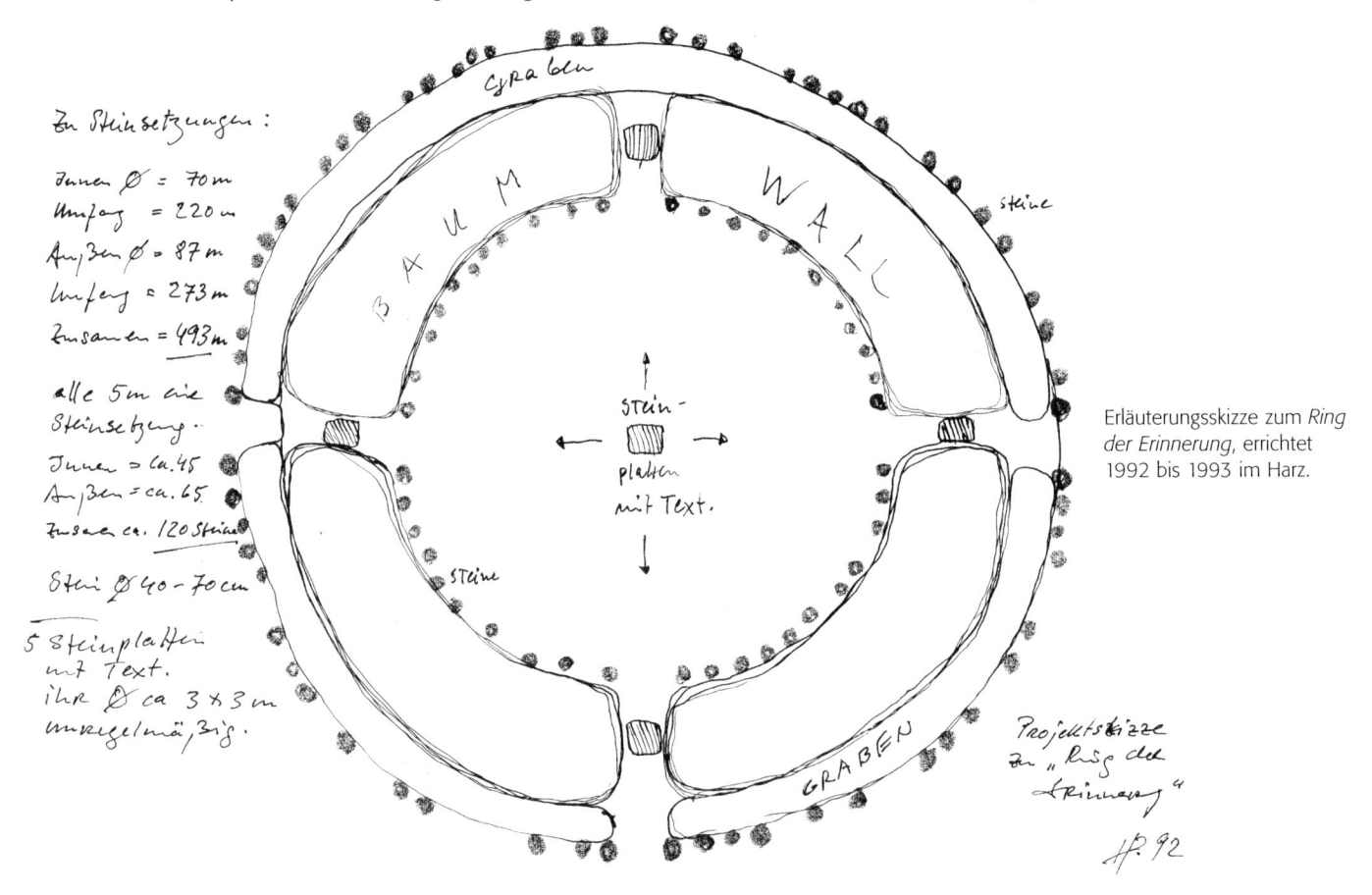

Erläuterungsskizze zum *Ring der Erinnerung*, errichtet 1992 bis 1993 im Harz.

ten will der Künstler nicht nur zerstörte Landschaften sanieren und rekultivieren, ohne sich auf kosmetische Oberflächenbehandlungen zu beschränken, sondern er will auch den betroffenen Menschen vor Ort wieder Hoffnung auf Arbeit, auf lebenswerte Umwelt geben.

Während sich die amerikanische Land Art der sechziger Jahre weitgehend aus dem direkten gesellschaftlichen Kontakt zurückzog, ist es für Prigann endlich an der Zeit, der Kunst, gemäß der Vision von Joseph Beuys, wieder eine fundamentale Rolle im gesellschaftlichen Diskurs zuzuordnen. Der Künstler ist kein publikumsscheuer Ästhet, sondern bezieht die Menschen spontan und direkt in seine Arbeit ein. Er versteht es, alle Beteiligten im aufgeschlossenen Gespräch und nötigenfalls mit profundem Wissen über die Zusammenhänge in Natur und Landschaft für seine Vision zu begeistern.

Terra Nova ist seit 1990 nicht nur zur Plattform für interdisziplinäre Gespräche, sondern auch zum Motor für experimentelle Projekte in der Landschaft geworden, deren Erfolg jedoch erst in ein paar Jahren zu beurteilen sein wird.

Priganns Schaffen nur nach den wenigen permanenten Werken in der Landschaft beurteilen zu wollen, wäre nicht angemessen, denn sein Kunstbegriff ist weit gesteckt, und seine Ausdrucksmittel sind vielfältig. Die skulpturalen Orte und metamorphen Objekte, wie er seine Arbeiten im öffentlichen Raum gerne bezeichnet, sind meistens nur der sichtbare Bereich eines komplexen Entstehungsprozesses, an dem viele Beteiligte in sehr unterschiedlicher Weise mitwirken. Dieser Prozeß, die öffentliche Diskussion, die Beratung mit Ingenieuren, Wissenschaftlern, Politikern, Planern und das Gespräch mit Betroffenen ist wesentlicher, aber unsichtbarer Teil seiner Arbeiten.

Im Rahmen des internationalen Symposions „Kunst und Natur – Natur und Ökologie" 1993 in Wernigerode im Harz stellte Herman Prigann das Konzept Terra Nova erstmals einer breiten Expertendiskussion. Neben der theoretischen Erörterung des Konzeptes konnten sich alle Beteiligten wenige Kilometer entfernt vom Tagungsort an der ehemaligen deutsch-deutschen Grenze bei Sorge einen Eindruck von Priganns skulpturaler Arbeit verschaffen. Wie bei allen Arbeiten des Künstlers handelt es sich auch beim *Ring der Erinnerung* um ein formal sehr einfach konzipiertes Werk, das mit wenigen archetypischen Elementen auskommt. Eine Wallanlage aus abgestorbenen Bäumen der nächsten Umgebung begrenzt einen großen Kreisplatz mit einem Innendurchmesser von 70 m. Der Wall hat eine Höhe von etwa 4 bis 5 m und wird von vier Eingängen durchbrochen, die den Himmelsrichtungen zugewandt sind. Große Steinplatten, beschriftet mit den Begriffen „Flora", „Fauna", „Aqua" und „Aer", markieren die Eingänge, während in der Mitte des Kreises eine Steinplatte mit der Inschrift „Terra" zu finden ist. Durch den Ring verläuft die ehemalige Grenze, gekennzeichnet durch neun erhaltene Zaunpfosten der demontierten Grenzanlage.

Der *Ring der Erinnerung* überwindet die Schneise der ehemaligen deutsch-deutschen Grenze.

Der *Ring der Erinnerung* aus abgestorbenen Baumstämmen und Findlingen wirkt wie ein Kultplatz der Vergangenheit, in dem noch einige Pfosten des ehemaligen Grenzzaunes stehen.

Die Bedeutung des Kreises als archetypisches Symbol der Ganzheit, der die gewaltsam geschaffene Grenzschneise überspannt, liegt deutlich vor Augen. Die Arbeit mit totem Holz mahnt einerseits an das Sterben des Waldes, während die Idee des langsamen Verfalls der Anlage und das Überwuchern mit Heckenrosen andererseits ein hoffnungsvolles Zeichen setzt: Verfall und Wachstum, Entropie und Evolution als untrennbar miteinander verknüpfte Prozesse des Lebens. Der Kreisplatz ist zudem Sinnbild des kultischen Versammlungsortes, und vielleicht wird sich sogar der eine oder andere bei einer zufälligen Begegnung mit dieser Anlage den absichtlich provozierten Assoziationen widmen. Ob der kreisrunde Platz am abgelegenen Ort im Wald schließlich doch nur als romantisch verharmloster Fluchtpunkt ins Reich des Wirklichkeitsfremden aufgefaßt wird, ist nicht auszuschließen. Prigann ist sich bewußt, daß Kunst nie das Bewußtsein direkt verändern, sondern nur den Zündfunken zur Bewußtseinsänderung liefern kann. Tatsache ist, daß der *Ring der Erinnerung* schon im Vorfeld seiner Realisierung zu einer öffentlichen Diskussion über Ökologie, Kunst, Politik und Geschichte geführt hat.

Im Laufe der Jahre wird der *Ring*, wie alle metamorphen Objekte des Künstlers, verfallen und zu einem blühenden Ring aus Heckenrosen und Beerensträuchern werden.

Herr Prigann, Sie studierten 1963 bis 1968 in Hamburg Malerei und Stadtplanung. Ein Studium in Stadtplanung gehört für einen Künstler sicherlich nicht zur Grundausbildung.

Nein, natürlich nicht. Anfang der sechziger Jahre gehörte ich zu jenen jungen Studenten an der Kunstakademie in Hamburg, die begeistert waren von Visionen einer neuen Stadt. Wenn ich mich daran erinnere, womit man sich damals ernsthaft beschäftigte, steht das derartig im krassen Widerspruch zu dem, was ich heute vertrete, daß ich das unbedingt erwähnen muß. Die Stadt, die uns damals vorschwebte, hätte unter einer imaginären Glocke, einer Art Energiefeld existiert. Das Energiefeld hätte das Wetter abhalten und die Stadt zu einer klimatischen Dauerzone machen sollen. Man hätte sich auch nicht mehr mit U-Bahnen zu bewegen brauchen, sondern hätte die Gehwege als Rollbahnen konzipiert. Ich erinnere mich an ein Detailproblem, das uns damals beschäftigte: Wie kann man die individuelle Geschwindigkeit beim Absprung in die Boutique steuern? Unter dieser ganzen Stadt war selbstverständlich das Atomkraftwerk.

Zur gleichen Zeit begann ich in meiner künstlerischen Arbeit, neben Malerei und Installation, sehr viele öffentliche Happenings zu inszenieren, mit dem linken politischen Movement der damaligen Zeit. Ob es um die Notstandsgesetze, um Vietnam oder Springer ging – ich war mit Happenings immer sehr präsent und habe viele Leute involviert. Der Gegensatz zum stadtplanerischen Utopismus hätte nicht krasser sein können. Ich befaßte mich als Künstler schon immer mit sehr verschiedenen Medien und gesellschaftskritischen Themen, jedoch stets im Hinblick auf die Entwicklung einer Alternative. 1972 machte ich beispielsweise zusammen mit dem Release Music Orchestra ein Hörspiel, in dem ich die Umweltproblematik auf einer anderen Ebene reflektierte. Das Hörspiel hieß Brainpollution, Gehirnverschmutzung, und befaßte sich satirisch mit Umweltverschmutzung, Wegwerfgesellschaft, Konsumwahnsinn und so weiter. Als ich 1974 aus Deutschland wegging, hinterließ ich die fünfjährige Arbeit mit Drogenabhängigen. Die Arbeit mit der Anti-hard-drug-Organisation „Release" war im Sinne meines Kunstverständnisses eine gesellschaftliche Skulptur. Die Initiative wurde von politisch einflußreichen Kräften gekippt, weil man eine staatlich kontrollierte Organisation wollte, was Release eben nicht war. Ich traf mich 1974 mit Wiener Freunden in der Schweiz. Unter ihnen war ein Ingenieur, der von einem neuen Luftschiff-Typ träumte. Gemeinsam verbrachten wir drei Jahre auf dem Gelände einer ehemaligen Bauxit-Mine in Südfrankreich. Hier erprobten wir die Strukturen eines rigiden Luftschiffs, das später einmal mit Helium fliegen sollte. In den ehemaligen Bauxit-Minen begegnete ich erstmals devastiertem Gelände. Ingenieurarbeit hatte die Landschaft sozusagen wieder in jungfräulichen Boden verwandelt. Mir wurde zum ersten Mal klar, wie spannend das Wechselspiel zwischen Kulturlandschaft, hier der provençalische Forst, und dem Sukzessionsprozeß ist. Von Südfrankreich ging ich schließlich nach Wien, um mich wieder stärker der Malerei zu widmen. Ich zog in den Wienerwald und war dort mit langsam dahinsiechenden Buchenwäldern konfrontiert. Angesichts dieser Katastrophe bewegte mich die Frage: Welche Zeichen kann ich als Künstler setzen, die eine Bewußtseinsveränderung mitinitiieren könnten? Ich würde nie sagen, daß Kunst das Bewußtsein verändert, aber man kann als Künstler sehr wohl einen Formenkanon entwickeln, der die aktuelle Problematik reflektiert und die Leute dazu animiert, einmal anders in die Welt zu schauen. In Wien entwickelte ich das Konzept „Der Wald, ein Zyklus". Daraus entstand ein gleichnamiges Buch, eine Reflexion über die Geschichte des Baumes und des Waldes in den Kulturen der Welt. Ich entwarf das Konzept „Metamorphe Objekte – Skulpturale Orte" in jener Zeit, und als erstes metamorphes Objekt errichtete ich einen großen Holzkohlenmeiler direkt vor dem Rathaus in Wien. Der Meiler stand dort sechs Wochen von Januar bis Februar. Ich nannte ihn *duftender Meiler*, was natürlich für die städtischen Nasen eine Provokation war. Im Presseecho war nachzuvollziehen, daß die städtische Nase nicht mehr in der Lage ist, den Gestank der Autos wahrzunehmen, aber den natur-assoziierenden Geruch empfand man als Gestank. Im Sommer wurde dann als ernstgemeintes Mahnmal der *Hanging Tree* installiert: eine fünfzigjährige Lärche, die Wurzeln nach oben, eingehängt in ein stählernes Gerüst wie ein Pendel. Das Objekt steht noch heute an der Donau gegenüber der UNO-City. Im gleichen Jahr errichtete ich auf der Donauinsel eine große Pyramide mit 15 Metern Kantenlänge aus den Stämmen abgestorbener Buchen, die ich in der Nacht abfackelte: *die brennende Pyramide*. Auch in Graz am Steirischen Herbst und in Berlin auf der BUGA war ich mit Feueraktionen beteiligt. Ich hole durch das Feuer die Natur in den urbanen Kontext. Feuer ist für mich der ästhetische Moment, mit dem man das Thema Metamorphose am brillantesten vorführt.

Erst Ende der achtziger Jahre, als ich Österreich wieder verließ und nach Spanien ging, begann ich, die ersten Ideen und Skizzen für das „Terra Nova"-Konzept zu entwickeln. Dabei ging es mir um die Auseinandersetzung mit der Frage: wenn ich mich als Künstler mit Kunst-Land-

Der duftende Meiler in Wien 1985. Sechs Wochen lang verbreitete sich im Zentrum der Stadt der Duft schwelenden Holzes.

Herman Prigann

Hanging Tree, ein frühes Mahnmal gegen das Sterben des Waldes in Wien 1985.

Das Areal des ehemaligen Braunkohletagebaus in der Niederlausitz mit seinen erodierten Schüttkegeln, weiten Sandflächen und ausgedehnten Regenwasserseen übt auf den Künstler einen unwiderstehlichen Reiz aus. Für Prigann sind die bizarren Restlöcher keine häßlichen Wunden, sondern Teil der regionalen Kulturlandschaft.

Herman Prigann

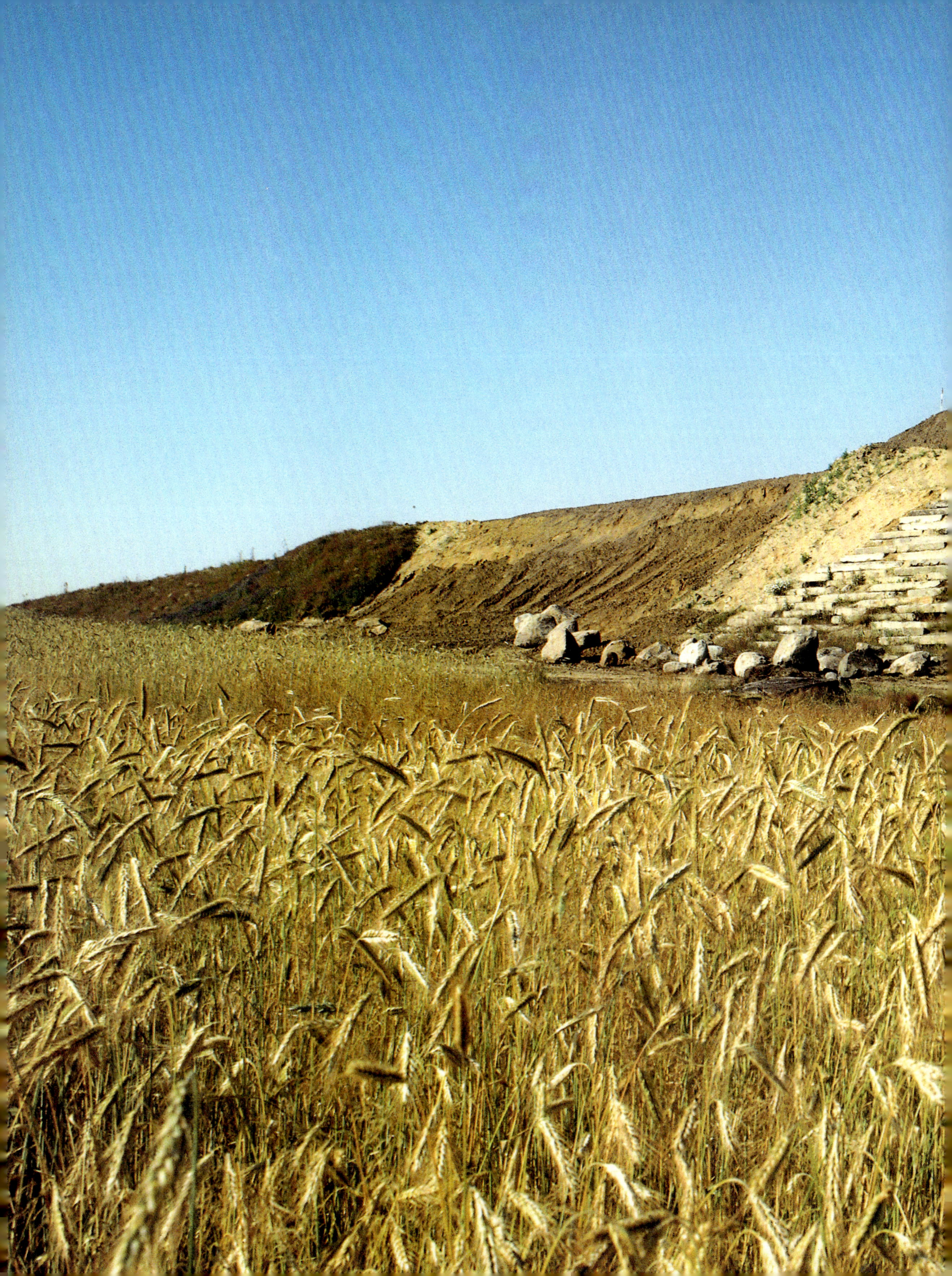

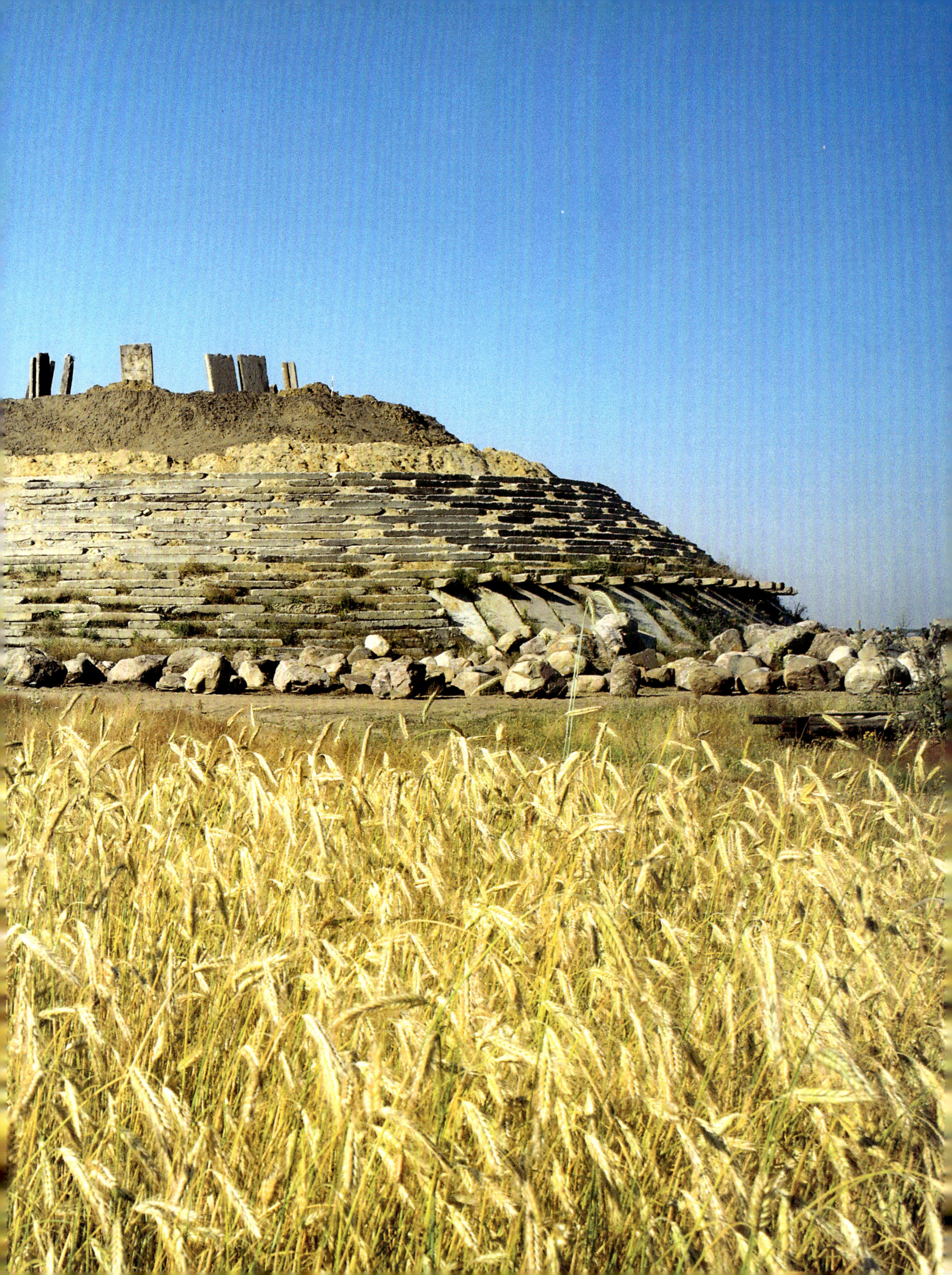

◁ S. 178–179:
Hinter dem Kornfeld am Rande des ehemaligen Tagebaugebietes erhebt sich die *Gelbe Rampe* wie ein archaisches Kalenderbauwerk.

schaft auseinandersetze, was ist diese Landschaft als Raum? Welche Landschaft als Raum ist für Kunst überhaupt interessant? Ich kam zu der Überzeugung, daß diese Landschaft weder der englische Landschaftsgarten noch die relativ intakte Kulturlandschaft sein kann. Ich bin außerdem nicht bereit, eine Möblierung ästhetischer Art in der Landschaft zu installieren. Es hat mich von Anfang an viel mehr gereizt, in abgestorbenen Waldregionen, auf Truppenübungsplätzen, in ehemaligen Steinbrüchen in devastiertem Gelände zu arbeiten. Als ich schließlich zum ersten Mal ins Niederlausitzer Braunkohlenrevier kam und diese riesigen Sandkisten sah, war das wie eine Offenbarung für mich.

Welche Faszination geht für Sie von diesen zerstörten Landschaften aus?
Durch unsere Industriekultur zerstörten wir Landschaften und werden sie in Zukunft zerstören müssen, um an Rohstoffe zu kommen. Damit ist für mich keine moralische Kritik verbunden, sondern ich muß akzeptieren, daß ich die Technik unserer Zivilisation nutze, in ihr lebe und damit meinen Lebensstandard wahre. Wir müssen unter Kulturlandschaft darum auch devastierte Flächen verstehen. Als Künstler bin ich an einem entscheidenden Wendepunkt angelangt: Bislang hatte Kunst immer einen Verschönerungscharakter, den ich beim Anblick der existierenden Umweltprobleme in Frage stellen muß. Ich muß mich entscheiden, ob ich in der Tradition der Kunst bleibe und mir die Landschaft als schönen Hintergrund wähle, mit dem ich durch das Kunstwerk in Dialog trete – oder verlasse ich diesen tradierten Weg und begebe mich in ein Refugium, in dem die künstlerische Gestaltung den ganzen Raum erfaßt.
Devastierte Landschaften sind für mich genauso spannend wie eine leere Leinwand in der Malerei. Hier ist alles möglich, mit der kleinen Einschränkung, daß sich diese Gelände bei genauerem Hinsehen als bereits vollaktiver Dialogpartner offenbaren. Die Natur ist bereits bei der Arbeit: Die Sukzession nimmt ihren Lauf, das Prozeßhafte der Wiederaneignung durch die Metamorphose, die Evolution im Wechselspiel mit der Entropie. Dieser Tanz in der Landschaft übt auf mich eine ungeheure Faszination aus. Das Spannende ist, daß ich als Künstler mit diesen beiden elementaren Gesetzen des Lebens, nämlich der Entropie und der Evolution, konfrontiert werde. Beide Gesetze sehe ich übrigens nicht nur in Bezug zur Ökologie, sondern auch in Bezug zum kulturellen Bereich. Ich begreife die Welt heute also unter dem Aspekt einer kulturökologischen Bewegung auf allen Gebieten. Kultur und Natur betrachte ich aus meiner Perspektive unter den gleichen Gesetzen. Evolution und Entropie sind für mich aber nicht etwa ein Gegensatzpaar, sondern in sich verschlungene Prozesse.
Wenn ich mit meiner Vision und mit meinen Ideen in einer zerstörten Landschaft anlange, sehe ich den Partner schon bei der Arbeit. Ich mache nicht tabula rasa, sondern ich trete mit meiner Idee einer Neustrukturierung, einer Neuformulierung zerstörter Landschaft sofort in Dialog mit der Sukzession und den Prozessen, die vor Ort schon stattfinden. Ein Braunkohlentagebau ist eben keine Sandkiste, ein Steinbruch ist kein Schutthaufen, sondern da hat Natur bereits ihre Nischen besetzt, und damit muß man umgehen. Hier entwickelt sich die tradierte Vorstellung von der Skulptur in der Landschaft zu etwas anderem. Landschaft selber wird zu einer Skulptur mit vielen Ebenen.
Kunst in diesem Raum zu formulieren ist bei den gigantischen Dimensionen nur mit Geoglyphen möglich. Diese Zeichen sind nur aus der Luft in ihrer Gesamtheit zu erkennen und besitzen als begehbarer Raum einen besonderen Erlebnischarakter. Unter Geoglyphen verstehe ich die Anknüpfung an die neolithische Tradition, in der bestimmte Hügelformationen mit rituellem Charakter geschaffen wurden. Heute könnten für uns die Geoglyphen Zeichen ästhetischer Wahrnehmung sein. Die Abraumlandschaften sind formal betrachtet zwar Null-Landschaften, als Biotop aber durchsetzt von vielen Sukzessionsgebieten, wo schon wieder die Regeneration beginnt. Beides in Einklang zu bringen heißt für mich, der Landschaft eine Form zu geben, die später einmal als Lebensraum hohen Reiz hat, wo sich Nischen bilden, in denen sich das Ensemble aus Flora und Fauna später einmal entwickeln kann.

Das Konzept, sich mit zerstörten Landschaften künstlerisch zu befassen, ist schon von der Land Art entwickelt worden, beispielsweise bei Robert Smithsons Spiral Jetty. Wo liegt für Sie der prinzipielle Unterschied zu jenen Konzepten?
Zu der Zeit, als Smithson arbeitete, wäre ich nicht auf die Idee gekommen, in den Braunkohlerevieren zu arbeiten, sondern wäre höchstwahrscheinlich nach Marokko in die Wüste gereist und hätte, ähnlich wie er, in dieser leeren Landschaft Zeichen gesetzt. Diese Künstler arbeiteten zu einer Zeit, als es noch wichtig war, darauf hinzuweisen: Hier bin ich, hier war ich, hier werde ich immer gewesen sein. Ich würde im Unterschied zu einigen Kunstkritikern jedoch nicht so weit gehen, die Land Art als imperiale Geste zu bezeichnen.
Was ich bislang schilderte, ist die konsequente Weiterentwicklung dessen, was die Land Art an Ansätzen hinterließ. Die Land Art machte ästhetische Setzungen, große Zeichen in der Tradition der alten Hochkulturen. Mir geht es heute in erster Linie um die Reflexion eines veränderten Umweltbewußtseins und einer gesteigerten Aufmerksamkeit angesichts drohender Umweltkatastrophen. Diese selbstgemachten Katastrophen sind keine negative Utopie. Wie geht man damit um? Die Land Art hat den Menschen, als die Landschaft belebendes Wesen, eigentlich ausgeklammert. Insofern war das noch immer eine Kunst, die sich von der sozialen Problematik einer Gesellschaft im Grunde distanzierte. Wenn ich aber heute der Rheinbraun den Vorschlag machen würde, mit den aufgeworfenen Erdmassen nur große geoglyphische Zeichen zu definieren, dann würde ich die Tradition der Land Art fortsetzen, so wie Hannsjörg Voth mit seinen architektonischen Setzungen die Tradition von Michael Heizer fortsetzt. Das reicht mir nicht. Würde ich das tun, dann würde ich den Faktor Mensch als Ursache der Kulturlandschaft wieder außen vor lassen. Mein Naturbegriff unterscheidet sich insofern vom klassischen abendländischen Naturbegriff, als ich wirklich

Herman Prigann

weiß, daß wir nicht irgendwie, sondern absolut ein Teil dessen sind, was wir Natur nennen. Mein Kunstverständnis kennt deshalb kein Gegensatzpaar Kunst und Natur, sondern begreift Kunst als absolut integrierten Bestandteil des sozialen Lebens der Menschen. Kunst ist keine Zugabe, kein Zuckerl, kein Hintergrund, keine Verschönerung oder ähnliches, sondern ursächlicher Bestandteil unserer kulturellen Geschichte. Vor diesem Hintergrund muß ich als Künstler die Landschaft, in der ich arbeite, als Lebensraum begreifen und für mich und meine Artgenossen etwas im Hinblick auf die Zerstörung tun. Menschen sollen an dieser neu formulierten Landschaft als Lebensraum partizipieren können.

Muß man dazu Künstler sein? Was verbirgt sich hinter diesem Label?
Das ist eine gute Frage. Ich betrachte mich als Künstler, dem die Spanne im klassischen Sinne der Kunstumsetzung von Anfang an zu eng war. Kunst kann doch nur bedeuten, daß ich mich der Welt als Wahrnehmungsphänomen ausliefere, mich meinen Mitmenschen und meinem eigenen Inneren ausliefere als permanente Entdeckungsreise ein Leben lang, immer offen für jede Überraschung und immer bereit, alles umzustoßen, was ich bis gerade eben noch glaubte zu sehen. Kunst ist für mich eine innere Haltung der ständigen Bereitschaft, die Dinge so lange anzusammeln, bis plötzlich in einer Art Quantensprung wieder alles bislang Gedachte in Frage gestellt wird. Das ist der kreative Moment.
Wenn ich meinen Lebensweg so sehe, spiralt sich alles um einen zentralen Punkt. Da ist etwas, das sich durch meine Person spannt. Das sind Erinnerungen an neolithische Zeiten. Das klingt zwar gewagt, hat aber mit Esoterik gar nichts zu tun. Warum gibt es Menschen, die von frühgeschichtlichen Kultstätten so fasziniert sind, daß es sie ihr Leben nie wieder losläßt? Für diese Menschen spricht jeder Stein, und der Ort ist geweiht im Sinne einer Art persönlicher Erinnerung. Bereits als Neunjähriger erwischte mich diese Faszination, als ich im Westfälischen, wo ich aufwuchs, mit sicherem Blick für landschaftliche Merkmale, alte Steingräber aufspürte. Woher kommt dieses Gespür?
Ich glaube, daß wir sehr wenig über die Evolution unseres Bewußtseins wissen. Sicher ist: Über unsere Fortpflanzung sind wir mit jenen, die damals lebten, ursächlich verwandt. Wenn man sich vergegenwärtigt, daß wir in einer kontinuierlichen Kette der Entwicklung der menschlichen Existenz stehen, gerät man in Dimensionen, die sich der wissenschaftlichen Nachweisbarkeit entziehen.
Diese frühen Erfahrungen mit Landschaft und Natur haben einen ganz elementaren Einfluß auf mein Schaffen. Viele Jahre, solange ich in den großen Städten lebte, war dieser Einfluß verschüttet. Erst als ich den übernommenen und verinnerlichten tradierten Kunstbegriff samt seinen Schranken durchbrochen hatte, gelang es mir, mich mit dem problematischen Naturbegriff der Vergangenheit und dem Glauben an den technologischen Fortschritt samt den daraus erwachsenen Folgen auseinanderzusetzen. Das gelingt aber nur, wenn man Kunst nicht als Verschönerung nach ästhetischen Regeln versteht. Ich erinnere an Beuys, der genau diesen Gedanken vertrat: Kunst soll wieder in das konkrete Engagement gesellschaftlicher Auseinandersetzung eingebracht werden, ohne nur affirmative Fragen zu stellen und sarkastische Kritik an der Gesellschaft zu üben. Es muß vielmehr zur testfähigen Alternative kommen. Kunst hat also eine konkrete Aufgabe in der Gesellschaft und ist nicht „L'art pour l'art". „L'art pour l'art" hatte die Aufgabe, den Freiheitsbegriff zu demonstrieren, aber das ist vorbei. Kunst hat meiner Ansicht nach gänzlich die Aufgabe, innovativ zu sein. Der Künstler sollte sich also nicht auf ein spezielles Medium reduzieren, sondern er sollte Seismograph für die Probleme sein, die ihn und seine Mitmenschen umtreiben.

Die *Gelbe Rampe* nach der zweiten Bauphase. Mischtechnik auf Karton, 1993, 9 x 13 cm

Er muß nach Lösungsvisionen, Ideen und Konzepten suchen. Konkrete Kunst muß sich in den Kontext mit anderen Wissenschaften begeben. Wir müssen den Kunstbegriff des Mittelalters und der Renaissance für unsere Zeit neu definieren: Der Künstler als einer, der universal denken kann, aber nicht Spezialist auf allen Ebenen sein muß. Der Künstler muß sich mit Biologen, Ökologen, Landschaftsplanern und Ingenieuren inhaltlich fundiert unterhalten können, wenn er sich beispielsweise dem Komplex zerstörter Landschaften nähert. Solche Künstler gibt es selten, weil an den Kunsthochschulen immer noch Genies ausgebildet werden. Das Genie ist aber eine romantische Vorstellung des vorigen Jahrhunderts, die in unserem Jahrhundert zu Tode geritten wurde.

Wie kommen Sie mit einem so unkonventionellen Selbstverständnis im Dialog mit den Wissenschaften und mit der marktorientierten Kunstwirtschaft zurecht?
Meine Erfahrung ist, daß ich mit Wissenschaftlern aus verschiedenen Fachbereichen in den letzten Jahren außergewöhnlich interessante und innovative Dialoge aufbauen konnte, aus denen sich ein gegenseitiges Verständnis entwickelte. Ich habe dabei festgestellt, daß auch von seiten der Wissenschaft ein großer Wunsch nach mehr Interaktion existiert. Es geht um die Überwindung der spezifischen Fachsprachen, um die Suche nach einem gemeinsamen Sprachverständnis, damit fachübergreifende Probleme formuliert und diskutiert werden können.

Der Dialog mit dem Kunstmarkt ist für mich viel problematischer, denn der will von mir wissen, was ich eigentlich tue: Malerei, Skulptur, Landschaftskunst, wie ist das zu vereinbaren? Ich werfe den Leuten des Kunstmarktes ihre Denkfaulheit vor, denn die Kunstinteressierten werden es einem Künstler nicht verübeln, wenn er in einem breiten Kontext gesellschaftlicher Reflexion zu verschiedenen Medien und verschiedenen Ausdrucksmitteln greift, die erkennbar seine Handschrift tragen. Man dilettiert ja nicht in den unterschiedlichen Bereichen, sondern hat für jeden Bereich eine klare Handschrift und eine klare Konzeption, eine Philosophie, die der Auseinandersetzung mit den Fragen „Was ist Natur in Reflexion zur Kunst? Was ist Kunst in Reflexion zur Natur?" entspringt. Der Kunstmarkt ist jedoch dem neunzehnten Jahrhundert verhaftet, und ich arbeite für das nächste Jahrhundert. Leute, die dreizehn und vierzehn Jahre alt sind, sehen meine Malerei, meine Objekte und Konzepte und verstehen meinen Ansatz. Die haben begriffen, daß ihre Zukunft zur Disposition steht, und deshalb sind sie sehr offen für eine künstlerische Sprache, die diese Verworfenheit formuliert und sich zwischen den Begriffen Kunst und Natur oszillierend bewegt.

Es ist auffällig, daß Sie in Ihren theoretischen Schriften die romantische Zuwendung zur Natur grundsätzlich ablehnen. Warum?
Die Frühromantik hatte wirklich noch einen radikalen und gesellschaftsverändernden Aspekt. Im Laufe der weiteren Entwicklung führte aber die Romantik immer mehr zur esoterischen Verschleierung der Naturwahrnehmung: Man sprach plötzlich von „Bruder Baum" und „Mutter Erde". Der Rückgriff auf diese spätromantische Sichtweise von Natur führt zur Gefahr einer Verschleierung der tatsächlichen Problematik. Wir gehen pragmatisch mit den Dingen um, die wir Natur und Umwelt nennen. Wir müssen damit pragmatisch umgehen, sonst hätte unsere Spezies in der Evolution keine Chance. Es nutzt den Bäumen nichts, wenn wir sie erst zum Bruder erklären und dann fällen. Damit wären wir wieder in der Tradition unserer Altvordern, die immer dem opferten, was sie zerstörten.

Hat der rein funktional bestimmte Umgang mit Landschaft nicht gerade zu deren Zerstörung geführt?
Im Baum den Bruder zu sehen, ist nicht die einzige Alternative zum fortschrittsgläubigen Pragmatismus, der die Natur nur als Ressource betrachtet. Meiner Ansicht nach geht es darum, das Ensemble Natur jenseits von Esoterik als etwas mit uns Gleichartiges zu erkennen. In all dem, was um mich herum ist, tickt, genau wie in mir, der Lebensnerv. Der ist sogar physikalisch zu definieren: Bestimmte Elemente wie Wasser und Mineralien sind in den verschiedensten Zusammensetzungen relevant auf der Welt. Eine Zusammensetzung bin ich, eine Zusammensetzung ist der Baum, und durch alles tobt die Evolution und die Entropie in ihrem Wahnsinnstanz, den wir Leben nennen können.
Wir haben aber im Unterschied zu allen anderen Zusammensetzungen eine ungeahnte Möglichkeit: wir können entscheiden. In dem Moment sind wir die einzigen Wesen auf der Welt, die auch eine Verantwortung haben. Dieser Verantwortung kann ich mich nicht entziehen, indem ich mir eine Teakholzbude einrichte und gleichzeitig vom Bruder Baum spreche. Ich kann aber auch nicht wieder die wilde Natur auf der Welt fordern und auf Zivilisation verzichten, denn das ist der Utopismus schlechthin, ist Blindheit und fehlende Selbsterkenntnis. Der Fortschrittsglaube und die Fortschrittsideologien waren linear gedachte, zugespitzte Zielvorstellungen. Die esoterische oder romantische Variante ist genauso eine Sackgasse, an deren Ende nur eine andere Ideologisierung von Landschaft und Natur steht. Damit wird ein konkretes Umgehen mit sich selber, mit den Menschen und mit dem,

Die *Gelbe Rampe* soll nach den Plänen des Künstlers in einigen Jahren von gelbblühendem Ginster und Rosen bewachsen sein und sich gegen das Blau des zukünftigen Sees absetzen. Mischtechnik auf Karton, 1993, ca. 30 x 41 cm

Die *Gelbe Rampe* während der ersten Bauphase im Sommer 1993.

Auf dem höchsten Punkt der Rampe befindet sich ein Kalenderbauwerk, das den Stand der Sonne an den Sonnenwendtagen markiert.

Die Stirnseite der *Gelben Rampe* besteht aus aufgeschichteten großformatigen Betonplatten, die im Tagebau zur Befestigung der Fahrstraßen verwendet wurden. Gletscher transportierten während der Eiszeiten große Gesteinsbrocken aus Skandinavien in die Niederlausitz. Prigann inszeniert mit eiszeitlichen Findlingen und neuzeitlichen Betonplatten den Dialog zwischen Zeitaltern.

Herman Prigann

was wir Natur und Umwelt nennen, verhindert. Es geht doch heute darum, den wunderschönen, aber nie eingelösten Begriff „Humanität" über den zwischenmenschlichen Bereich hinaus in unser globales Sein einzubringen.

Mir geht es darum, den Kunstbegriff aus dem linearen Denken zu befreien und statt dessen ein vernetztes Denken mitzuentwickeln, das den Menschen deutlich macht, daß das Denken immer an die vierte Dimension anstößt. Die Idee ist eigentlich schon die vierte Dimension, denn wir wissen, sie wird einmal sein. Oppenheimer und seine Forscher waren nicht fähig, die Atombombe zu stoppen, weil sie bereits gedacht war. Die Genmanipulation ist nicht zu stoppen, weil sie bereits gedacht worden ist. Diese Kraft der Idee unterscheidet uns Menschen von allem anderen. Das ist unsere große Verantwortung.

Trotz der Ablehnung von Romantik gibt es das poetische Moment in Ihrer Arbeit.

Die Poesie liegt im Material. Das verwendete Material, ob im Bild oder in der Skulptur, hat eine Sprache, denn das Material hat einen Namen. In dem Moment, wo ich Asche, Sand oder Erde in meiner Arbeit verwende, bringe ich mit diesem Material einen poetischen Raum ins Spiel. Es ist ein Unterschied, ob ich in der Landschaft eine Setzung aus großen Marmorblöcken mache oder aus Resten einer alten Industriehalle, deren Stahlträger und Betonfundamente ich zu einem neuen Patchwork verbinde. Das ist im Sinne ästhetischer Wahrnehmung ein qualitativer Unterschied. Das eine erzählt Marmor, aber das andere erzählt nicht nur Beton, sondern auch ehemalige Industrie und so weiter. Marmor führt einen zurück, wenn man so will, bis zu Michelangelo. Ein Findling führt uns zurück bis in die Eiszeit. Romantik ist für mich ein geschichtlicher Begriff. Der poetische Raum ist für mich ein ganz klarer, ganz wichtiger Terminus, und der kommt für mich mit Materialien ins Spiel, die mit Geschichte aufgeladen sind. Hinzu kommt der Ort, an dem man gezielt seine Setzungen macht. Die Geschichte des Ortes wird den Menschen dadurch ohne viel Worte in Erinnerung gerufen. In meiner Arbeit spielt der Anreiz zur Erinnerung eine ganz wichtige Rolle. Die Landschaft ist voller Erinnerungen, die nicht für jeden sichtbar sind. Skulpturale Orte und metamorphe Objekte können die Fenster sein, die den Blick in die Erinnerung der Landschaft und des Ortes ermöglichen.

Wie unterscheidet sich am konkreten Projekt Ihr Ansatz vom herkömmlichen, wissenschaftlich betreuten und technisch umgesetzten Rekultivierungskonzept?

Im Braunkohlegebiet der Niederlausitz bei Cottbus werden große Tagebaue Zug um Zug stillgelegt. Das landschaftsarchitektonische Konzept, das realisiert werden soll, geht davon aus, daß diese Region, so wörtlich, eine „nasse Haut" braucht. Hier wird dem Menschen suggeriert, daß binnen relativ kurzer Zeit große Seen entstehen, an deren Ufern der Tourismus florieren wird. Ich halte dies für sehr fragwürdig. Erstens ist die Flutung der Gruben nicht in kurzer Zeit, sondern erst in zwanzig, dreißig Jahren und länger zu erreichen. Zweitens hat das Wasser dieser Seen extrem schlechte pH-Werte, worin kein Leben entstehen kann, und drittens entwickelt sich im Laufe der Zeit eine sehr interessante natürliche Sukzession, die leider wieder im Wasser verschwinden wird.

Die Menschen, die jetzt noch nicht geboren sind, haben mit dreißig Jahren vielleicht die Hoffnung auf eine gutgehende Kneipe am Seeufer mit Vermietung von Angelruten. Das ist natürlich für diejenigen, die heute in den Braunkohlerevieren arbeitslos werden, keine Zukunftshoffnung. Mein Ansatz geht deshalb davon aus, daß man das langsam einsickernde, belastete Grundwasser einem Recyclingprozeß zuführen sollte. Windkraftanlagen an den Grubenrändern könnten Pumpen betreiben und das Wasser auf terrassenartig angelegten Rieselfeldern ausbringen. In relativ kurzer Zeit würde der pH-Wert des Wassers verbessert, und die Pflanzen regenerieren zudem den Boden. Es könnten große Sukzessionsgebiete erhalten werden, und die oberen Geländeabschnitte der angrenzenden Landschaft könnte man wieder aufforsten. Man hätte also die Möglichkeit, neue Agrarflächen zu erschließen und Biomasse zu erzeugen: Brennnessel, Miscanthus und Hanf.

Jeder, der sich mit diesem Thema etwas auskennt, weiß, daß man mit diesen Pflanzen in der Papierindustrie, in der Spanplattenherstellung und in der Möbelindustrie etwas anfangen kann. Die Papierindustrie ist an der Faser interessiert und kann hochwertiges Papier ohne Chlorbleiche herstellen. Miscanthus ist hervorragend für die Spanplattenproduktion ohne Formaldehyd-Zusatz geeignet. Die chemische Industrie kann diese Pflanzen für die Herstellung von Heilmitteln nutzen. Gerade die ätherischen Öle von Brennesel und Hanf sind dafür geeignet. Während der Regenerationsphase der Terrassenlandschaft, die durchaus im tieferen Teil einem See Platz bieten könnte, entsteht also für die Menschen eine Möglichkeit, produktiv zu arbeiten. Das sind nur einige der interdisziplinären Aspekte, die man als Künstler im Rahmen einer solchen Konzeption integrieren kann.

Es gibt noch einen zweiten wichtigen Aspekt. Der angeschüttete Abraum aus den Gruben wird nach der bisherigen Konzeption nur zu einer flächendeckenden Nivellierung des Geländes benutzt. Dazu kommen schnurgerade Baumreihen nach alter Forstmanier. Es wird eine leicht wellige, flache Savannenlandschaft entstehen, die für den Menschen langweilig sein wird, besonders wenn ein Waldbestand hinzukommt, der nie einen Blick frei läßt. Man könnte statt dessen einen Lebensraum kreieren, indem man im Sinne der Geoglyphen die Erdmassen ganz anders verschiebt: künstlerische Formgestaltung im Großraum. Gleichzeitig könnten ökologisch wertvolle, kleinteilige und zugleich vielfältige Landschaftselemente integriert werden, die infolge der derzeitigen Planung nicht entstehen werden.

Das klingt für mich verdächtig nach der künstlichen Überformung einer Landschaft, die das Ergebnis eines Kulturprozesses ist, den Sie vorhin geschildert haben.

Was die Landschaftsarchitekten und Planer jetzt mit diesen Landschaften tun, ist der Versuch, eine natürliche Landschaft nachzuahmen. Wir

Den *Ring der Erinnerung* errichtete Herman Prigann aus abgestorbenen Baumstämmen und Findlingen 1992 bis 1993 im Harz.

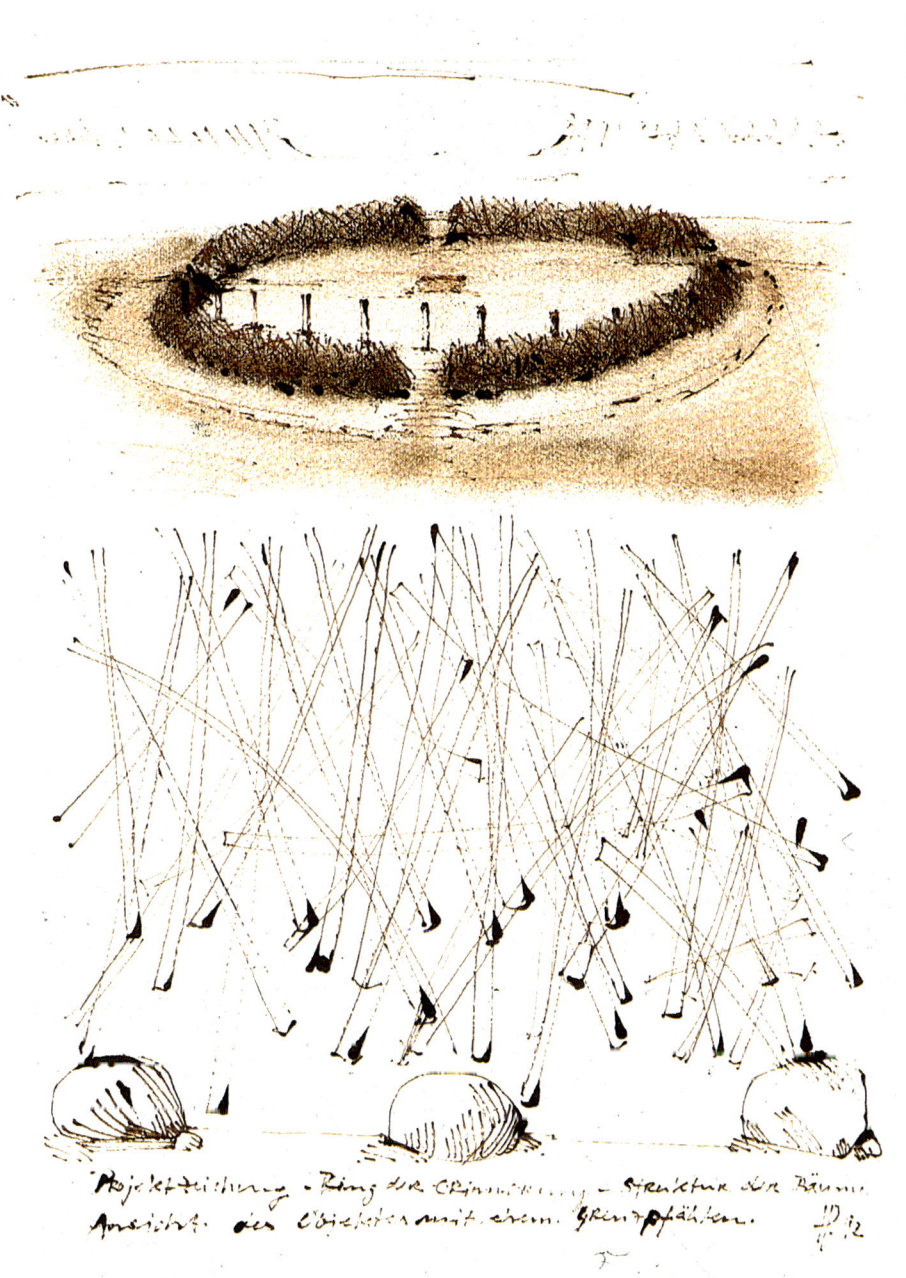

Ring der Erinnerung,
Projektzeichnung,
Gouache auf Karton, 1992
50 x 70 cm.

Herman Prigann

haben es aber mit einer artifiziellen Ingenieurslandschaft zu tun, also warum sollten wir nicht den Mut haben, bewußt eine formal artifiziell gestaltete Landschaft zu schaffen, die aber alle ökologischen Aspekte in einem positiven Sinne integriert. Dem tradierten Rekultivierungsmodell, basierend auf Naturnachahmung und Kaschierung der Spuren, setze ich einen Ansatz entgegen, der sich zum einstigen Braunkohleabbau in dieser Landschaft bekennt und sein Zeichen setzt.

Die *Gelbe Rampe*, die derzeit am Restloch des ehemaligen Tagebaus Greifenhain bei Pritzen entsteht, ist für mich ein kleinmaßstäbliches Modell. Auf der anderen Seite des großen Restlochs könnte ich mir eine zehnmal größere Rampenform vorstellen. Den formalen Dialog zwischen der *Gelben Rampe* mit zwölf Metern Höhe und zweihundert Metern Länge und einer Rampe mit dreißig Metern Höhe und fünfhundert Metern Länge stelle ich mir sehr reizvoll vor. Dieses Zwiegespräch künstlicher Formen, die sich zu ihrer Künstlichkeit bekennen, wäre Ausdruck der Überformung des devastierten Geländes. Man sollte diese Wunden in der Landschaft nicht kaschieren.

Auf dem höchsten Punkt der *Gelben Rampe* bauen Sie eine Anlage, die an die Kalenderbauten der alten Hochkulturen erinnert.

Ja, es soll ein Spiel entstehen zwischen dem technisch gesteuerten Zeitablauf des ehemaligen Kohleabbaus und dem natürlichen Zeitablauf. Die Rampe wurde nicht nur aus Erde, sondern wird auch aus großen Betonplatten errichtet, die im Tagebau zur temporären Straßenbefestigung dienten. Der vordere Teil des Kegels ist wie eine Stufenpyramide aufgebaut. Aus bestimmten Perspektiven erinnert der Bau an die Observatorien der alten Hochkulturen. Ich benutze im Grunde modernstes Material, um einen Platz zu kreieren, der an eine Kultur erinnert, die in diesem Raum vor etwa fünfzehntausend Jahren sehr vielfältig in Erscheinung getreten ist. In der mittleren Steinzeit war diese Gegend für damalige Verhältnisse relativ dicht besiedelt. Deshalb lasse ich solche Assoziationen bewußt zu. Andererseits wird man auf dem Endpunkt der Rampe vom exponierten Außenraum in einen umschlossenen Innenraum treten, der von außen als weithin sichtbares Zeichen fungiert. Es entstehen Sinnzusammenhänge und poetischer Raum.

Welche Aspekte waren ausschlaggebend für die Gestaltung des *Ring der Erinnerung* im Harz, an der ehemaligen deutsch-deutschen Grenze?

Kreisplätze spielen in der Geschichte des Harzes eine wichtige Rolle. Läßt man den Volksglauben und die diffamierenden christlichen Erzählungen über Hexentänze einmal beiseite, muß man davon ausgehen, daß viele Orte im Harz den germanischen Stämmen als sehr wichtige, rituell genutzte Versammlungspunkte galten. Der Harz war weithin bekannt, ähnlich wie die Externsteine im Teutoburger Wald. Der Platz soll an die alten Kulturen im Harz und an die jüngste Geschichte dieses Ortes erinnern. Der ehemalige Grenzverlauf durchquert den Ring, und sieben Stahlpfosten der alten Grenze ließ ich stehen, integrierte sie in den Platz. Wenn man mit einem Kreis eine Grenze überschreitet, ist dies natürlich ein signifikantes Zeichen der Überwindung von Grenze. Die vier Öffnungen des Ringes sind nach den Himmelsrichtungen orientiert, und in jedem Tor liegt ein Stein, jeweils beschriftet mit Flora, Fauna, Aqua und Aer. Ein Stein in der Mitte des Ringes trägt die handgemeißelte Inschrift Terra. Diese fünf Begriffe verweisen auf das ökologische Anliegen meiner Arbeit. Die Grenze ist nämlich ein mit Pestiziden hochkontaminiertes Areal, aber die Pflanzendecke ist bereits dabei, sich zu regenerieren. Ich ließ in den angrenzenden Wäldern einige tausend tote Fichten ausforsten, um eine Art überdimensionale Benjeshecke zu errichten. Die Hecke ist schon jetzt ein wertvolles Biotop für Insekten und Nager und gleichzeitig ein metamorphes Objekt, das im Laufe der Zeit zu einem Humushügel verrottet und sich in ein blühendes Refugium verwandeln wird. Das Ganze wird in dreißig Jahren in einem Jungwald aus Birken und Fichten verschwunden sein. Nur auf Trampelpfaden wird man vielleicht auf den Wall und die Steine treffen. Spätestens dann wird sich mancher Wanderer fragen, wie alt dieser Ort eigentlich ist. Die lateinische Schrift in den Steinen wird vermoost sein und uralt aussehen.

Das fügt sich natürlich, wenn man genauer darüber nachdenkt, zu einem deutlich romantischen Bild.

Ab-so-lut! Ich bin ein absoluter Romantiker. Ich spreche aber nicht von Romantik, sondern vom poetischen Raum. Ich bin mir aber bewußt, daß mir die alten Romantiker um den Hals fallen würden, wenn sie das erleben könnten. Romantik ist in so einem Projekt konkrete Poesie für mich und hat nichts mit Romantik als ideologischem Begriff zu tun. Ob im Bild, der Skulptur oder in der Landschaft: Mir geht es immer um die erzeugten Atmosphären, in denen man Assoziationen weckt. Wenn jemand irgendwann inmitten dieser metamorphen Prozesse ein romantisches Weltgefühl hat, Erinnerungen nachhängt und so weiter, soll mir das nur recht sein.

Wie waren insgesamt Ihre bisherigen Erfahrungen mit dem Terra Nova-Konzept? Wo liegen die spezifischen Probleme und Vorteile, die Möglichkeiten und Grenzen dieses Ansatzes?

Nach fünf Jahren bisheriger Arbeit mit dieser Konzeption im gesellschaftlichen und politischen Raum gibt es zwei Seiten: Die einen verdienen mit herkömmlichen Rekultivierungsmethoden ihr Geld und wollen von meiner Konzeption natürlich nichts wissen. Die anderen, die außerhalb dieses Business arbeiten, Wissenschaftler vor allem und einige Politiker, sind für mein Konzept sehr aufgeschlossen. Ich habe den Eindruck, daß man den aktuellen politischen Trend nutzen kann und endlich einmal die Möglichkeit haben wird, das Terra Nova-Konzept konkret zu erproben. Nach circa zehn Jahren wird man sehen, wie sich das Konzept bewährt. Sachverständige, wie Hydrologen oder Ökologen, bestätigen mir die Tauglichkeit meines Konzeptes. Zur Umsetzung der künstlerischen Idee ist lediglich entscheidend, die Beteiligten davon zu überzeugen, den Maschinenpark, der zum

Abbau der Kohle nötig war, wieder einzusetzen, um Geoglyphen zu schaffen. Das Problem sind im wesentlichen die ökologischen Zusammenhänge, die nicht vollständig zu klären sind, weil es noch keine Erfahrungswerte gibt.

Als Künstler muß man wahrscheinlich auf diesem Sektor erst einmal Glaubwürdigkeit erlangen?

Die meisten Leute sind zwar sehr freundlich und hören zu, aber man sieht am Flackern ihrer Pupillen, daß sie letztlich denken: „Na, diese Künstler. Nun fangen die auch noch an, von Dingen zu reden, von denen sie nicht die geringste Ahnung haben." Da bin ich genötigt, in ausführlichen Erläuterungen nachzuweisen, daß ich über den notwendigen Sachverstand verfüge. Zur Zeit geht es aber eher um den politischen Durchbruch, denn es ist eine politische Entscheidung, ob die Milliardenbeträge für Rekultivierungsmaßnahmen dafür benutzt werden, die Ränder der Restlöcher einfach abzuschrägen und dann auf die Flutung zu warten, oder ob man die Finanzmittel dazu verwendet, schon in fünf Jahren in diesen landschaftlichen Refugien mit der experimentellen Arbeit und der Ansiedlung neuer Produktionszweige zu beginnen. Schon jetzt hat sich um Terra Nova ein handlungsfähiger Verein gegründet, der beispielsweise im Rahmen der EXPO 2000 ein Konzept zur ökologischen Konversion eines Truppenübungsgeländes umsetzt. Ich möchte auch andere Künstler an diesem Projekt beteiligen. Das wird eine Chance sein, landschaftliche Maßnahmen in Zusammenarbeit mit anderen Kollegen so zu formulieren, daß diese künstlerischen Setzungen ein strukturiertes Ensemble bilden, ohne daß es zum Verständnis einer schriftlichen oder verbalen Erläuterung bedarf.

Stehen Sie in Kontakt mit Künstlern, die ähnliche Konzeptionen oder Ansätze verfolgen?

Ja. In den USA arbeitet Mel Chin mit einem Forschungsinstitut für Ökologie bei Boston zusammen, das sich hauptsächlich mit der Entkontaminierung von Böden durch Pflanzen befaßt. Sein Konzept wurde bereits unter dem Titel „Revival Fields" realisiert. Dieser Ansatz gefällt mir sehr gut, und seine Arbeit will ich gerne integrieren. Für mehr ästhetisch geprägte Setzungen sind Leute wie Alan Sonfist und Chris Drury sehr interessant. Ich finde es sehr spannend, mit einigen Kollegen ein Refugium zu entwickeln, eine Art Park, wo die verschiedenen Ensembles vom Ort, vom Know-how und vom Formenkanon der einzelnen Künstler bestimmt werden, aber im erweiterten Sinne, so daß ein Ganzes entsteht. Viele andere Künstler, die auf diesem Sektor arbeiten, befassen sich mit Skulptur im klassischen Sinn, wenn auch mit lebendem oder totem Naturmaterial. Derlei Projekte sind im Rahmen des Terra Nova-Programms ungeeignet. Es kann nicht mehr um die Ich-Behauptung im einzelnen Kunstwerk gehen, wenn ich eigentlich den Landschaftsraum meine.

„In dieser *Feuerlinie*, ihrer raschen Vergänglichkeit ist der Verweis auf die Begrenztheit unserer Zivilisation enthalten und gemeint. Auch der Hinweis auf die Notfeuer alter Zeit, die entfacht wurden, wenn Gefahr in Verzug war. – Feuer ist auch Freudenfeuer, Anlaß zur Gemeinschaft, ist das Verbrennen des Alten und Zeichen zum Aufbruch in eine neue Zeit."

H. Prigann anläßlich der Aktion *Feuerlinie* im September 1991 im ehemaligen Braunkohletagebaugebiet bei Cottbus.

Herman Prigann

Biographie und Werkverzeichnis
(Auswahl)

Herman Prigann wurde 1942 in Recklinghausen geboren.
Er lebt und arbeitet in Portals Nous, Mallorca.
1963–1968 Studium der Malerei und der Stadtplanung in Hamburg
Mitglied der Deutschen Studienstiftung

Ausstellungen, Aktionen, Projekte:
1966–1968	Ausstellungen und Happenings in Hamburg, Zürich, Göttingen, Wolfsburg
1969–1974	Gründung von „Release" Anti-hard-drug-Kollektiven in BRDeutschland. Aktionistische Arbeit mit den Gruppen
1980	Beginn der Aktionsreihe „Graffiti zum Thema Zukunft" – Sammlung anonymer Malerei mit dem Museum moderner Kunst, Wien, Ausstellung des Bildzyklus „Akkurate Gesellschaft", Künstlerhaus Wien
1982	Gruppenausstellung „Dorn im Auge", Hamburg
1983/84	Konzeptarbeit für „Der Wald – ein Zyklus", dessen Teile sind: Aktionsreihe „Feuertürme-Brandstätten", die „Metamorphen Objekte" und das Buch „Der Wald-ein Zyklus"
1985	Beginn der Aktionsreihe „Feuertürme – Brandstätten" mit dem „Meiler", der „Pyramide" in Wien, dem „Schwimmenden Feuerkranz" in Berlin. Dokumentationsausstellung „Der Wald", Wien „Hanging Tree" aus „Metamorphe Objekte", Wien
1986	Aktion „Adam im Feuer" zum „Steierischen Herbst" bei Graz
1987	Gruppenausstellung zum Thema Wasser, Stuttgart und Hamburg Realisation des Objektes „Das verlorene Ei" aus „Metamorphe Objekte", Schloß Buchberg/Kamptal. Dort ständige Ausstellung der Objektzeichnungen und Texte Ausstellung „Waldung", mit der Installation „Die Falle", Akademie der Künste, Berlin
1989	Fortsetzung der Aktionsreihe „Graffiti zum Thema Zukunft – Frieden" in Paris, Luxemburg, BR Deutschland und DDR, Polen und der Sowjetunion (Moskau)
1991	Installation „Torfturm" und Beteiligung an der Ausstellung „Naturraum – Kunstraum", Ostwall Museum, Dortmund, anläßlich der Bundesgartenschau. Installation/Aktion „Feuerlinie" während der Europa-Biennale I, Internationales Symposium für Land Art, Braunkohletagebau Cottbus
1992	Ausstellung und Installation „Terra Nova", Galerie/Edition Bea Voigt, München
1992–1993	Realisierung „Ring der Erinnerung" im Harz bei Sorge in Zusammenarbeit mit dem Sprengel Museum Hannover
1993–1995	„Gelbe Rampe" aus „Metamorphe Objekte – Skulpturale Orte" im Rahmen der Europa-Biennale Niederlausitz II und III, Pritzen bei Cottbus
1995	„Two Trunks – Four Stones" im Artpark Krakamarken, Dänemark
1995	„Towers of Change" beim Symposion „Art and Environment", Petange, Luxemburg

Literaturauswahl

Dorn im Auge. Hamburg, 1982 (Katalog)
Prigann, Herman: Der Wald – ein Zyklus, Wien-Berlin 1985
Kunstaktion im Park. Berlin 1986 (Katalog)
Waldungen. Akademie der Künste, Berlin 1987 (Katalog)
Prigann, H.: „Thesen zu ‚Metamorphen Objekte'", in: Kunstforum International, Bd. 93, Feb./März 1988; S. 180/181
Art in Nature, Ausstellungskatalog. Italien/Deutschland 1990 (Katalog)
Naturraum – Kunstraum. Ostwall Museum, Dortmund 1991 (Katalog)
Förderverein Kulturlandschaft Niederlausitz e.V. (Hrsg): Kunstszene Tagebau – Dokumentation eines ungewöhnlichen Kunstereignisses. Heidelberg 1992
Prigann, Herman: Ring der Erinnerung. Circle of Remembrance. Berlin 1993
Förderverein Kulturlandschaft Niederlausitz e.V. (Hrsg): Europa-Biennale Niederlausitz II 1993. Cottbus 1994

Bildnachweis

Freundlicherweise vom Künstler zur Verfügung gestellt:
Ulrike Damm: 176 re.u.
Hermann Prigann: 173, 175 li., 176 li.
außerdem:
Thomas Kläber: 176 re.o., 177, 183
Maria Otte: 178/179, 187
Udo Weilacher: 184

Gedankenräume und Denkgebäude – Hans Dieter Schaal

Imaginärer Eingang zur *Villa Moser-Leibfried* auf der Internationalen Gartenbauausstellung Stuttgart 1993.

Der 1943 in Ulm geborene Hans Dieter Schaal ist ein eher unauffälliger, aber scharfäugiger Beobachter des Verhältnisses zwischen Mensch, Architektur und Landschaft. Der Architekt, Landschaftsarchitekt, Bühnenbildner und freie Künstler ermöglicht durch Zeichnungen, Gemälde, Fotocollagen und einprägsame architektonische Environments neue, oft zeichenhaft visionäre Einblicke in die grundlegenden Positionen und Strategien von Architektur und Landschaftsarchitektur. Die Spontaneität und Direktheit der undogmatischen Auseinandersetzung mit den wesentlichen Merkmalen der formalen und inhaltlichen Beziehung zwischen dem architektonischen Raum und der Landschaft, dem Innen und dem Außen, verleihen seiner Arbeit eine erleichternde Frische. Schaal geht es nicht um die Entwicklung einer neuen Theorie der Gartenkunst, und die meisten seiner subtilen Entwürfe und Traumlandschaften sind in erster Linie als Gedankenexperimente zu verstehen, die keinen Anspruch auf Realisierbarkeit erheben.

Nach einigen Jahren Kunstgeschichte und Philosophie studierte Hans Dieter

Schaal von 1965 bis 1970 Architektur. Bald nach Abschluß des Studiums brach der Architekt aus den starren Konventionen des Baubetriebs aus und begab sich auf die intensive Suche nach den archetypischen Grundmodulen, die die gestalterische Basis der gebauten und natürlichen Umwelt bilden. Schaals typologische Recherchen zur Dialektik zwischen architektonischer Natur und natürlicher Architektur begannen in den späten sechziger, frühen siebziger Jahren zu einer Zeit, als die Freiraumplanung, tief verstrickt in ökologische Grundsatzdebatten, die gestalterisch-ästhetischen Ansprüche an das eigene Handwerk bereits weitgehend aus den Augen verloren hatte. Im kunstgeschichtlichen Kontext sind Schaals Ansätze in Zusammenhang mit jenen Strömungen der bildenden Kunst in den USA und in Europa zu betrachten, die sich seit dem Ende der sechziger Jahre verstärkt um die künstlerische Auseinandersetzung mit dem Thema Natur und Umwelt bemühten. Während die bildende Kunst sich aber bis heute im Umgang mit der Gartenkunst außerordentlich schwer tut, hat Hans Dieter Schaal gerade in diesem Kontext sein bevorzugtes Wirkungsfeld gefunden. In seinem 1994 erschienenen Buch „Neue Landschaftsarchitektur", das Sir Geoffrey Jellicoe, der Altmeister der englischen Landschaftsarchitektur, als „Design Source Book" bezeichnet, bekennt sich Hans Dieter Schaal in Skizzen, Collagen, Fotos, Plänen, literarischen Zitaten und philosophischen Texten zur Gartenkunst als wichtigem künstlerischen Gestaltungsbereich in der Landschaft.

So richtungsweisend die interdisziplinäre theoretische Arbeit zwischen Architektur, Landschaftsarchitektur und Kunst auch sein mag, sie hat ihren Preis: Der Grenzgänger Schaal muß damit leben, daß ihm die Anerkennung in den jeweiligen Teildisziplinen nur selten vergönnt ist. Als er und seine Mitarbeiter 1977 den Wettbewerb zur Bundesgartenschau 1985 in Berlin gewannen, mochte das Preisgericht den außer-

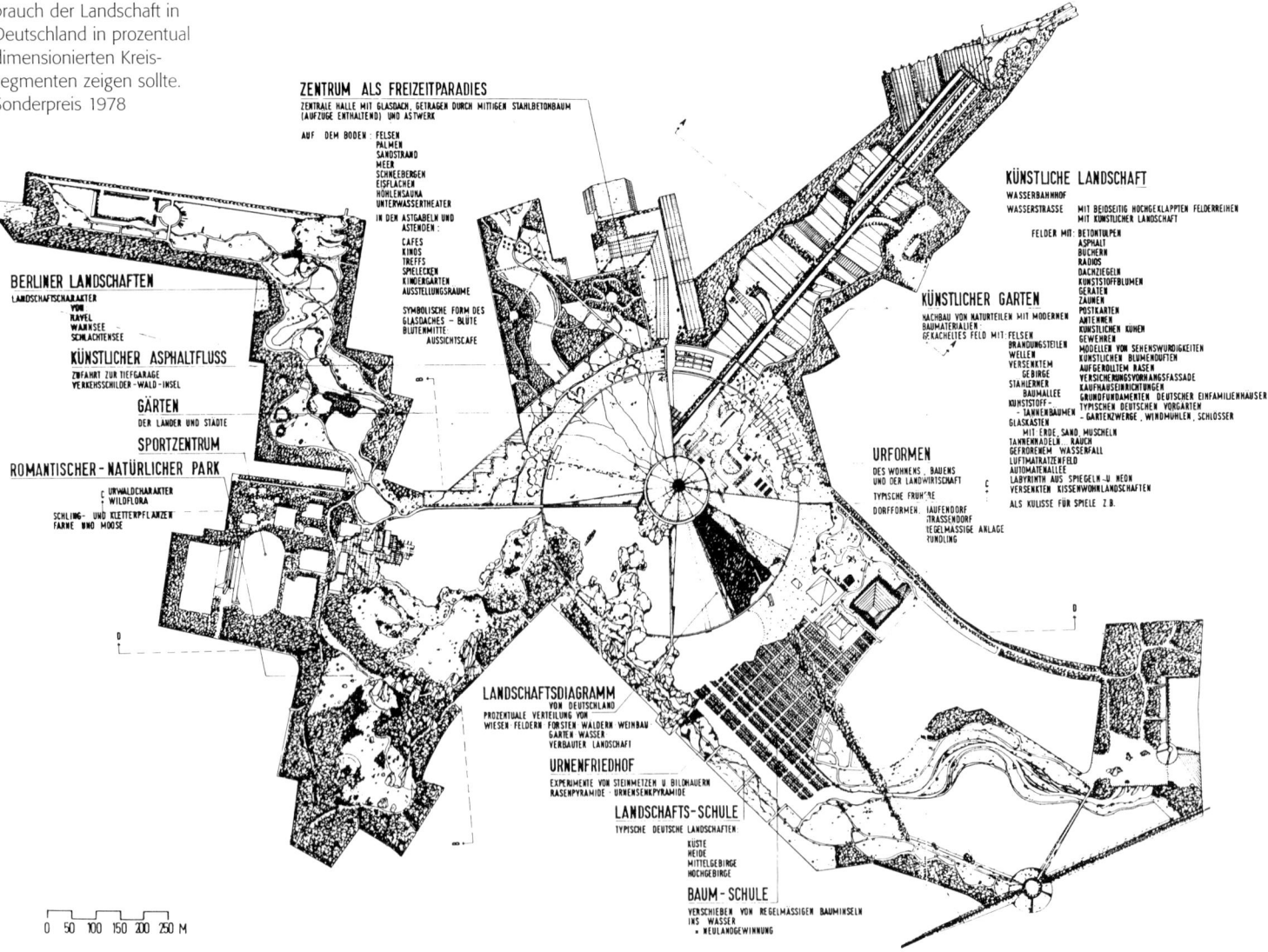

Wettbewerbsentwurf für die *Bundesgartenschau 1985* in Berlin. Kern der Anlage sollte ein gebautes Landschaftsdiagramm sein, das den Verbrauch der Landschaft in Deutschland in prozentual dimensionierten Kreissegmenten zeigen sollte. Sonderpreis 1978

gewöhnlichen Entwurf trotz Anerkennung der hohen inhaltlichen Qualität nicht zur Realisierung empfehlen. Man vergab statt dessen unter allerlei Vorwänden einen Sonderpreis, denn der Entwurf widersprach in seiner entlarvenden Künstlichkeit und seiner kritischen Reflexion über die rasende Zerstörung der Landschaft den damaligen Konventionen des gartenkünstlerischen Geschmacks so sehr, daß die öffentliche Diskussion kein Ende nehmen wollte. Ernüchterung und Frustration wird auch spürbar, wenn der philosophierende Architekt, wie er zuweilen genannt wird, seine Begegnungen mit Künstlerkollegen schildert, die die künstlerische Beschäftigung mit Gartenkunst und Landschaftsarchitektur als reine Zeitverschwendung empfinden.

Zu den wenigen gebauten Projekten Schaals zählt die streng axial aufgebaute *Urnengräberanlage auf dem Waldfriedhof von Singen am Hohentwiel*, die in den Jahren 1983–86 realisiert wurde. Das Projekt entstand in einer Hanglage, wo sich zuvor eine Aussegnungshalle befand. Diese Halle wurde durch einen Neubau an anderer Stelle überflüssig. Lediglich die ursprüngliche Baumallee der Eingangsachse blieb erhalten. Der Weg führt heute von einem Nebeneingang des Friedhofes durch die Säuleneichenallee direkt auf ein höhergelegenes Bauwerk zu, das einem kleinen griechischen Antentempel gleicht. Bevor man über eine Treppe hinauf auf die obere Terrasse und in den Innenraum des Tempels gelangt, betritt man auf der untersten Geländeebene den quadratischen „Klosterhof", den eine Art Kreuzgang mit Pfeilern und Bögen räumlich faßt. In die Umfassungsmauern sind die Urnennischen eingelassen. In der Mitte

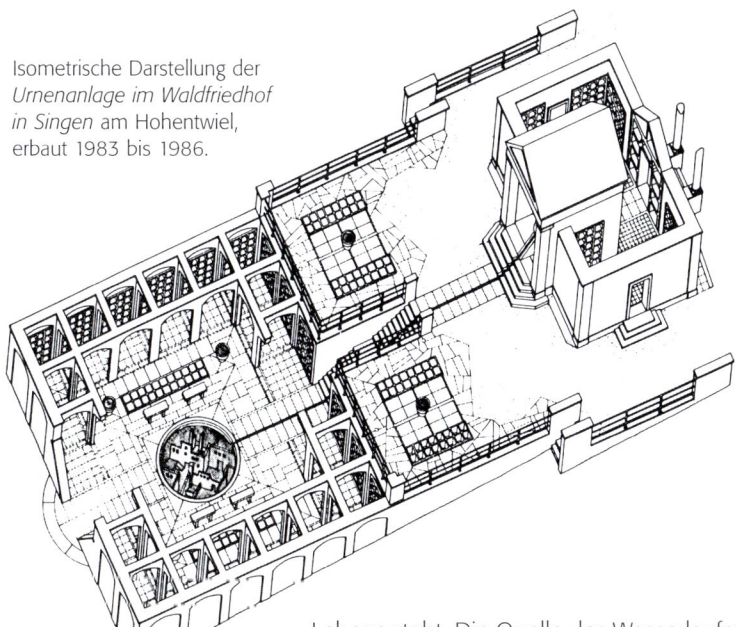

Isometrische Darstellung der *Urnenanlage im Waldfriedhof in Singen* am Hohentwiel, erbaut 1983 bis 1986.

des Hofes befindet sich ein rundes Wasserbecken, das von einem kleinen Wasserlauf gespeist wird. Am Grunde des Rundbeckens erkennt man das Modell einer kleinen Ruinenstadt, die als Metapher für Vergänglichkeit und Zerfall am Ende des Lebens steht. Die Quelle des Wasserlaufes, der den Laut des Lebens symbolisiert, findet man in einer steinernen Schale, die im Zentrum des kleinen Tempels steht. Steigt man die Treppe hinauf auf die obere Terrasse und geht durch den kleinen Tempel an der steinernen Schale vorbei, dann gelangt man durch eine Tür in einen offenen Umfassungsraum, in den ebenfalls Urnennischen eingelassen sind. Der zentralen Achse folgend verläßt man die Anlage durch einen fragmentierten Säulenportikus. Der gesamte bauliche Komplex fügt sich in der terrassenartigen Anlage einerseits dem Gesetz der Landschaft, setzt sich aber andererseits in monochromem Weißgrau von der umgebenden Friedhofslandschaft deutlich ab.

Fremdartig und fast wie ein Stück Bühnenarchitektur liegt die Urnenanlage inmitten des Waldfriedhofes und setzt sich in monochromem Hellgrau gegen das dunkle Friedhofsgrün ab.

Die spektakuläre Anlage erinnert in ihrer Inszenierung an die eindrucksvollen Bühnenbilder von Hans Dieter Schaal und verdeutlicht die Vorliebe des Architekten für klassische Zitate, die seine Arbeit in der abendländischen Kulturgeschichte verwurzeln sollen. Auch ein gewisser Hang zu romantischem Pathos läßt sich angesichts der Ruinensymbolik und der archaischen Axialität nicht verleugnen. All das mag dem Friedhofsbesucher ein hohes Maß an emotionaler Identifikationsmöglichkeit bieten und dem allgemeinen Bedürfnis nach einer klar verständlichen Architektursprache

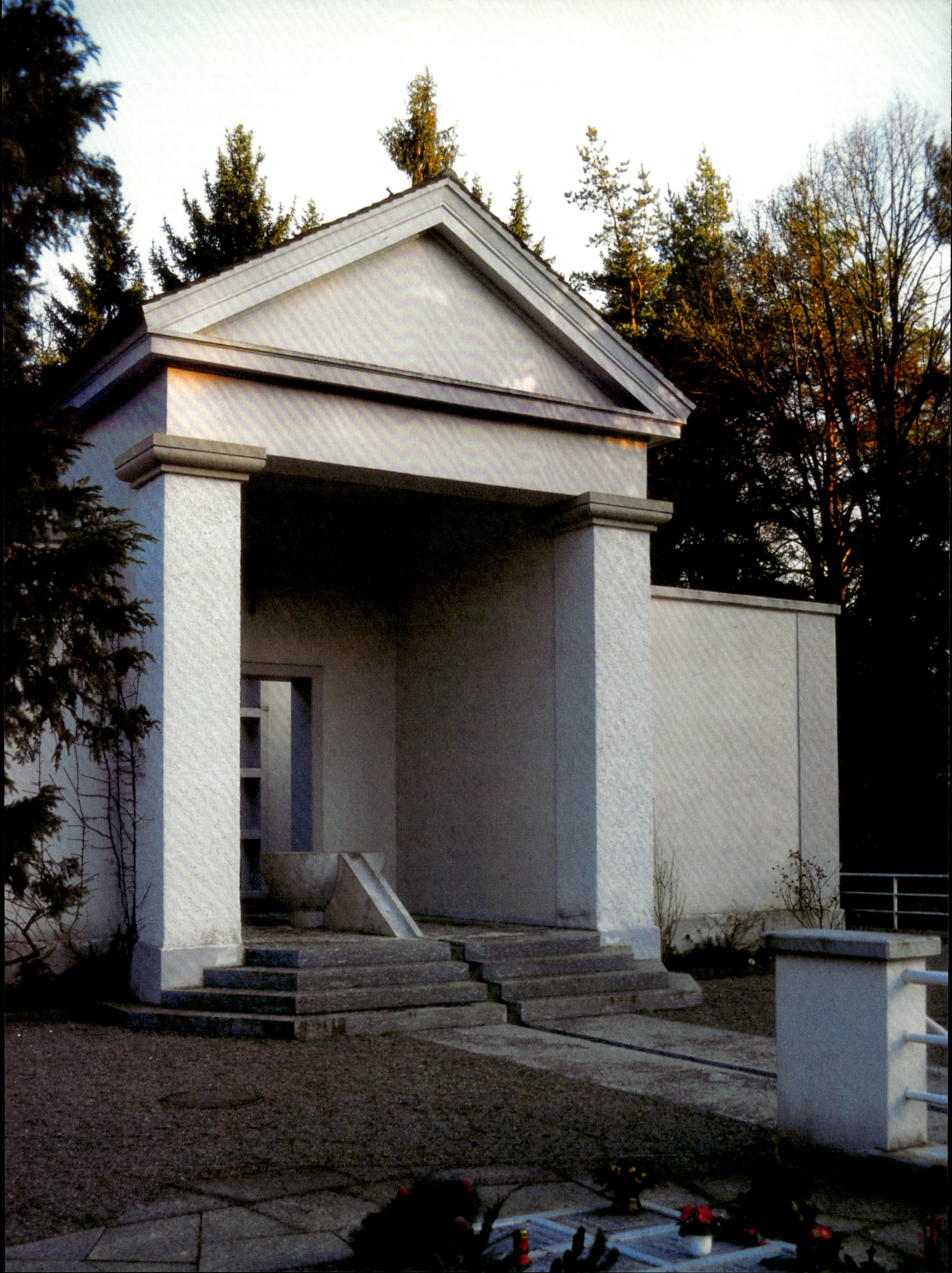

Das stetig überlaufende Marmorquellbecken im „Resttempel" symbolisiert den Lebensanfang.

Am Ende der Wasserachse, die im Quellbrunnen entspringt, liegt ein rundes Wasserbecken mit einer versunkenen Ruinenstadt, eine Metapher für Vergänglichkeit und Tod.

Den steinernen Totenbezirk mit den Urnenwänden betritt der Besucher durch einen V-förmigen Mauerspalt.

Ein künstlich fragmentierter Säulenportikus markiert den hinteren Eingang zum „Urnen-Tympanon".

Auch der Kreuzgang ist in der Mittelachse der Gesamtanlage künstlich zerbrochen.

Hans Dieter Schaal

entgegenkommen. Es ist jedoch fraglich, ob die neoklassizistische Formensprache und der überladene symbolische Ausdruck nicht von allzu vordergründigen Bildern leben, die den ursprünglichen Geist des Ortes in seiner unaufdringlichen Schlichtheit zu sehr verleugnen.

Mit sensiblem Gespür für die Besonderheit des Ortes näherte sich Hans Dieter Schaal 1993 der verfallenen, überwucherten Anlage der jahrzehntelang vergessenen *Villa Moser-Leibfried* in Stuttgart. Die gründerzeitliche Villa, 1875 von einem Schokoladefabrikanten nach dem Vorbild der italienischen Hochrenaissance erbaut, und der große Garten wurden im Zweiten Weltkrieg fast vollständig zerstört. Nur Reste der Fundamente, eine Terrasse und eine künstliche Grotte blieben erhalten. Im Rahmen der Internationalen Gartenbauausstellung 1993 in Stuttgart sollte die Ruine der Öffentlichkeit wieder zugänglich gemacht werden. Die Grundidee von Hans Dieter Schaal bestand darin, das verwunschene Ensemble von Villa und Garten unberührt zu lassen und nur mit einer leichten, hölzernen Struktur zu überlagern, die den Besucher auf einen imaginären Weg durch die Zeit führt. „Es gibt grundsätzlich zwei Möglichkeiten, sich gegenüber der Welt und der Landschaft zu verhalten, aktiv oder kontemplativ", erläutert Schaal sein Anliegen. „Der Weg steht für Bewegung; die Realität wird im Vorübergehen erfaßt, die Oberfläche in Bildern gestreift. Der Ort steht für das Verweilen, das Vertiefen, das Eindringen, das Sich-Einlassen mit der Realität." Ein aufgeständerter Holzsteg führt nicht in die Hauptachse der Villa, sondern seitlich an der Anlage vorbei durch den Baumbestand, und gewährt dem Besucher vielfältige Einblicke in die Vergangenheit des Gebäudes und des Gartens. Den scheinbaren Eingang zur Villa bildet eine tonnenförmige Laube, die die Form und das Volumen der steinernen Grotte aufgreift, aber lediglich den Blick in den verwilderten Villengarten rahmt. Eine weitere meditative Station auf dem Weg durch die romantische Wildnis ist das Belvedere, ein geschlossener Rundbau, dessen Sehschlitze nur begrenzte Blicke in die Baumkronen freigeben, anstatt den erwarteten Blick in die Ferne zu bieten. Der Steg endet am Treppenturm, der zu einer nicht begehbaren Aussichtsplattform führt und den Besucher dazu herausfordert, seiner Imagination freien Lauf zu lassen. Schaal verunsichert den Betrachter mit seinen Eingriffen und verführt ihn dazu, sich auf die rätselhaften Gedankenräume und Denkgebäude einzulassen. Anders als in Singen, wo man sich mit vorgefertigten Bildern konfrontiert sieht, spielen hier der Ort, die Landschaft, der Garten die entscheidende Rolle, bleibt Raum für das eigene Vorstellungsvermögen. Die bewußte oder unbewußte Auseinandersetzung mit den ungewöhnlichen Perspektiven veranlaßt den Menschen zu neuen Sichtweisen und Lesarten der Umwelt, ohne die existierende Landschaft tatsächlich zu verändern. Schaals Stuttgarter Projekt ist sicherlich eines der besten Beispiele gelungener Transformation eines künstlerischen Gedankenexperimentes in die Realität des Ortes.

Hans Dieter Schaal lebt und arbeitet zurückgezogen im ehemaligen Pfarrhaus des kleinen Ortes Attenweiler bei Ulm. Das denkmalgeschützte Gebäude ist buchstäblich bis unter das Dach vollgepackt mit Büchern, Skizzen, Plänen, Modellen und Gemälden. Die Fülle der Ideen, die in der nahezu unüberschaubaren Materialmenge steckt, ist nur zu erahnen. Eine kleine Auswahl der besten Modelle befindet sich in einer Remise, deren ehemaliger Heuboden zum Ausstellungsraum umgestaltet wurde. Einen Besuch dieser kleinen privaten Ausstellung nimmt der sonst eher publikumsscheue Künstler zum Anlaß, seine Schaffensphilosophie zu erläutern.

Das tonnenförmige Eingangstor weist auf den ehemaligen Eingang der *Villa Moser-Leibfried* hin, endet jedoch vor einer wuchernden Blätterwand.

Das Belvedere, ein geschlossener Rundbau, ermöglicht zur Überraschung des Besuchers nur begrenzte Ausblicke durch kleine Fensteröffnungen.

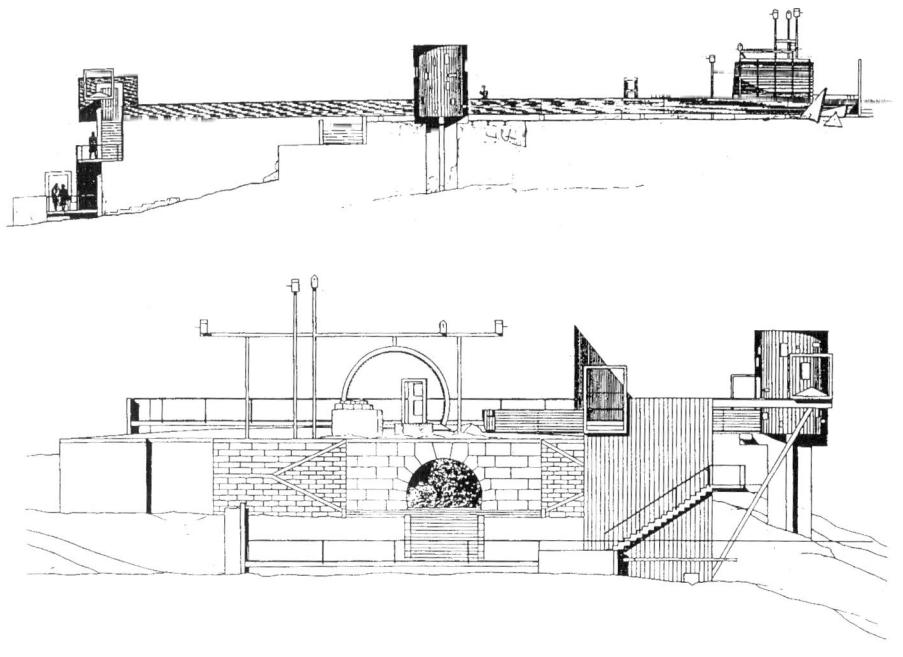

Die Grundidee der Anlage *Villa Moser-Leibfried* auf der Internationalen Gartenbauausstellung in Stuttgart 1993 besteht darin, den Kern des verwunschenen Naturbereiches zu belassen wie er ist und von einem Steg aus die visuelle Erkundung der Ruine zu ermöglichen.

Hans Dieter Schaal

Treppenturm und Belvedere durchdringen die Baumkulisse der *Villa Moser-Leibfried* nur punktuell. Der präzise, zurückhaltende Eingriff läßt Raum für eigene Deutungen der Spuren der Vergangenheit.

Am Ende des langen Steges befindet sich der Treppenturm, von dem ein Balken auskragt, der einen offenen Würfel trägt. Der vermeintliche Aussichtspunkt entpuppt sich als Illusion.

Hans Dieter Schaal

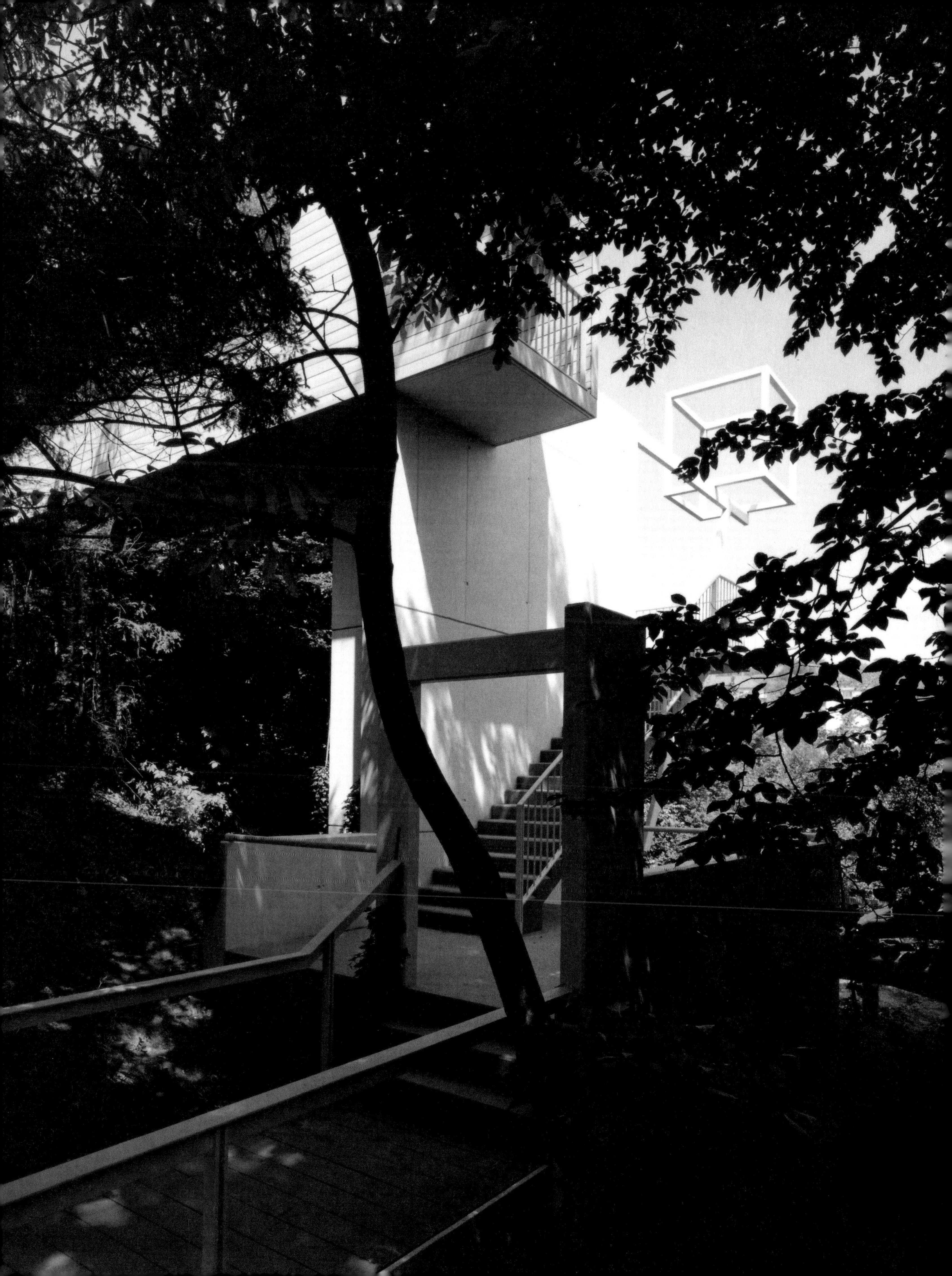

Wie kam Hans Dieter Schaal zur Architektur und zur Landschaftsarchitektur?

Konkrete Erlebnisse haben mich während des Architekturstudiums in Hannover sehr fasziniert: Das eine war die Beschäftigung mit den Herrenhäuser Gärten, über die wir damals Filme gemacht haben. Diese Gartenanlagen sind für mich Traumlandschaften. Das zweite Schlüsselerlebnis: der Albaufstieg am Aichelberg. Ich habe häufig versucht, den charakteristischen Einschnitt im Vulkankegel zu zeichnen. In gewisser Weise habe ich die heutige Situation vorweggenommen: Die Autobahntrasse zerschneidet mittlerweile die Landschaft.

Ich bin jemand, der durch Landschaften und Städte geht und fährt, sie beobachtet, sie zeichnend und fotografierend analysiert, sie in Frage stellt und weiterdenkt. Der Entwurf von Landschaftsanbauten, von Umbauten, von neuen, anderen Orten liegt dann nahe. So gesehen war die Landschaft von Anfang an mein Thema.

Welchen Einfluß hatte das Studium von Kunstgeschichte und Architektur auf Ihre Arbeit?

Das kurze, abgebrochene Studium der Kunstgeschichte 1963/64 hat mich nachhaltig beeinflußt. Ich denke, es ist wichtig, die großen Werke der Architektur, des Städtebaus und der Gartenkunst genau zu kennen, um selbst eigene, ernsthafte Entwürfe machen zu können. Das Studium der Architektur war für mich interessant, aber es brachte mich im eigenen Denken nicht sonderlich weiter. Alle wichtigen Gesichtspunkte mußte ich mir selbst erarbeiten.

Welchen Leitbildern folgten Sie damals?

Sicher war die Land Art damals wichtig für mich, und gerade in den achtziger Jahren beschäftigten sich relativ viele bildende Künstler mit Landschaft, wie beispielsweise Werner Nöfer oder Alan D' Arcangelo. Ich muß vielleicht einschränkend sagen, daß ich die Land Art zwar zur Kenntnis genommen habe, aber ich bezog die Arbeit der Amerikaner nie auf das hiesige Umfeld. Die Land Art-Projekte entstanden in den USA in den Weiten einsamer Wüstengebiete, die man in Mitteleuropa nicht findet. Leitbilder im eigentlichen Sinn hatte ich nicht. Die Suche nach einem Anknüpfungspunkt für die eigene Arbeit blieb im Grunde erfolglos. In der Architektur waren für mich damals Alvar Aalto und Le Corbusier wichtig. Ansonsten faszinierten mich Literatur, Philosophie, Theater und das Kino.

Sie haben eine Vorliebe für einsame, weite Landschaften. Ist die nordische, skandinavische Landschaft Ihre Landschaft?

Ja und nein. Der Aspekt der Ferne und Einsamkeit war mir sehr wichtig. Auf den Hochflächen zwischen Schweden und Norwegen kann man Einsamkeit und Ferne sehr eindringlich erleben. Die rauhe Stimmung des Nordens begegnet einem hier sehr radikal. Ich würde sagen, daß für mich die siebziger Jahre die nordische Zeit war. Das Gärtnerische, und alles was auf den ersten Blick damit zu tun hat, hätte ich damals sicherlich verachtet. Das hat eher mit meiner Entdeckung des Südens zu tun.

1981 erhielt ich ein Rom-Stipendium und konnte mich für längere Zeit in dieser spannenden Stadt aufhalten. Damals entdeckte ich den Garten als Kunstthema. Ich konnte mich kaum satt sehen an den italienischen Villengärten, am Garten der Villa d'Este, der Villa Medici, der Villa Borghese, der Villa Lante, der Villa Torlonia und der Villa Massimo. Jeder Garten war für sich ein poetisches Bild, das sich abwandte von der lauten, blutenden, stinkenden Wunde ‚ROM'.

Sind Sie ein introvertierter Mensch, der sich gerne in den intimen Schutz eines Paradiesgartens zurückzieht?

Na ja, ich bin natürlich beides: extro- und introvertiert. Ich glaube aber, daß jeder, der sich mit Gärten beschäftigt, eher introvertiert und romantisch veranlagt ist.

Wie haben Sie Ihre eigene Arbeit im Kontext der IGA 1993 in Stuttgart empfunden?

Zur IGA lud man mehrere Künstler ein. Ich hatte relativ viele Projekte vorgeschlagen und konnte im Endeffekt nur zwei verwirklichen. Bei einer Besprechung saß neben mir beispielsweise Herman de Vries, der mich immer wieder angiftete. De Vries hatte einen Gegenvorschlag für die *Villa Leibfried* entwickelt, der nicht einmal verkehrt war. Er wollte, daß man die Villa nicht betreten sollte, und plante einen Zaun um die Anlage. Recht hat er, das kann man machen, aber dann sieht die romantische Innenwelt halt niemand.

Der Große Garten zu Herrenhausen in Hannover ist ein über dreihundert Jahre alter Barockgarten im geometrischen Stil. Für Hans Dieter Schaal zählt der Garten, der als eine der schönsten barocken Gartenschöpfungen in Europa gilt, zu den wichtigsten Leitbildern seiner Arbeit.

Heißt das, daß Ihnen der Zugang für die Menschen wichtig ist? Ist es Ihnen wichtig zu wissen, wie die Öffentlichkeit auf Ihre Arbeiten reagiert?

Natürlich trifft mich das, wenn meine Arbeiten mutwillig zerstört werden, denn im Grunde sucht jeder nach einer Fangemeinde. Ich erlebe immer wieder, daß jemand kommt und sagt: „So einen Mist hab' ich noch nie gesehen." Da muß ich natürlich abschalten, denn das ist für jeden furchtbar. Ich lese übrigens auch keine schlechten Kritiken. Mich interessiert nur, wer dazu gehört und wer nicht dazu gehört. Wenn ich ein Bühnenbild in die Welt setze, dann schauen das vielleicht 1000 oder 5000 Menschen an, und es gefällt vielleicht 100 Leuten. Damit muß man leben.

Hans Dieter Schaal

Internationale Gartenbauausstellung Stuttgart 1993. Der *Stangenwald-Platz* ist ein regelmäßig gebauter Wald aus weißen Betonstützen mit darübergelegtem Stahlraster.

Hans Dieter Schaal

Frank Werner schreibt, daß Hans Dieter Schaal ein Grenzgänger sei. Worin liegen Ihrer Ansicht nach die Vorteile und Gefahren einer solchen Grenzgängerei in der heutigen Zeit?

Wenn man Architektur studiert, wird einem schnell klar, daß es sich dabei um einen Zwitter handelt. Für die bildenden Künstler ist Architektur und Landschaftsarchitektur keine Kunst im Sinne des eigenen Ausdrucks. Mich interessiert das Ganze: der ganze Mensch mit seinem Körper und seinem Geist, die ganze Welt mit Naturwissenschaften und Kunst. Wissen, Überblick, Suche nach Verständnis. Daher kann mein Tun nur Grenzgängerei sein.

Nach dem Studium malte und zeichnete ich viel und war an so mancher Ausstellung beteiligt. Ich lernte in diesen Jahren den Kunstmarkt kennen, und es behagte mir nie ganz, da mitzuspielen. Ich fühlte mich immer unwohl, wenn ich Bilder malte, um sie zu verkaufen. Als ich begann, mich intensiver mit Architektur und Landschaft zu befassen, wurde der Kunstmarkt unwichtiger für mich. Auch in Rom bekam ich von da an immer häufiger zu hören: „Aha, der verrät die Kunst!" Vor diesem Problem steht jeder Architekt und jeder Landschaftsarchitekt: Er pendelt immer zwischen Dienstleistung und eigenem Ausdruck. Beim ersten Aufenthalt 1976 in Rom war Anselm Kiefer mein Nachbar. Er verhängte schon nach einer Woche seine Fenster mit Tüchern, damit ich nicht sehen konnte, woran er gerade arbeitete. Damals verabschiedete ich mich von dieser Szene und befaßte mich lieber mit den umliegenden Gärten, was diese kreativen Menschen immer unmöglich fanden. Ich weiß bis heute nicht, warum das Thema Garten auf solche Ablehnung stieß und noch immer stößt.

Man kennt von Künstlern die Ansicht: Wenn Kunst zum Gärtnern wird, ist es keine Kunst mehr.

Im Buch „Verlust der Mitte" von Hans Sedlmayr las ich zum ersten Mal, daß die Gartenkunst zu den bildenden Künsten zählte, ja sogar die Mutter der Künste genannt wurde. Eigentlich mache ich nichts anderes, als dafür zu kämpfen, daß die Gartenkunst wieder Kunst wird. Für mich ist die Gartenarchitektur eine Kunst, und ich hasse es, wenn sich Landschaftsarchitekturbüros auf Straßenbegrünung beschränken. In jedem Kunstwerk wird immer eine poetische Vision formuliert von einer schöneren Welt, von einer höheren Ordnung. Wenn man diese Utopie aufgibt, ist man nur noch ein funktionierendes Rädchen im totalen Räderwerk. Wenn man auf dieser Utopie beharrt – laut oder leise, offen oder versteckt –, dann kann man in jedem Medium Kunstwerke hervorbringen.

Wird der Begriff Gartenkunst nicht sogar gleichgesetzt mit dem Verlust künstlerischer Autonomie? Schließlich arbeiteten die großen Gartenkünstler vergangener Zeiten immer im Auftrag der Herrschenden, um das Ansehen des Auftraggebers zu mehren. Sind das nicht Vorstellungen, die noch heute das Denken der Künstler beeinflussen?

Ja, aber auch die Land Art-Künstler verkauften sich doch an Sammler und Galerien. Wo liegt da der Unterschied? Ich finde das im Grunde nicht so wichtig. Wesentlich ist für mich die Auffassung von Beuys – dessen Arbeit ich sonst nicht besonders mag –, daß man den Kunstbegriff erweitern muß. Im übrigen gibt es keine künstlerische Autonomie. Jeder ist eingebunden in seine Zeit und seine Gesellschaft. Wichtig ist es heute, daß man neue Bilder erfindet, die zwischen Außenwelt und Innenwelt vermitteln und die eine ähnliche Kraft haben wie die Bilder Hollywoods. Es gilt, die Banalität und den Nihilismus der Städte, der Plätze und der Parks zu durchbrechen. Der Kunstbegriff in der Renaissance war meines Erachtens schon sehr viel weiter, als er heute ist.

In Ihrem Buch „Landschaftsarchitekturen" schildern Sie, daß es Ihnen wichtig sei, die Landschaft als künstlerischen Gestaltungsbereich zurückzugewinnen. Geht es Ihnen also in erster Linie um die Verknüpfung von Kunst mit allen Lebensbereichen, oder ist die Landschaft für Sie doch ein besonders wichtiger Lebensbereich?

Mir geht es um die Dialektik zwischen Innen und Außen. Außen bedeutet für mich primär Landschaft. Architekten entwerfen in der Regel ihre Gehäuse, aber den Umraum außerhalb der Mauer beachten sie oft nicht. Ich denke, das Aussehen dieser Gehäuse ist gar nicht so wichtig.

Die Kernfrage ist für mich: Was befindet sich im Mittelpunkt unseres Weltbildes? Sedlmayr hat dieses Thema angeschnitten. Nachdem die Götter gewissermaßen tot sind, wäre es meiner Ansicht nach das beste, die Natur wieder in den Mittelpunkt zu rücken, nicht etwa im Sinne einer ökologischen Partei, sondern im Sinne des Pantheismus. Jeder Baum kann in diesem Sinne als wertvolles Wesen geachtet werden. Was geschieht, wenn wir diese Wesen mißachten, wissen wir ja. Ich würde mich also am ehesten als Pantheisten bezeichnen, für den die Natur im Mittelpunkt steht und der die Architektur in diesen Zusammenhang einbindet.

Noch einmal zurück zum Thema Kunst und Landschaftsarchitektur. Gibt es Ihrer Ansicht nach zeitgenössische Beispiele der gelungenen Zusammenarbeit zwischen diesen beiden Disziplinen?

Wenn ich ehrlich bin, kenne ich in Deutschland keine Beispiele. Es ist nicht immer unsere Schuld, sondern vielmehr liegt es meiner Ansicht nach auch an den Bauherren, die kein Verständnis für solche Ideen aufbringen. Gute Ansätze finde ich natürlich im Park Citroën in Paris, der nach außen abgeschlossen ist, sowie im Parc de la Villette, der Architektur im Garten wieder zu einem Thema gemacht hat.

Wie würden Sie den Bezug zwischen Ihrer Arbeit und der Tradition der Gartenkunst beschreiben?

Karl Friedrich Schinkel ist für mich einer der Baumeister, der noch den engen Zusammenhang zwischen Städtebau und Landschaft suchte. Ich denke, daß er bereits mit zwei Komponenten arbeitete, die sich heute wieder zusammenfinden sollten: die Romantik und der Rationalismus in Form des Klassizismus. Sicherlich hatte Schinkel mit diesen einander widersprechenden Strömungen seine Probleme, aber er war fähig, beides, den Norden und den Süden, wieder miteinander zu verbinden. Für mich endet die interessante Phase der Gartenkunst etwa um 1850. Ermenonville, nach den Ideen Rousseaus vom Marquis de Girardin gestaltet, und Wörlitz von Franz von Anhalt-Dessau gehören für mich zu den schönsten Orten, neben den italienischen Gärten.

In meiner Arbeit ist mir die Verwandlung eines Ortes in einen poetischen Topos sehr wichtig. Zu den Vorbildern in dieser Hinsicht zählen für mich Anlagen wie Stonehenge, das wegen seines Verweises auf die Unendlichkeit der Zeit und des Raumes sicher ein Schlüsselort für mich ist. Anklänge dieser Art finde ich beispielsweise auch bei Erik Gunnar Asplund und seinen Friedhöfen, die das Gefühl von Ferne und Leere vermitteln. Seltsamerweise habe ich auch eine Affinität zu negativ belasteten Orten. Dazu gehören einerseits Müllplätze, Friedhöfe und ähnliches. Andererseits finde ich mich immer häufiger an Orten wieder, an denen sich etwas Besonderes ereignet hat. Das hat etwas von einem Theaterstück: Eine Handlung verwandelt einen zuvor unbelasteten Ort in einen ganz besonderen Ort.

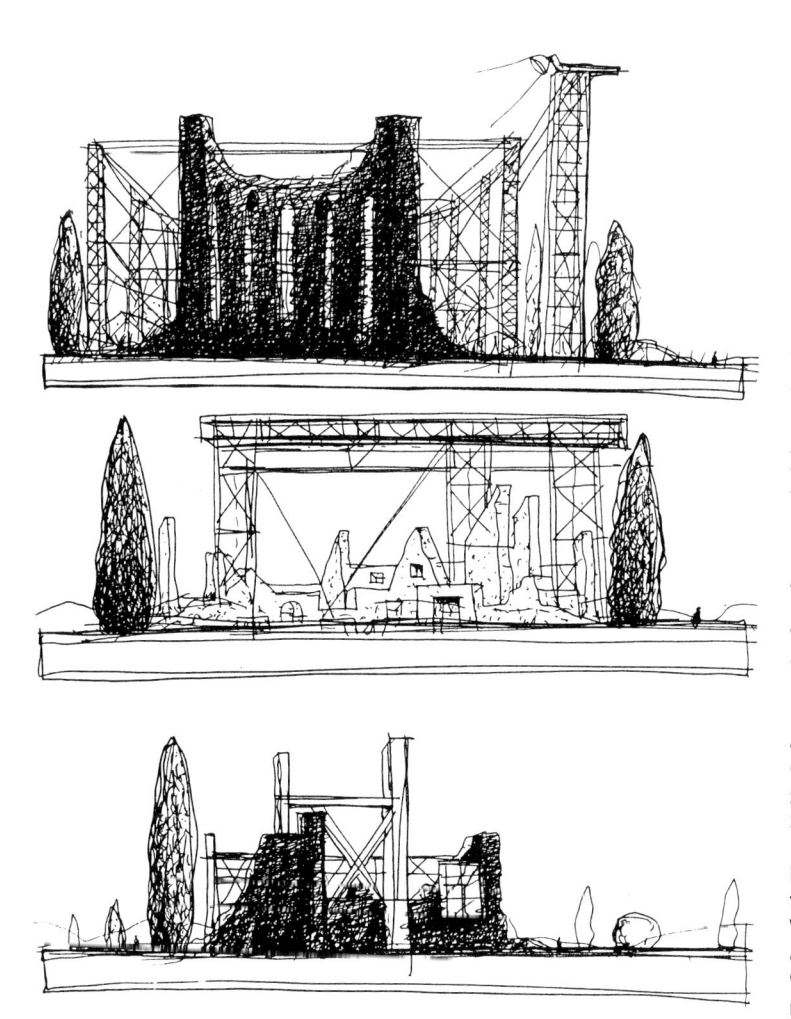

Alte und neue Ruinenromantik: zerfallende Fabrikanlagen der Gegenwart und Ruinen der Vergangenheit.

In vielen Ihrer Projekte spielen archetypische Elemente eine wichtige Rolle. Welche Bedeutung haben diese Elemente für Sie?

Archetypen sind nicht nur in der Kunst, sondern auch in der Gartenkunst typisch und wichtig. Sie sind das Allgemeinverständliche, das – wie im Traum – jedem Zugängliche. Für mich werden solche archetypischen Motive erst sinnvoll, wenn sie in einen belebten Kontext, in die Zivilisation eingebunden sind. Jeder Architekt denkt, wenn er beispielsweise über Versailles redet, an den unauflösbaren Zusammenhang zwischen Bauwerk und Landschaft als Einheit. Tatsächlich werden die Dinge in der heutigen Zeit immer häufiger als Einzelteile in die Landschaft gestellt. Erst mehrere miteinander sinnvoll verknüpfte Worte ergeben einen Satz.

Glauben Sie, daß die Landschaftsarchitektur einmal wieder den gleichen Grad von Bedeutung – etwa als Gesamtkunstwerk – erlangen kann, wie ihn die historische Gartenkunst hatte? Ist das unter den existierenden gesellschaftlichen Bedingungen überhaupt denkbar?

Ja. Das ist in meinen Augen die einzige Rettung. Natürlich befindet sich heute in der Mitte des Parks nicht mehr das Schloß, es sei denn, es existiert bereits. Meine Kernfragen richten sich auf die Mitte und suchen nach den Inhalten. Ich sage, in der Mitte muß die Natur stehen oder der Mensch, oder – man denke an den Kreis – der kosmische Bezug zwischen Mensch und Natur. Die Formen werden sich nie ändern. Ich weiß, daß heute die Mehrheit der Architekten die Achse ablehnt. Da werden Attacken geritten mit der unsinnigen Begründung, die Achse sei nicht mehr zeitgemäß, sondern sogar faschistisch. Heute spricht jeder nur noch von Tangenten oder ähnlichem. Der Mensch muß mit dem Drama leben, daß er gleichzeitig symmetrisch und asymmetrisch ist: er hat zwei Augen und zwei Ohren, aber nur ein Herz, das nicht in der Mitte sitzt. Für den Betrachter ist es wichtig, daß sich ein Bild ergibt, und das ist bei der Achse ganz leicht. Man bemerkt sofort, wenn man sich in einer Achse befindet und wenn die Komponenten sich zusammenfinden. In der Achse oder in einem symmetrischen Bild entdecke ich ganz leicht, daß die Teile zusammengehören. Es ist sehr viel schwerer, den Zerfall zu vermitteln.

Die Postmoderne hatte erheblichen Einfluß auf den Umgang mit historischen Vorbildern, sowohl in der Architektur als auch in der Landschaftsarchitektur. Welches Verhältnis haben Sie zur Postmoderne?

Wenn man von Postmoderne im Sinne von Interesse an der Geschichte spricht, kann ich das gut nachvollziehen. Mit den banalen architektonischen Auswirkungen dieses Interesses kann ich mich allerdings nicht identifizieren.

Kennen Sie eine Scheu vor klassizistischen Vorbildern?

Nein, da bin ich durchaus zitatfreudig. Mit klassizistischen Zitaten habe ich überhaupt keine Probleme, im Gegenteil, je tiefer einerseits die Wurzeln in die Geschichte reichen und je surrealer die Bezüge andererseits sind, desto lieber ist es mir. Die ganze kulturgeschichtliche Spanne ist mir wichtig. Tümelnde Arbeiten wie die von Leon Krier sind mir dagegen ein Greuel. Dann schon lieber Cape Canaveral.

Ihre Arbeit wird sehr oft mit der Theorie des Dekonstruktivismus in Verbindung gebracht, und man verweist in diesem Zusammenhang auf Ihre Bühnenbilder. Wie kommt es Ihrer Ansicht nach zu dieser Interpretation?

1983 löste ich zum ersten Mal die herkömmlichen Strukturen der architektonischen Konstruktion auf, und zwar im Zusammenhang mit der Inszenierung „Die Trojaner" an der Städtischen Oper in Frankfurt. Der Dramaturg war mit der traditionellen Konstruktion des Bühnenbildes nicht zufrieden. Damals sagte er zu mir: „In deinen Büchern machst du doch immer alles so schön schräg." Er meinte damit meine isometrischen Darstellungen. Er war der Ansicht, ich solle so bauen: gebaute Blicke. Das ist für mich noch immer ein Thema. Ich arbeite sehr viel mit Fotos, um die Gesetzmäßigkeiten des Sehens zu ergründen. Ich experimentiere mit den Fotografien, drehe sie um, kopiere sie und versuche, neue, unbekannte, interessante Perspektiven zu finden. „Bauen, wie man sieht" ist sicherlich ein ganz wichtiger Grundsatz für mich geworden. Die Bühnenbilder waren für mich zudem immer Abbild tiefenpsychologischer Zustände, Angst wurde hier zu einem wichtigen Thema.

Bühnenarchitektur zu „Lulu" von Alban Berg an der Königlichen Oper in Brüssel 1988.

Ist Bühnenarchitektur für Sie eine Vorstudie für Projekte in der Landschaft?

Die Landschaft im Zimmer und das Zimmer in der Landschaft sind für mich nach wie vor Lieblingsthemen. Da entstehen manchmal sehr merkwürdige Räume, wenn man beispielsweise die Hauswand als Felswand interpretiert und den Fußboden als Hügel. So mancher Sänger auf der Bühne hat mich nach der ersten Aufführung verflucht, weil die Bewegung in solchen abnormalen Räumen sehr ungewohnt ist. Bei solchen Projekten gelangt man in Bereiche, die expressionistische Züge tragen. Expressionismus bedeutet ja nichts anderes, als die Dinge von innen nach außen zu tragen. Das ist die andere Strömung, der ich verbunden bin: dem Expressionismus eines Oskar Kokoschka oder einer Ruth Berghaus.

Die Frage ist natürlich, inwieweit das in die Landschaft übertragbar ist. Natürlich träume ich manchmal davon, daß meine Bühnenarchitekturen in der Landschaft stehen. Ich sehe dann weite Sandflächen, Wüsten, und darin verstreut stehen meine weißen Bühnenaufbauten wie Fata Morganen. Weil Theater schwarze, lichtlose Gebäude sind, kommt die Natur darin nicht vor, höchstens auf gemalten Bildern. Bei uns gibt es kaum Möglichkeiten, Theaterarchitekturen in die Landschaft zu bauen. In Amerika ist man da schon weiter und offener: Man denke nur an die Garteninszenierungen in Las Vegas und in Epcot, Florida.

Wir sind an der Verbreitung von Bildern täglich beteiligt und beeinflussen die Lesbarkeit unserer Umwelt. Damit prägen wir bewußt oder unbewußt das aktuelle Naturbild.

Genau da sind die Landschaftsarchitekten überfordert. Dazu muß man Künstler sein. Oder eben beides. Es ist klar, daß jeder realisierte Entwurf auch unser Verhältnis zur Natur und zur Landschaft interpretiert und beeinflußt. Hier liegt eine große Verantwortung. Da jedoch die banale Alltagswelt immer überwiegen wird, können die künstlerisch gestalteten Gärten, Parks und auch die Plätze nur Fenster sein, die geöffnet werden und aus denen man hinaussieht, hinaus in die Innenwelt des Ichs und der Natur.

Vorhin wurde bereits die Romantik angesprochen. Fast scheint es so, als ob auch die geschilderten Bilder romantischer Natur sind. In Ihrem Buch wird eine neue Romantik gefordert. Was wären deren Merkmale?

Das ist eine sehr wichtige Frage. Eine einsame Straßenkreuzung, an der nachts eine Lampe blinkt, hat für mich etwas mit dieser neuen Romantik zu tun. Das muß jeder für sich in seiner Landschaft suchen. Ich denke, es ist einfach nicht mehr möglich, daß man nur sagt: bäh, Tankstellen, Kläranlagen oder so. Das sind alles notwendige Übel, die zu einem Leben im Großraum gehören. Das kann alles seine Poesie haben.

Akzeptiert man damit nicht die Ästhetisierung des Schrecklichen?

Künstler arbeiten permanent an einer Verschiebung der ästhetischen Maßstäbe. Ich denke da beispielsweise an Andy Warhol und die Pop Art. Andy Warhol kam aus der Werbung und machte die Campbell Soup Dose zu seiner Mona Lisa. Ob das etwas mit Zynismus zu tun hat, weiß ich nicht. Ich finde das jedenfalls enorm wichtig, denn mit der Sichtbarmachung und Umdeutung bewältigt man auch bestimmte Probleme. Wenn ich im Zusammenhang mit Romantik die Tankstelle erwähne, dann zeigt das sicherlich, daß ich mich auch sehr für Film interessiere. Man denke an die amerikanischen Filme, wo die einsame Tankstelle oft ein ganz wichtiger Topos ist.

Auch meine Vorliebe für den Mond und für Ruinen ist natürlich romantisch. Ich bin ein Ruinenfan schon seit meiner Kindheit. Ruinen sind – ebenso wie Wasserflächen – für mich Schwellen zu einer besonderen Innenwelt. Hier beginnt für mich die Transzendenz. Ruinen verkörpern für mich die Sinnlosigkeit, die Zeit, die Vergänglichkeit und die Tatsache, daß die Natur der Sieger bleibt.

Hans Dieter Schaal

„Weltraum-Gärten? Gärten auf anderen Planeten, auf Meteoren? Gärten auf dem Mond?" (Hans Dieter Schaal) Collage

Versteinerter Garten in wüstenartiger Landschaft. Collage

Hans Dieter Schaal

Biographie und Werkverzeichnis
(Auswahl)

Hans Dieter Schaal wurde 1943 in Ulm an der Donau geboren.
Er lebt und arbeitet in Attenweiler bei Biberach an der Riß.

1963/64	Studium der Kunstgeschichte, Philosophie und Germanistik in Tübingen und München
1965–1970	Architekturstudium an der TU Hannover und Diplom an der TH Stuttgart
1981	Villa-Massimo-Preis, Rom
1982	Förderpreis für Architektur der Akademie der Künste in Berlin

Realisierte Projekte:

1983–1986	Urnenanlage im Friedhof Singen, Hohentwiel
1986	Haupteingang für die Landesgartenschau in Freiburg/Breisgau
1989	Planungen für die Bundesgartenschau 1995 in Berlin
1993	Projekt für die Villa Moser-Leibfried und „Stangenwald", IGA Stuttgart
ab 1994	Planungen für den neuen Bürgerpark in Biberach an der Riß (Bau ab 1996)
1995	Planungen für den St. Johann-Friedhof und den Bereich um das Limes-Museum, Aalen

Ausstellungsarchitekturen:

1987	„Berlin-Berlin", Ausstellung 750 Jahre Berlin, Berlin
1991	„Otto Dix", Kunstgebäude Stuttgart
1993	„Walther Rathenau", Zeughaus Berlin
	„Pompeji", Kunstgebäude Stuttgart und Börse Hamburg
1994	„1200 Jahre Stadt Frankfurt", Bockenheimer Depot, Frankfurt am Main
1995	„Kino, movie, cinéma", Martin-Gropius-Bau, Berlin

Bühnenarchitekturen, darunter zu:

1983	„Die Trojaner" von Berlioz an der Oper in Frankfurt/Main
1985	„Wozzeck" von Alban Berg an der Grand Opéra in Paris
1986	„Orpheus", Ballett von Werner Henze, Staatsoper Wien
	„Elektra" von Richard Strauss, Dresdner Staatsoper
1987	„Moses und Aaron", Staatsoper in Ost-Berlin
1988	„Lulu" von Alban Berg an der Oper in Brüssel
	„Tristan und Isolde", Hamburger Staatsoper
	„Fierrabras" von Franz Schubert, Staatsoper Wien
1989	„Eintagswesen" von Lars Norén in Gent

Zahlreiche Wettbewerbe, darunter:

1978	Bundesgartenschau Berlin 1985 (1. Sonderpreis)
1985	Görlitzer Park in West-Berlin (2. Preis)
1987	Mannheim Stadteingang (5. Preis)
1989	Umbau des Hamburger Bahnhofes in Berlin zum modernen Museum
1994	Internationaler Wettbewerb „Lustgarten", Spreeinsel Berlin
1995	Theaterneubau mit Theatergarten in Potsdam

Zahlreiche eigene Ausstellungen im In- und Ausland

Literaturauswahl

Schaal, H. D.: Anregungen für eine neue Landschaftsgestaltung. Kiel 1977
Schaal, H. D.: Zum Beispiel Ulm neu. Ulm 1978
Schaal, H. D.: Wege und Wegräume. Stuttgart 1978, Neuauflagen 1980, 1984 und Berlin 1993
Schaal, H. D.: Architektonische Situationen. Stuttgart/Attenweiler 1980, Berlin 1986
Schaal, H. D.: Mond. Attenweiler 1981
Schaal, H. D.: Denkgebäude. Wiesbaden, 1983
Schaal, H. D.: Architekturen 1970–1990. Stuttgart 1990
Schaal, H. D.: Neue Landschaftsarchitektur. Berlin 1994
Schaal, H. D.: Innenräume. Berlin 1995

Bildnachweis

Freundlicherweise vom Künstler zur Verfügung gestellt:
Peter Horn: 189, 194, 195, 196, 197, 199
Joap Piper: 202
Hans Dieter Schaal: 193 li.o./m./u., 198
außerdem:
Udo Weilacher: 191, 192, 193 re.o.

Pop, Barock und Minimalismus – Martha Schwartz und Peter Walker

Für *The Citadel*, das ehemalige Firmengelände eines Reifenherstellers, architektonisch geprägt vom Nachbau eines assyrischen Tempels aus den zwanziger Jahren, sollte Martha Schwartz Grünflächen und Parkplätze entwerfen.
City of Commerce, Kalifornien, 1990–1991.

Kaum jemand hat in den vergangenen Jahren die Diskussion um die Beziehung zwischen Landschaftsarchitektur und bildender Kunst so angefacht wie die amerikanischen Landschaftsarchitekten Martha Schwartz und Peter Walker. Sowohl das schlagfertige „Enfant terrible der Gartenkunst" als auch der kreative Routinier, Ehemann und einstige Lehrer von Martha Schwartz sind der festen Überzeugung, daß Landschaftsarchitektur selbstverständlich eine eigenständige Kunstform ist, die dringend der Wiederbelebung bedarf; beide sind hervorragende Kenner und Sammler moderner Kunst. Obwohl sich die Entwürfe von Schwartz und Walker durchaus voneinander unterscheiden, handelt es sich prinzipiell immer um ein unverwechselbares, manchmal eklektizistisches Amalgam aus formalen Prinzipien historischer Gartenkunst und deutlichen Anklängen an zeitgenössische Kunstkonzepte wie Pop Art, Minimal Art und Land Art. Für Peter Walker ist neben der historischen Gartenkunst insbesondere die Minimal Art der Künstler Carl Andre, Robert Smithson oder Donald Judd von besonderem Interesse. Die minimalistische Reduktion verwandelt in seinen Augen den Garten von der zweckbestimmten Kulisse zum bedeutungsvollen, vielleicht sogar mystischen Objekt, das die Zeit überdauern kann. Der japanische Zen-Garten Ryoan-ji in Kyoto ist für Walker ein anschauliches Beispiel abstrakter Gärten mit vielfältigen, sich überlagernden Bedeutungsebenen. Nicht immer wird in Walkers Projekten der Bezug zur Minimal Art so deutlich wie beim *Tanner Fountain*, der 1984 auf dem Campus der Universität Cambridge in Massachusetts entstand. Die regelmäßige, kreisrunde Setzung aus 159 Findlingen, die im Sommer von einem feinen Wassernebel und im Winter von einem Dampfnebel eingehüllt ist, erinnert sehr deutlich an „Stone Field Sculpture", eine Arbeit von Carl Andre in Hartford Connecticut. Andre setzte 1977 39 Findlinge, Zeugen eiszeitlicher Naturgewalten, in den städtischen Kontext.

Obwohl Peter Walker schon seit Ende der fünfziger Jahre in den USA erfolgreich als Landschaftsarchitekt arbeitet und weltweit, darunter in Japan und Korea, durch große Projekte Aufsehen erregte, realisierte das Büro Peter Walker, William Johnson & Partners mit Sitz in Berkeley erst kürzlich die ersten Projekte in Europa. Im Juni 1994 wurde am Flughafen München eines der modernsten Airport-Hotels der Welt vom Architekten Helmut Jahn aus Chicago fertiggestellt. Peter Walker gestaltete nicht nur die große verglaste Atriumhalle des zweiflügeligen *Hotels Kempinski*, sondern auch die repräsentativen Außenanlagen. Walkers Absicht war es, einen grünen, angenehmen und wiedererkennbaren Ort der Ankunft zu schaffen, den man bei unterschiedlichen Geschwindigkeiten, von unterschiedlichen Blickpunkten und zu jeder Tages- und Nachtzeit erleben kann. Die formale Gestaltung des gesamten Komplexes beruht auf der Überlagerung unterschiedlicher Raster und Achsen, die jeweils den Bezug zur Architektur, zur Geschichte des ehemals landwirtschaftlich genutzten Ortes oder zur Infrastruktur des Flughafens herstellen. Der große formale Garten, visueller Fokus des Hotels, wird zusätzlich von einem eigenständigen Raster bestimmt und kennzeichnet mit niedrigen, geschnittenen Buchshecken, Säuleneichen, gepflegten Rasenteppichen und unterschiedlich farbig gekiesten Wegen und Flächen die Vorliebe Walkers sowohl für die großen formalen Gärten des achtzehnten und neunzehnten Jahrhunderts als auch für die Gartenkunst der Moderne. Dagegen zeugt die Gestaltung des Atriums, das von freistehenden, 6 m hohen Segmenten einer gläsernen Regalwand diagonal durchschnitten wird, von Anklängen an die Pop Art. Die gläserne „welcoming wall" verbindet das Innere der Halle mit dem umgebenden Freiraum, unterstützt von einem Lichtband, „light pipe" genannt, das im Boden eingelassen ist. Die Künstlichkeit der Atmosphäre im Atrium wird untermauert durch unzählige künstliche rote Geranien, die in der gläsernen Wand aufgereiht sind, durch Palmen im Bereich der Hotelbar und kubische Rankgerüste aus Stahl, die von Kletterpflanzen überwuchert werden und an Topiarys erinnern sollen. Für die Kritiker der Walkerschen Entwürfe ist der expressive Umgang mit Farben, Formen und Bildern vordergründige Effekthascherei und leistet dem Bedeutungsverschleiß in Garten und Landschaft Vorschub. Für Walker ist es der Versuch, mit historischen und aktuellen Vorbildern unverkrampft umzugehen, um bedeutungsvolle Orte zu schaffen, die sich den funktionalen, ökonomischen und ökologischen Anforderungen nicht einfach bedingungslos unterwerfen.

Im Unterschied zu ihrem Mann arbeitet Martha Schwartz viel stärker im künstlerischen Feld und begreift ihre Arbeit explizit im direkten Zusammenhang mit der amerikanischen Landschaftskunst und der Pop Art der sechziger Jahre. Die Land Art lernte sie im Rahmen ihres Kunststudiums kennen und verfolgte aufmerksam deren Entwicklung. „Das Bewußtsein, daß die Landschaft ein starkes Medium des persönlichen

Während im Sommer ein feiner Sprühnebel für Kühlung sorgt, breitet sich im Winter eine Wolke aus heißem Dampf über dem *Tanner Fountain* aus.

Der *Tanner Fountain* von Peter Walker, realisiert 1984 auf dem Campus der Harvard University in Cambridge/Massachusetts, soll die jahreszeitliche Veränderung der natürlichen Umwelt erlebbar machen.

Martha Schwartz
Peter Walker

Das *Kempinski-Hotel* am Flughafen München, 1993 bis 1994 erbaut vom Architekturbüro Murphy/Jahn aus Chicago, ist umgeben von repräsentativen Gärten des Landschaftsarchitekturbüros Peter Walker, William Johnson and Partners. Die formale Gestaltung ergibt sich aus der Überlagerung verschiedener Fluchten und Raster.

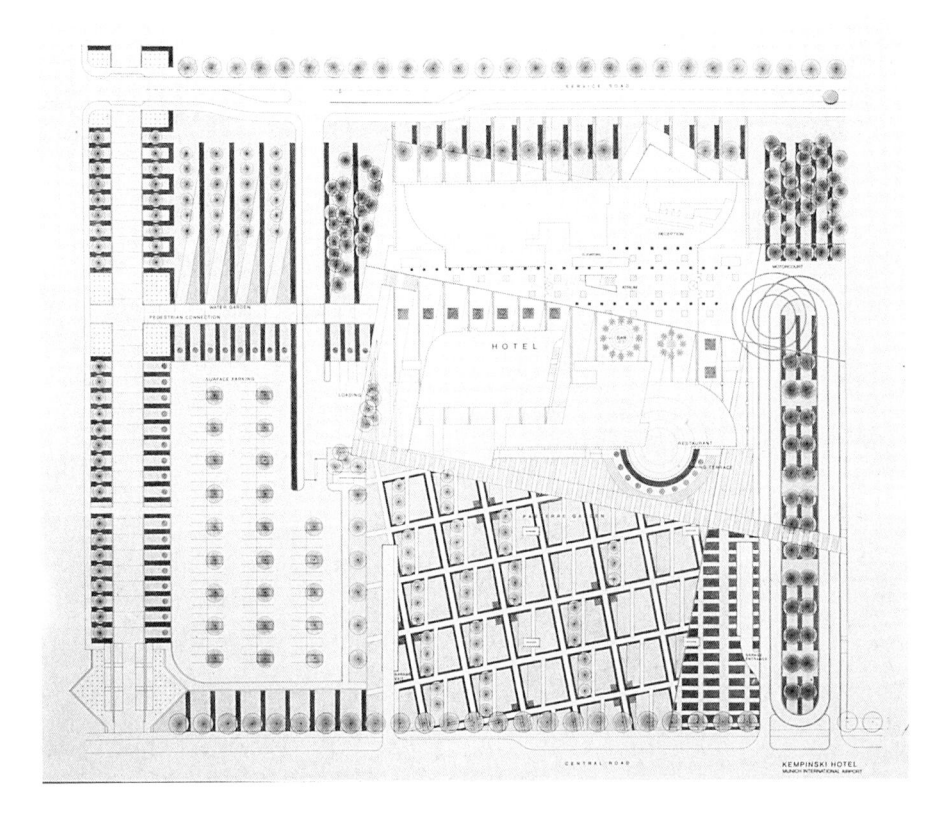

Säuleneichen, Buchs- und Eibenhecken, streng geschnittener Rasen und Kiesbeläge unterschiedlicher Farbigkeit prägen den barocken Charakter des repräsentativen Gartens.

Die strenge Gestaltung des Atriums setzt sich im Außenraum des Hotels fort. Pyramidenförmige Rankgerüste aus Stahl sollen von Kletterpflanzen überwuchert werden und später wie geschnittene Topiarys wirken.

Beim Blick aus der Lounge in der obersten Etage des *Kempinski-Hotels* offenbart sich der eigentümliche Reiz der streng formalen Gestaltung.

Martha Schwartz
Peter Walker

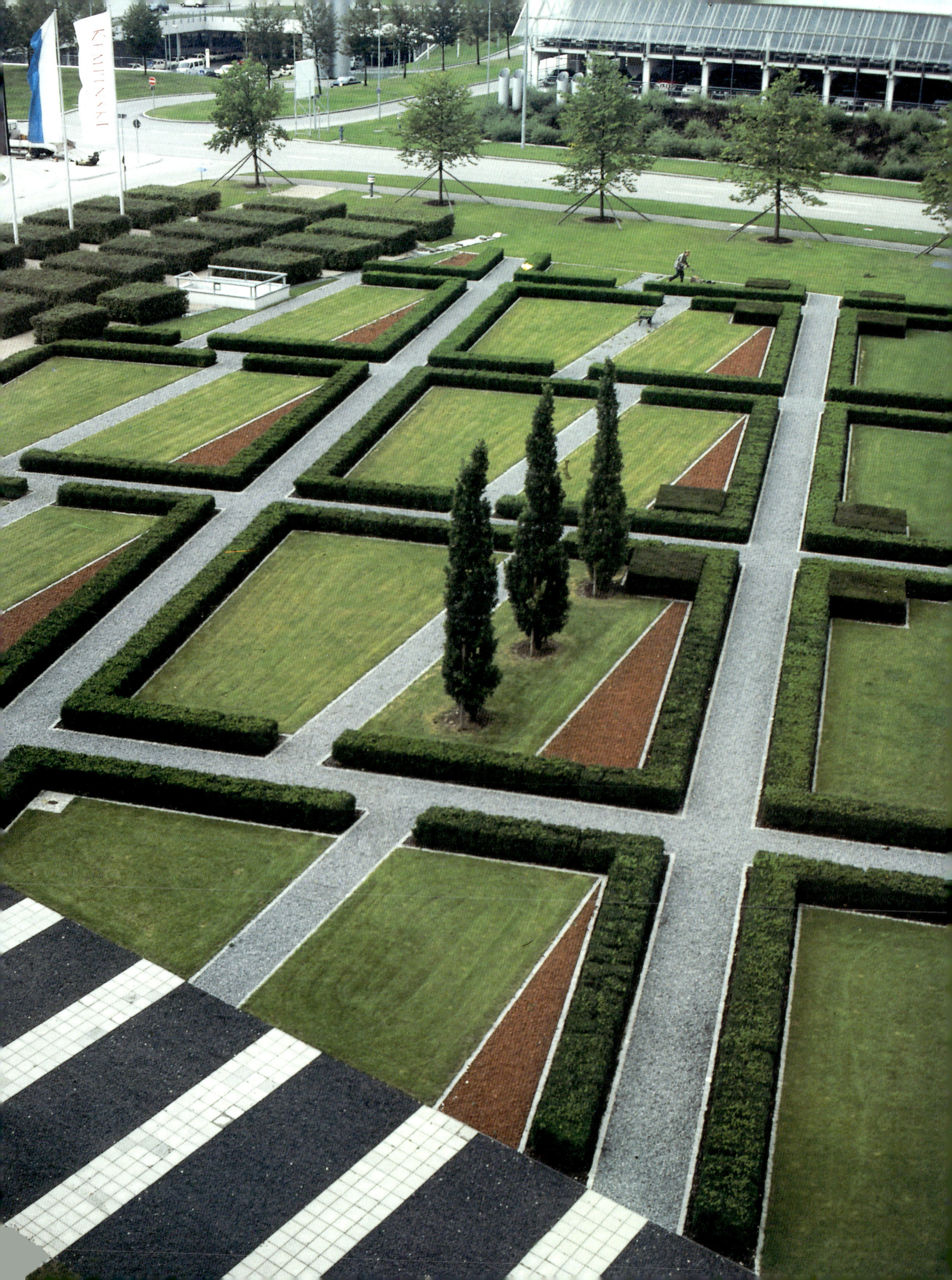

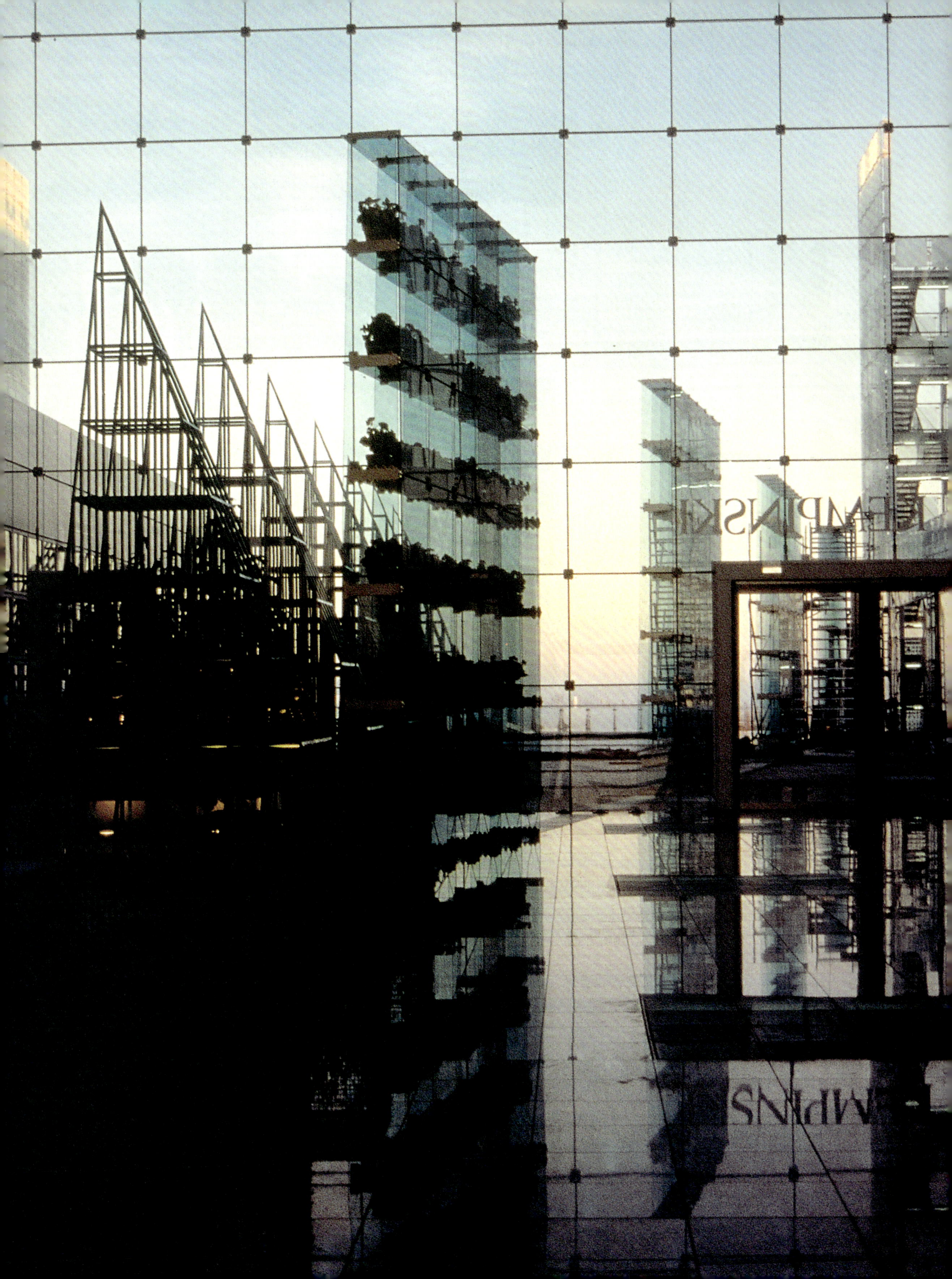

Die gläserne Wand durchquert die gläserne Haut der Atriumhalle.

Die transparente Eingangshalle des *Kempinski-Hotels*, möbliert mit Palmen und kubischen Rankgerüsten, wird von einer gläsernen „welcoming wall" durchquert, die auf einem beleuchteten Bodenstreifen steht.

In den 6 m hohen Segmenten der „welcoming wall" stehen unzählige künstliche rote Geranien in Blumentöpfen aus Kunststoff.

**Martha Schwartz
Peter Walker**

[1] Schwartz, M. in: Stichting Conferentie Artivisual Landscapes (Hrsg): Artivisual Landscapes. Den Haag, 1992; S. 40

Ausdrucks sei", so die Landschaftsarchitektin, „wurde zuerst von den Land Artists entdeckt. Die emotionale Kraft der Landschaft wurde von den Landschaftsarchitekten und Architekten gleichermaßen ignoriert. Auf der Suche nach Information über dieses neue Medium und der daraus ableitbaren Inspiration waren Künstler die einzigen Quellen."[1]

Während die Land Artisten ihr Betätigungsfeld außerhalb der Städte suchten, widmet sich die junge Landschaftsarchitektin bewußt den Herausforderungen der amerikanischen Städte und versucht, die landschaftskünstlerischen Ideen von Interaktion und Intervention wieder in die Komplexität der Stadt zu verlagern. Die Städte in den USA sind in ihren Augen konkurrenzbestimmte, schnellebige, oft vulgäre und spießbürgerliche Orte, die von Menschen gesteuert werden, die über die Macht des Geldes, oft keinen Geschmack, keinen Sinn für städtische Pflichten oder kein Verantwortungsgefühl für die Zukunft verfügen. In diesem Umfeld wird die gesellschaftliche Schizophrenie im Naturverständnis besonders deutlich: Einerseits gibt man sich der romantisch verschleierten Naturbetrachtung hin, um im gleichen Atemzug diese Natur aufgrund einseitig ökonomischer Sichtweisen mit äußerster Geringschätzigkeit zu behandeln. Martha Schwartz hat für solche Doppelzüngigkeit kein Verständnis und lehnt es ab,

In Fukuoka, Japan arbeitete Martha Schwartz 1990–1991 zusammen mit dem Architekten Mark Mack an einem Wohnungsbauprojekt und schuf mit der Kuppel aus Keramikfliesen ein Merkzeichen am Eingang des Wohnkomplexes B–4.

[2] vgl. McHarg, Ian: Design with Nature. New York 1969

idealisierte Landschaftsbilder nach englischem Vorbild zu bauen, die ihrer Ansicht nach sowieso keiner Umweltverträglichkeitsprüfung standgehalten hätten. Sie versucht, das Artifizielle und das Natürliche als untrennbare Teile zu verstehen. Noch in den siebziger Jahren propagierten richtungsweisende Fachleute wie Professor Ian McHarg in den USA die Vorstellung, daß Landschaft ein ökologisches System sei und daß ökologisch sinnvolle Planung automatisch zu ästhetischer Qualität führen müsse.[2] Solche einseitigen Reaktionen der Landschaftsarchitektur auf das gestiegene Ökologiebewußtsein interpretiert sie als hilflosen Legitimationsversuch der Profession.

Martha Schwartz realisiert häufig temporäre, teilweise experimentelle Projekte, die eines gemeinsam haben: eine Materialauswahl, die auch in ihrer Farbigkeit keine Grenzen kennt. Farbige Kiesel, grellbunte Kacheln, Kunststoffblumen und zuweilen sogar verderbliche Backwaren finden in ihren Projekten Verwendung. Der *Bagel-Garden*, eines ihrer ersten temporären Projekte, das sie 1979 vor dem eigenen Haus in Boston realisierte, brachte ihr die Empörung der Kollegen und eine kontroverse öffentliche Diskussion ein. Den knapp 55 m² großen, quadratischen Vorgarten des Reihenhauses im Georgian Style mit seinem schmiedeeisernen Gartenzaun und der kleinen, geschnittenen Buchshecke verwandelte sie mit violettem Aquariumkies und acht Dutzend wetterfest imprägnierten Bagels in ein humoristisches und zugleich seriös

Den kleinen Vorgarten des Bostoner Reihenhauses verwandelte Martha Schwartz mit wenigen Mitteln in eine humorvolle künstlerische Installation. *Bagel Garden*, 1979.

Martha Schwartz
Peter Walker

Die Zutaten des *Bagel Gardens*: violetter Aquariumkies, acht Dutzend wetterfest imprägnierte Bagels und keine Angst vor empörten Kommentaren der Nachbarn und Berufskollegen.

künstlerisches Arrangement, das sie als „petite parterre embroiderie" betitelte. Die Tradition des formalen französischen Gartens verknüpfte sie mit königlichem Violett in farblicher Abstimmung zum japanischen Ahorn nahebei und den anheimelnd wirkenden Bagels in streng geometrischer Anordnung zu einem ästhetischen Garten, der auch als ironischer Kommentar zum kleinbürgerlichen Vorgartenidyll zu verstehen war.

„Ideen müssen herausgefordert werden, um ihre Lebensfähigkeit in unserer Kultur zu beweisen", stellt Schwartz fest und verweist auf die Notwendigkeit zur Erfindung.[3] Sie schafft sehr individuelle Erlebnisräume und fordert den Betrachter unverhohlen dazu heraus, die eigenen etablierten Wertmaßstäbe neu zu überdenken. „Ich behaupte", erklärte sie im Zusammenhang mit einer Vorlesung an der Rhode Island School of Design, „daß wir als Landschaftsarchitekten in unserer Vorstellung, was Landschaftsarchitektur sein könnte, begrenzt sind und daß unsere eigene mangelnde Phantasie und unser mangelnder Mut die Profession abgestumpft hat."[4] Gegen die professionelle Enge kämpfte sie in couragierten Projekten mit allen Mitteln: mit Kunststoffvegetation, wie beim *Dachgarten des Whitehead Instituts* in Cambridge/Massachusetts oder mit goldenen Gartenfröschen wie bei ihrem aufsehenerregenden Projekt

[3] Schwartz, M. in: Stichting Conferentie Artivisual Landscapes (Hrsg), 1992; S. 40

[4] Schwartz, M. zit. nach Boles, Daralice: „P/A Profile. Peter Walker and Martha Schwartz", in: Progressive Architecture, Heft 7/89; S. 56

Rio Shopping Center in Atlanta/Georgia, 1987–1988. Ein preisgekröntes Projekt in konstruktivistischer Manier von Martha Schwartz.

für das *Rio Shopping Center* in Atlanta/Georgia. Was Kritiker ihr als grelles Plastikdesign und „New-Frontier-Gebaren" vorwerfen, rechtfertigt sie mit dem Hinweis, daß es unmöglich sei, häßliche, lebensfeindliche Freiräume einfach zu ignorieren. Derartige schwierige Aufträge bieten der Landschaftsarchitektin die nötige Freiheit zum ungezwungenen, radikalen Experiment, dem sie zuweilen sogar einen aufklärerischen Nebeneffekt zubilligt. Es besteht jedoch die Gefahr, daß der Sättigungspunkt dieses „stimulus for the heart, mind and soul"[5] durch den allzu einseitigen Einsatz provokanter Methoden schnell erreicht wird.

Erst seit kurzem betraut man das Büro Martha Schwartz Incorporated in Cambridge/Massachusetts auch mit größeren öffentlichen Aufträgen in den USA, so zum Beispiel mit der in der Realisierung befindlichen Umgestaltung der *Jacob Javits Plaza* im Herzen von New York City. Der 3760 m² große, vernachlässigte öffentliche Platz liegt in einem Winkel zwischen zwei großen Bürogebäuden und ist mit einer Tiefgarage und verschiedenen Versorgungsräumen unterkellert. *Jacob Javits Plaza* ist einer jener typischen Plätze im Zentrum der Weltstadt, der hauptsächlich in der Lunch-hour von den Angestellten der umliegenden Büros aufgesucht wird. Um dem Platz ein witziges und zugleich ortstypisches Image zu verleihen, wählt Martha Schwartz die typischen Gestaltungselemente der Parks in New York, nämlich Bänke, Laternen, Pflasterbeläge,

[5] Schwartz, M. in: Stichting Conferentie Artivisual Landscapes (Hrsg), 1992; S. 40

**Martha Schwartz
Peter Walker**

Jacob Javits Plaza New York, 1995

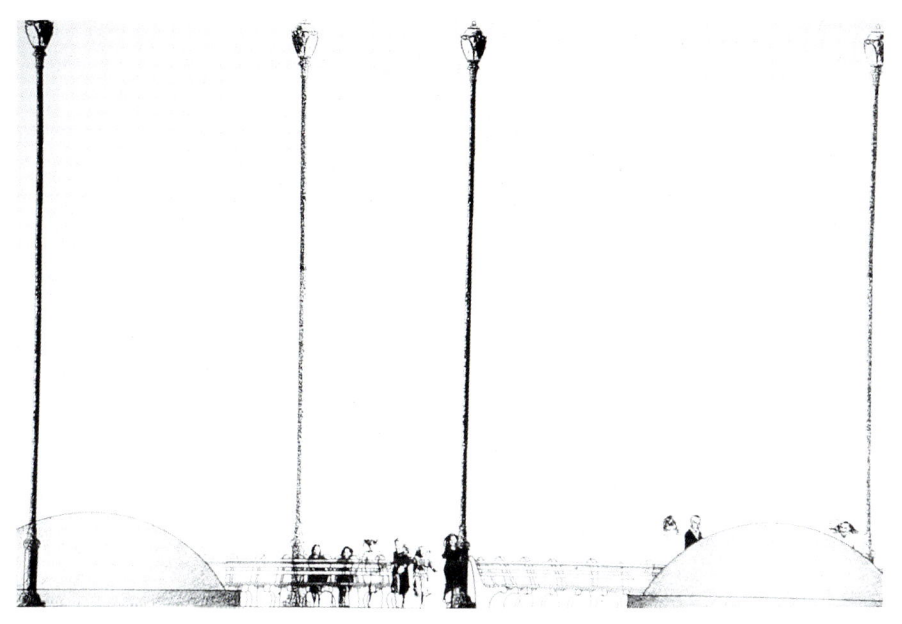

In der Gestaltung des *Jacob Javits Plaza* orientiert sich Martha Schwartz am Vorbild des traditionellen formalen französischen Gartenparterre.

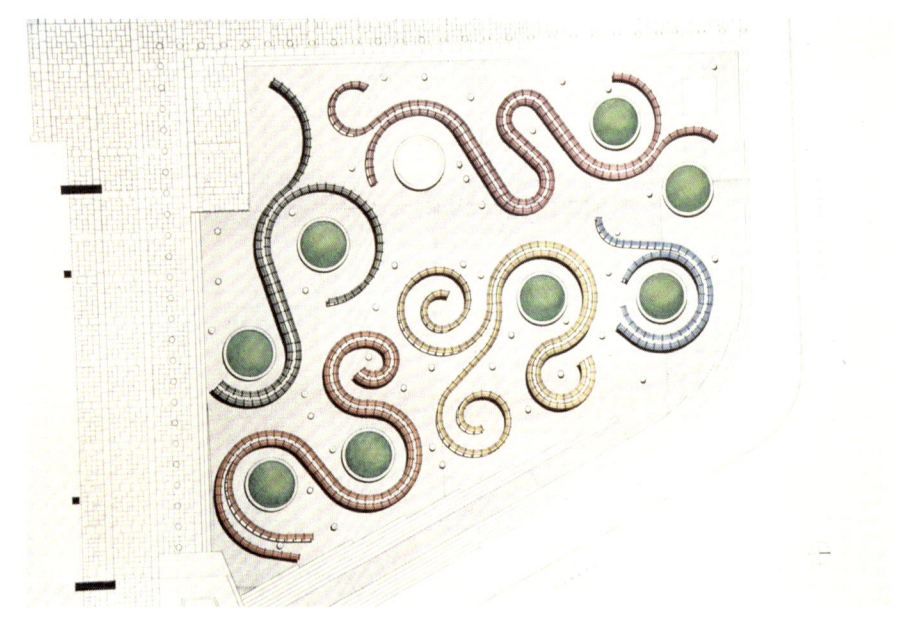

Endlose Sitzbänke schlängeln sich auf der *Jacob Javits Plaza* zwischen streng formalen Rasenkissen.

**Martha Schwartz
Peter Walker**

Zäune und so weiter, um sie in verfremdeter Weise zu einer Art innerstädtischem Gartenparterre zu verarbeiten. Das Broderie-Parterre des französischen Barockgartens ist explizites Vorbild dieser Gestaltung. Anstelle geschwunger geschnittener Hecken installiert sie lange, geschwungene New York City Park-Bänke, die sich über den gesamten Platz schlängeln. Geometrisierte, kreisrunde Rasenhügel, die wie große grüne Kissen auf der Fläche liegen, faßt sie wie Rabatten mit dem typischen „hoop-fence" aus Metall ein. Für die Beleuchtung des Platzes sorgen historisierende Straßenleuchten, deren Masten jedoch erheblich verlängert sind. Im Unterschied zu ihren gewagten Experimenten im privaten Freiraum wird an diesem Projekt spürbar, daß ihre gestalterische Bewegungsfreiheit durch funktionale, ökonomische und planungsrechtliche Kriterien im öffentlichen Kontext eingeschränkt wird. Trotzdem kämpft sie mit allen Mitteln darum, dem Menschen in der Stadt mit einem guten Schuß Humor inspirierende Freiräume zu bieten, ohne immer und überall die vermeintliche Unwirtlichkeit und Lebensfeindlichkeit der Stadt anklagen zu wollen. Wenn es darum geht, ihrer eigenen Lebensfreude Ausdruck zu verleihen und den Menschen interessante Freiraumerfahrungen zu ermöglichen, ist ihr die berufsspezifische political correctness, die soziale correctness oder gar die ökologische correctness ziemlich unwichtig.

Martha Schwartz wird nach Europa zu Vorträgen, Symposien und Workshops eingeladen, weil man von ihr richtungsweisende Impulse für eine Landschaftsarchitektur, die nach ihrem Profil sucht, erwartet. Insbesondere die radikal experimentellen Projekte von Martha Schwartz sind immer wieder Anlaß für kontroverse Diskussionen um den künstlerischen Anspruch der Landschaftsarchitektur. Einerseits bewundert man die amerikanische Frische und Experimentierfreudigkeit, andererseits ist man der festen Überzeugung, daß diese Art der aktuellen Gartenkunst nur in den USA zu realisieren sei, wo man schließlich an grelles „Disney-Design" gewöhnt sei. Während es der engagierten Landschaftsarchitektin bislang noch nicht gelang, ihr Können in Europa an einem realisierten Projekt unter Beweis zu stellen, ist Peter Walker bereits an großen Projekten nicht nur in München, sondern auch im Frankfurter Europa-Haus-Projekt und in Berlin bei der Gestaltung des Sony Centers am Potsdamer Platz beteiligt. Auf Europäischem Parkett bewegen sich beide Landschaftsdesigner nicht mehr so ungezwungen wie im „Land der unbegrenzten Möglichkeiten".

Peter, können Sie sich noch an Ihre erste Reise nach Europa erinnern?
Vor etwa dreißig Jahren, als ich noch Student war, unternahmen wir eine dreiwöchige Reise nach Europa und besuchten die Hauptstädte, die großen Gärten, reisten nach Spanien, Frankreich und Italien. Als Designstudent war ich damals an Architektur und Gärten interessiert. Alles, wovon ich je in der Schule gehört hatte, versuchte ich in diesen drei Wochen zu besuchen. Mir wurde damals bewußt, daß ich gar nichts wußte: nichts über die Sprache, nichts über die Geschichte des Landes, gar nichts. Ich konnte mich auf einer Straßenkarte orientieren, aber das war es dann auch. Alles war so überwältigend, so komplex und tief verwurzelt in einer eigenen Kultur.

In Deutschland, das ich einigermaßen kennenlernte, war der Wiederaufbau voll im Gange. Manche Menschen wollten das Neue aufbauen, und andere bauten das Alte wieder auf. Manche Städte wollten die Vergangenheit zurückgewinnen, und andere, wie beispielsweise Rotterdam oder Frankfurt, versuchten die Zukunft zu bauen. Ich besuchte die ersten großen Gartenschauen. Die hatten damals eher den Wiederaufbau der Stadt zum Thema und nicht so sehr die Ausstellung großer Gärten.

Mein zweiter oder dritter Besuch in Europa konzentrierte sich schließlich auf die skandinavischen, deutschen und englischen Newtowns. Das war sehr aufregend, denn in den USA bauten wir damals neue Suburbs. Im Gegensatz zu den amerikanischen Suburbs wurden die europäischen Newtowns durch die Stadtzentren gefördert, die ihre Verkehrslinien ausweiteten, so daß eher das Bild eines funktionsfähigen Netzwerkes aus Stadtzentrum und Vorstädten entstand. Ich verbrachte viel Zeit damit, diesen Aspekt des europäischen Wachstums zu studieren. Das war mein erster Eindruck von Europa und mein besonderes Interesse, während mich die Gärten damals nicht so sehr beschäftigten. Das Interesse an den Newtowns und dem Wiederaufbau war kein spezielles Interesse der Amerikaner, aber es gab elf Newtowns in den USA, und ich arbeitete an fünf dieser Projekte mit.

Martha, haben Sie Europa ähnlich erlebt wie Peter?
Ich reiste jährlich seit meinem sechzehnten Lebensjahr nach Europa und war zehn Jahre lang regelmäßig dort, bevor ich das erste Mal nach Kalifornien kam. Es gab keinen Grund für mich, von der Ostküste nach Kalifornien zu reisen. Ich war zehn Jahre lang regelmäßig in Europa, bevor ich das erste Mal etwas von Landschaftsarchitektur hörte. Ich kam also als Teenager in Begleitung meiner Eltern hierher, und ich denke, wir sahen auch ein paar Gärten. Ich erinnere mich an Versailles. Als ich das erste Mal dort war, fand ich es unglaublich langweilig. Wir besichtigten Kirchen und Kunstmuseen und all die Dinge, die Touristen eben so besichtigen. Wir kamen aus unterschiedlichen Gründen jedes Jahr wieder nach Europa. Ich kam einmal mit einer Gruppe junger Collegeschüler aus Pennsylvania hierher und nahm an einem europäischen Minigolf-Turnier teil. Den möglicherweise stärksten Eindruck in Europa hinterließ der Anblick all dieser Menschen, die nicht Englisch sprachen und die die Dinge einfach nicht so taten, wie es die Amerikaner getan hätten. Trotz all dieser Unterschiede schien alles erstaunlich gut zu funktionieren. Es war ein echtes Erwachen, als ich erkannte, daß es andere Welten gab, andere Menschen und andere Kulturen. Es flößte mir etwas mehr Respekt im Umgang mit der Welt ein. Ich verstand, daß wir nicht das Zentrum des Universums sind, daß ich nicht das Zentrum des Universums bin.

War die Rückkehr als „Professional" eine andere Erfahrung für Sie?
M.S. Ich komme erst seit kurzem als Professional hierher, denn ich beteilige mich erst seit einiger Zeit an Wettbewerben in Zusammenarbeit mit europäischen Designern und werde gebeten, hier Vorlesungen zu halten. Es ist eigentlich eine Ironie des Schicksals, daß der größte Teil meiner beruflichen Tätigkeit in Europa ausgerechnet in Deutschland stattfindet. Als ich damals herumreiste, wollte ich nie Deutschland besuchen. Erst mit 40 Jahren beschloß ich, mich dort umzuschauen, um herauszufinden, worum es eigentlich geht. Das große Interesse an meiner Arbeit kommt tatsächlich aus diesem Land.

Ich bin heute mit einem sehr viel stärkeren Interesse an der Landschaft und der Lebensweise der Menschen hier. Zudem habe ich eine bessere Vorstellung über die Lebensart der Europäer im Unterschied zu den Menschen in den Vereinigten Staaten. Die Menschen sehen ihr Land hier anders. Auf der Landschaft lastete im Laufe der Geschichte so starker Druck, daß es ein Amerikaner kaum verstehen kann. Trotzdem sind aus diesen Umständen so hervorragende Landschafts-Artefakte entstanden, die deutlich beweisen, daß Landschaftsarchitektur eine kulturelle Kunstform sein kann. Ich frage mich oft: Was funktioniert hier? Warum funktioniert es hier? Das gibt mir einige Hinweise auf die Richtung, die wir einschlagen sollten, und auf Dinge, die wir wohl nie erreichen werden. Ich interessiere mich sehr für die gestaltete Landschaft, gerade im Hinblick auf die großen Gärten der Vergangenheit. Solche Gärten haben wir in den Vereinigten Staaten nicht. Ich finde es wichtig, hierher zurückzukommen, um mit diesem Geist wieder Fühlung aufzunehmen. Hier liegen vielleicht sogar meine Wurzeln, weil ich als Künstlerin ausgebildet wurde und am Herstellen von Dingen, von Artefakten interessiert bin. Ich interessiere mich für die Gedanken, die die Menschen damit verbinden. Ich interessiere mich für Skulpturen, für Filme, Gemälde und Landschaften, die die Kultur gewissermaßen repräsentieren. Was die Tradition der Landschaftsarchitektur anbelangt, fühle ich mich mehr nach Europa als zur Westküste der USA hingezogen. Wenn ich mich heute mit Versailles beschäftige, fühle ich mich bestärkt in meinem eigenen Interesse. Versailles spricht zu mir als Künstlerin.

P.W. Das erste Mal, als wir gemeinsam nach Europa kamen, reisten wir mit einer Gruppe Studenten. Martha hatte gerade ihr Diplom gemacht. Zusammen mit einigen ihrer Kommilitonen studierten wir systematisch die französischen Gärten. Es war ein sehr intensives Studium. Kurz danach kauften wir in Italien ein Haus, und von

Peter Walker

Martha Schwartz

Martha Schwartz
Peter Walker

Der „Blue Crab Park" von Martha Schwartz ist eine geplante zwei Hektar große Erdskulptur in Form einer Krabbe, dem Wahrzeichen der Stadt Baltimore. *Baltimore Inner Harbor* in Baltimore/Maryland 1994.

dieser Basis aus unternahmen wir in sechs oder sieben Jahren viele Ausflüge. Seither ist für uns die Kultur Europas von größtem Interesse. Was uns am stärksten antrieb, war die Tatsache, daß Landschaftsarchitektur neben der Architektur, neben der Malerei, neben der Bildhauerei deutlich zu den historisch bedeutsamen Kulturleistungen zählt. Das Studium der Gärten wurde zum Grundstock unseres gesamten Interesses am formalen Aspekt der Landschaftsarchitektur. Jeder von uns verarbeitete die Eindrücke auf seine Weise, aber das sind die Wurzeln, auf denen wir beide aufbauen.

M.S. Einerseits bewundere ich die Art, wie die Europäer leben, die Tatsache, daß das Wissen über Kunst viel mehr zur Allgemeinbildung gehört und alle Lebensbereiche beeinflußt: das Essen, die Stadtplanung, das Umweltbewußtsein, die Freiraumplanung und so weiter. Da existiert ein viel integrativeres Gespür für Ästhetik und deren Einfluß auf alle Lebensbereiche. Die Vereinigten Staaten sind dagegen wild und ungezügelt und in vielerlei Hinsicht extrem häßlich. Mein Dilemma besteht aber darin, daß ich in künstlerischer Hinsicht für eine Existenz in Europa ziemlich ungeeignet bin. Ich könnte hier nicht arbeiten, denn es gibt einfach zu viele Regeln, die meiner anarchischen Herangehensweise zuwiderlaufen würden. Situationen, die nicht so stark reglementiert sind, bieten viele Möglichkeiten. Mit anderen Worten: Ich profitiere vom Mangel an Regeln, und ich leide zugleich darunter, denn man lebt ein ziemlich unsicheres Dasein.

P.W. Ich hatte einen wesentlich besseren Stand hier, denn mein Büro ist partnerschaftlich mit einem deutschen Büro verbunden. Ich empfinde den Unterschied nicht so gravierend wie Martha, die stärker im künstlerischen Feld arbeitet und oft von Sponsoren oder privaten Bauträgern abhängig ist. Die Berufspraktiken der europäischen Landschaftsarchitektur haben viel gemeinsam mit den Tendenzen der sechziger und siebziger Jahre in den Vereinigten Staaten, und das finde ich problematisch. Die meisten Landschaftsarchitekten in Europa arbeiten in kleinen oder mittleren Büros, sind alle sehr beschäftigt mit den bürokratischen Vorgaben der Planung und sind meistens frustriert. Sie haben die gleichen Probleme wie ihre Kollegen in den Staaten und verstehen nur mit Mühe die Konzeption, die im Denken von Martha und mir eine zentrale Rolle spielt: die Überzeugung, daß Landschaftsarchitektur Teil der Kultur ist und nicht ein Teil der Bürokratie. Landschaftsarchitektur wird im Endeffekt, genau wie Kunst, Malerei und Architektur, nach ihrem Beitrag zur Kultur beurteilt werden. Keiner der Landschaftsarchitekten, die ich bislang in Europa getroffen habe, widmet sich konzentriert dieser zentralen Aufgabe. Sie wollen zwar ihrem Fach wieder volle Geltung verschaffen, aber die meisten empfinden sich als hilflose, unterprivilegierte Randfiguren, insbesondere im Vergleich zur historischen Bedeutung der Gartenkunst.

M.S. Es gibt einfach zu viele Reglements hier, und die würden mich verrückt machen, aber ich denke, daß es gute Gründe für diese Reglements gibt. Das Land wurde viel intensiver und viel länger genutzt als in den Staaten, und trotzdem ist das Landschaftsbild in Europa von hoher Qualität. Das liegt teilweise daran, daß die Landschaft in erster Linie nicht aus der Sicht des Autofahrers gestaltet wurde, während in den USA die Entwicklung der Landschaft mit dem Automobil begann. Das mittelalterliche Gefüge europäischer Städte, ihre Dichte und die landwirtschaftlichen Strukturen ergeben ein wunderschönes Bild. In der Stadt fühlt man die Urbanität und vor der Stadt eben nicht. Die entscheidende Frage ist aber, was man tun soll, wenn die Grundlagen für diese Struktur nicht mehr existieren? In dieser Hinsicht geht es den

Wettbewerbsprojekt für die Neugestaltung des *Baltimore Inner Harbor* in Baltimore/Maryland 1994, Modellfoto. Ziel des Entwurfes ist es, die Verbindung zwischen den angrenzenden Quartieren und dem Hafen zu stärken, den linearen Eindruck der Hafenpromenade durch eine Serie unterschiedlicher Räume zu mindern und mit „Crab Walk", „Picnic Park", „Natural History Spiral", „Science Playground" Attraktionen für Anwohner und Touristen zu schaffen.

Martha Schwartz
Peter Walker

Europäern genauso schlecht wie den Amerikanern. Es sieht verdammt häßlich aus an der Peripherie, und das ist ein Problem.
Ich denke, daß es in Europa prinzipiell weniger Gründe gibt, erfinderisch zu sein. Die Menschen sind eher geneigt, respektvoll mit der Geschichte der Landschaft umzugehen. In den Vereinigten Staaten ist man immer wieder gezwungen, erfinderisch zu sein. Es gibt immer noch genug Gebiete, die noch nie zuvor berührt wurden. Man braucht Menschen, die sich vorstellen können, wie bestimmte Dinge zum ersten Mal gemacht werden.
Als angehende Landschaftsarchitektin traf ich zunächst die Entscheidung, nur mit Cowboys zu arbeiten. Das sind meine Kunden. Diese irren Leute, die einfach losziehen, um etwas auszuprobieren. Architekten-Cowboys, Developer-Cowboys und so weiter. All diese Jungs wollten sich zum Zwecke des besseren Marketings von den anderen unterscheiden. Nach der Rezession sind nicht viele Cowboys übrig geblieben. Jetzt sind die Verwalter an der Macht, und ich arbeite mehr an öffentlichen Aufträgen. Ich weiß nicht, ob die Projekte noch das werden, was ich mir vorstelle.

P.W. Die Vorstellung, daß ganz Amerika nur von Cowboys beherrscht wird, ist natürlich falsch. Der größte Teil Amerikas ist ausgesprochen konservativ, aber in vielen Nischen dieses großen Landes können sich interessante Dinge entwickeln. In Europa gibt es keine Nischen. Alles ist überlagert von fünf verschiedenen Vorschriften.

Peter, Sie arbeiten schon seit einigen Jahren in aller Welt, in letzter Zeit auch vermehrt in Korea und Japan.
Meine Vagabundiererei begann in Japan, und wo immer man hinkommt, lernt man natürlich vieles dazu. Japan ist ein faszinierendes Land und unterscheidet sich extrem von Amerika. Als wir mit den ersten Projekten in Japan begannen, versuchten wir herauszufinden, wie das System funktioniert, wie man dort Projekte realisiert. Wir bekamen einige hervorragende Hinweise von japanischen Architekten, die sich vor unseren Vorhaben nicht fürchteten. Nach einer Weile kannte man unsere Projekte und wollte unsere Arbeit. Das war von großem Vorteil. Anstatt uns zu beweisen, mußten wir herausfinden, wie wir unseren eigenen Stil noch verbessern konnten. Es ist immer besser, wenn jemand deine Arbeit schon vorab mag. Wenn man nicht weiß, ob man akzeptiert wird, dann muß man einiges durchmachen. Als die Japaner begannen, unsere Arbeiten zu publizieren und in Europa zu veröffentlichen, bekamen wir sogar Aufträge in Europa. Durch die japanische Presse lernten uns die Europäer überhaupt erst kennen. Man begann in Europa, die Berichte über unsere Arbeit in Magazinen zu lesen, aber man engagierte uns nicht, um ein Projekt zu realisieren, sondern man lud uns zu Wettbewerben ein. Ich lernte mit der Zeit, daß man selbst bei einem verlorenen Wettbewerb, vorausgesetzt man ist auf einem der ersten Plätze, immer noch einen guten Werbeeffekt erzielt. In Amerika wird von Wettbewerben in der Regel nicht einmal richtig Notiz genommen. Wettbewerbe waren in Europa also ein hervorragendes Instrument, um unsere Arbeit bekannt zu machen.

Welche Idee von Landschaft und Landschaftsarchitektur steckt hinter Ihren Projekten? Gibt es ein „Rezept" für gute Gärten in Japan oder Korea?
P.W. Ich denke, es ist das gleiche Rezept, das jeder künstlerisch Arbeitende haben muß. Es ist eine Mixtur aus Praktikabilität, Vision und einem Inhalt, den die Leute wiedererkennen. Martha hat mich etwas über den Umgang mit unterschiedlichsten Kommunikationsmedien gelehrt. Meine Vorstellung war immer, daß man erst Gärten baut, die dann von Menschen besucht werden und anschließend Gefallen finden oder keinen Gefallen finden. So, dachte ich, würde man Ansehen erlangen. Heute weiß ich, daß nur sehr wenige Menschen tatsächlich die Gärten selbst besuchen. Statt dessen ermöglichen unterschiedlichste Medien den Menschen den Zugang zum Garten.
Unser Freund George Hargreaves erklärte uns einmal: „Immer wenn ich etwas Geometrisches mache, kann es fotografiert werden, und ich errege damit viel öffentliche Aufmerksamkeit, aber immer wenn ich etwas anderes tue, bekomme ich kaum Aufmerksamkeit zu spüren."
Ich denke, daß dies ein Merkmal der modernen Landschaftsarchitektur ist. Wir passen uns mehr und mehr den Erfordernissen der Medien unseres Zeitalters an und werden davon unwillkürlich beeinflußt, denn wir spüren, womit wir Reaktionen erzielen. Das bedeutet natürlich nicht, daß man immer nur zu diesem Zweck entwirft. Früher war es der Adel, der sich mit Le Nôtres Gärten befaßte und auf diese Weise die Gartenkunst in ganz Europa verbreitete. Frederick Law Olmsted bereiste die Vereinigten Staaten wegen der kleinen Publikationen, die er über die jeweiligen Gärten veröffentlichte. Die Leute hörten davon und zogen los, um es sich selber anzusehen. Wir haben heute eben eine etwas andere Methode.

Die Gestaltung der *Außenanlagen des Center for Advanced Technology* in der *Harima Science Garden City in Japan* 1993 verdeutlicht Peter Walkers Bewunderung für die Minimal Art und die Kunst der japanischen Zen-Gärten.

**Martha Schwartz
Peter Walker**

Jailhouse Garden von Martha Schwartz für das King County Gefängnis in Seattle/Washington, 1982–1987.

Martha, welches sind Ihre persönlichen Gründe für die Arbeit in der Landschaftsarchitektur?

M.S. Meine Gründe sind sehr persönlich. Ich habe nicht die Absicht zu zeigen, „wie es sein sollte". Das Ziel von Pete und mir orientiert sich an den großartigen Landschaftsgestaltungen, die sichtbar und konkret wahrnehmbar sind. Oft muß man Landschaften so gestalten, daß sie ganz anders sind als ihre Umgebung, um sie überhaupt sichtbar zu machen. Um den Dialog über Landschaft in Gang zu bringen, ist zuweilen Radikalität erforderlich, aber vieles tun wir einfach aus persönlichem Interesse. So realisiert Pete manchmal geometrische Projekte, weil sie sich gut fotografieren lassen, aber manchmal auch ganz einfach, weil er die Formensprache mag.

P.W. Wir mögen natürlich auch den Dialog. Ich denke, daß ein Künstler zwar in erster Linie zu seiner eigenen Befriedigung kreativ arbeitet. Gleichzeitig will er aber den Dialog mit der Welt und nicht die Isolation. Vor fünfundzwanzig Jahren waren wir sehr interessiert am normalen Bürger und seiner Art, die Dinge zu benutzen. Das war sehr funktionalistisch. Martha und ich tendierten mit der Zeit immer mehr dazu, den Menschen nicht nur physisch, sondern auch intellektuell zu fordern. Wir wollten etwas schaffen, über das man diskutieren kann. Etwas, über das unsere Kollegen und wir, unsere Kunden und deren Freunde reden können. Es ist der Versuch, die Menschen wieder in die Kultur zu integrieren. Man schreibt einen Roman, um Ideen auszudrücken, und will den Menschen die Möglichkeit geben, diese Ideen zu diskutieren. Warum soll man einen Garten nicht genau zu diesem Zweck entwerfen können?

M.S. Wenn wir behaupten, daß wir Gärten oder vielleicht sogar neue Kunst schaffen, nur damit die Menschen etwas zum Diskutieren haben, dann klingt das für mich nach einer Entschuldigung, denn eigentlich entwerfen wir Gärten zur eigenen Befriedigung. Wir entschuldigen uns aber dafür, weil unsere Profession zum Moralismus neigt. Landschaftsarchitekten versuchen immer, „das Richtige" zu tun, versuchen immer, sozial korrekt zu sein, politisch korrekt, ökologisch korrekt. Jeder erwartet von uns, daß wir uns an die Spielregeln halten. Es ist sehr gefährlich, aufzustehen und zu sagen: „Ich möchte diesen Garten, weil ich glaube, daß er wunderschön sein wird." Oder: „Ich arbeite an solchen Projekten, weil ich mich dafür interessiere." Mich interessiert es, für diese Art des Denkens wieder einen Wert zu schaffen, denn ich glaube, daß Räume, die nicht aus sehr persönlichem Interesse gestaltet werden, eher langweilige und unwichtige Räume werden. Alle Dinge, die eine Kultur auszeichnen, werden von Individuen mit eigenen Standpunkten, Gefühlen und Zielen geschaffen. Solche Dinge können in die Kultur einsickern und werden immanent. Denen, die der Ansicht sind, daß Landschaftsarchitekten nicht dieses Recht hätten, sage ich: „Schau her, ich liebe einfach Kreise, ich will, daß die ganze Welt ein großer Kreis ist."

Landschaftsarchitekten arbeiten häufig im öffentlichen Raum, den in der Regel die Allgemeinheit für sich beansprucht. Hindern uns diese Umstände nicht daran, einfach unser Territorium abzustecken?

M.S. Das ist sicher richtig, aber wenn wir es nicht tun, wer tut es dann?

P.W. Ich glaube nicht, daß es nur Egozentrik auf der einen und völlige Selbstlosigkeit auf der anderen Seite gibt. Der Künstler gibt am Ende immer seine Arbeit her. In gewisser Hinsicht ist er äußerst altruistisch, vielleicht nicht absichtlich, aber im Resultat.

M.S. Es geht um die öffentlichen Gärten und die Frage ihrer Funktion. Die Arbeit im öffentlichen Raum erfordert sicherlich gewisse Rücksichtnahme. Darin liegt aber auch eine der größten Herausforderungen. Die Menschen behaupten oft, daß Architektur die größte Kunstform sei, denn Architektur muß nicht nur funktionieren, sondern sie muß auch ästhetischen Ansprüchen genügen. Auch Landschaftsarchitektur ist eine Kunstform! Allein die Tatsache, daß eine gestaltete Landschaft funktioniert, hat noch nichts zu bedeuten. Es ist natürlich prima, wenn sie funktioniert, aber sie sollte auf

Der *Jailhouse Garden* soll einerseits den Gefängnisbesuchern als abwechslungsreicher Aufenthaltsbereich dienen und ist zugleich als politisches Statement gedacht: Während sich das Gebäude der öffentlichen Aufmerksamkeit entziehen will, zwingt Martha Schwartz die Passanten zum Hinsehen.

**Martha Schwartz
Peter Walker**

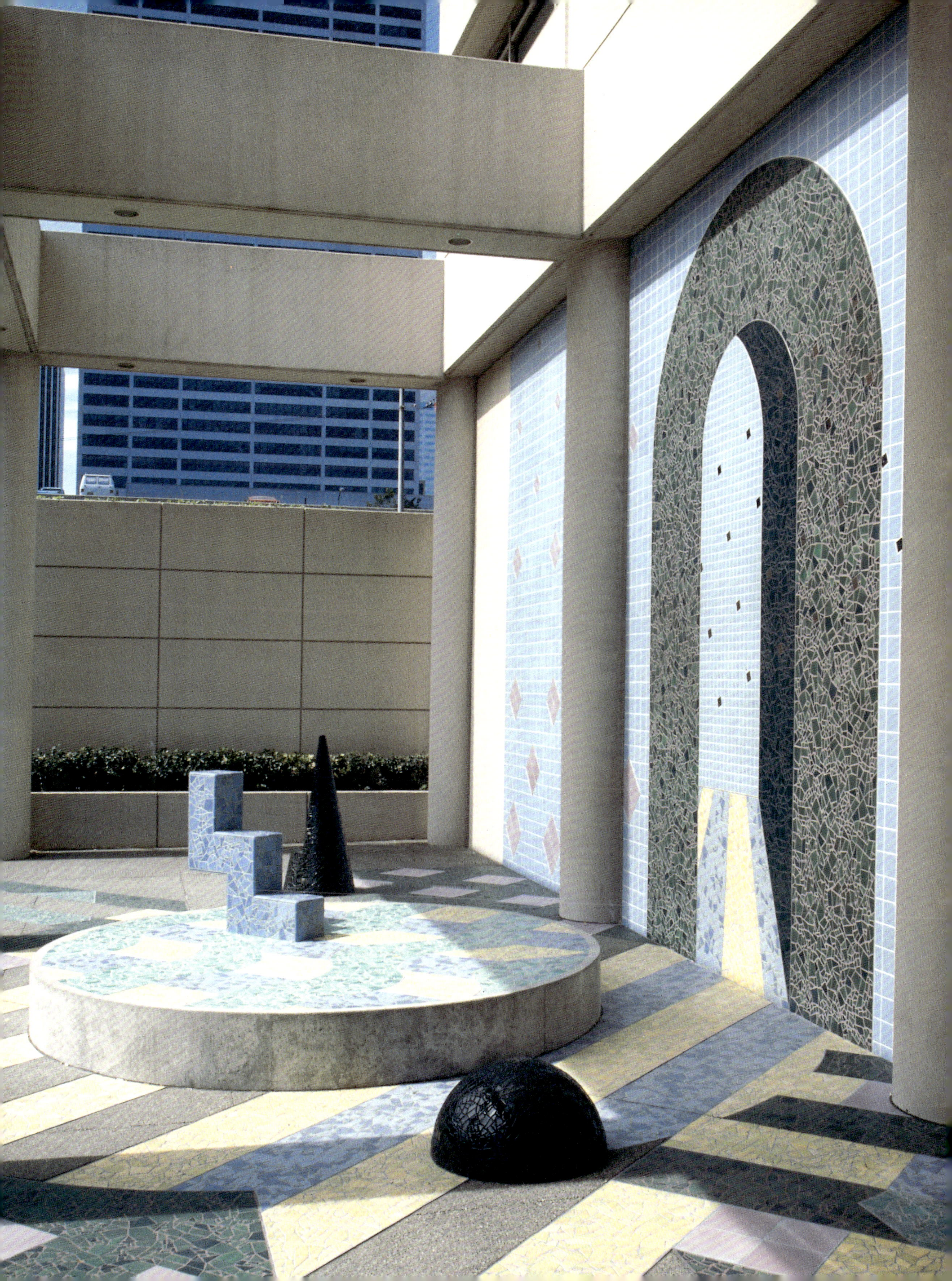

einem höheren Niveau funktionieren. Es gibt eine höhere Funktionsform, um die sich niemand kümmert, eine Art metaphysische Ebene, auf der die Menschheit existiert.

Ihre Entwürfe werden in Zeitschriften publiziert, die um die ganze Welt gehen. Jeder bezieht sich auf die gleichen Ideen und Bilder. Glauben Sie, daß Sie mit der Zeit einen Stil prägen werden, der einmal international verbreitet sein wird?

M.S. Ich glaube nicht, daß daraus ein internationaler Stil in der Landschaftsarchitektur entsteht. Vielmehr glaube ich, daß es ziemlich abscheulich wäre, wenn man den stilistisch gleichen Kram immer wieder sehen müßte. Es könnte jedoch dazu führen, daß die Landschaftsarchitekten ihre persönliche Stimme finden, und vielleicht würden daraus unterschiedlichste Richtungen entstehen. Das wäre Teil einer Bewegung und nicht eines Stils. Das wäre eine gute Entwicklung.

P.W. Ich denke nicht, daß der Stil im Endeffekt besonders wichtig sein wird. Stil ist meiner Ansicht nach etwas, das man erst im Nachhinein entdeckt. Es ist ein Instrument der Historiker, das es ihnen erlaubt, die Dinge zu kategorisieren. Es ist lächerlich zu glauben, daß sich ein Designer hinsetzt und entschließt, etwas im internationalen Stil zu planen.

M.S. Ich sehe eine ganze Reihe von Gärten auf der Welt, die man zu einer zeitgenössischen Gartenbewegung zusammenfassen könnte. Postmoderne will ich das nicht nennen, denn ich bin nicht sicher, ob wir je eine moderne Gartenkunst hatten. Wahrscheinlich wird es in Zukunft eine große Vielfalt geben. In der Kunst ist das übrigens genauso. Die Minimalisten unterscheiden sich sehr von den Abstrakten oder den Expressionisten, und die unterscheiden sich wiederum von den Conceptual-Künstlern. Sie sind aber alle Teil der modernen Kunstbewegung. Also kann man sich vorstellen, daß die Arbeiten von Pete auf der ganzen Welt irgendwann einmal zur „Peter-Walker-School" zählen.

P.W. Wahrscheinlich müßte man das den „Carl-Andre-Stil" nennen. Wenn man wirklich verstehen will, woher eine Entwicklung kommt, muß man bei den Ursprüngen beginnen.

Kunstlandschaft am vegetationsfeindlichen Standort: Kunststoffhecken, Kunststoffblumen, gefärbter Kies und viel grüne Farbe. *Splice Garden* nennt Martha Schwartz den Dachgarten des Whitehead Institute for Biomedical Research in Cambridge/Massachusetts, 1986.

Künstler wie der Minimalist Carl Andre hatten ein bestimmtes Bild von ihrer Umwelt, von der Gesellschaft und reagierten auf ihre Weise auf die Gesellschaft der sechziger Jahre. Martha, Sie sprachen von Ihren sehr persönlichen Motiven, Gärten zu gestalten, und vom Spaß an individueller Farb- und Formgebung ohne permanenten Zwang zur Legitimation. Ist „having fun" Ihre Philosophie?

„Having fun" habe ich nicht gesagt. Ich will Dinge tun, die eine persönliche Bedeutung haben. Das ist es, was ich sagte. In gewisser Hinsicht interessiere ich mich sehr für die Wahrheit. Ich suche die Erklärung für das, was ich für die Wahrheit halte. Ich will wissen, wie wir Landschaft sehen oder gerne sehen würden und wie man dieses Thema behandelt. Dabei geht es mir um die größtmögliche Klarheit. Bei Projekten habe ich aber jedesmal mit dem gleichen Problem zu kämpfen. Ich höre immer: „Wir lieben alle die Landschaft. Das ist der wichtigste Teil des Projektes." Die Realität sieht aber meist anders aus: kein Geld, keine Unterstützung, keiner kümmert sich um den Garten, und ich soll dieses Spielchen mitmachen. Ich besorge ihnen deshalb das Bild von Landschaft, aber es wird eben aus Plastik sein, denn das können sie sich leisten. Wenn sie eine echte Landschaft wollen, dann sollten sie Geld, Platz, Zeit und alles bereitstellen und sollten Verantwortung übernehmen. Man betrachtet mich deshalb als radikal, und viele Leute sind ängstlich und beauftragen mich mit kleineren Projekten von geringerem Auftragsvolumen. Ich bekomme manchmal Kunstprojekte angeboten, die zwar nicht viel Geld bringen, aber mehr Freiheit, mehr Möglichkeiten bieten.

Mit Ihrer Art der „Ehrlichkeit in Plastik" provozieren Sie natürlich auch Ablehnung und Aggression. Es heißt: „Martha Schwartz realisiert Landschaften, die typisch für unsere Massenkonsumgesellschaft sind. Sie tut nichts anderes, als das zu verstärken, wogegen wir alle kämpfen."

Ich versuche, es zu entlarven. Die Leute sagen: „Aha, sie haßt Pflanzen." Ich hasse die Pflanzen keineswegs! Wenn ich mit artifiziellen Pflanzen arbeite, dann tue ich das, weil mir gar keine andere Wahl bleibt. Es gibt gar keine Grundlage für Landschaft, weil offensichtlich alle Beteiligten entschieden haben, daß Landschaft absolut unwichtig ist. Ich sage: „Na ja, dann malen wir es eben grün an. Dafür reicht das Geld." Vielleicht denken die Leuten dann über Landschaft nach.

Außerdem werden wir natürlich nicht alle in der Lage sein, eine echte Landschaft zu besitzen. Es gibt viele Menschen, die sich das nicht leisten können. Was machen diese Menschen? Vergessen wir die einfach? Der größte Teil der amerikanischen Landschaft besteht aus Dachflächen und vielen anderen häßlichen Dingen. Oft gibt es keine gestaltete Landschaft, fehlt die Grundlage für Grün, und ich soll das alles ignorieren? Ich würde gerne über das Bild einer Landschaft nachdenken und es an einer Stelle implantieren, wo echte Landschaft unmöglich ist. Obwohl mich das sehr ärgerlich macht, birgt es in meinen Augen doch eine gewisse Hoffnung in sich, etwas Positives.

Martha Schwartz
Peter Walker

Viele fragen sich, was Ehrlichkeit in der Landschaftsarchitektur bedeutet. Ist Tarnung ehrlich? Ist Ersatznatur ehrlich?

P.W. Sie stellen philosophische Fragen an eine Profession, die keine Philosophie hat. Im siebzehnten und achtzehnten Jahrhundert hatten die Menschen sehr klare Vorstellungen. Sogar im neunzehnten Jahrhundert wußte man in den Vereinigten Staaten sehr genau, welches die Aufgaben unserer Profession sein sollten. Man kannte den Wert gartenkünstlerischer Arbeit. Diese klare Vorstellung gibt es heute nicht. Wir müssen wieder eine zeitgemäße Definition finden.
Es gibt zwei Wege, wie eine Profession zu ihrer Identität finden kann: Ein Le Nôtre kann auftauchen und eine Definition liefern, oder ein Olmsted kann es tun, indem er Beispiele entwickelt. Dann kann jeder erkennen, welche Bedeutung einer Disziplin zukommt. Man kann sich aber auch Zeit nehmen und philosophisch den Inhalt ergründen, wie es Karl Marx tat. Vielleicht gibt es noch mehr Modelle, aber das sind die beiden historischen Modelle, die ich entdecken konnte. Die Menschen wissen nicht mehr, was wir eigentlich tun, und ich vermute, daß wir das selbst nicht richtig wissen.
Die Tatsache, daß sich Landschaftsarchitektur von Architektur, Malerei und Bildhauerei unterscheidet, hat dazu geführt, daß Landschaftsarchitekten nicht mehr wissen, was ihre Aufgabe ist. Die Landschaftsökologie hat das Feld erweitert und Verwirrung gestiftet. Keiner von uns Landschaftsarchitekten ist wirklich ein Wissenschaftler. Wir sind keine Landschaftsökologen, die draußen Bäume zählen und aus den Statistiken etwas lernen. Wir tun das nicht, und wer will so etwas schon tun? Die Förster machen das, aber wir nicht. Also, was tun wir eigentlich? Minimalismus und andere Strömungen wurden in der Malerei, der Bildhauerei, der Schauspielerei, der Musik und anderen Formaten entwickelt. Minimalismus in der Musik ist völlig verschieden von minimalistischer Malerei, und minimalistische Bildhauerei unterscheidet sich von den beiden genannten Feldern. Wir müssen jetzt die Entwicklung in unserem eigenen Format vorantreiben. Das ist unsere Absicht. Man muß sich allerdings zunächst klar machen, was Landschaft eigentlich ist. Die Menschen, die behaupten, daß Plastik keine Landschaft sei, frage ich: „Warum?" Für mich ist es Landschaft. Es ist im Freien, es erfüllt seinen Zweck, es versucht maßstäblich zu sein, und es kann sogar grün sein. Es versucht alle Funktionen einer Landschaft zu erfüllen.
Martha erlaubte sich mit dem *Bagel Garden* einen Witz, und ich denke, es ist ein tiefsinniger Witz über den Bagel als sehr gutes Landschaftsmaterial. Sie erklärte mit Witz, was Landschaftsmaterial ist, was man braucht, um eine Landschaft zu schaffen, und wo das Material verwendet wird. Zum Teil wurde deutlich, zu welchem Zweck man dieses Material verwendet. Wir kennen kein transzendentes Genie, das diese Fragen für unser Zeitalter beantwortet, also müssen wir es selbst versuchen.

M.S. Wir schaffen das schon!

P.W. Ich glaube wirklich nicht, daß wir auch nur in die Nähe dieses Verständnisses gekommen sind. Wenn die Leute umherrennen, ohne zu wissen, welcher Profession sie angehören, ohne das Wesen ihrer Kunst zu kennen, ohne zu wissen, was ihre Aufgaben sind, ohne zu verstehen, welches die Medien des zwanzigsten Jahrhunderts sind, dann ergibt das ein ausgesprochen verwirrendes Bild. Wir drehen uns im Kreis. Martha hat nicht viele Waffen. Sie hat nicht viel Geld. Die Kunden rennen ihr nicht die Tür ein, aber sie blickt zumindest in die richtige Richtung. Sie dreht sich nicht im Kreis.

M.S. Sehr oft werden genau die Menschen, denen es gelingt, irgendwie durchzublicken, von einem inneren „Flywheel", einem Schwungrad angetrieben. Da ist eine kleine Maus in einem Laufrad, die einfach nicht aufhört zu rennen, und du weißt nicht, warum. Ich weiß jedenfalls nicht, warum! Das ist nicht etwas, das man herschenken oder lehren kann. Wenn es Ihnen gelingt, dieser kleinen Maus eine Philosophie anzuhängen, wenn man ihr eine Richtung und einen Sinn geben kann, der Sie mit einer übergeordneten Idee verbindet, dann bringt Sie das weiter. „Ich liebe es einfach, Plastiklandschaften zu bauen. Ich liebe es einfach, die Leute zu ärgern", oder: „Ich liebe einfach Kreise und Quadrate!" Das Schwungrad ist sehr sehr wichtig, fundamental wichtig, um etwas zu bewegen. Es muß einen echten persönlichen Grund geben, um den Kampf aufzunehmen und am Ball zu bleiben.

Wenn man Ihnen beiden zuhört, hat man den Eindruck, daß Sie sich ziemlich einig sind und sehr parallel gerichtet arbeiten. Unterscheiden Sie sich denn gar nicht in Ihrer Denk- und Arbeitsweise?

M.S. Ich denke, wir reden immer über die Dinge, die uns unterscheiden, aber so groß sind die Unterschiede eigentlich gar nicht. Im Inneren weiß ich genau, hinter was Pete her ist. Ich war immer interessiert an geometrischen Zusammenhängen und mystischen Qualitäten, die in der Geometrie stecken. Ich kann Ihnen Berge von Zeichnungen und Radierungen zeigen. Wenn Sie diese mit meinen Landschaften vergleichen, werden Sie sehen, daß sie sich sehr ähnlich sind. Pete's Formensprache ist interessant für mich, und ich mag sie. Ich habe mich immer dafür interessiert, aus Gärten Kunst zu machen. Ich wollte sie gegenständlich machen, damit sie sichtbar werden. Es gibt nur wenige Menschen, die daran interessiert sind. Mit anderen Worten: Wir brauchen die gegenseitige Bestärkung, denn es ist schwer, Dinge zu entwickeln, die eigentlich kein Mensch will. Große, aufwendige Projekte ohne offensichtlichen Nutzen will keiner.

P.W. So gesehen gibt es keinen rationalen Grund für eine Oper.

M.S. Es gibt keinen praktischen Grund für Malerei oder Bildhauerei. Man braucht das nicht. Keiner braucht Pete's Gärten, und ganz bestimmt braucht keiner meine Gärten. Warum tun wir dann unsere Arbeit? Ich würde sagen, weil wir dazu in der Lage sind. Glücklicherweise wurden wir in eine Situation geboren, wo wir so etwas tun können, anstatt um unser blankes Überleben kämpfen zu müssen.

**Martha Schwartz
Peter Walker**

Ein von Mauern umschlossener Garten bildet den Eingang zur *Dickinson Residence*. Vier Brunnen und sechs Olivenbäume prägen den introvertierten Raum. Orthogonal angeordnete Wasserrinnen aus farbigen Fliesen verbinden die Brunnen miteinander.

Martha Schwartz: *Dickinson Residence*, Santa Fé/New Mexico 1990–1991. Das große private Wohnhaus in traditioneller Adobe-Architektur liegt an einem Hügel mit eindrucksvollem Ausblick in die Landschaft.

Martha Schwartz
Peter Walker

Swimming pool, *Dickinson Residence*. Das ausgewählte Farbschema ist typisch für den mexikanischen Kulturkreis.

Mit Einbruch der Dunkelheit werden die vier Brunnen beleuchtet.

**Martha Schwartz
Peter Walker**

P.W. Ich hoffe, daß irgend jemand aus dieser Arbeit Nutzen ziehen kann und sie versteht. Es interessiert mich zu sehen, was die Leute mit der Erkenntnis, die ich gewonnen habe, anfangen. Beispielsweise bedeutet Minimalismus für mich die Beschäftigung mit Licht, Wetter und Jahreszeiten und deren Lesbarkeit vor dem Hintergrund eines Artefakts. Dieses Artefakt könnte sehr einfach sein. Ich kann diese Idee vielleicht nicht weiter entwickeln, aber vielleicht kann das jemand anderer tun, wenn ich diese Idee vermitteln kann. Ich brauchte Jahre, um dieses kleine Stück Information in meinen Gedanken zu klären. Ich versuche, die Leute zu motivieren. Sie sollen analytisch denken, selbstkritisch sein und bewußt den eigenen Prozeß beobachten, damit sie etwas lernen und weitergeben können, worauf man aufbauen kann.

M.S. Ich möchte noch mal auf die Frage nach unserem Verhältnis zueinander zurückkommen. Als ich Pete kennenlernte und nach Kalifornien kam, war er der Chef eines Büros mit 130 Mitarbeitern. Ich hatte gerade ein Jahr Landschaftsarchitektur an der Uni hinter mir und war dabei, mein Studium abzubrechen, denn es schien die langweiligste Sache der Welt zu sein. Das war gleich nach der Kunstschule.
Peter war der erste Mensch, der tatsächlich die Verbindung zwischen Landschaftsarchitektur und Kunst sah. Er stellte der ganzen Klasse die Frage: „Wenn ihr nicht Kunst machen wollt oder etwas anderes, das den Menschen in Erinnerung bleibt, warum seid ihr dann hier?" Ich dachte: „Oh Gott, das ist phantastisch! Jetzt kann ich meine ganze künstlerische Ausbildung auf dieses neue Feld anwenden, das ich kennenlernen will." Ich blieb also bei der Landschaftsarchitektur, und Pete fragte sich zur gleichen Zeit, wie er aus der Landschaftsarchitektur zur Kunst kommen könnte. Er sammelte seit langer Zeit Kunst und kannte den Unterschied zwischen Sammeln und Realisieren. Ich wußte alles über die Künstler und über ihre Arbeit. Im Grunde half mir Pete, Landschaftsarchitektin zu werden, und ich half Pete, Künstler zu werden. Ich ermutigte ihn, den anderen Kram zu lassen und statt dessen zu experimentieren, Risiken einzugehen. Ich denke, daß wir einander halfen, unsere Positionen zu finden. Ich wäre sonst heute sicherlich keine Landschaftsarchitektin.

P.W. Wir sind eine ganze Gruppe von Leuten, die miteinander sympathisieren, Kunden, einige Architekten, ein paar andere Landschaftsarchitekten.

Welche Landschaftsarchitekten würden Sie zu den „Klubmitgliedern" zählen?
P.W. Le Nôtre, Olmsted, Jens Jensen, Thomas Church, Larry Halprin, Isamu Noguchi, Garret Eckbo. Ich sehe uns als Teil einer recht kleinen Gruppe, die ihre Wurzeln in der Geschichte hat. Ich denke, daß unsere Arbeit nicht einzigartig und nicht so atemberaubend neu ist. Es hat Leute gegeben, die viel besser gewesen sind als wir, und es gab welche, die nicht so gut waren wie wir. Im Sinne unserer Idee kann man von einer kleinen, dauerhaften Gruppe sprechen. Alle großen Gärten sind Produkte dieser Gruppe. Manche waren Meister ihres Faches. Für mich sind das zeitgenössische Gartenkünstler, obwohl nicht alle in unserem Jahrhundert arbeiteten. Ich sehe keinen Unterschied zwischen meiner Arbeit und den späten Werken von Le Nôtre.

Ist das die Sehnsucht, Gartenkunst wieder zu dem zu machen, was sie in der Geschichte war?
P.W. Wir müssen das in Ausdrücken definieren, die zu jedem Zeitalter erfolgreich waren. Ich glaube beispielsweise nicht, daß Le Nôtre unter so völlig anderen Bedingungen wie heute operierte. Ich denke, es gab viele Probleme zu seiner Zeit. Er fand einen Weg, damals zu arbeiten, und es ist unsere Aufgabe, einen Weg zu finden, der uns heute die Arbeit ermöglicht.

M.S. Ich denke, daß die Menschen erfinderisch sein müssen. Wenn die Menschen nach einem System suchen, wird das eine lange Suche werden. Ich denke, daß die Leute einfach losziehen und beginnen müssen. Global denken, lokal handeln. Sie müssen im eigenen Hinterhof beginnen. Beginne da und sieh, wie weit du damit kommst. Es wird von niemanden anderem kommen als von uns selbst.

P.W. Ich habe erreicht, daß die Menschen hinsehen. Ich hatte einige Gelegenheiten, unglaublich ungewöhnliche Projekte zu entwickeln. Die Leute sahen es sich interessiert an und entschlossen sich, es nicht zu realisieren. Soweit bin ich gekommen, aber ich war nicht der erste. Immerhin habe ich den Punkt erreicht, wo ich es probieren durfte, und ich hoffe, daß ich eines Tages ein Stück davon auch einmal verwirklichen kann.

Biographie und Werkverzeichnis
(Auswahl)

Martha Schwartz wurde 1950 in Philadelphia/Pennsylvania geboren.
Sie lebt und arbeitet in Boston/Massachusetts.

1973	Bachelor of Fine Arts an der University of Michigan, Ann Arbor/Michigan
1974–1977	Landschaftsarchitekturstudium an der University of Michigan, Ann Arbor/Michigan und an der Harvard University Graduate School of Design

Büro für Landschaftsarchitektur und Lehrtätigkeit (Auswahl):

1976–1982	Mitarbeit in der Bürogemeinschaft Sasaki, Walker and Associates (SWA) in Boston/Massachusetts
1982–1984	Büro Martha Schwartz Incorporated in Boston/Massachusetts
1984–1990	Bürogemeinschaft Peter Walker/Martha Schwartz Landscape Architects in New York und San Francisco
1990–1992	Bürogemeinschaft Martha Schwartz/Ken Smith/David Meyer, Incorporated in San Francisco
seit 1992	Martha Schwartz, Incorporated in Cambridge/Massachusetts und San Francisco
seit 1991	Adjunct Professor an der Harvard University Graduate School of Design
Gastdozentin an der Rhode Island School of Design und an der University of California in Berkeley/Kalifornien
Teilnahme an zahlreichen internationalen Workshops, Symposien und Gastvorlesungen.
Mitarbeit an zahlreichen Art Commissions in den USA.

Auswahl realisierter Projekte:

1979	„The Bagel Garden" in Boston/Massachusetts
1986	„Splice Garden", Whitehead Institute for Biomedical Research in Cambridge/Massachusetts
1982–1987	„Jailhouse Garden", King County in Seattle/Washington
1986–1988	Center for Innovative Technology in Fairfax/Virginia mit Architekten Arquitectonica International
1987	International Swimming Hall of Fame in Fort Lauderdale/Florida mit Architekten Arquitectonica International
1987–1988	Rio Shopping Center in Atlanta/Georgia mit Architekten Arquitectonica International
1989–1990	Innenraumgestaltung Becton Dickinson Immunocytometry Division in San José/Kalifornien mit Architekten Gensler Associates, Inc.
1990–1991	The Citadel, City of Commerce/Kalifornien mit Architekten The Nadel Partnership
1990–1991	Fukuoka International Housing, Site B–4 mit Architekt Mark Mack
Hausgarten Dickinson in Santa Fé/New Mexico mit Architekt Steven Jacobson
ab 1992	Neugestaltung der Jacob Javits Plaza in New York City
1994	Innerer Hafen Baltimore, West Shore and Rash Field Competition (Wettbewerbsgewinn) mit Architekten Design Collective Inc.
1994–1995	Hausgarten Davis in El Paso/Texas
Neugestaltung Hud Plaza (Entwurf) in Washington D.C. mit Architekten architrave p.c.

Zahlreiche internationale Auszeichnungen

Literaturauswahl

Schwartz, M.: „Landscape and Common Culture Since Modernism", in: Architecture California Vol.14, 1992

Schwartz, M.: „Parc de la Citadelle", in: Pages Paysages No.4, 1992

Roche-Soulie, S./Roulet, S.: Piscine. Paris 1992

Schwartz, M.: „Our Culture and the Art for Public Spaces", in: Stichting Conferentie Artivisual Landscapes (Hrsg): International IFLA Conference 1992. Den Haag 1992

Schwartz, M.: „Landscape and Common Culture Since Modernism", in: Treib, M. (Hrsg): Modern landscape architecture: a critical review. Berkeley 1993

Zahlreiche Artikel in internationalen Fachzeitschriften für Landschaftsarchitektur, vor allem in Landscape Architecture, Progressive Architecture (USA).

Biographie und Werkverzeichnis
(Auswahl)

Peter E. Walker wurde 1932 in Pasadena/Kalifornien geboren.
Er lebt und arbeitet in San Francisco.

1955	Bachelor of Science in Landscape Architecture, University of California, Berkeley
1955–1956	Graduate Study in Landscape Architecture an der University of Illinois
1957	Master of Landscape Architecture an der Harvard University Graduate School of Design

Büros für Landschaftsarchitektur (Auswahl):

1957	Mitbegründer der Bürogemeinschaft Sasaki, Walker and Associates (SWA) in Watertown/Massachusetts
1975	Gründung des SWA-Büros in San Francisco
1983	Gründung der Bürogemeinschaft Peter Walker/Martha Schwartz Landscape Architects in New York und San Franciso
ab 1992	Bürogemeinschaft Peter Walker, William Johnson and Partners in Berkeley
seit 1958	Lehrtätigkeit an der Harvard University Graduate School of Design. Gastprofessor an zahlreichen internationalen Universitäten

Auswahl realisierter Projekte:

1957–1960	Foothill College, Los Altos/Kalifornien mit Architekten E. J. Kump and Associates und Masten and Hurd Associates
1972	Weyerhaeuser Company Corporate Headquarters in Tacoma/Washington mit Architekten Skidmore, Owings & Merrill
1983	Burnett Park, Fort Worth/Texas
1984	Tanner Fountain, Harvard University in Cambridge/Massachusetts IBM Clearlake in Clearlake/Texas Herman Miller Incorporated in Rockland/Kalifornien
1984–1989	IBM Solana Westlake and Southlake in Dallas/Texas
1989	Centrum Redwood City/Kalifornien
1990	Außenanlagen beim Olympischen Dorf in Barcelona
1991	IBM Japan Makuhari Building in Makuhari, Chiba Prefecture, Japan mit Architekten Taniguchi and Associates und Nihon Sekkei Inc.
1991–1993	Ayala Triangle im Makati District, Manila mit Architekten Skidmore, Owings & Merrill
1993	Europa-Haus, Frankfurt (Entwurf) mit Architekten Jahn/Murphy
1992–1993	Longacres Park in Renton/Washington mit Architekten Skidmore, Owings & Merrill Principal Mutual Life Insurance Company in Des Moines/Iowa mit Architekten Jahn/Murphy
1993	Center for Advanced Science and Technology in Harima Science Garden City, Hyogo Prefecture, Japan mit Architekt Arata Isozaki
1994	Außenanlagen und Innenraumgestaltung Kempinski-Hotel, Flughafen München mit Architekten Jahn/Murphy

Zahlreiche internationale Auszeichnungen und Wettbewerbserfolge, darunter:

1988	Marina Linear Park, San Diego/Kalifornien
1992	Federal Triangle, Washington Clark County Administration Complex/Nevada
1993	Industrial and Commercial Bank of China, Peking T.F. Green Airport, Rhode Island Sony Center, Berlin

Literaturauswahl

Process Architecture Nr. 85: Peter Walker: Landscape as Art. Tokyo 1989
Dillon, D.: „Peter Walker. Solana, un grande parco nel Texas", in: Domus 746, 1993, S. 70–77
Process Architecture Nr. 118: Peter Walker, William Johnson and Partners. Tokyo 1994
Walker, P./Simo, M: Invisible Gardens. The Search for Modernism in the American Landscape. Massachusetts 1994
Yamagiwa Corporation (Hrsg): The Way of Collaboration. Peter Walker, William Johnson and Partners. Tokyo 1994 (Ausstellungskatalog)
Zahlreiche Artikel in vielen internationalen Fachzeitschriften für Landschaftsarchitektur.

Bildnachweis

Freundlicherweise von Martha Schwartz und Peter Walker zur Verfügung gestellt:
Art on File: 221
Pamela Palmer: 219
Rion Rizzo: 214 m.
Büro Martha Schwartz Inc.: 212, 217 re., 218, 220, 224, 225
Büro Peter Walker, William Johnson and Partners: 208 u., 210, 211 re., 217 li.
Jay Venezia: 205
Alan Ward: 206, 207, 213, 214 o., 222
außerdem:
Udo Weilacher: 208 o., 209, 211 li.

Hyperrealistische Schocktherapie – Adriaan Geuze

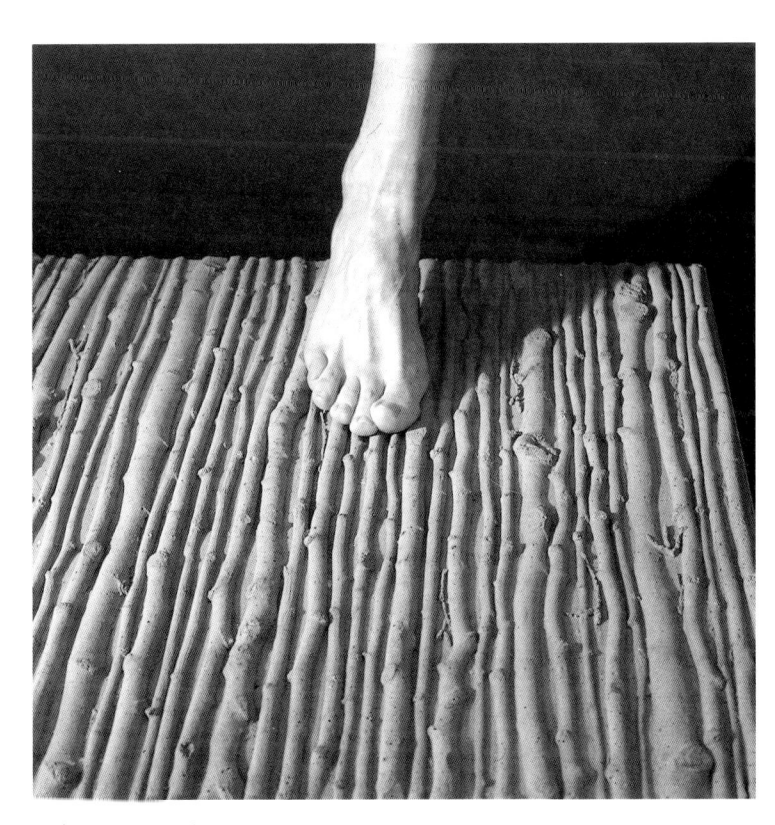

Anthrazitfarbene Platten mit dem Abdruck fossiler Birkenzweige für den Parkplatz der V.S.B.-Bank in Utrecht, 1995.

Wer die Arbeit des Landschaftsarchitekten Adriaan Geuze verstehen will, muß den Charakter und die Entstehungsgeschichte der niederländischen Landschaft kennen. Sie ist ein Produkt des jahrhundertelangen Kampfes des Menschen mit den Naturgewalten der See, der man mit Dämmen und Poldern nutzbares, besiedelbares Land abtrotzte. Das hatte nicht nur einen hohen Grad der Urbanisierung zur Folge, sondern führte auch zur charakteristisch funktionalen, meist linearen Strukturierung des flachen Landes. Der rational-technologisch geprägte Umgang mit Natur und Umwelt bestimmte auch die niederländische Landschaftsarchitektur. Während jedoch in den siebziger und achtziger Jahren eine meist defensiv agierende Landschaftsarchitektur dem zügellosen Wachstum der Städte Einhalt gebieten wollte, etabliert sich derzeit eine neue Generation von Landschaftsarchitekten, die mit offensiven Planungsansätzen das Profil heutiger Landschaftsgestaltung schärfen und aktiv in die aktuellen Problemzonen urbaner und landschaftlicher Umweltgestaltung eingreifen will.

Adriaan Geuze, Gründer des niederländischen Planungsbüros West 8 in Rotterdam, zählt zur jungen, experimentierfreudigen Avantgarde der europäischen Landschaftsarchitektur. Geuzes Entwürfe entspringen dem charakteristischen Verhältnis der Niederländer zu ihrer Landschaft und sind zugleich gekennzeichnet durch kraftvolle Einfachheit und ihr offenes Bekenntnis zur ungeschminkten Ästhetik der Massenkultur. Viele sehen in den Projekten von West 8 die beispielhaft gelungene Symbiose zwischen Kunst, Ökologie und Landschaftsarchitektur. Andere sprechen angesichts radikaler Entwurfslösungen von offener Provokation. Es ist nahezu unmöglich, Geuzes charakteristisches Profil als Landschaftsarchitekt zu beschreiben, denn dazu ist der 1960 geborene Niederländer, auch nach eigenem Empfinden, noch viel zu sehr im Stadium einer Entwicklung, deren Ende nicht absehbar ist.

Eines der ersten Projekte von West 8, die landschaftsarchitektonische Bearbeitung der großen Sanddepots des 8 km langen *Oosterschelde-Wehrs*, gehört zu den spannendsten Arbeiten der jungen Planer aus Rotterdam und verdeutlicht den Versuch, gestalterische, ökonomische und ökologische Faktoren sinnvoll miteinander zu kombinieren. Als das gigantische Sperrwerk 1986 in Betrieb genommen wurde, blieben unter anderem die aufgeschütteten Flächen der Arbeitsinseln zurück, die das Rotterdamer Büro im Auftrag des Rijkswaterstaat, des niederländischen Ministeriums für Verkehr und Wasserwirtschaft, gestalten sollte. 1991/92 wurde ein erster, 2,5 ha gro-

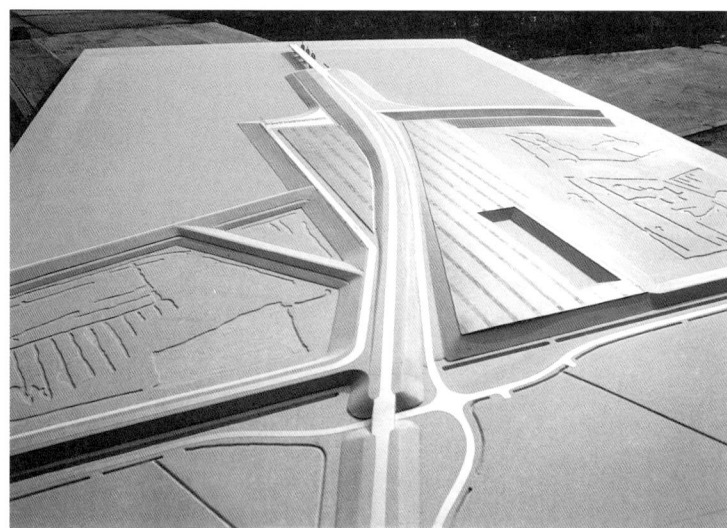

Der *Oosterscheldedamm* wurde 1986 in Betrieb genommen. Die computergesteuerten Sturmflutfallen können bei Sturmflutgefahr auf 8 km Länge den Zugang zur Nordsee abriegeln.

[1] Geuze, A. in: Koenigs, T. (Hrsg): „Stadt-Parks". Frankfurt 1993; S. 39

ßer Bauabschnitt am nördlichen Ansatzpunkt des Wehrs realisiert. Es entstand der erste Teil des „größten lebenden Zen-Gartens"[1] aus schwarzen Miesmuschelschalen und weißen Herzmuschelschalen – Abfälle der nahegelegenen Muschelindustrie. Die strenge, streifenförmg gemusterte Deckschicht des eingeebneten Plateaus signalisiert deutlich die Künstlichkeit des Eingriffs, sie steht in klarem Kontrast zur weichen Küstenlinie und ist eine eindeutige Absage an die ursprünglich geforderte Imitation echter Natur. Geuze plant für den alltäglichen Nutzer, und so stellen Maßstab und Arrangement der Anlage die Beziehung zum vorbeirasenden Autofahrer her, der plötzlich den weiten Blick über das Meer und das auffällige Farbenspiel des Plateaus erlebt. Für Adriaan Geuze steht eine Sensibilisierung des Menschen für seine eigene, alltägliche Umwelt im Mittelpunkt, die sich jedoch nicht romantisch verklärter Bilder des 19. Jahrhunderts bedient, sondern die Potentiale des Alltäglichen, manchmal Vulgären nutzt und überhöht.

Es überrascht, daß der rebellische Landschaftsarchitekt seinen scheinbar radikal ästhetisch und funktional geprägten Projekten auch ökologische Qualitäten zuweist. Die Vorstudien zu zahlreichen Projekten befassen sich eingehend mit den ökologischen Rahmenbedingungen vor Ort. Die Muschelflächen am *Oosterschelde-Wehr* bieten verschiedenen Seevogelarten gute Voraussetzungen als Brutareal. Ökologische Planung muß also nicht zwangsläufig mit der Imitation des Natürlichen verbunden sein, um zu funktionieren, vielmehr, so Geuze, gelinge es der Natur selbst in gewissem Umfang,

Der nördliche Ansatz des *Oosterscheldedamms* im Modell von West 8.

Adriaan Geuze

sich mittels evolutionärer Strategien den Lebensräumen des Menschen anzupassen. Geuzes Arbeit basiert aber nicht nur auf einem veränderten Naturverständnis, vielmehr haben sich in seinen Augen auch das Verhalten des Menschen, seine Umweltansprüche, sein Lebensstil und sein Selbstverständnis so stark gewandelt, daß das alte Leitbild des städtischen Grünraumes, insbesondere des Stadtparks des 19. Jahrhunderts, endgültig ausgedient habe. Der Mensch des ausgehenden 20. Jahrhunderts ist selbstbewußt, mobil, nutzt intelligent die Potentiale neuer Medien, neuer Technologien und nimmt erfinderisch alle Arten von Freiräumen in Besitz. „Das zeitgenössische Leben ist ständige Flucht", stellt Geuze fest, und „die neue Stadt erzeugt (...) eigene Fluchtwege".[2] Öffentlichkeit, Angebote zur Selbstdarstellung und Ausdruck des aktuellen Zeitgeistes gelten als wichtige Parameter für die Entwicklung und Erfindung neuer Freiräume. Das Projekt für den Rotterdamer Theaterplatz, den 15 000 m² großen *Schouwburgplein* im Zentrum der lebhaften Hafenmetropole, verdeutlicht, was Geuze unter hyperrealistischer Schocktherapie versteht: Die Dinge werden in ihrer ungeschminkten Realität gezeigt, hier als Szenarium der Leere. Unter dem Platz befindet sich eine Tiefgarage, also wird die Fläche auch wie ein Dach, wie eine künstliche Oberfläche behandelt, mit Stahlplatten und Lochblechen belegt, von Abluftschächten und Einfahrten perforiert und mit mobilem Containergrün bestückt. Lochgitter

[2] Geuze, A. in: Uitgeverij Thoth (Hrsg): „Modern Park Design". Amsterdam 1993; S. 47

Schwarze Miesmuschelschalen und weiße Herzmuschelschalen, Abfallprodukt der Muschelindustrie, verarbeitete West 8 zu einer eindrucksvollen Kunst-Landschaft.

lassen nachts eine Milchstraße aus Licht entstehen, und bizarre, monumentale Lichtmasten sorgen für ein bizarres Ambiente, eine Mischung aus Unter- und Überirdischem, die vom Benutzer bewußt erobert und interpretiert werden soll. Dazwischen reagieren einige Elemente des Platzes auf natürliche Einflüsse, korrodieren und erodieren im Laufe der Zeit durch die Nutzung oder verändern ihren Charakter in direkter Abhängigkeit von den Witterungsbedingungen, wie die Fontänen, die je nach Außentemperatur in unterschiedliche Höhe sprühen. Der Platz soll stets in Veränderung sein, soll ein Bild von der Diskontinuität und Veränderbarkeit der Welt wiedergeben, der sich der Mensch immer wieder anpassen muß.

Was prägte Ihren engen Bezug zur niederländischen Landschaft?

Man kann sagen, daß ich waschechte holländische Wurzeln habe. Mein Vater war in seiner Jugend Diesel-Ingenieur, und mein Großvater war Deichbauingenieur. Er erzählte mir viel über den Deichbau und den Wasserbau, und das hat mich schon als kleiner Junge sehr inspiriert. Ich absolvierte in Holland ein traditionelles, klassisches Landschaftsarchitekturstudium, das genauso fundiert ist wie in Deutschland, Dänemark oder Frankreich, aber eben typisch holländisch: Niederländische Landschaftsarchitektur basiert auf der Frage, wie Land aus dem Nichts, dem Wasser zu gewinnen ist. Landschaftsarchitektur ist hier also kein Luxus, sondern eine existentielle Notwendigkeit. Das Studium war eine echte Katastrophe, denn die Landschaft war irgendwie in mir, und ich hatte Probleme mit dem wissenschaftlichen Ansatz. Im Laufe meiner Ausbildung verbrachte ich viel Zeit mit dem Studium von Architektur, die mich sehr interessierte. Insbesondere die Arbeit der russischen Konstruktivisten faszinierte mich so sehr, daß ich alles las, was ich darüber finden konnte, und sogar nach Moskau reiste. Ich arbeitete in Amsterdam, um das Geld für die Ausbildung zu verdienen, und machte nach etwa zwei Jahren mein Diplom.

Ich entschied mich spontan, nach Rotterdam zu gehen, um mich hier am Hafen niederzulassen. Ich wollte mich in meiner Arbeit als Landschaftsarchitekt durch all die Dinge, die Sie da draußen im Hafen sehen können, inspirieren lassen. Ich denke, daß West 8 damit der holländischen Landschaftsarchitektur einen wichtigen Impuls gegeben hat, denn wir definierten Landschaft auf zeitgenössische Art und Weise. Wir lieben die Massenkultur, wir lieben die Hafenkultur, die technischen Effekte, wir lieben die Ästhetik des Non-design. Diese Art der Wahrnehmung, unsere veränderte Sichtweise, führt zu vielen neuen Ideen im Umgang mit Landschaft. Wir sind nicht wie viele andere unserer holländischen Kollegen mit Vorbehalten in bezug auf Form und Mode belastet. Viele orientieren sich an den Pariser Gärten und Parks oder an den Plätzen in Barcelona. Wir sind statt dessen sehr eifrig dabei, eine neue, ungewöhnliche Hyperrealität zu formulieren. Das ist eine Art Stil, jedenfalls ein Leitthema unserer Arbeit.

Ein umgenutztes Gebäude im Rotterdamer Hafen dient den jungen Planern von West 8 als Büro.

Gibt es Beispiele aktueller europäischer Landschaftsarchitektur, die Sie besonders schätzen?

Ja, ich bin wirklich begeistert von der dänischen Landschaftsarchitektur. Den Dänen gelingt es, sehr einfache Landschaften von sehr schöner Textur mit sehr wenigen Elementen zu schaffen. Sie kennen sich außerdem sehr gut in der Pflanzenverwendung aus. Viele der Arbeiten von Sven-Ingvar Andersson sind ein gutes Beispiel dafür. Der gesamte Ansatz ist richtungsweisend. Auch einige Beispiele französischer Landschaftsarchitektur mag ich sehr, etwa die Arbeit des 1991 verstorbenen Yves Brunier, der für mich einer der besten jungen französischen Landschaftsarchitekten war. Ich mag auch einige der Projekte in Barcelona wegen der gelungenen Integration von Architektur und Kunst.

Gibt es Verbindungen Ihrer Arbeit zur traditionellen Gartenkunst?

Ja, natürlich. Ich fühle mich der frühen modernen holländischen Landschaftsarchitektur sehr verbunden. Bis etwa 1950 gab es in Holland keine eigenständige Landschaftsarchitektur. Dann begannen die ersten holländischen Landschaftsarchitekten nach dem Vorbild des Deutschen Leberecht Migge zu arbeiten, aber mit dreißigjähriger Verspätung. Die Vertreter dieser Generation aus den Fünfzigern und Sechzigern inspirierten mich wirklich. Danach verliert sich für mich der Faden in Holland. Ich habe keine Wurzeln in den folgenden Jahrzehnten.

Viele zeitgenössische Landschaftsarchitekten stellen noch immer einen engen Bezug zur italienischen Renaissance, dem französischen Barockgarten und den englischen Landschaftsgärten her. Ist das nur Geschichte für Sie?

Nein, aber ich bin nun mal ein holländischer Hyperrealist, auch in gewissem Maß ein Funktionalist. Zugleich liebe ich die Pop Art, weil sie sich mit der Massengesellschaft befaßt. Schließlich arbeite ich hier in der Randstad, wo etwa sechs Millionen Menschen auf engstem Raum leben. Es gibt hier kein einziges Fleckchen Erde mehr, das nicht mindestens bereits zehnmal bearbeitet wurde. Die ganze Landschaft ist „manmade", und ich liebe sie. Ich kenne nicht das Bedürfnis, immer wieder ökologische Naturerfahrungen zu machen.

Wenn man sich Ihre Projekte ansieht, würde man auf den ersten Blick nicht darauf kommen, Sie mit Ökologie in Verbindung zu bringen.

Ich bin in Ökologie ausgebildet worden, kenne unsere Landschaft und die Natur, die nordwesteuropäische Natur. Ich kenne mich mit Flora, Fauna und den ökologischen Kreisläufen aus. Ich kann eine Boden- oder Vegetationskarte lesen und bin in der Lage, mit botanischen Bezeichnungen zu arbeiten. Ich esse aber auch Pommes frites mit Mayonnaise und fahre auf Asphalt. Das schließt sich nicht aus.

Um die Entwicklung Ihrer Arbeit besser zu verstehen, würde mich die Entstehung von West 8 interessieren.

Nach der Ausbildung gründete ich sofort ein Büro in Rotterdam und suchte nach geeigneten

Adriaan Geuze

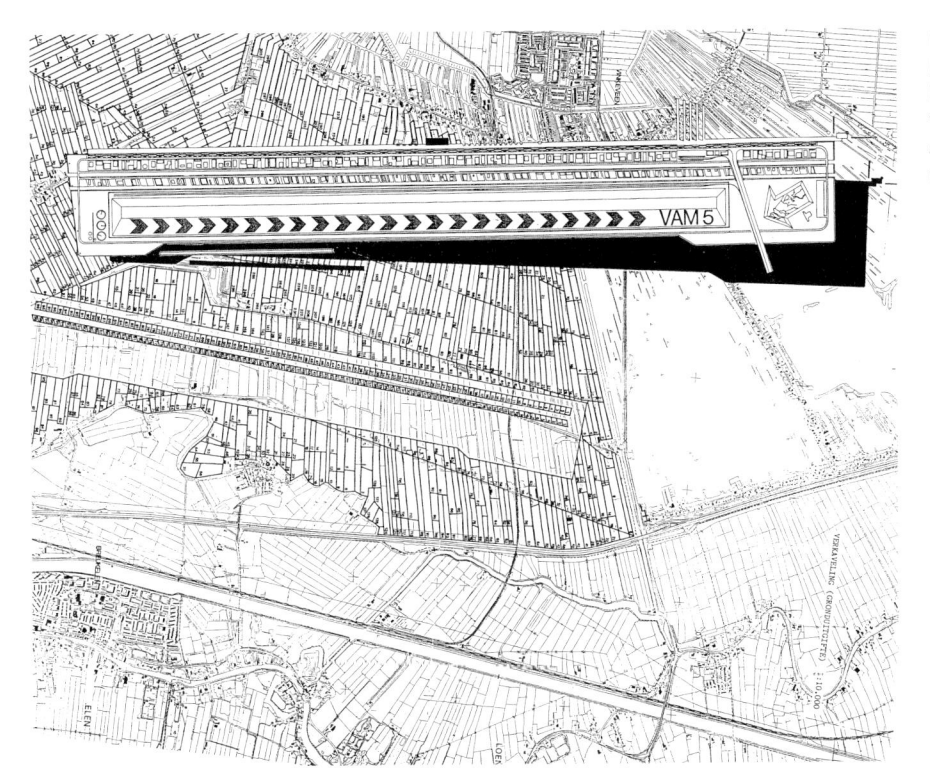

Plan von *VAM 5*, ein großes Müllentsorgungsprojekt in der Nähe von Breukelen-Vinkeveen. Das Projekt brachte Adriaan Geuze die Auszeichnung Prix de Rome 1990 ein.

VAM 5, Modellfoto. West 8 plante eine 5 Kilometer lange und 640 Meter breite Müll-Insel als Teil eines Freizeitgeländes.

Adriaan Geuze

Räumlichkeiten im Hafen. Mit meinem letzten Geld kaufte ich ein Telefon und fragte zwei Leute, ob sie mit mir arbeiten wollten. Einen Tag, nachdem wir das Telefon hatten, quartierten wir uns im Hotel New York, dem ehemaligen Hauptsitz der Holland-Amerika-Schiffahrtslinie ein. Das Gebäude war ziemlich heruntergekommen, und deshalb mußten wir kaum Miete zahlen. Irgendwann klingelte das Telefon, und wir hatten einen Forschungsauftrag in Rotterdam. Ich weiß nicht, wie das passierte. Nach drei Jahren gewann ich den nationalen Preis für Landschaftsarchitektur und Stadtplanung, den *Prix de Rome 1990*, und von da an waren wir über Nacht bekannt. Ich gewann einige Preise, und wir hatten einfach Glück. Wir arbeiteten wirklich Tag und Nacht.

Die ersten fünf Jahre produzierten wir nur Papier. 1992 hatten wir zum ersten Mal die Gelegenheit, etwas zu bauen. Das Projekt am *Oosterscheldedamm*, eine unserer ersten realisierten Arbeiten, war eher ein Ausnahmefall. Natürlich spielten auch meine Lehraufträge in verschiedenen Schulen eine wichtige Rolle: Schulen für Architektur, Stadtplanung, Innenarchitektur, Industriedesign, in Amsterdam, in Rotterdam, in Deutschland, in Belgien, in Barcelona, in Paris. In kürzester Zeit wurde ich mit vielen Leuten bekannt und bekam Angebote zur Zusammenarbeit. Wir arbeiten viel mit jungen Leuten, verrückten Menschen, und manchmal kann man die Energie, die dabei im Spiel ist, nicht mehr kontrollieren. Sie können das an unseren Entwürfen sehen: Da ist immer etwas Spezielles, wir erreichen immer einen ganz bestimmten Punkt in unseren Projekten. In unserem Büro sind heute drei Architekten, zwei Industrial Designer und ein Botaniker beschäftigt.

Wie funktioniert in Ihrem Büro die Zusammenarbeit mit Künstlern?

Ich verstehe es recht gut, Strategien im großen Maßstab zu entwerfen, den Kontext zu analysieren. Der Künstler versteht, wenn ich über verschiedene Farben der Muscheln rede, und kennt die Bedeutung dieses Ausdrucks. Hätten wir einen Land Art-Künstler damit beauftragt, ein Objekt für den *Oosterscheldedamm* zu entwerfen, wäre das sicherlich eine lächerliche Sache geworden, eine Skulptur oder so etwas. Jetzt ist die Gestaltung eher als Bündel aus überlagerten Schichten entstanden. Als Landschaftsarchitekt entwickelt man ein Konzept und bietet anderen Beteiligten in dieser Struktur die Möglichkeit, ein eigenes Element zu formulieren. Das Element bekommt dadurch eine echte Bedeutung, denn es ist Teil des Spiels und bleibt nicht nur ein isoliertes Etwas. Dieser Verbund ist meines Erachtens ein wesentlicher Grund für den Erfolg unserer Arbeit.

Wie würden Sie Ihr Selbstverständnis als zeitgenössischer Landschaftsarchitekt beschreiben?

Ich bin noch jung, stecke noch in der Entwicklung, deshalb ist mein Selbstverständnis noch nicht so präzise beschreibbar. Andererseits fühle ich mich schon jetzt in meiner Arbeit für etwas verantwortlich, das man Deutschen, glaube ich, Versöhnung nennen. Ich möchte den Menschen wieder ihre eigene zeitgenössische Landschaft nahe bringen. Ich will nicht wieder neue Illusionen schaffen, die das Vorurteil bekräftigen, daß unsere Landschaft kaputt sei, daß unsere Gesellschaft schlecht sei, daß wir die Landschaft zerstören, daß wir die ganze Erde verändern, daß wir bald sterben werden, uns schützen müssen und unsere Landschaft bewahren müssen. Dieser Pessimismus liegt mir nicht. Ich finde es lächerlich, sich in Holland so zu verhalten, und ich bin stolz auf diese herrliche Landschaft, die von Menschen geschaffen wurde. Ich meine das wirklich ernst: Wenn wir weiterhin einfache und kraftvolle Eingriffe in der Landschaft vornehmen – so wie es seit sechshundert Jahren in Holland Tradition ist – nicht um der Freude und

Der Planausschnitt des „grünen Flughafens" *Schiphol* von 1995 zeigt deutlich die Strategie der „grünen Guerilla": die Bepflanzung aller verfügbaren Freiflächen mit insgesamt 130 000 Birken, 26 ha Klee, 1 925 000 Blumenzwiebeln.

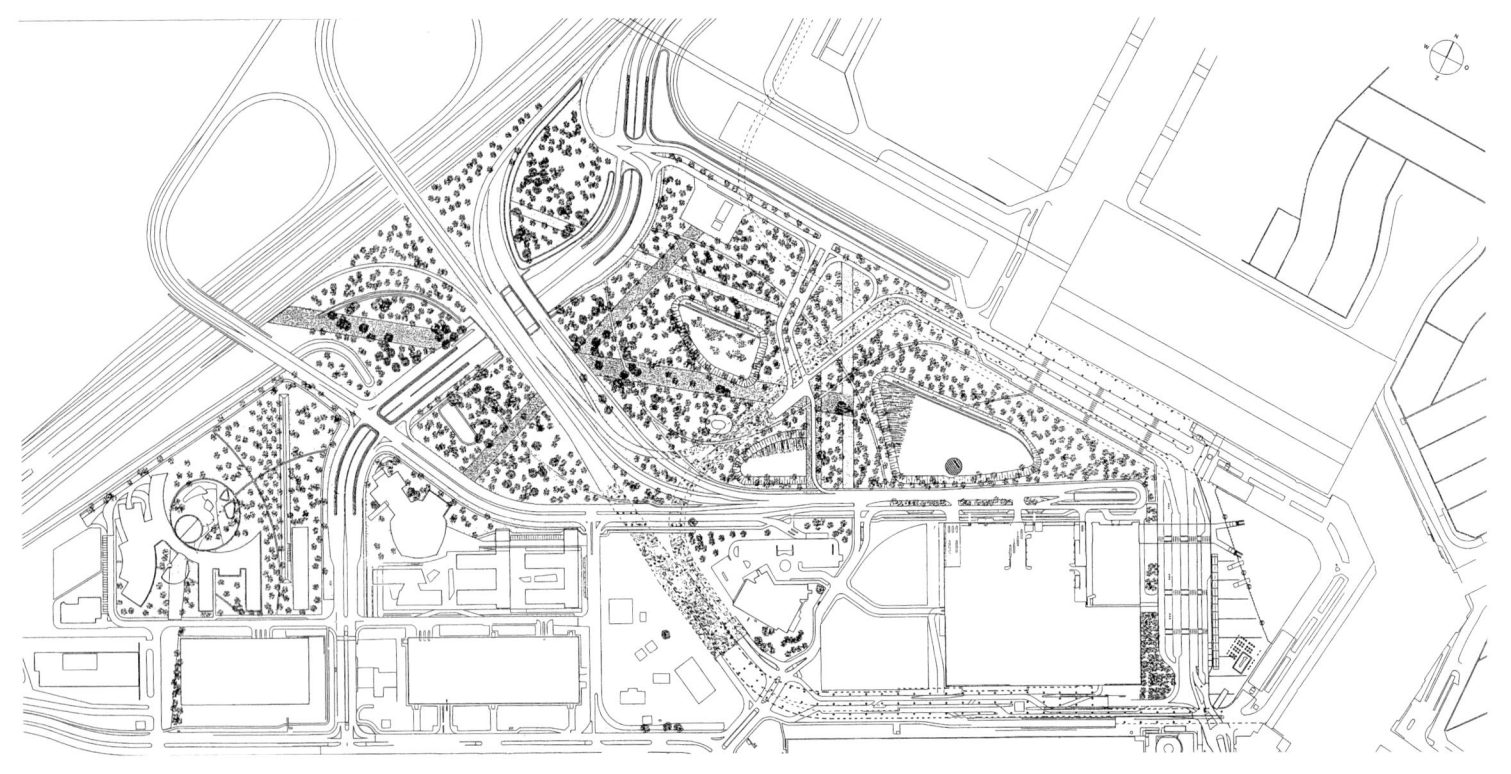

Temporärer Garten im Innenhof eines Flughafengebäudes in *Schiphol*: weißer Birkenstamm in dunkelgrauem Schotter, hellgraue Betonplatten und rote Ziegelscherben.

Die Honigproduktion im Birkenwald des Flughafens *Schiphol* als Collage und …

… in Realität

Ein Schachbrettmuster aus weißen und roten Tulpen zwischen den Rollbahnen des Flughafens *Schiphol*.

Adriaan Geuze

des Designs willen, sondern um der Funktion willen, dann werden wir sicher auch in Zukunft diese Landschaft weiter entwickeln.

Ist die manipulative Einstellung zur Natur typisch für die Niederlande? Welche Bedeutung hat der Begriff Natur für Sie?
Das ist eine schwere Frage. Ich bin Landschaftsarchitekt mit Leib und Seele und liebe die Natur sehr. Manchmal glauben die Leute, daß wir uns über die Natur lustig machen; das ist nicht wahr. Wir haben großen Respekt vor der Natur, und wir kennen sie gut. Wir kennen die ökologischen Grundlagen der Landschaft genau. Wir wissen, welche Biotope sich im Planungsgebiet befinden, wie das Zusammenwirken von Vegetation und Boden funktioniert, und kennen den Einfluß des örtlichen Mikroklimas. Ich glaube zugleich fest an den Erfolg der Evolution, an das Überleben der Natur. Ich denke, daß wir wegen unserer Kenntnisse in gewissem Umfang fähig sind, die Natur zu gestalten. Landschaftsarchitektur bedeutet immer Veränderung der Natur, aber die meisten Landschaftsarchitekten wollen das nicht wahr haben. Selbst Laissez-faire ist eine Art der Gestaltung. Ein Landschaftsarchitekt verändert mit seinen Eingriffen immer die Natur, auch wenn er es wissenschaftlich angeht. Wenn wir uns dessen bewußt sind, können wir mit Gestaltung ganz anders, viel freier umgehen.

Es gibt verschiedene Autoren, die Ihre Arbeit mit Land Art in Verbindung bringen. Sie sprachen andererseits über Ihre Begeisterung für die Pop Art. Wie definieren Sie aus eigener Sicht Ihre Position?
Die Pop Art der sechziger Jahre ist für mich eine Inspiration, weil die Künstler für ihre Kunstobjekte absolut schreckliche, banale Alltagsmaterialien verwendeten. Sie signalisierten damit deutlich ihre Liebe für das eigene Zeitalter. Natürlich machten sie sich über ihre Epoche auch lustig, und trotzdem liebten sie sie genauso, wie wir Flughäfen und wunderschöne Autobahnen lieben. Das sind Elemente unserer Gesellschaft, wir gehen täglich damit um, also sollten wir diese Dinge als eine Art des Ausdrucks für unseren Umgang mit Natur ernst nehmen.
Man beauftragte uns beispielsweise mit der Begrünung der Anlage des *Flughafens Schiphol*, der um mehr als das Drei- bis Vierfache erweitert wurde. Derzeit umfaßt das Gelände eine Fläche von mehr als 2000 Hektar. Wir erklärten, daß wir den Flughafen zwar preisgünstig begrünen könnten, wollten aber zuvor die gesamte Vegetation des neunzehnten Jahrhunderts abräumen. Wir rodeten also Rosen und Sträucher und begannen mit der Pflanzung von Bäumen, nachdem wir mit dem staatlichen Forstinstitut eine vorbereitende ökologische Studie durchgeführt hatten, die die günstigste Vegetation für den Standort empfahl. Eine bestimmte Birkenart, nämlich Betula pubescens, wurde vorgeschlagen. Wir pflanzten sechs Jahre lang Hunderttausende dieser Bäume als leichte Heister, ohne einen festen Pflanzplan. Jeder freie Fleck wurde bepflanzt: auf dem Mittelstreifen der Straßen, vor Verkehrsschildern, auf Kabeltrassen, sogar vor den Terminals, den Hangars und so weiter. Wir waren eine Art grüne Guerilla, und man bekämpfte uns überall dort, wo Bäume angeblich störten.

Um den Bäumen ein besseres Wachstum zu ermöglichen, pflanzten wir als Gründüngung Klee unter den Baumbestand. Sie wissen, daß Klee Stickstoffbinder ist. Die Bäume wuchsen besser, und wir erzeugten ein Mikroklima, das eine Menge Insekten und Vögel anlockte. Dann beauftragten wir einen Imker mit der Aufstellung von Bienenkästen. Überall sausen jetzt die kleinen Helikopter herum und tragen zur Verbreitung des Klees bei. Wir starteten gewissermaßen einen winzigen ökologischen Kreislauf, und mit dieser Strategie verbesserten wir die Situation maßgeblich. Alle sind zufrieden. Das Gebiet wird von Jahr zu Jahr grüner. Das ist für mich Landschaftsarchitektur: die Entwicklung einer guten Strategie zur Verbesserung der Landschaft. So eine Landschaft kann nicht in einem Jahr entwickelt werden, sondern sollte vielleicht zwanzig Jahre lang wachsen können.

Das *Oosterschelde-Projekt* ist in meinen Augen ein weiteres Beispiel für einen Ansatz, der Ökologie und Gestaltung auf neue Art miteinander verbindet. Nachdem die umfangreichen Bauarbeiten am Osterscheldedamm beendet waren, war die ganze Gegend belastet mit Müll und Schrott. Die Baustelle wurde nie aufgeräumt, weil das Geld dafür nicht mehr reichte. Riesige Docks, kilometerlange Deiche, die nur während der Bauphase genutzt wurden und heute keinen Zweck mehr erfüllen, waren übrig geblieben. Zwischen all dem Müll gab es eine riesige Menge Sand, der in drei oder vier großen Depots gelagert wurde. Ursprünglich war an dieser Stelle eine Autobahn geplant, die jedoch nie gebaut wurde.
Man beauftragte uns also mit den Aufräumungsarbeiten, um die Unordnung zu beseitigen, und wir sollten nebenbei auch gleich die landschaftliche Gestaltung übernehmen. Man schlug uns vor, auf der falschen, der inneren Seite des Damms, künstliche Dünen zu errichten. Das war lächerlich. Wir fanden es außerdem langweilig, dort entlang zu fahren und nie das Meer zu sehen. Sechs Milliarden Gulden gaben wir Niederländer für den Bau dieses idiotischen Dammes aus und verbauten uns mit viel Stahl und Beton den Blick aufs Meer. Die Landschaft ist ruiniert. Die Oosterschelde ist heute zwar ein Naturschutzgebiet, aber man kann weder das

Zen-Natur am Rande der Nordsee. *Oosterschelde-Projekt* von West 8.

Ein Naturreservat an der Oosterschelde, gestaltet von West 8 als gestreifter Teppich aus schwarzen und weißen Muscheln. Dienstag, 28. Juli 1992, 21.11 Uhr.

Adriaan Geuze

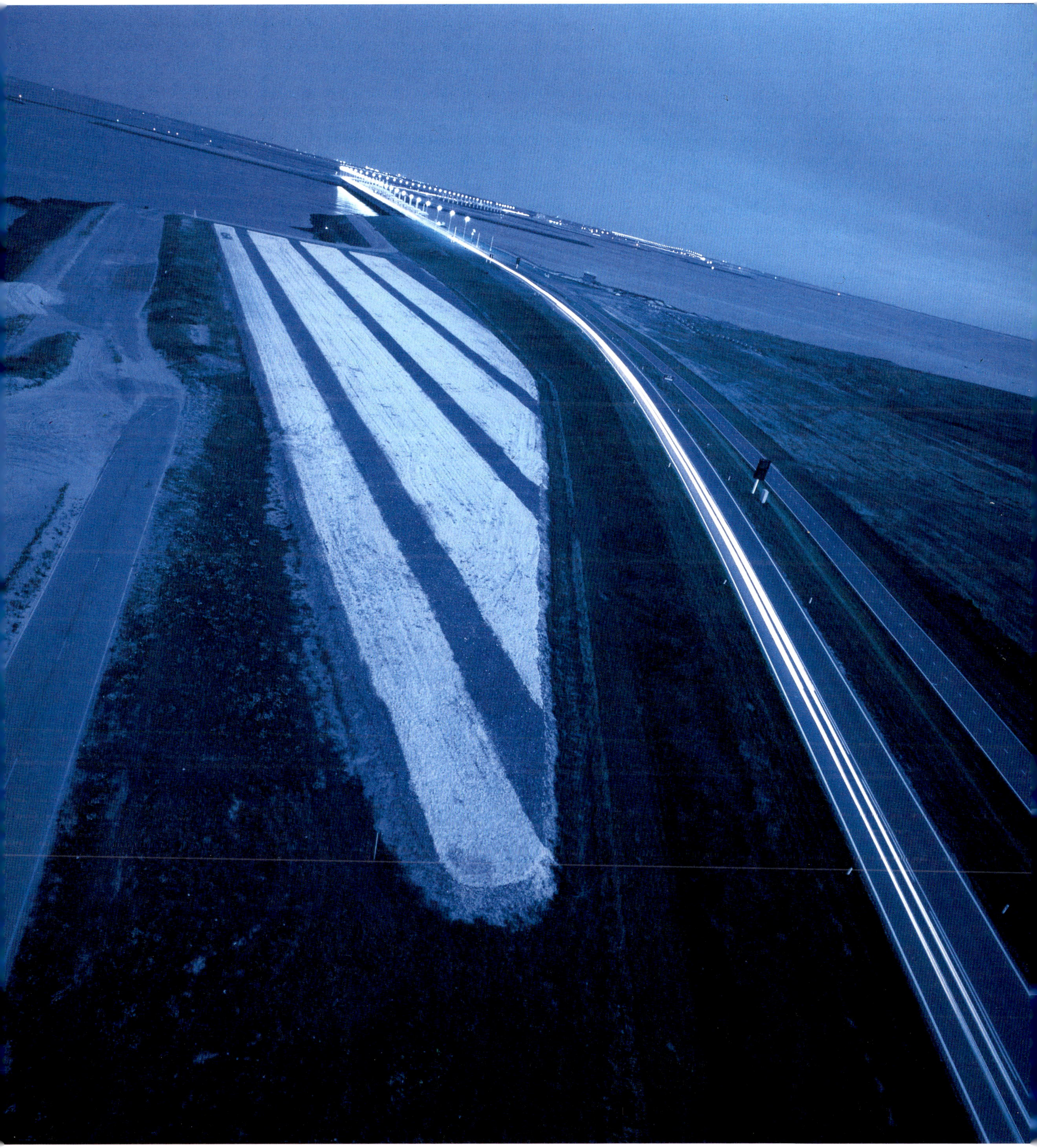

Wasser noch die Seehunde oder die Vögel sehen. Den Bau einer künstlichen Dünenlandschaft fanden wir wirklich idiotisch, denn die Situation wäre noch schlechter geworden, als sie bereits war. Wir entschieden statt dessen, flache Plateaus zu bauen. Wenn Sie heute die Straße entlang fahren, können Sie den beeindruckenden Blick auf das Meer genießen. Außerdem machten wir aus den Plateaus so etwas wie ein Land Art-Projekt. Wir entschlossen uns nämlich, die Oberfläche des Plateaus zu verbessern, indem wir Muschelschalen auftragen ließen. Es entstand also artifizielle Landschaftsarchitektur mit und in der Natur. Das Lustige ist – und das ist es, was wir ganz besonders lieben –, daß das Muschelprojekt, das wir vorschlugen, mit Müll arbeitete. Die Muschelfarmen in Yerseke produzieren große Mengen von Muschelschalen, die sie entsorgen müssen. Wir sagten also ganz einfach: „Entsorgt sie hier!"

Wir arbeiteten bei diesem Projekt mit Ökologen zusammen, die sich ein Brutareal für eine gefährdete Seevogelart wünschten. Als wir das Muster aus Muschelschalen vorschlugen, war man von den weißen Herzmuschelschalen besonders angetan, weil diese Vögel weiße Oberflächen als Brutplatz bevorzugen. Man erkannte, daß unsere Planung eine gute Voraussetzung für die Ansiedlung einer Vogelkolonie schaffen würde. Möwen bevorzugen flache Ruheplätze in der Nähe des Meeres. Wenn die Flut kommt, verlassen die Vögel die Sandbänke und ziehen sich auf die flachen Zonen zurück. Diesem Verhalten kam unser Vorschlag sehr entgegen.

Die Oosterschelde-Natur ist eine artifizielle Natur, die mit dem Bau des Dammes entstand. Wir kontrollieren die Natur. Wir wollten diesen Zusammenhang visualisieren und damit den Menschen wieder der eigenen Natur näher bringen. Die Realisierung des Projektes mit zwei unterschiedlich gefärbten Muschelarten in streifenförmiger Anordnung ermöglichte uns die Verknüpfung der Arbeit mit der Tradition der edlen niederländischen Künste, in der die lineare Landschaft schon immer eine große Rolle spielte. Jede Landschaft im südwestlichen Holland ist eine lineare Landschaft. Im dreizehnten Jahrhundert entschied man sich bereits, ein lineares Muster aus Kühen, Fröschen, Kühen, Fröschen, Kühen, Fröschen und so weiter zu schaffen. Das ist lineare Natur und war damals schon so etwas wie Zen-Natur. Das ist also gar nicht so ungewöhnlich für die Niederländer. Gleichzeitig entwarfen wir das Streifenmuster, um dem Autofahrer ein visuell auffälliges Erlebnis zu bieten. Das Muster verändert sich mit der Geschwindigkeit und beginnt, Land Art zu werden.

Das Projekt ist ökologisch, besteht aus Müll, bietet eine Bewegungserfahrung, und das ist witzig. In der Kombination dieser Merkmale entsteht eine Art Spannung, aber das versteht fast niemand. Die Urlauber verstehen es, aber der niederländische Bürger ist unfähig, seine eigene Natur zu verstehen. Er fragt sich, was das soll. Beim Anblick der holländischen Landschaft mit all ihren Gräben und dem linearen Muster aus Reetvegetation, Fröschen und Fischen stellt man diese Frage nicht. Ich bin natürlich kein Prediger und kann die Gesellschaft nicht belehren. Wir können nur neue Schritte in die Gesellschaft unternehmen, um die Dinge ein wenig zu verändern. Wenn eine Absicht in meiner Arbeit liegt, dann ist es, den Optimismus in bezug auf die Landschaft zu fördern, die Menschen wieder in Kontakt mit ihrer eigenen Landschaft zu bringen.

In Flevoland existieren noch ein paar der alten Land Art-Projekte, wie Robert Morris' Observatory. Sind solche Projekte für Sie sinnvoll, um den Zugang zur niederländischen Landschaft zu finden?
Nein, ganz bestimmt nicht. Ich hasse diesen Kram. Die Landschaft ist viel stärker als das Observatory. Wenn Sie im Sommer durch die Flevopolder fahren, dann ist achtzig Prozent der Landschaft leuchtend gelb wegen der riesigen blühenden Rapsfelder. Diese Landschaft bekommt ihre Maßstäblichkeit durch Hochspannungsleitungen und den Deich am Horizont, dessen unglaublich fettes Grün einem den Verstand nimmt. Ich denke, man kann gar keine bessere Erfahrung vermitteln.

Manchmal wird behauptet, daß Sie mit Ihrem Design provozieren wollen. Ist das so?
Nein, das ist nicht richtig. Natürlich kann beispielsweise die Planung des *Schouwburgplein* als Provokation empfunden werden, denn wir verwenden zeitgenössisches Alltagsmaterial, das die Menschen täglich umgibt, auf Autobahnen, bei der Arbeit und so weiter. Wenn wir dieses Material in einem ungewöhnlichen Kontext für einen innerstädtischen Platz verwenden, versuchen wir, ihm einen neuen Wert zu geben.

Macht es für Sie einen Unterschied, in der Landschaft oder in der Stadt zu arbeiten?
Nein, das ist das gleiche. Allenfalls die Zeit macht einen Unterschied. Wenn man in der Landschaft arbeitet, organisiert man in gewisser Hinsicht einen Prozeß. Wenn man es mit einem Projekt wie dem *Schouwburgplein* in Rotterdam zu tun hat, dann verhält man sich eher wie ein Architekt und neigt dazu, den Zeitaspekt zu vernachlässigen. Trotzdem interessiert es mich, wie der Platz in zwanzig Jahren aussehen wird. Wird das Material reifen? Wird der Platz wie ein Schachbrett erst mit der Nutzung reifer und schöner werden? Das Zeitempfinden zählt zu den wichtigsten Eigenschaften der Landschaftsarchitekten.

Ich denke, daß die freie Landschaft und der öffentliche städtische Platz Freiräume sind, die der Mensch immer besiedeln wird. Für diesen Prozeß der Besiedlung interessiere ich mich, für die Schaffung eines Raumes, in dem die Menschen sich ausdrücken, neue Interpretationen finden und Erfindungen machen können. Man kann meine Freiraumgestaltung als Einladung an die Menschen oder auch Provokation zum Handeln verstehen.

Sie befassen sich intensiv mit dem Studium des Freiraumverhaltens der Menschen. Zu welchen Schlüssen sind Sie durch Ihre Beobachtungen gelangt?
Zehn Jahre lang untersuchte ich das Rotterdamer Hafengebiet, insbesondere das Gebiet Maasvlakte. Die Maasvlakte ist ein großes Landfillprojekt an der Küste, eine absurde Landschaft,

Adriaan Geuze

Lageplan der *V.S.B.-Bank in Utrecht*. 25000 Quadratmeter Außenanlagen gestaltete das Büro West 8 im Frühjahr 1995. Wenige sensible gestalterische Mittel kennzeichnen den nüchternen Entwurf. Der Sockel des Bankgebäudes dient als Parkplatz und ist mit anthrazitfarbenen Platten belegt, deren Oberfläche ein Abdruck fossiler Birkenzweige ist. Der größte Teil des übrigen Geländes ist dicht bepflanzt mit filigranen Birken, unterbrochen von einem langen Pflanzstreifen mit rotem Splittbelag.

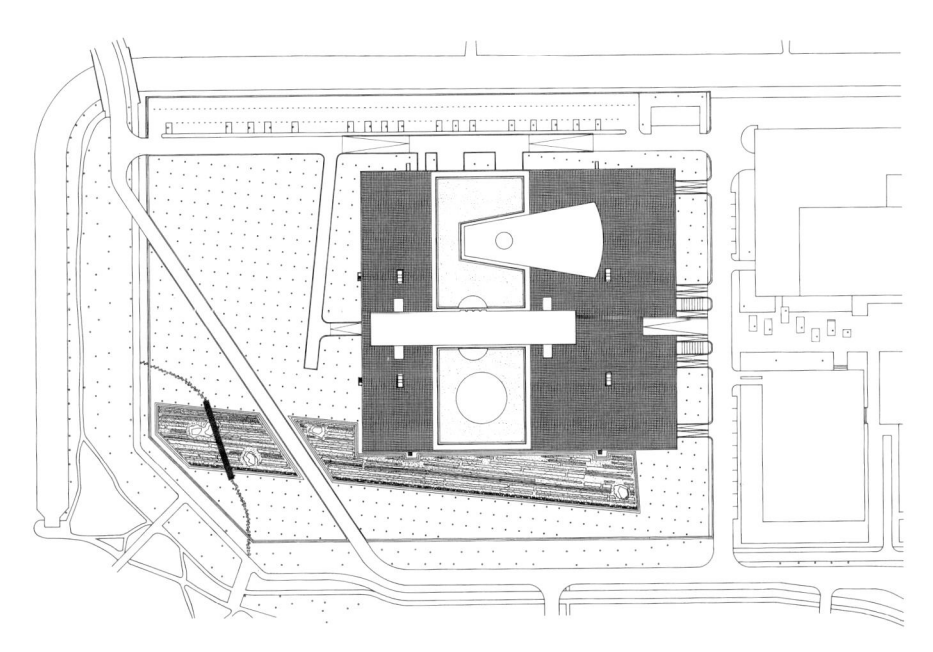

Große bruchrauhe Steinblöcke, vereinzelt in ein lineares Heckenrelief aus langen, streng geschnittenen Buchshecken gesetzt, prägen den meditativen Charakter des Gartens an der *V.S.B.-Bank in Utrecht*, den West 8 im Mai 1995 fertigstellte.

Adriaan Geuze

mit riesigen Terminals der Stahlindustrie, Containerterminals, dem größten Öllager der Welt, einer Deponie für toxischen Hafenschlamm, Deponien für Chemieabfälle, neue riesige Windenergieanlagen und so weiter. All die Dinge, die keinen Platz in der holländischen Landschaft finden, alle Problemeinrichtungen werden dorthin ausgelagert. Dieses Gemisch aus Hafen und seltsamen, bizarren Phänomenen ist eine außerordentlich wilde Landschaft, die stets von Wind und Sturm durchgeblasen wird. Das Seltsame daran ist, daß die Menschen diese absurde Landschaft nutzen. Im Sommer sind etwa hunderttausend Menschen da draußen, zwischen Elektrizitätswerken, Hafenkränen und gigantischen Supertankern. Man trifft sie dort beim Motocrossing, beim Hundeschlittentraining und so weiter. Mittlerweile gibt es auf der Maasvlakte eine Drachenfliegerschule und einen Flugplatz für Ultraleichtflieger. Der erste holländische Nacktbadestrand entstand dort, und eine ganze Surferstadt ist da draußen entstanden. Es ist unglaublich.

Die Maasvlakte ist eine Art neue Stadt, über die man zwar nicht redet, die sich ihrer Existenz aber auch nicht schämt. Freiheit der Funktion, Freiheit des Maßstabes, Freiheit der Architektur, Freiheit des städtischen Bauens, die Freiheit ist das wesentliche Merkmal dieses Gebietes. Alle Dinge, die sonst unmöglich sind, finden dort draußen statt. Es ist eine Art Future Landscape, und nach etwa zwanzig Jahren ist das Ergebnis wirklich erstaunlich. Es ist wirklich schön. Wissen Sie, Goethe reiste im achtzehnten Jahrhundert in die klassischen Landschaften Italiens. Er schrieb Romane darüber und machte sehr aufregende Erfahrungen. Der zeitgenössische Mensch ist eine Art Wiedergeburt von Goethe, denn er ist frei und erobert seine eigene Welt. Damals waren nur die Intellektuellen in der Lage, die Welt zu entdecken, und heute ist jeder dazu in der Lage. Die Menschen verfügen heute über Mobilität, Geld, Bildung und Entscheidungsfähigkeit. In den Tagen des Volksparkes mußten wir die Natur dem Menschen nahebringen, aber in der heutigen Zeit weiß der Mensch selbst, wo er die Natur am besten genießen kann. Im Winter fährt man in die Berge, im Sommer an die Riviera und am Wochenende eben raus zur Maastvlakte.

In einem Artikel über zeitgenössische Landschaftsarchitektur proklamierten Sie das Ende der Parkplanung. Welches sind die innerstädtischen Freiräume der Zukunft?

Im erwähnten Artikel sprach ich von der Absurdität neuer Parkanlagen in den Vorstädten, und das wird oft mißverstanden. Jede neue Vorstadt in Holland entsteht mit dem Abstecken eines bestimmten Areals und dem Auftrag meterdicker Sandschichten, weil das Erdreich die Bauten und Straßen sonst nicht trägt. Man zerstört also erst die existierende Landschaft und legt danach Grünflächen und Parks an. Das ist völliger Unsinn, denn die Menschen können diese Flächen heute nicht nutzen, sondern gehen an den Strand zum Surfen, fahren in die Alpen zum Klettern und an die Seen zum Segeln. Jede Familie verfügt heute über ein Auto; zumindest verfügt ein Mitglied der Familie über ein Auto. Ich denke also, daß wir unsere Energie nicht mit der Anlage neuer Parks in den Vorstädten, in den neuen Städten verschwenden sollten, denn in fast jeder Stadt gibt es die wundervollen Parks des neunzehnten Jahrhunderts, wie beispielsweise Buttes Chaumont in Paris, der Central Park in New York oder die wunderschönen Volksparks in Deutschland. Die Qualität dieser beeindruckenden Parks des neunzehnten Jahrhunderts werden wir heute nie erreichen. Wir verfügen nicht über die Möglichkeiten, solche Parks zu bauen. Bedenkt man also, daß es bereits so viele wunderschöne Parks gibt, dann besteht meines Erachtens keine Notwendigkeit für den Bau neuer Anlagen. Das ist meine Story.

Nun gibt es aber Experten, die für die Schaffung innerstädtischer Parks plädieren, um zu verhindern, daß durch den Tourismus die Ferienlandschaften in aller Welt immer stärker zerstört werden. Gerade der romantisch motivierte Tourismus zerstört ja bekanntlich genau das, was er sucht: die unberührte Natur.

Das ist eine pessimistische Auffassung. Ich denke, daß wir natürlich auch in Österreich und der Schweiz Verbesserungen erreichen müssen. Wir müssen unser Wissen über die örtlichen Zusammenhänge erweitern, also sollten wir unsere Energie besser dazu verwenden, tragfähige Wintersportgebiete zu schaffen, die die Natur nicht zerstören. Das ist möglich, und die Schweizer haben das bereits bewiesen.

Glauben Sie, daß wir eine neue Sprache in der Landschaft entwickeln müssen?

Ja, ganz sicher.

Wie könnte die aussehen?

Zunächst denke ich, daß wir mit der Verwendung von Materialien fortfahren sollten, die unserer Landschaft entstammen. Früher wurden der Stein und die Vegetation genutzt, die den Menschen umgaben. Heute sind wir umgeben von Metall, von Asphalt, Leitplanken, Fahrradwegen und Beton. Also sollten wir diese Dinge verwenden. Der Wald in Holland ist meistens ein Pappelwald, ein Plantagenwald mit rasterartiger Baumstellung. Zu Holland gehören die tiefschwarzen Basaltdeiche auf granitartigem Boden, der fast weiß ist, und wenn das Wasser dazukommt, wird der Granit grün. Also ergibt sich dieses schwarz-grün-weiße Muster. Schauen Sie sich das an: Das ist Kunst, und es ist schön!

Die gleichen Materialien integrierten Sie ja auch in die Planung für den *Schouwburgplein*. Außerdem spielt das Wasser in Ihrem Projekt eine entscheidende Rolle.

Es befinden sich drei Bassins auf dem Platz, Wasserbecken für die Kinder im Sommer, die deshalb entstanden, weil der Bürgermeister gerne in Verbindung mit dem Kinokomplex, der dort entsteht, den Kindern die Möglichkeit zur Aktivität bieten wollte. Es war uns wichtig, auf dem *Schouwburgplein* ein Environment zu schaffen, das sich stets verändert, je nach Witterungsverhältnissen, Temperatur, Tageszeit, Sonnenschein, Jahreszeit. Wir untersuchten daher intensiv alle denkbaren Möglichkeiten, um diesen technomorphen Platz ständig zu verändern. Wir verwendeten nicht etwa Apfel-

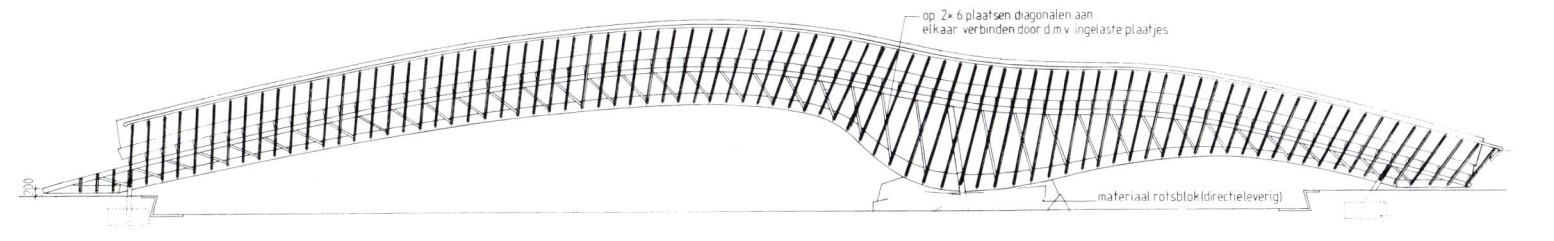

Ein Hauch ostasiatischer Gartenkunst. Eine geschwungene Fußgängerbrücke mit einer langen hölzernen Sitzbank überspannt den linearen Garten der *V.S.B.-Bank in Utrecht*.

Adriaan Geuze

bäumchen, Rosen und so weiter, sondern das, was die Menschen umgibt. Trotzdem kann man die Jahreszeiten wahrnehmen. Nachts werden die Metalloberflächen die ganze Beleuchtung der Stadt reflektieren. Es wird eine Art horizontale Milchstraße entstehen, das wird unglaublich!

Wie wird sich das ganze Environment mit der Zeit verändern? Wird es mehr Charakter bekommen oder langweiliger werden?
Wir verwendeten auf dem Platz unter anderem auch Holz, weil wir sicher sind, daß in ein paar Jahren Tausende von Namen und Messages dort eingeritzt sein werden. Ich muß zudem betonen, daß wir unsere Planung so kalkuliert haben, als ob der Platz innerhalb von dreißig Jahren zweimal gebaut werden müßte. Also verfügen wir über ein Budget, um den Platz zu erhalten, und jedes Jahr wird etwa fünf Prozent des Platzes erneuert. Nach zehn Jahren wird das ganze Metall entfernt und die Basisstruktur erneuert. Nach dreißig Jahren wird der ganze Platz einmal komplett erneuert sein. Natürlich fürchten wir den Vandalismus, obwohl es einer der wichtigsten innerstädtischen Plätze in Rotterdam ist und wohl gut kontrolliert werden wird. Wir haben bereits organisiert, daß alles saubergehalten und repariert werden wird. Na ja, nicht alles. Ich mag die Idee mit den Namen im Holz. Ich mag auch die Vorstellung, daß die Stahlplatten rosten werden. Da wird es einen Bereich in leuchtendem Orange geben und einen Trampelpfad aus glänzendem Metall, den die Menschen hinterlassen. Das wird wunderschön.

Sie sprechen gerne vom Post-Darwinismus, wenn Sie die Beziehung Mensch – Umwelt charakterisieren. Was bedeutet Post-Darwinismus für Sie?
Das ist ganz einfach. Landschaftsarchitekten sind irgendwie ein Äquivalent unserer Gesellschaft, und wir sind noch immer sehr romantisch veranlagt. Ich denke dabei nicht an klassisches Ballett und weißgekleidete Mädchen, sondern ich denke an Rousseau und die Philosophie, daß der Mensch ein Teil der übermächtigen Natur ist, eben die Philosophie der Romantiker. Zu Beginn des vergangenen Jahrhunderts reiste Charles Darwin zu den Galápagosinseln und entdeckte eine unglaubliche Artenvielfalt. Er fand heraus, daß sich die Natur, zu der ich den Menschen zähle, an die Umwelt anpassen konnte. Die Westeuropäer und besonders die Amerikaner aber haben nichts anderes im Kopf, als die Umwelt dem Menschen anzupassen. Seit Jahrzehnten versucht man, eine eigene Welt für Kinder, für Frauen, für alte Menschen zu schaffen. Man dachte allen Ernstes, daß der Mensch schlecht sei und vor seinem eigenen böswilligen Verhalten, seinem Müll, seiner Verschmutzung und so weiter zu schützen sei. Natürlich ist da etwas Wahres dran, und ich hasse selbstverständlich die Verschwendung der Ressourcen und die Umweltverschmutzung. Aber das ist eben nicht alles. Andererseits kann man nämlich in großen Städten wie New York sehen, wie sich der Mensch über die Jahrzehnte an die veränderten Umweltbedingungen angepaßt hat. Der Mensch fand zum Fahrrad zurück, weil er entweder mit dem Auto nicht mehr vom Fleck kam oder die Autos gestohlen und beschädigt wurden. Wir sollten aufhören, die Umwelt an den Menschen anzupassen. Man sollte vielmehr die Intelligenz und den Spaß der Menschen berücksichtigen, die in der Lage sind, sich an die Umwelt anzupassen. Das ist Post-Darwinismus. Im Grunde ist die Darwin-Story sehr einfach: Wenn wir eine Art künstlichen Dschungel erschaffen, dann wird es Ratten und Tauben und alle möglichen Tiere geben, die anpassungsfähig genug sind, um zu überleben. Wenn wir, wie am *Oosterschelde-Projekt,* ein Muster in der Landschaft entwerfen, werden die weißen Vögel das eine Feld und die schwarzen Vögel das andere Feld bevorzugen. Das können Sie draußen sehen. Die Natur ist nicht dumm, sondern clever. Sie weiß, wie man überlebt, ich bin da sehr optimistisch. Wir entwickeln mit dieser Einstellung eben auch schon so etwas wie einen Stil in Holland: den Hyperrealismus.

In den Endoskopaufnahmen vom Modell des *Schouwburgpleins* wird die Wirkung der vier hydraulisch beweglichen Lichtmasten als mobile Freiraumelemente deutlich.

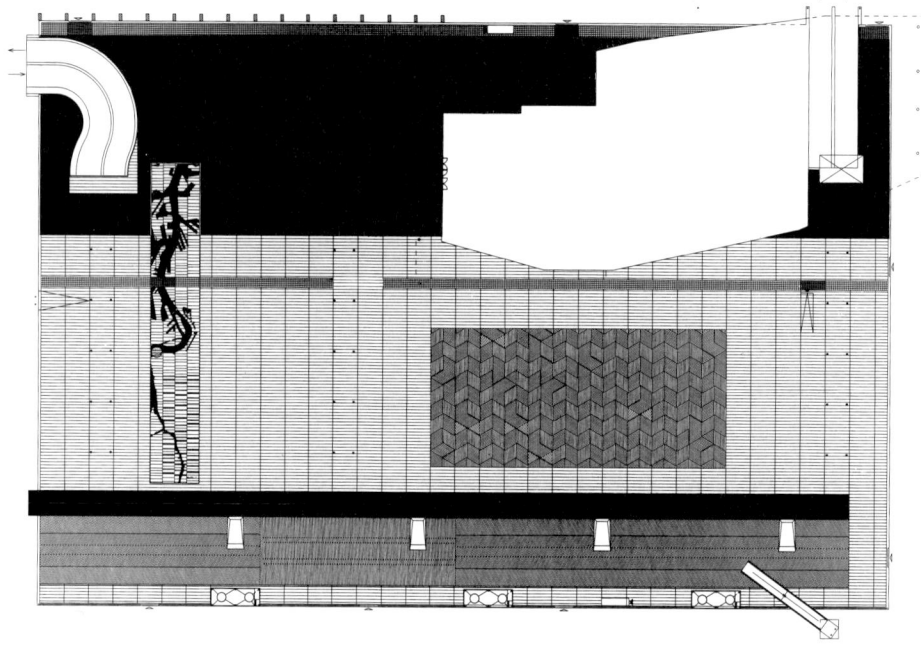

Plan zur Neugestaltung des Theaterplatzes *Schouwburgplein* in der Innenstadt von Rotterdam, 1993.
Oben rechts ist der Grundriß des geplanten Komplexes aus Theater, Kino und Musiktheater zu erkennen. Auf der gegenüberliegenden Seite begrenzen drei Medientürme und das Ballett der Lichtmasten den Platz.

Adriaan Geuze

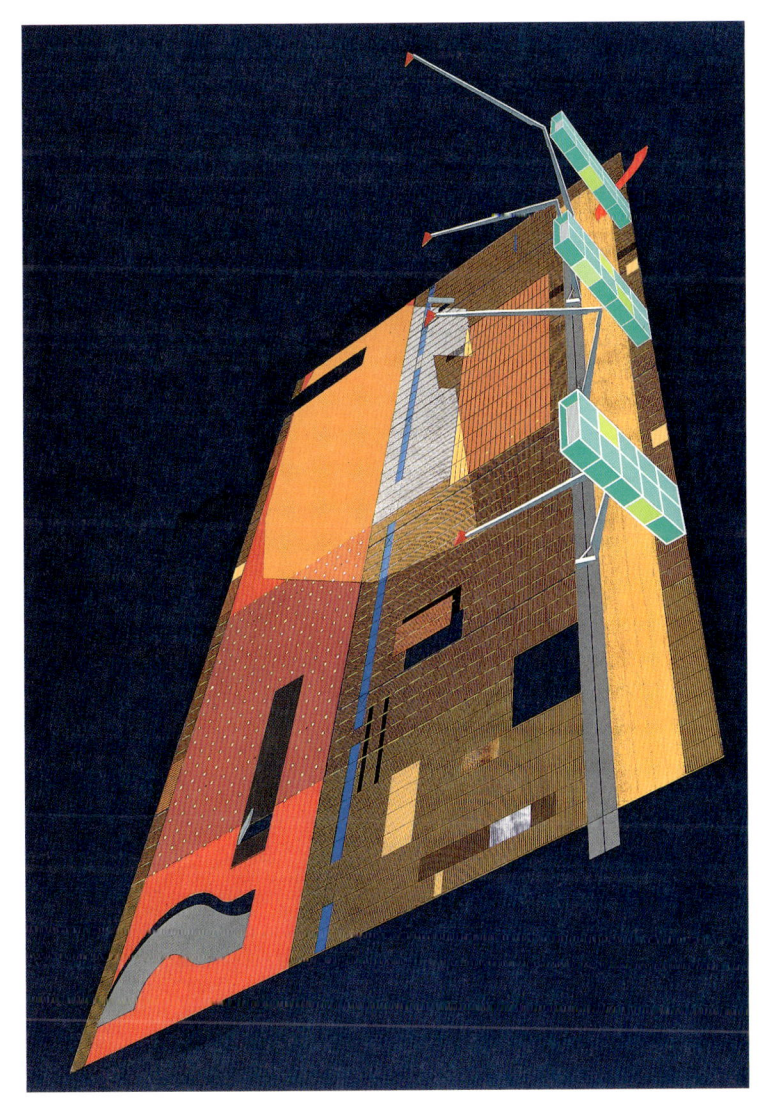

Computersimulation zur Neugestaltung des *Schouwburgplein* in Rotterdam. Drei Lüftungstürme für die Tiefgarage unter dem Platz sollen als 15 m hohe, quaderförmige Lichtobjekte den Platz überragen. Davor führt eine Reihe aus beweglichen Lichtmasten eine Art mechanisches Ballett auf.

Modellaufnahme vom *Schouwburgplein* bei Nacht: „eine Art horizontale Milchstraße". (Adriaan Geuze)

Adriaan Geuze

Biographie und Werkverzeichnis
(Auswahl)

Adriaan H. Geuze wurde 1960 in Dordrecht, Niederlande geboren.
Er lebt und arbeitet in Rotterdam.
Studium an der Landwirtschaftlichen Universität Wageningen

1987	Diplom in Landschaftsarchitektur
1987	Gründung des Planungsbüros West 8
1995	Auszeichnung mit dem Maaskant Preis für junge Architekten, Rotterdam
	Lehraufträge an der Akademie für Architektur in Amsterdam und Rotterdam, am Institut für Architektur in St. Lucas, Belgien und am Institut für Architektur und Städtebau in Barcelona

Entwürfe und realisierte Projekte (Auswahl):

1990	Entwurf des Müllentsorgungsprojektes VAM 5, Breukelen-Vinkeveen
1990	Entwurf „Grote Visserij" Platz, Rotterdam
1991	Osterschelde-Projekt
1990–1992	Entwurf für den Schouwburgplein in Rotterdam; Realisierung ab 1996
1992–1996	Begrünung des Flughafens Schiphol, Amsterdam
1993	Stadtplan Borneo/Sporenburg, Amsterdam; Realisierung ab 1995
1994	Entwurf Ede/Doesburg, Ede Entwurf Ij-burg, Amsterdam
1994/1995	Freiraumgestaltung Universität Utrecht
1995	Binnenrotte, Rotterdam Aelbrechtskade, Rotterdam Entwurf für das Ij-Ufer, Amsterdam Gartenentwurf für die Interpolis Versicherungsgesellschaft, Tilburg Garten für Kröller-Müller-Museum, Otterloo Garten für die Strafvollzugsanstalt, Zoetermeer

Zahlreiche Wettbewerbe, darunter:

1990	Prix de Rome (1. Preis)
1992	Stadtpark Lille, Frankreich
1993	Bahnhofsplatz in Bergen op Zoom (1. Preis)
1994	Chassee Areal, Breda Einladungswettbewerb Stadt Amsterdam (1. Preis) Monbijou-Park, Berlin (Ankauf)

Literaturauswahl

Geuze, A.: „Accelerating Darwin", in: Nederlandse Landschapsarchitectuur. Tussen traditie en experiment. Amsterdam 1993

Geuze, A.: „Parks für Städter", in: Koenigs, T. (Hrsg): Stadt-Parks. Urbane Natur in Frankfurt am Main. Frankfurt 1993

Geuze, A.: „Die ‚Sensation' des Unprogrammierten. Manifest für die ‚Maasvlakte'", in: ‚Archis', 1993

Uitgeverij Thoth (Hrsg): Modern Park Design. Amsterdam 1993

Verein PlanBox (Hrsg): Oranje Landschap. Aktuelle niederländische Landschaftsarchitektur. Wien 1993 (Katalog)

Geuze, A.: „Wastelands. Storm Surge Barrier", in: Architectural Design, 1994

o. V.: Adriaan Geuze, landschapsarchitect. Amsterdam 1995

Seit 1989 erschienen zahlreiche Artikel über die Arbeit von Adriaan Geuze und West 8 in internationalen Fachzeitschriften, darunter in: De Architect (Niederlande), Groen (Niederlande), Topos (Deutschland)

Bildnachweis

Freundlicherweise vom Landschaftsarchitekten zur Verfügung gestellt:
Jannes Linders: 229, 239, 241
Hans Werlemann: 237, 242
Büro West 8: 230, 231, 232, 233, 235, 243
außerdem:
Udo Weilacher: 236

Weiterführende Literatur

Monographien

Abakanowicz, Magdalena/Kowalski, Piotr/Raynaud, Jean-Pierre/Sonfist, Alan/Daval, Jean-Luc (Hrsg): *Paris – La Défense. L'art contemporain et l'axe historique*. Genf, 1992.

Adorno, Theodor W.: *Ästhetische Theorie*. Frankfurt/M., 1970.

Allemandi, Umberto & C. (Hrsg): *Art in Arcadia. Collezione Gori – Fattoria die Celle*. Torino, 1994.
Engl. Ausgabe: *Art in Arcadia. The Gori Collection, Celle. A Tuscan Patron of Contemporary Art at his Country House*. Turin, 1994.

Appleton, Jay: *The Experience of Landscape*. London, 1975.

Asensio Cerver, Francisco: *World of environmental design. Landscape Art*. (Span./Engl.) Barcelona, 1995.

Bahrdt, Hans Paul: *Umwelterfahrung*. München, 1974.

Battock, Gregory (Hrsg): *Minimal Art. A critical anthology*. New York, 1968.

Baudson, Michael (Hrsg): *Zeit – Die vierte Dimension in der Kunst*. Weinheim, 1985.

Beardsley, John: *Earthworks and Beyond. Contemporary Art in the Landscape*. New York/London/Paris, 1984, 1989.

Belting, Hans: *Das Ende der Kunstgeschichte?* München, 1983.

Benjamin, Walter: *Das Kunstwerk im Zeitalter seiner technischen Reproduzierbarkeit*. Frankfurt/M., 1936/1963.

Bihalji-Merin, Oto: *Ende der Kunst im Zeitalter der Wissenschaft?* Stuttgart/Berlin/Köln/Mainz, 1969.

Bogner, Dieter (Hrsg): *Kunst und Ökologie. Materialien zu einer latenten Kunstdiskussion*. In: Kunstforum International Bd. 93, Febr./März 1988.

Bourdon, David: *Designing the Earth. The human impulse to shape nature*. New York, 1995.

Brand, Jan/De Muynck, Catelijne/Kleerebezem, Jouke: *Allocaties. Kunst voor een natuurlijke en kunstmatige omgeving*. Zoetermeer, 1992.
Engl. Ausgabe: *Allocations. Art for a natural and artificial environment*. Zoetermeer, 1992.

Broer, Werner/Schulze-Weslarn, Annemarie (Hrsg): *Gartenkunst und Landschaftspflege. Vom Paradiesgarten zur Land-Art*. Hannover, 1989.

Burckhardt, Lucius: *Die Kinder fressen ihre Revolution*. Köln, 1985.

Cauquelin, Anne: *L'invention du paysage*. Paris, 1989.

Claus, Jürgen: *Treffpunkt Kunst. Gegenwart und Zukunft des Schöpferischen*. Bonn, 1982.

Claus, Jürgen: *Kunst und Technologie. Aufbruch in neue Wirklichkeiten*. Bonn, 1984.

Claus, Jürgen: *Expansion der Kunst. Beiträge zu Theorie und Praxis öffentlicher Kunst*. Frankfurt/M./Berlin/Wien, 1982.

Colpitt, Frances: *Minimal Art. The Critical Perspective*. Seattle, 1990.

Coracle Press/Scottish Arts Council/Graeme Murray Gallery (Hrsg): *The unpainted Landscape*. London/Edinburgh, 1987.

Davies, Douglas: *Art and the Future*. New York/Washington, 1972.
Dt. Ausgabe: *Vom Experiment zur Idee. Die Kunst des 20. Jahrhunderts im Zeichen von Wissenschaft und Technologie. Analysen, Dokumente, Zukunftsperspektiven*. Köln, 1975.

Dewey, John: *Art as Experience*. New York, 1934.
Dt. Ausgabe: *Kunst als Erfahrung*. Frankfurt/M., 1988.

Eco, Umberto: *La struttura Assente: introduzione alla ricerca semiologica*. Mailand, 1968.
Dt. Ausgabe: *Einführung in die Semiotik*. München, 1972.

Eco, Umberto: *Opera aperta*. Mailand, 1962, 1967.
Dt. Ausgabe: *Das offene Kunstwerk*. Frankfurt/M., 1977.

Editions d'Art Albert Skira S.A./Sécrétariat général des villes nouvelles (Hrsg): *L'Art et la ville: Urbanisme et Art Contemporain. Art and The City: Town-planning and Contemporary Art*. Genf, 1990.

Falazik, Ruth/Romain, Lothar/Kunstverein Springhornhof Neuenkirchen: *Kunst-Landschaft. Neuenkirchener Symposien 1974–1987*. Neuenkirchen, 1987.

Fieldhouse, Ken/Harvey, Sheila (Hrsg): *Landscape Design: An International Survey*. Woodstock, N.Y., 1992.

Förderverein Kulturlandschaft Niederlausitz e. V. (Hrsg): *Kunstszene Tagebau. Dokumentation eines ungewöhnlichen Kunstereignisses*. Heidelberg, 1992.

Förderverein Kulturlandschaft Niederlausitz e.V. (Hrsg): *Europa-Biennale Niederlausitz. Kunst und Landschaftsgestaltung – Art in Nature – Intermediale Aktionen. II. Biennale Pritzen 1993*. Cottbus, 1994.

Fujie, Atasushi: *Le land art americain et les notions de pittoresque et de sublime*. Paris, 1993.

Goldwater, Robert: *Primitivism in Modern Art*. New York, 1938. Cambridge/Mass./London, 1986.

Gombrich, Ernst H.: *Art and Illusion. A study in the psychology of pictorial representation*. New York, 1961.
Dt. Ausgabe: *Kunst und Illusion*. Stuttgart/Zürich, 1967.

Grant, Bill/Harris, Paul (Hrsg): *The Grizedale Experience. Sculpture, Arts & Theatre in a Lakeland Forest*. Edinburgh, 1991.

Grassi, Ernesto: *Kunst und Mythos*. Hamburg, 1957.

Gröning, Gert/Herlyn, Ulfert (Hrsg): *Landschaftswahrnehmung und Landschaftserfahrung*. München, 1990.

Groh, Ruth/Groh, Dieter: *Weltbild und Naturaneignung. Zur Kulturgeschichte der Natur*. Frankfurt/M., 1991.

Guccione, B.: *Paessaggio Parchi Giardini*. Florenz, 1990.

Harten, Jürgen (Hrsg): *Kunstjahrbuch 1*. Wien, 1970.

Hartmann, Wolfgang/Pokorny, Werner: *Das Bildhauersymposion*. Stuttgart, 1988.

Häusser, R./Honisch, D.: *Kunst, Landschaft, Architektur*. Bad Neuenahr-Ahrweiler, 1983.

Havlice, Patricia Pate: *Earth Scale Art. A Bibliography, Directory of Artists and Index of Reproductions*. New York/London, 1984.

Herd, Stanley James: *Crop Art*. New York, 1994.

Art and Design (Hrsg): *Art and The Natural Environment*. London, 1994.

Hoffmann, Klaus: *Kunst-im-Kopf, Aspekte der Realkunst*. Köln [Schauberg], 1972.

Holt, Nancy (Hrsg): *The Writings of Robert Smithson*. New York, 1979.

Hughes, Robert: *The Schock of the New*. London, 1980.
Dt. Ausgabe: *Der Schock der Moderne. Kunst im Jahrhundert des Umbruchs*. Düsseldorf/Wien, 1981.

IGBK, Internationale Gesellschaft der Bildenden Künste, Sektion Bundesrepublik Deutschland (Hrsg): *Erde Zeichen Erde*. Bonn, 1993.

Jappe, Georg (Hrsg): *Ressource Kunst. Die Elemente neu gesehen*. Köln, 1989.

Jellicoe, Geoffrey/Jellicoe, Susan: *The Landscape of Man. Shaping the Environment from Prehistory to the Present Day*. London, 1975.
Dt. Ausgabe: *Die Geschichte der Landschaft*. Frankfurt/M. 1987.

Johnson, Jory: *Modern Landscape Architecture. Redefining the Garden*. New York, 1991.

Jung, Carl Gustav: *Über die Archetypen des kollektiven Unbewußten* (1934). in: *Gesammelte Werke von C. G. Jung*. Olten, 1971–1990. 9/I. Band

Jung, C. G.: *Der Mensch und seine Symbole*. Olten, 1968.

Kellein, Thomas: *Sputnik-Schock und Mondlandung. Künstlerische Großprojekte von Yves Klein zu Christo*. Stuttgart, 1989.

Kemal, Salim/Gaskell, Ivan (Hrsg): *Landscape, Natural Beauty and the Arts*. Cambridge, 1993.

Krauss, Rosalind E.: *Passages in Modern Sculpture*. New York, 1977.

Krauss, Rosalind E.: *The Originality of the Avant-Garde and Other Modernist Myths*. Cambridge/Mass., 1985.

Lancaster, Michael: *The New European Landscape*. Oxford, 1994.

Leblanc, Linda/Coulon, Jacques: *Architecture Thématique: Paysages*. Paris, 1993.

Lévi-Strauss, Claude: *La pensée sauvage*. Paris, 1962.
Dt. Ausgabe: *Das wilde Denken*. Frankfurt/M., 1968.

Lörzing, Han: *Een Kunstreis door Flevoland*. Rotterdam, 1991.

Lyall, Sutherland: *Designing the New Landscape*. London, 1991.
Dt. Ausgabe: *Künstliche Landschaften. Stadtplätze, Industrieparks, Visionäre Environments*. Basel/Berlin/Boston, 1991.

Magistrat der Stadt Kassel, Kulturamt (Hrsg): *Aversion/Akzeptanz. Öffentliche Kunst und öffentliche Meinung*. Kassel, 1992.

Mai, Ekkehard/Schmirber, Gisela: *Denkmal – Zeichen – Monument. Skulptur und öffentlicher Raum heute*. Bonn, 1989.

Mahabadi, Mehdi: *Kunst in der Freiraumplanung. Zeitgenössische Plastik/Skulptur*. Berlin, 1990.

Martin, Rupert: *The Sculpted Forest. Sculptures in the Forest of Dean*. Bristol, 1990.

Matilsky, Barbara C.: *Fragile Ecologies. Contemporary Artists' Interpretations and Solutions*. New York, 1992.

Metken, Günter: *Spurensicherung. Kunst als Anthropologie und Selbsterfahrung. Fiktive Wissenschaften in der heutigen Kunst*. Köln, 1977.

Miyagi, Shunsaku/Yokohari, Makoto: *Contemporary Landscape Architecture. An international Perspective*. Tokyo, 1990.

Moore, Charles W./Mitchell, William J./Turnbull, William Jr.: *The poetics of gardens*. Cambridge/Mass., 1988.
Dt. Ausgabe: *Die Poetik der Gärten. Architektonische Interpretationen klassischer

Gartenkunst. Basel/Berlin/Boston, 1991.

Mosser, Monique/Teyssot, Georges: L'architettura dei giardini d'Occidente. Dal Rinascimento al Novecento. Mailand, 1990
Dt. Ausgabe: Die Gartenkunst des Abendlandes. Von der Renaissance bis zur Gegenwart. Stuttgart, 1993.

Moure, Gloria: Configuraciones Urbanes. Barcelona, 1994.

Niedersächsische Landeszentrale für politische Bildung: Natur ist Kultur. Hannover, 1990.

Norberg-Schulz, Christian: Genius loci – paesaggio, architettura. Mailand, 1979.
Dt. Ausgabe: Genius loci: Landschaft, Lebensraum, Baukunst. Stuttgart, 1982.

Ohff, Heinz: Kunst ist Utopie. Berlin, 1972.

Ohff, Heinz: Anti-Kunst. Köln, 1973

Otto, Walter F.: Die Gestalt und das Sein. Darmstadt, 1955.

Paflik, Hannelore (Hrsg): Das Phänomen Zeit in Kunst und Wissenschaft. Weinheim, 1987.

Panofsky, Erwin: Meaning in the Visual Arts. New York, 1957.
Dt. Ausgabe: Sinn und Deutung in der bildenden Kunst. Köln, 1975.

Panofsky, Erwin: Aufsätze zu Grundfragen der Kunstwissenschaft. Berlin, 1964.

Panofsky, Erwin: Perspective as Symbolic Form. Cambridge/Mass., 1991.

Petrikat, Wolfgang: Land Art, Landschaftsverpackung, Landschaftsanalyse. Kassel, 1988.

Plagemann, Volker: Kunst im öffentlichen Raum. Anstöße der 80er Jahre. Köln, 1990.

Poinsot, Jean-Marc: L'Atelier sans mur. Villeurbanne, 1991.

Ritter, Joachim: Landschaft, Zur Funktion des Ästhetischen in der modernen Gesellschaft. Münster, 1978.

Rubin, William (Hrsg): Primitivism in 20th Century Art: Affinity of the Tribal and the Modern. New York, 1984
Dt. Ausgabe: Primitivismus in der Kunst des 20. Jahrhunderts. München, 1984.

Sandler, Irving: American Art of the 1960s. New York, 1988.

Schmidt-Wulffen: Spielregeln, Tendenzen der Gegenwartskunst. München, 1987.

Sedlmayr, Hans: Verlust der Mitte. Berlin, 1956.

Seel, Martin: Eine Ästhetik der Natur. Frankfurt/M., 1991.

Senator für Wissenschaft und Kunst der freien Hansestadt Bremen (Hrsg): Kunst im öffentlichen Raum. Bremen, 1977.

Senator für Bau- und Wohnungswesen Berlin (Hrsg): Kunst im Park. Bundesgartenschau Berlin 1985. Berlin, 1985.

Smuda, Manfred (Hrsg): Landschaft. Frankfurt/M., 1986.

Sonfist, Alan: Art in the Land. A Critical Anthology of Environmental Art. New Nork, 1983.

Städtisches Museum Leverkusen (Hrsg): Landschaft – Gegenpol der Fluchtraum. Leverkusen, 1974.

Stichting Conferentie Artivisual Landscapes (Hrsg): Artivisual Landscapes. International IFLA Conference 1992. Focussing on the interface between Landscape Architecture and the Visual Arts. Amsterdam, 1992.

Szeemann, Harald: Der Hang zum Gesamtkunstwerk. Aarau, 1983.

The Museum of Modern Art, New York (Hrsg): Denatured Visions. Landscape and Culture in the Twentieth Century. New York, 1991.

Thomas, Karin: Bis heute. Stilgeschichte der Kunst im 20. Jahrhundert. Köln, 1994.

Tiberghien, Gilles A.: Land Art. Paris, 1993 (Frz. Ausg.), 1995 (Engl. Ausg.)

Toyka, Rolf (Hrsg): Bitterfeld: Braunkohle-Brachen. Probleme – Chancen – Visionen. München, 1993.

Uitgeverij Ploegsma (Hrsg): Verbeelding in Flevoland. Image-making in the new polder Flevoland. Amsterdam, 1988.

Wedewer, Rolf/Romain, Lothar: Kunst als Flucht. Zur Kritik künstlerischer Ideologien. Jahrbuch 1971, Opladen, 1971.

Werkner, Patrick: Land Art USA. Von den Ursprüngen zu den Großraumprojekten in der Wüste. München, 1992.

Zagari, Franco: L'Architettura del giardino contemporaneo. Mailand, 1988.

Zimmermann, Jürgen: Das Naturbild des Menschen. München, 1982.

Ausstellungskataloge (Auswahl)

Andrew Dickson White Museum of Art, Cornell University: Earth Art (February 11 – March 16, 1969). Ithaca/ USA, 1969.

Arte Sella (Hrsg): Arte Sella. International Art Meeting. Sella di Borgo Valsugana. Documentazione 1994. Mailand, 1995.

Atelier 340 (Hrsg): Nils-Udo – Bob Verschueren. Avec arbres et feuilles. Mit Bäumen und Blättern. Met bomen en bladeren. With trees and leaves. Brüssel, 1992.

Beardsley, John/Hirshhorn Museum and Sculpture Garden (Hrsg): Probing the Earth. Contemporary Land Projects. Washington D.C., 1977.

CAPC Bordeaux (Hrsg): Sculpture/Nature. Bordeaux, 1978.

Centre d'art contemporain, Genève (Hrsg): Centre d'art contemporain de Genève 1984–1989. Genf, 1989.

Crafts Council/Arts Council (Hrsg): The Furnished Landscape. Applied Art in Public Spaces. London, 1992.

Deste Foundation for Contemporary Art Athen (Hrsg): Artificial Nature. Athen, 1990.

Fernsehgalerie Gerry Schum (Hrsg): Fernsehgalerie Gerry Schum. Land Art. Hannover, 1970.

Frauen Museum (Hrsg): Umwelt – Naturkunst. Bonn, 1985.

Galerie Falazik (Hrsg): Material aus der Landschaft. Kunst in die Landschaft. Neuenkirchen, 1977.

Galerie m/Ernst Gerhard Güse (Hrsg): Richard Serra. Stuttgart, 1987.

Galleria Civica d'arte moderna (Hrsg): Conceptual Art, Arte Povera, Land Art. Turin, 1970.

Kölner Kunstverein (Hrsg): Landschaft in der Erfahrung. Köln, 1989.

Kulturstiftung Stormarn (1989): Projekt: Schürberg. Die Natur sprechen lassen. Hamburg, 1989.

Kunsthalle Bielefeld (Hrsg): Concept Art, Minimal Art, Arte Povera, Land Art. Sammlung Marzona. Bielefeld, 1990.

Kunsthaus Zürich (Hrsg): Mythos und Ritual in der Kunst der siebziger Jahre. Zürich, 1981.

Kunstverein Gelsenkirchen (Hrsg): Dokumentation Kunstmeile Gelsenkirchen. Gelsenkirchen, 1992.

Kunstverein Hasselbach (Hrsg): Skulptur im Tal. Hasselbach, 1989.

Lindau/Establissement Public pour l'Aménagement der la région de La Défense/Ministère de la Culture et de la Francophonie, Délégation aux arts plastiques (Fiacre) (Hrsg): Différentes Natures. Visions de l'art contemporain. Paris, 1993

Museé d'art contemporain de Montréal (Hrsg): Elementa Naturae. Montréal, 1987.

Museé du Québec (Hrsg): Territoires d'artistes. Paysages verticaux. Québec, 1989.

Museo de Arte Moderna, Rio de Janeiro/Goethe Institut (Hrsg): Arte Amazonas. Ein künstlerischer Beitrag zur Konferenz der Vereinten Nationen über Umwelt und Entwicklung Rio 92. Brasilia, 1992.

Museum Fridericianum (Hrsg): Schlaf der Vernunft. Kassel, 1983.

Museum Ludwig, Köln (Hrsg): Europa/Amerika. Die Geschichte einer künstlerischen Faszination seit 1940. Köln, 1986.

Museum of Contemporary Art, Chicago: Charles Simonds. Chicago, 1982.

Neue Sammlung, München. Staatliches Museum für angewandte Kunst (Hrsg): Kalenderbauten. Frühe Astronomische Großgeräte aus Indien, Mexico und Peru. München, 1976.

Neuer Berliner Kunstverein e.V. (Hrsg): Dimensionen des Plastischen – Bildhauertechniken (21.03–20.04.81), Staatliche Kunsthalle Berlin, 1981

Rüth, Uwe/Galerie Heimeshoff, Essen (Hrsg): Material und Raum. Essen, 1991.

Seattle Art Museum/King County Arts Commission (Hrsg): Earthworks: Land Reclamation as Sculpture. A Project of the King County Arts Commission. Seattle, 1979.

Storm King Art Center (Hrsg): Enclosures and Encounters. Architectural Aspects of Recent Sculpture. Mountainville/New York, 1992.

Verlag Werner Druck AG, Basel (Hrsg): Skulptur im 20. Jahrhundert, Merian Park. Basel, 1984.

Ville de Niort/Ministère de la Culture (Hrsg): Sites choisis. Niort, 1991.

Westfälisches Landesmuseum für Kunst und Kulturgeschichte in der Stadt Münster (Hrsg): Skulptur Projekte in Münster 1987. Münster, 1987.

Wiener Festwochen (Hrsg): Von der Natur in der Kunst. Eine Ausstellung der Wiener Festwochen. 3. Mai bis 15. Juli 1990. Wien, 1990.

Württembergischer Kunstverein: Vergangenheit – Gegenwart – Zukunft. Zeitgenössische Kunst und Architektur. Stuttgart, 1982.

Württembergischer Kunstverein (Hrsg): Natur – Skulptur. Nature – Sculpture. Stuttgart, 1981.

Namenregister

Aalto, Alvar 198
Adorno, Theodor Wiesengrund 154
Alder, Michael 156
Allan, Maxwell 93
Altherr, Jürg 142, 152
Amslinger, Ingrid 70
Anderson, Laurie 152
Andersson, Sven-Ingvar 157 bis 172, 232
Andre, Carl 12, 23, 141, 148, 205, 206, 222
Andrew, John 90, 95, 102
Anhalt-Dessau, Prinz Leopold Friedrich Franz von 30, 201
Appleton, Ian 99
Arcangelo, Alan d' 198
architrave p.c. 227
Arquitectonica 227
Ashton, Dore 43, 44
Asplund, Erik Gunnar 201
Aycock, Alice 84

Babarit, Marc 30
Bailey, Keith 98
Bann, Stephen 108, 114, 116
Bauer, Chr. 136
Baumann, R. 136
Baxter, Ian 29
Bayer, Herbert 29
Beardsley, John 23, 33, 102
Benjamin, Walter 72, 73, 74
Berg, Alban 202
Berghaus, Ruth 202
Beuys, Joseph 12, 36, 174, 181, 200
Block, René (Galerie) 36
Bofill, Ricardo 72, 78
Böhme, Hartmut 21
Boltanski, Christian 12
Brancusi, Constantin 43, 50, 54
Brandt, Gudmund Nyeland 158, 162
Brecht, Bertold 150
Brenner, Jürgen 93
Breuer, Marcel 45, 54
Brookwell, Keith 104
Brunelleschi, Filippo 22
Bruni, Gilles 30
Brunier, Yves 232
Buchhalter, M. 156
Burckhard, Lucius 91, 98, 109, 144
Burgoyne, Bob 104
Burle Marx, Roberto 109
Busmann, Peter 80
Byars, James Lee 12

Carlyle, Thomas 98
Censi, F. 156
Chiavario, F. 156
Chin, Mel 187
Christo 33, 62, 163
Chruch, Thomas 226
Clément, Gilles 110
Costley, Ron 93, 104
Cramer, Ernst 142, 144

Darwin, Charles 242
David, Jacques Louis 99
de Maria, Walter 14, 16, 19, 20, 23, 33, 39
Denes, Agnes 34, 84
Design Collective 227
Dewey, John 20
Dibbets, Jan 12
Drury, Chris 117, 187
Dürer, Albrecht 95

Eckbo, Garrit 226
Eco, Umberto 18, 22
Edwick, David 103
Eicher, Fred 141, 142
Einstein, Albert 22
Engholm, Betty 164
Erni, Peter 142

Falazik, Ruth (Galerie) 12, 27
Finlay, Ian Hamilton 87 bis 104, 110, 111, 116, 148
Finlay, Sue 87, 90, 93
Fischer, Jacob 172
Fleischner, Richard 29, 84
Fosco-Oppenheim, J. und B. 156
Friedrich, Heiner (Galerie) 33
Fuller & Sadao (s.a. Sadao) 52, 53
Fulton, Hamish 116

Gadamer, Hans-Georg 144
Galilei, Galileo 72
Galissonnière, Roland-Michel de la 117
Gensler Associates 227
Gette, Paul-Armand 14
Geuze, Adriaan 162, 229-244
Gilmour, Leonie 43, 54
Girardin, Marquis de 201
Gisler, Esther 152
Goldsworthy, Andy 11, 17, 19, 21, 26, 39
Goldwater, Robert 37
Gori, Giuliano 84
Graham, Martha 45, 80, 86
Grassi, Ernesto 39
Graves, Nancy 14

Haacke, Hans 12
Haberer, Godfrid 80
Häflinger, Grunder, von Allmen 156
Hall, Carol 14
Halprin, Lawrence 226
Hanson, Lawrence 29,
Hargreaves, George 219
Harris, Richard 18
Harrison, Newton und Helen Mayer 84, 173
Harvey, Michael 104
HAWOLI 27
Hegger, M. 136
Heizer, Michael 12, 14, 20, 21, 23, 29, 30, 33, 62, 84, 180
Heizer, Robert F. 20
Heraklit 96, 103
Herd, James Stanley 28

Herløw, Erik 167
Herzog & de Meuron 156
Herzog, Thomas 125, 136
Hirschfeld, Christian Cay Laurenz 109
Hoare, Henry 91
Hölderlin, Friedrich 101
Huber, Carlo 19
Huebler, Douglas 12
Hülbusch, Karl-Heinrich 141

Imbert, Dorothée 168
Isozaki, Arata 228

Jacobsen, Arne 168
Jacobson, Steven 227
Jahn, Helmut 206, 228
Jellicoe, Geoffrey 190
Jensen, Jens 226
Johnson, William 206, 228
Jourdan, J. 136
Judd, Donald 12, 148, 205
Jung, C. G. 36

Karavan, Abi 74, 75
Karavan, Dani 71-86
Kaule, G. 136
Kellein, Thomas 16
Kent, William 90
Kiefer, Anselm 200
Kienast, Dieter 137-156
Kienast-Lüder, Erika 137, 148, 156
Koenigs, Tom 109
Kokoschka, Oskar 202
König, C. 136
Kosuth, Joseph 12
Kounellis, Jannis 14
Krier, Leon 201
Kühn-Meurer 136
Kump, E. J. 228

Lang, Nikolaus 14
Lassus, Bernard 105-120, 142, 148
Latz, Anneliese 124, 136
Latz, Peter 109, 110, 121-136, 141
Le Corbusier 198
Le Nôtre, André 78, 79, 109, 160, 219, 223, 226
Le Roy, Louis G. 110
Léger, Fernand 106, 109, 120
Lenné, Peter Joseph 130, 131
Lévi-Strauss, Claude 37
Lewitt, Sol 12
Lieser, P. 136
Long, Richard 14, 16, 17, 19, 21, 23, 24, 25, 26, 27, 39, 102
Lorrain, Claude 91, 95
Loti, Pierre 117

Mack, Mark 212, 227
Marbach, U. 156
Martha Schwarz, Ken Smith, David Meyer 227
Martin, Etienne 12
Marx, Karl 223

Masten and Hurd 228
Mattern, Hermann 142
McHarg, Ian 212
Metken, Günter 36
Michelangelo 184
Mies van der Rohe, Ludwig 170
Migge, Leberecht 109, 144, 232
Miss, Mary 29
Mondrian, Piet 98
Moore, Henry 165
Morris, Robert 12, 20, 21, 29, 84, 138, 238

Nadel Partnership 227
Nash, David 11, 18
Neuloh, O. 136
Nihon Sekkei 228
Nils-Udo 11
Nöfer, Werner 198
Noguchi, Isamu 42, 43-54, 80, 226
Noguchi, Yone 43, 54
Norberg-Schulz, Christian 23

Olmsted, Frederick Law 219, 223
Oppenheim, David 19
Oppenheim, Dennis 29
Oppenheimer 184
Ottenstein, Horst 101

Panofsky, Erwin 21, 22
Parmenides 96
Pattay, P. von 136
Pepper, Beverly 29
Pøhlsgaard, Henrik 172
Poirier, Anne und Patrick 14
Poll, Sonja 162, 163
Porcinai, Pietro 162
Portzamparc, Christian de 80
Post Ars 33
Poussin, Nicolas 95, 103
Prigann, Herman 173-188
Pückler-Muskau, Fürst 131, 144

Rasmussen, Steen Eiler 168
Restany, Pierre 80, 82
Reuß, Jürgen von 110
Riley, Bob 106
Robespierre, Maximilien de 98
Romain, Lothar 56
Roost, A. 156
Ross, Charles 23
Rousseau, Jean-Jacques 10, 96, 98, 201, 242
Rüegg, Arthur 156

Sadao, Shoji (s.a. Fuller & Sadao) 48
Saint-Just, Louis-Antoine 88, 89, 98, 99, 100, 101, 104
Sanō, Touemon 46
Sasaki, Walker and Associates 227, 228
Schaal, Hans Dieter 189-204
Schinkel, Karl Friedrich 200
Schmid, Arno 110

Schmitz, C. 136
Schnebli, Ammann, Ruchat 156
Schneckenburger, Manfred 85
Schneider, E. 136
Schneider-Wessling, Erich 136
Schou, Lise 172
Schreier, Christoph 27
Schwartz, Martha 154, 165, 205-228
Sckell, Ludwig von 109, 130, 131
Sedlmayr, Hans 200
Segerstrom, Henry 48, 51
Serra, Richard 22, 80, 84, 132, 163
Shakespeare 163
Shih, Chi Pai 54
Simig, Pia Maria 101
Simonds, Charles 14, 36
Singer, Michael 39
Sitthard, M. 136
Sloan, Nicholas 88, 89, 90, 95, 99, 104
Smithson, Robert 18, 22, 28, 29, 84, 116, 117, 180, 205
SOM 54, 228
Sonfist, Alan 34, 187
Sørensen, Carl Theodor 158, 162, 163, 166, 168, 169, 172
Sørensen, Jørgen Haugen 165
Spirn, Anne Whiston 168
Spreckelsen, Otto von 164
Steidle, Otto 136
Stöckli, Peter 141, 156
Stoddart, Alexander 101
Strasser, U. 156
Sumi, Christian 156
Szeemann, Harald 36

Tange, Kenzo 54
Taniguchi and Associates 228
Thek, Paul 12
Thiel, Heinz 20
Thomas, Karin 11
Trakas, George 84, 141
Turrell, James 84, 116

Uno, Jinmatsu 44, 54

Varnedoe, Kirk 37, 39
Vergil 91
Vogt, Günther 137, 148, 156
Vogt, K. 156
Voigt, Bea 188
Voth, Hannsjörg 23, 35, 55 bis 70, 180
Vries, Herman de 198

Walker, Peter 46, 205-228
Warhol, Andy 202
Warnau, Hans 162
Werner, Frank 200
Winter, Gundolf 27
Wittenborn, Rainer 14

Zevi, Bruno 80
Zulauf, Albert 141

Danksagung

Das vorliegende Buch wäre ohne die Unterstützung der porträtierten Künstler, Landschaftsarchitekten und Architekten nicht zu realisieren gewesen. Deshalb sei ihnen hier an erster Stelle für ihre Aufgeschlossenheit, Gastfreundschaft und Hilfe herzlich gedankt. Für eine reibungslose Kommunikation und den ständigen Austausch von Texten und Bildern sorgten viele Mitarbeiter und Partner in den jeweiligen Büros und Ateliers. Insbesondere Inge Breughem und Elien Bil in Rotterdam, Carine Cohn in Paris, Amy Hau von der Noguchi Foundation in New York, Erika Kienast-Lüder und Günther Vogt in Zürich, Anneliese Latz in Ampertshausen und Ingrid Voth-Amslinger in München bin ich für ihre außerordentliche Hilfsbereitschaft zu besonderem Dank verpflichtet. Erste wertvolle Starthilfe bei der Entstehung des Projektes leisteten darüber hinaus Claus Reisinger und Ferdinand Werner von der Wernerschen Verlagsgesellschaft in Worms am Rhein.

Das hervorragende Fotomaterial stellten mir viele Künstler und Fotografen großzügig zur Verfügung. Besonders bereitwillig und ohne alle Umstände unterstützten mich die Künstler Alfio Bonanno, Andy Goldsworthy, Michael Heizer, Richard Long, Nikolaus Lang, Nils-Udo und Alan Sonfist, die Fotografen Thomas Kläber in Cottbus, Christa Panick in Vellmar und Maria Otte in Melle, Christian Vogt in Basel sowie die Kunstexpertin und Galeristin Ruth Falazik in Neuenkirchen.

Allen Mitarbeitern am Institut für Landschaft und Garten der Universität Karlsruhe möchte ich für ihre vielfältige Unterstützung meiner Arbeit ausdrücklich danken. Besonders Michael Schramm in London leistete wertvolle Hilfe durch seine intensiven Literaturrecherchen in einschlägigen britischen Bibliotheken.

Assistant Professor Tim Day am Department of Landscape Architecture der California State Polytechnic University in Pomona/Los Angeles, im Januar 1996 tödlich verunglückt, bleibe ich für seine selbstlose und freundschaftliche Hilfe in dankbarer Erinnerung verbunden.

Für die Ermutigung zur Durchführung des Projektes und die jederzeit engagierte verlegerische Betreuung möchte ich Andreas Müller in Berlin ausdrücklich danken. Er verlieh dem vorliegenden Buch durch seine begeisterte und stets kritisch prüfende Arbeit den richtigen Schliff. Mit gleicher Begeisterung, Flexibilität und großem Einfallsreichtum war Bernd Fischer, Hersteller und Grafiker in Berlin, am Projekt beteiligt und prägte durch seine Arbeit das anspruchsvolle äußere Erscheinungsbild des Buches.

Last not least wäre mir die Durchführung eines solch aufwendigen und manchmal sehr anstrengenden Projektes ohne die rückhaltlose Unterstützung, die unendliche Geduld und die aufmerksame Mithilfe von Rita Weilacher nur schwer möglich gewesen. Ihr gebührt ein besonders liebes Dankeschön.